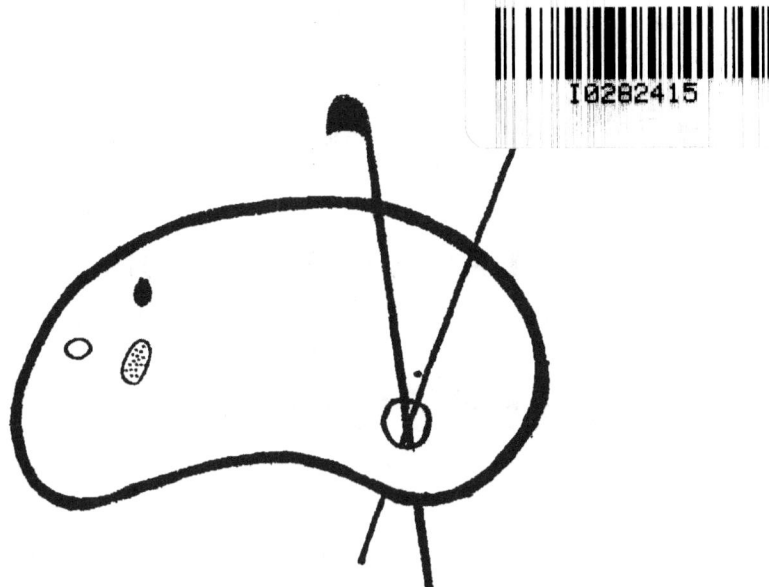

COUVERTURE SUPERIEURE ET INFERIEURE
EN COULEUR

SOCIÉTÉ ACADÉMIQUE DE LAON

LA FORMATION
DU
DÉPARTEMENT DE L'AISNE
EN 1790
ÉTUDE DOCUMENTAIRE DE GÉOGRAPHIE POLITIQUE

Avec Portraits, Autographes, Cartes et Planches de l'époque

PAR

René HENNEQUIN
AVOCAT

ANCIEN SOUS-PRÉFET DE VERVINS, DE SOISSONS ET DE CHATEAU-THIERRY
Officier de l'Instruction Publique

SOISSONS
IMPRIMERIE DE G. NOUGARÈDE, PLACE SAINT-GERVAIS
Éditeur de la Société Archéologique de Soissons
1911

LA FORMATION

DU

DÉPARTEMENT DE L'AISNE

en 1790

Droits de reproduction réservés

SOCIÉTÉ ACADÉMIQUE DE LAON

LA FORMATION

DU

DÉPARTEMENT DE L'AISNE

EN 1790

ÉTUDE DOCUMENTAIRE DE GÉOGRAPHIE POLITIQUE

Avec Portraits, Autographes, Cartes et Planches de l'époque

PAR

René HENNEQUIN

AVOCAT

ANCIEN SOUS-PRÉFET DE VERVINS, DE SOISSONS ET DE CHATEAU-THIERRY

Officier de l'Instruction Publique

SOISSONS

Imprimerie de G. NOUGARÈDE, Place Saint-Gervais

Éditeur de la Société Archéologique de Soissons

1911

A

MESSIEURS LES MEMBRES

DU CONSEIL GÉNÉRAL

DE L'ADMINISTRATION, DE L'ENSEIGNEMENT

ET

DES SOCIÉTÉS SAVANTES

DU DÉPARTEMENT DE L'AISNE

CE LIVRE EST DÉDIÉ

R. H.

Pour les

ERRATA ET ADDENDA

Voy. aux pages 283 et 284, notamment en ce qui concerne :

La « Province du Soissonnais », pour p. 4,... et 185 ;

Les « Assemblées primaires », pour p. 52 ;

L' « Évêque constitutionnel Marolle », pour p. 66 (note 1) et 210 ;

L' « Abbé Delabat, Constituant », pour p. 71 (note 2) ;

et « Devisme, Constituant », pour p. 118 (note 2),... et 196.

Enfin, sous la gravure de la page 166, l'ordre des édifices doit être ainsi rectifié : à gauche, l'ancien Hôtel de Ville ; au milieu, l'ancien Palais de Justice ; à droite, l'ancienne Église.

La Formation
du Département de l'Aisne

AVANT-PROPOS

Les départements de France ont aujourd hui cent vingt années d'existence légale, d'individualité particulière, de personnalité administrative, en un mot de vie locale propre, qui tout en progressant n'a cependant pas cessé de demeurer intimement liée à l'activité générale du pays. Et pour chacun d'eux, dans les principales formes de cette activité : administration, finances ou politique, ce laps d'un siècle passé fut si bien rempli, que son bilan peut désormais fournir l'ample matière d'une instructive et intéressante histoire spéciale. Aussi voit-on, depuis quelque temps déjà, les diverses Sociétés savantes, de Paris comme de la province, s'intéresser de plus en plus à la période contemporaine, et diriger notamment vers les monographies départementales les travaux de leurs adhérents (1).

Or, le premier chapitre obligé de toute histoire d'un departement est évidemment l'étude de sa constitution originelle, considérée au point de vue de la surface générale qui lui fut attribuée et des subdivisions entre lesquelles on répartit tout d'abord cette surface.

Pour quelques-uns seulement, c'est là dès à présent une chose faite, avec plus ou moins de développement, mais de façon approfondie et d'après les documents originaux (2). Nous nous sommes proposé d'ajouter à leur liste celui de l'Aisne, sur lequel il n'a

---

(1) Cette tendance a été constatée, et depuis lors singulièrement encouragee par le discours programme sur « *l'histoire provinciale de la France contemporaine* », que M. AULARD prononça dans la seance génerale du Congrès des Societés savantes, à Paris, le 9 juin 1900. (Cf. *Journ. officiel* du 10 juin).

(2) A notre connaissance : Puy-de-dome, Mege, 1874. — Calvados, Le Brethon, 1893. — Cher, Mater, 1899. — Yonne, Porée, 1905. — Loire, (alors Rhône-et-Loire), Brossard, 1905. — Dordogne, Villepelet, 1908. — Allier, Biernawski, 1909. — Haute-Vienne, Fray-Fournier, 1909.

— 2 —

encore été publié, dans de courtes notices, que des indications fort incomplètes à cet égard (1) (2).

**

A l'exemple de beaucoup d'autres questions, celle de la création matérielle, de la formation topographique de nos départements, en 1790, demeure encore tributaire d'une vieille opinion très répandue, presque classique, dont l'origine paraît remonter aux appréciations tendancieuses d'un étranger (3) que maints historiens ou penseurs de notre pays ont pendant longtemps acceptées volontiers. L'idée dominante de cette opinion est traduite d'ordinaire, d'une façon succincte et trop absolue qui la rend erronée, sous la forme d'un reproche adressé à la Constituante, d'avoir opéré le partage de la France « à peu près au hazard », d'une manière qu'on qualifie d' « artificielle » ou d' « arbitraire ». Afin d'enlever aux nouvelles divisions toute physionomie traditionnelle pouvant rappeler le passé, cette Assemblée se serait en quelque sorte ingéniée à démembrer le plus possible les anciennes provinces, morcelant les grandes, réunissant d'office les petites, sans souci des souvenirs historiques ou des relations naturelles, sans plus tenir compte des coutumes et des besoins des habitants de chaque région, que des délimitations antérieures avec lesquelles ils étaient familiarisés.

Tel aurait été le cas, notamment pour le département de l'Aisne, assure-t-on. Il n'est guère en effet d'ouvrage, soit savant, soit

(1) MATTON, *Notice sur la formation et les limites du département de l'Aisne et de ses arrondissements*, 1863. (Bull. de la Soc. Acad. de Laon, XIV, p. 239) et *Dict. topog. du depart. de l'Aisne*, Paris, 1871 (Introd.). — MELLEVILLE, *Dict. hist. du départ. de l'Aisne*. Laon, 1865. (Introd.). — H. DUPONT, *Le Soissonnais de 1787 à 1790* (2ᵉ partie. chap. 1ᵉʳ) [Ec. des Chartes. Pos. de th. Prom. 1908, p. 60-61. La thèse elle même, non publiée, nous est inconnue].

(2) Pour notre travail, nous nous sommes efforcé de remonter le plus possible aux sources ; aussi en avons-nous puisé les éléments surtout dans les dossiers d'archives (Arch. Nationales, Comité de division, série D IV *bis* principalement. — Arch. départ. de l'Aisne, serie L. — Arch. municipales de diverses villes, de Laon notamment. — Arch. de certaines administrations, de l'Inspection des Forêts a Villers-Cotterêts entre autres ; etc...). Nous nous faisons ici un agréable devoir de remercier en général toutes les personnes, à l'obligeance desquelles nous devons la communication de ces dossiers et la facilité de leur examen.

(3) L'Anglais Ed. BURKE — *Réflexions sur la Revolution Française*. — Londres 1790.

usuel, le décrivant plus ou moins, qui ne le représente pas sous l'aspect d'une circonscription sans devancière, dont l'étendue dépendait auparavant de certains territoires bien distincts les uns des autres, et comme fait à l'image d'un habit d'Arlequin, de lambeaux arrachés un peu partout. Entre mille, toutes analogues, choisissons quelques citations :

« Ce département est un bon exemple de la manière *artificielle* dont ont été formées la majeure partie des divisions administratives de la Constituante. Il n'a aucune unité, ni historique, ni physique, ni même économique. *Il résulte de la réunion de parties prises à trois provinces anciennes (Ile de France, Picardie, Champagne)...* » (A. Thalamas, prof[r] au Lycée de St Quentin. *Le relief du département de l'Aisne*, Rev. de Géog. 1894, p. 200).

«... Les Constituants n'ont pas toujours pu se conformer rigoureusement à leur plan ; c'est ce qui donne une apparence de fondement aux reproches qui leur ont été adressés. On protestait contre l'idée de vouloir faire des départements avec des démembrements de diverses provinces ; et cependant on en fit plusieurs :.. *le département de l'Aisne est formé de morceaux empruntés à trois provinces (Picardie, Ile de France, Champagne)...* » (Ch. Lescoeur, *Les divisions territoriales de la France. Le département*. Rev. Inst. Cat. 1903, p. 435).

« Avant tout travail de circonscription, on avait admis comme principe que chaque province aurait son département et que le gros de chaque province ne serait pas démembré. La Flandre eut le Nord ; l'Artois, le Pas de-Calais ; la Picardie, la Somme ; l'Oise, avec Beauvais, succéda au Beauvaisis. *Seul, le département de l'Aisne fut doté de démembrements et d'annexes...* » (A. Demangeon, *La Picardie*, Paris, 1905, p. 451).

Et pour finir : «... Quand la Constituante se décida à briser les vieilles traditions provinciales et à découper la France en circonscriptions administratives, *on fit avec des rognures de la Picardie, de la Thiérache, de la Champagne, et de l'Ile de France, un département de forme bizarre et d'amalgame particulièrement composite* ; on lui donna le nom de la plus belle des rivières qui le traverse, l'Aisne... » [G. Hanotaux, de l'Acad[e] fr[se] (né à Beaurevoir, Aisne), *Impressions de France. La ville moyenne : Laon.* — Rev. des Deux Mondes, 1901].

Que le département de l'Aisne manque d'homogénéité, que sa surface ait jadis appartenu aux trois anciennes provinces toujours indiquées, cela n'est pas douteux ; mais, pour nous, la question n'est pas là. Il s'agit en effet de savoir, si — comme le donnent à penser nos diverses citations — le fait d'une structure aussi disparate est imputable aux législateurs de 1790 ; de savoir, en d'autres termes, si ce département, lors de sa création, fut formé par la juxtaposition toute nouvelle de portions de territoires différents, sans lien entre elles jusque là ; ou bien au contraire si, une fois établi, le département en question ne s'est pas encore trouvé formé de ces mêmes portions, groupées dès auparavant sous l'ancien régime.

Or de ces deux réponses, la seconde seule est conforme à la vérité historique ; la première, quoique à peu près invariablement donnée, manque de précision et par suite d'exactitude. Le département de l'Aisne n'est pas devenu, il est resté un assemblage composite de Picardie, d'Ile de France et de Champagne ; assemblage dû à Henri IV, qui existait donc depuis près de deux siècles déjà, à l'époque de la Révolution. Loin d'en être l'auteur, nous verrons à l'inverse que la Constituante tenta sans succès de le désagréger, et qu'au rebours des intentions premières de cette Assemblée, il se reconstitua de lui même par la force de sa tradition.

Toute superposée qu'elle ait été, de nouveau, sur certaines fractions des vieilles provinces, alors imprécises et moribondes, de Picardie, d'Ile de France et de Champagne, c'est en réalité, de la **Province du Soissonnais** postérieures aux précédentes, mais aussi très concrète et bien vivante à ce moment là, que la circonscription dont nous allons nous occuper, est issue presque totalement. De cette assertion voici d'ailleurs une première preuve, tirée d'un document officiel de l'instant même : « *Le département « de l'Aisne est composé pour la plus grande partie d'un démem- « brement de* l'ancienne province du Soissonnais, *d'une portion de « celle de Picardie et de quelques communautés de Champagne* », est il expressément dit au § 1er de l' « *Instruction adressée par ordre du Roi, le 28 juillet 1790, au directoire de ce département* », pour indiquer à cette administration les objets par lesquels elle allait avoir à inaugurer ses travaux.

Qu'était-ce donc que cette « Province du Soissonnais » mal connue de l'Histoire générale, qui se substituait si effectivement à d'autres par contre tant réputées ? Nous le verrons en passant tout d'abord en revue les diverses sortes de circonscriptions entre lesquelles se répartissait la région correspondante au département actuel de l'Aisne, passé le milieu du xviiie siècle.

Après quoi nous exposerons comment fut décidée la création des départements en général et de quelle manière la Constituante procéda pour réaliser leur formation.

Ce sont là deux premiers chapitres introductifs, indispensables à la compréhension de nos développements ultérieurs.

Pour le département qui nous intéresse spécialement, nous aborderons alors l'examen détaillé de la détermination de sa surface d'ensemble, puis de l'établissement de ses limites exactes. Nous serons ainsi amenés à constater que, sur les deux tiers environ de leur longueur, celles-ci se sont confondues avec la bordure d'une importante circonscription administrative antérieure, et que pour le dernier tiers également elles correspondent à peu près aux bornes précédentes de certains ressorts judiciaires ou financiers. Par cela dit seulement, on peut dès maintenant se rendre compte que la constitution initiale du département de l'Aisne en particulier n'a pas été aussi « artificielle » qu'on le proclame généralement et qu'en dépit des apparences, elle ne saurait servir d'exemple topique à l'appui de l'opinion courante suivant laquelle les divisions principales qui partagent encore la France, auraient été « arbitrairement » fixées, pour la plupart, au début de la Révolution.

Ayant vu, entre temps, les difficultés qu'occasionnèrent, dans ce même département, la première subdivision de son étendue et le choix de quelques-uns de ses chefs-lieux, nous montrerons quels documents authentiques ont, à l'origine, décrit et arrêté sa composition, et dirons enfin comment son nom lui fut donné.

Pour relier le présent au passé nous terminerons, en annexe, par un exposé sommaire des modifications apportées plus tard, tant à son contour externe qu'à son fractionnement intérieur.

Telles vont être, dans leurs grandes lignes, les diverses questions envisagées successivement au cours de la présente étude sur: *La formation du département de l'Aisne, en 1790.*

PLANCHE I

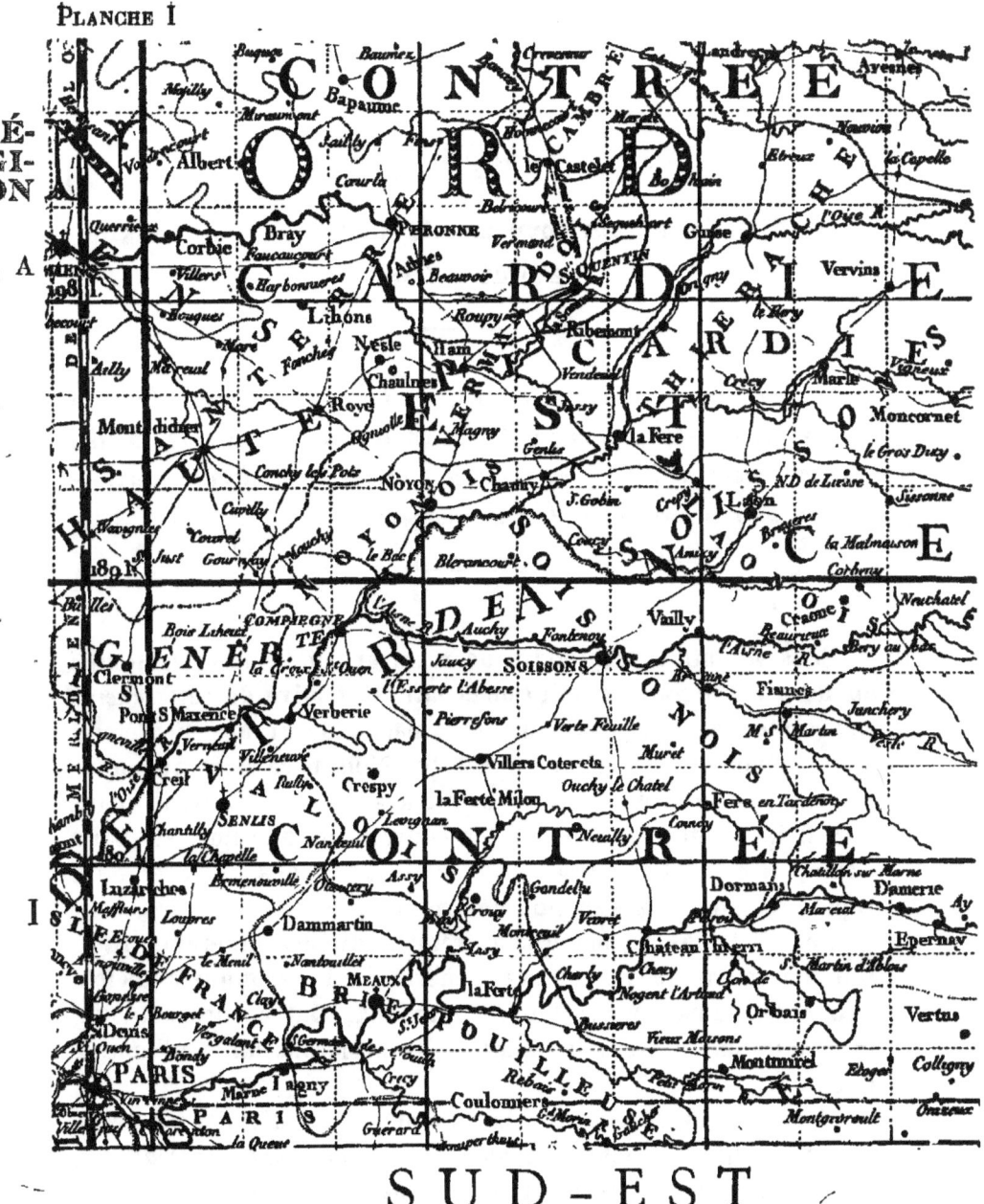

La **région de l'Aisne**, extraite de la « *Nouvelle Topographie de la France* », par *Robert de Hesseln*, Censeur royal-1784. (Contrees Est et Sud-Est de la Région Nord — Feuille 2ᵉ. *Bibl. nat.* Pf. 99, n° 23. Réduction de moitié environ.) [Atlas établi suivant un procédé dont on s'inspira pour le projet de formation des départements, en 1789. (V. inf. chap. II, § 3.)]

CHAPITRE I

Les divisions territoriales de la région de l'Aisne avant 1789

Pays. — Diocèses. — Généralité ou Intendance de Soissons ; élections et subdélégations ; greniers à sel ; maîtrises des eaux et forêts ; départements de 1787. — Bailliages. — Gouvernements généraux. — Le mot « provinces » ; la Province du Soissonnais.

Sans vouloir entreprendre de retracer ici, depuis les temps anciens, la géographie politique et administrative de cette « *terre éminemment historique* » (1), qu'est la partie de France où s'étend le département de l'Aisne, il est toutefois nécessaire que nous rappellions l'état de choses existant avant la Révolution, quant aux divisions du royaume dans la contrée en question et, pour expliquer cet état de choses, que nous le fassions précéder d'un rapide résumé de la situation antérieure.

Des divisions régionales, autrement dit des différents *pays*, plus ou moins géographiques, généralement reconnus autrefois et dont les noms, pour certains d'entre eux, sont encore actuellement d'un usage assez fréquent, nous parlerons un peu comme début.

Ensuite nous insisterons davantage sur les divisions d'ordre administratif qu'étaient les *Diocèses*, les *Généralités* ou *Intendances*, les *Bailliages*, et les *Gouvernements généraux*, c'est-à-dire sur les principales circonscriptions ecclésiastiques, financières et administratives, judiciaires et militaires de l'ancien régime. Cette

---

(1) DEVISMES. *Manuel historique du département de l'Aisne*. — Laon. — 1826.

énumération nous est apparue comme le meilleur guide à suivre, en raison de la valeur particulière que lui donnent sa date et sa source : c'est celle en effet, qu'on trouve mentionnée dans le préambule du célèbre Rapport de Thouret, présenté au nom du Comité de Constitution et lu à l'Assemblée nationale, le 29 septembre 1789, par lequel la création des départements fut proposée.

§ 1er. DIVISIONS RÉGIONALES

Pays

Il est admis que les *pays* de l'ancienne France correspondent historiquement, comme par étymologie, aux *pagi* gaulois ou gallo-romains, lesquels n'étaient eux-mêmes que des portions d'espaces libres plus considérables, appelés *civitates (cités)*, occupant les vallées, séparés par des épaisseurs souvent profondes de forêts et habités par des populations étrangères les unes aux autres (1).

> . . . . . Sans doute ;
> Mais il faut avouer aussi,
> Qu'en venant de là jusqu'ici,
> Ils ont bien changé sur la route (2).

L'étendue de ces *pagi* et de ces *civitates* des premiers temps, avait été constamment aggrandie par les déboisements successifs des guerriers puis des moines, et leurs bourgs principaux étaient devenus, durant le moyen-âge, les chefs-lieux des territoires où

---

(1) C'est ainsi que sur les bords de l'Aisne se trouvait la *civitas Suessionum*, la *cité des Soissonnais* ; avec, vraisemblablement, son *pagus suessionensis* au centre, le *pagus tardenensis (le Tardenois)* vers le sud-est, et le *pagus vadensis (le Valois)* à l'ouest. Au nord de la précédente, séparée d'elle par un rempart ligneux, dont les bois de La Fère, de St Gobain et de Coucy sont des restes, etait la *civitas Veromanduorum*, la *cité des Vermandois*, subdivisée, selon toute apparence, en *pagus viromandensis (le Vermandois propt. dit)* au dessus de la Somme et en *pagus noviomensis (le Noyonnais)* au dessous de cette rivière. Enfin derriere les massifs forestiers d'Arronaise, de Thiérache et d'Ardenne, on rencontrait dans la direction de l'est, celle fort importante des *Remi (des Remois)*, dont dependait, semble-t il, le *pagus laudunensis (le Laonnois)*. — Cf. MELLEVILLE. *Mem. sur la geog. anc. du depart. de l'Aisne*, 1858. (Bull Soc. Acad. de Laon. IX. 32) et MATTON. *Dict. topog.* Introd. p. IX et s.

(2) Epigramme du 18e siecle contre les tentatives plus ou moins heureuses d'explications étymologiques, alors de mode.

les dignitaires ecclésiastiques et les seigneurs laïques de la contrée : Evêques de Noyon, de Laon ou de Soissons, Comtes de Vermandois ou Sires de Coucy, Ducs de Valois ou de Guise, etc... fixèrent leurs résidences et leurs sièges, bâtirent leurs châteauxforts et leurs cathédrales, imposèrent leur autorité et leur juridiction.

Quel qu'ait été le périmètre des divisions primitives aux époques gauloises et franques, le cours des évènements y avait apporté de notables transformations, et leurs bornes probables ne se retrouvaient déjà plus qu'imparfaitement sous celles des *duchés* ou des *comtés* féodaux, non moins imprécises que les précédentes, qui variaient sans cesse au hasard des conquêtes, des attributions de dots et des partages de successions entre feudataires voisins, parents ou alliés d'un jour, qui se combattaient le lendemain.

Par la suite les choses changèrent encore, quand le Nord de la France, tout entier soumis à l'autorité du Roi et réparti entre les princes de sa Maison (qui de Ducs et de Comtes n'avaient plus que les titres et les revenus), devint exclusivement gouverné par des représentants de son choix et à sa nomination. De simples sections d'un caractère financier ou judiciaire — telles que les *élections* et les *bailliages* dont nous nous occuperons bientôt — remplacèrent les anciens fractionnements politiques, et ce furent les limites de ces nouvelles circonscriptions qui se substituèrent alors plus ou moins aux contours approximatifs des duchés et des comtés, par dessus ceux de leur *pagi* d'origine.

Ainsi les centres étaient demeurés fixes, ou peu s'en faut ; mais au cours des siècles, les périphéries avaient été beaucoup modifiées, et la vérité primordiale ne subsistait autour de ces centres qu'à l'égard d'une certaine banlieue. Au delà, on tombait de toutes parts dans la zone flottante des territoires intermédiaires, avec de nombreuses localités contestées ou mi-parties. Si bien qu'en fin de compte les dénominations de *pays*, usitées au xviiie siècle, n'avaient plus que la signification vague de régions avoisinant d'anciennes villes marquantes.

Au surplus, c'est sous des aspects différents que ces régions retinrent l'attention et forcèrent le souvenir, dans les trois principales contrées de Picardie, d'Ile de France et de Champagne qui seules intéressent notre sujet. Les unes étaient restées fameuses grâce à leur passé historique, comme le *Vermandois*, aux illustres Comtes, et le *Valois*, aux Ducs éminents, frères de Rois. Les autres demeuraient connues, soit en raison de leur activité économique ou de leur production dominante, comme le *Soissonnais*, « grenier de Paris » ; soit par leurs ressorts de justice ou d'administration, comme le *Laonnois*, portion centrale d'un des plus vieux bailliages, et le *Noyonnais*, cadre d'une élection financière ; soit enfin du fait qu'elles appartenaient à un terroir particulier, comme la verdoyante *Thiérache*, au nord, et vers le midi, la *Brie*, dite « pouilleuse » dans ces parages, parce que plus fertile encore non loin de là.

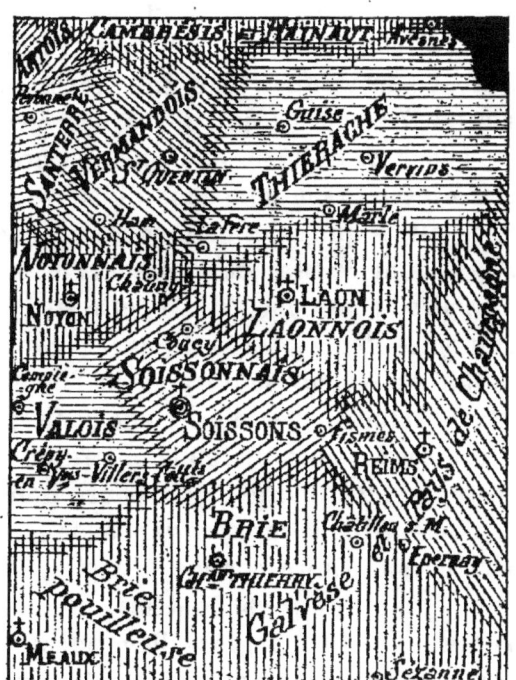

Fig. 1.— Les anciens Pays de la région de l'Aisne.

Vermandois et Thiérache, en Picardie – Noyonnais et Laonnois, Valois et Soissonnais, en Ile de France — certaine portion de la Brie, en Champagne — tels étaient en effet, par étages, les sept *pays* entre lesquels les géographes et les cartographes du xviiie siècle s'accordaient à subdiviser la portion de territoire dont fait partie l'étendue actuelle du département de l'Aisne.

Nous ne nous attarderons pas à discuter l'exactitude de la forme et des limites assignées par eux à ces *divisions purement conventionnelles*, sans rapports étudiés avec les régions physiques ou avec les circonscriptions administratives. Voici seulement, pour chacune d'elles, les noms des villes et des localités les plus importantes qui s'y trouvaient comprises. (Voy. ci-dessus Fig. 1 et sup. p. 6, Pl. I).

1. Dans le VERMANDOIS proprement dit (1) : *Saint-Quentin*, qui en était la capitale, importante depuis longtemps par son négoce et sa garnison ; en dernier lieu, patrie de De La Tour aux pastels inimitables ; — *St-Simon*, ancien fief du duc écrivain, portraitiste d'un autre genre, qui n'eut pas son pareil pour écouter aux portes et savoir regarder ; — *Le Câtelet*, vieille forteresse démantelée depuis peu ; — *Ham*, demeurée puissante citadelle ; — *Vermand*, siège primitif peut-être de l'évêché, devenu simple abbaye, filleul ou parrain de la région ; — aussi, *Bohain, Moy* et *Nesle*, de côté et d'autre.

2. En THIÉRACHE : *Guise*, le chef-lieu, sous les murs duquel s'étaient livrés quelques sièges fameux ; cité recommandable par sa force, à qui le pays devait d'avoir été « couvert de toutes insultes » et dont les seigneurs avaient appartenu à une illustre maison ; ville natale enfin de Camille Desmoulins qui, de sa non élection par la contrée aux Etats généraux de 1789, allait bientôt prendre une revanche éclatante et « inscrire son nom dans l'histoire de la Révolution en plus grosses lettres que celui de tous les députés de Picardie » (2) ; — *Vervins*, dont le titre de gloire gravé sur le marbre au fronton de sa maison commune, était — et reste encore — le traité de paix conclu entre Henri IV et Philippe II d'Espagne, signé par les plénipotentiaires des deux souverains en l'hôtel des Coigny (la sous-préfecture actuelle) ; — *Marle*, ancienne petite place de guerre pillée et brûlée plusieurs fois, où la mère d'Henri IV avait résidé. Et sur les contours, *Le Nouvion*, joli bourg dans les bois dépendant alors du domaine de la maison de Condé ; — *La Capelle*, que l'on considérait avant Guise comme la capitale de la Thiérache, autrefois l'une des clefs du pays, dont les fortifications avaient été rasées par Turenne ; — *Hirson* gros village ne comptant à l'époque que trois cents feux environ et qu'un incendie considérable venait de détruire en partie ; — *Aubenton*, vieux camp romain, puis ville forte, comme Marle saccagée à plusieurs

---

(1) Nous ajoutons « proprement dit », car en souvenir d'une époque antérieure, on comprenait parfois encore sous le nom de *Vermandois*, outre ce pays, la Thiérache, le Noyonnais et le Laonnois.

(2) Lettre à son père, du 22 sept. 1790. — Lorsqu'il devint ensuite membre de la Convention, Camille DESMOULINS fut elu par Paris, et non par le département de l'Aisne. — (1762 †1794).

reprises, devenue commerçante en étoffes et en vins surtout, dont elle était l'entrepôt pour la Flandre ; *Rozoy* ; *Montcornet* ; *Crécy-sur-Serre* ; enfin *La Fère*, aussi connue pour l'importance de son arsenal que pour le mérite de son école militaire ; — et *Ribemont*, où avait vu le jour Caritat de Condorcet, le marquis démocrate, mathématicien, philosophe et politique illustre : ce « volcan couvert de neige »(1), que devait submerger l'éruption formidable de Quatre-vingt-treize (2).

3. Dans le Noyonnais : *Noyon*, qui dans ses murs réunit trois conciles avant que Calvin y naquit d'un père notaire apostolique et secrétaire de l'évêché ; *Chauny*, où l'on commençait à polir les glaces coulées par la célèbre manufacture privilégiée de *St-Gobain* ; — et *Genlis* (aujourd'hui Villequier Aumont).

4. Eu Laonnois : *Bruyères* ; *Corbeny* ; *Craonne* ; *Crépy-en-Laonnois* ; *Liesse*, où l'on venait en pèlerinage depuis le xie siècle ; — *Sissonne* ; *Neufchâtel-sur-Aisne* ; — enfin au milieu *Laon*, seule ville véritable, berceau des libertés municipales (3).

5. Dans le Soissonnais : *Soissons*, autre berceau, plus vieux encore, pour avoir été celui de la monarchie française ; — *Blérancourt*, modeste bourg lié sous peu au nom puissant et redoutable du jeune Saint-Just, « l'archange de la mort » (4) et de la victoire, *dont la carrière politique allait s'ouvrir par une intervention remarquée dans l'ardente question du chef-lieu du département, en faveur de Soissons* (5) ; — *Coucy-le-Château,* au donjon ruiné mais

---

(1) D'Alembert — (2) Député de Paris à l'Assemblée législative, Condorcet fut *député de l'Aisne à la Convention* (ayant opté pour son département d'origine, par préférence aux trois autres, l'Eure, le Loiret et la Sarthe, qui l'avaient également choisi). — (1743-†1794).

(3) Etant indiqué, comme nous le verrons dans un instant, que la *Thierache* et le *Laonnois* dépendaient du diocèse de Laon, il nous paraît intéressant de reproduire ici l'autographe documentaire suivant : « Coucy-le Chateau, Guise, La Fère, « Laon, Marle, Ribbemont, Vervins : De concert avec M^r l'Intendant de Soissons, « les sept lieux cy-dessus sont les seuls du diocese de Laon qui puissent être « regardés comme villes véritables. S'il y en a quelque autre qui conserve « encore le titre de ville, il n'en est redevable qu'à quelques restes infortunés de « murailles qui l'entouraient autrefois et non à son etat actuel, lequel ne le « distingue point des simples bourgades ou villages. *Signe* : J.F.J. Evesque Duc « de Laon » c'à-d Jean François Joseph de Rochechouart, avant dernier évêque de Laon. (1741-1777) [*Bib. Nat.* Coll. Ed. Fleury. Tome I. f° 42].

(4) Michelet — (5) Trop jeune encore pour pouvoir entrer à la Législative, St Just fut nommé *député de l'Aisne à la Convention*, (ainsi que Condorcet et leurs dix autres collègues) par les électeurs du département assemblés dans la Cathédrale de Soissons, en sept. 17.. (767-†17..).

toujours « superbe » ; — *Anizy ; Vailly ; Braisne* et *Neuilly-Saint-Front*.

6. En VALOIS : *Compiègne*, où de tous temps les Rois de France possédaient des châteaux ; — *Pierrefonds*, dont le sien était à refaire en entier ; — *Villers-Cotterêts*, résidence ombragée et favorite de la maison d'Orléans depuis un siècle ; — *La Ferté-Milon*, qui autrefois avait vu naître Racine, et La Fontaine se marier un jour de distraction ; — *Acy-en-Multien* ; *Nanteuil-le-Haudouin* ; *Crépy-en Valois*, ancien chef-lieu du duché ; — *Senlis*, ville diocésaine ; — ainsi que *Verberie*.

7. Et dans la partie de la BRIE qui nous intéresse : *Fère-en-Tardenois* ; *Château-Thierry* que le Fabuliste devait toujours préserver des oublis de l'Histoire ; — *Nogent-l'Artaud* et *La Ferte-sous Jouarre*.

Disons enfin, pour encadrer ces divers pays, qu'ils étaient bordés, au nord : par le CAMBRÉSIS et le HAINAUT, tous deux dûs à la conquête de Louis XIV et devenus français par le traité de Nimègue, en 1678, soit depuis un peu plus d'un siècle seulement ; à l'ouest, par l'ARTOIS, le SANTERRE et le BEAUVAISIS ; au sud et à l'est par les PAYS DE CHAMPAGNE (1).

(1) Sur ces différents *pays*, considérés au point de vue géographique, Cf notamment : A. DEMANGEON. *La Picardie et les régions voisines*. Paris. 1905. (Vermandois, Thiérache, Noyonnais, Laonnois, p. 435 et suiv). — L. GALLOIS *Etude sur la région parisienne*. Paris. 1908. (Soissonnais, Valois, Brie pouilleuse et Gallevesse, p. 128 et suiv.). — E. CHANTRIOT. *La Champagne*. Paris. 1906. (Brie et pays Champenois, p. 271 et suiv.).

§ 2. DIVISIONS ECCLÉSIASTIQUES

Diocèses

Fig. 2. — Les anciens Diocèses de la région de l'Aisne.

L'analogie qu'ont les *pays* avec les *pagi* d'autrefois, se retrouve plus fréquemment et peut-être plus exactement encore entre les *civitates* et les *diocèses* tels qu'ils existaient à la veille de la Révolution. On sait en effet que le christianisme avait commencé à s'établir sur le plan des juridictions de l'époque romaine et que son organisation primitive s'était maintenue presque sans changement à travers les siècles. En 1789, de toutes les divisions du Royaume, les circonscriptions ecclésiastiques se présentaient donc avec le caractère le plus ancien et sous des formes depuis longtemps les mieux déterminées.

La surface du département de l'Aisne appartenait alors à trois diocèses principalement, ceux de *Noyon*, de *Laon* et de *Soissons*, tous relevant de l'archevêché de Reims.

Noyon n'était devenue chef lieu de diocèse qu'au début du VIe siècle ; son évêché, dont on ne sait au juste si le siège initial était à Saint Quentin ou à Vermand, se rapportait à la *Civitas Veromanduorum*, en renfermant les pays du Santerre et du Vermandois proprement dit. Il était borné au sud-est par l'Oise, depuis un peu plus haut que Compiègne jusqu'aux environs de Moy ; de là sa bordure orientale se prolongeait dans la direction du nord, à peu près à égale distance de cette rivière et de celle de la Somme, dans leur cours supérieur. Son ressort, de 343 paroisses, ne formait qu'un seul archidiaconé, mais se répartissait entre neuf doyennés (1).

Sur la droite du diocèse de Noyon, se trouvait celui de Laon, limité au sud, contre celui de Soissons, presque tout du long par l'Ailette, affluent de l'Oise (2), et vers l'est par celui de Reims, dont il n'était d'ailleurs qu'un démembrement opéré vers la fin du ve siècle. Comptant au total 438 paroisses, il comprenait les pays de Thiérache et du Laonnois proprement dit (3), à chacun desquels correspondaient, depuis le xive siècle, ses deux archidiaconés, dont la Serre inférieure formait en partie la séparation et qui se subdivisaient eux-mêmes en douze doyennés (4).

LOUIS-HECTOR DE SABRAN
Evêque-Duc de Laon
DÉPUTÉ DU VERMANDOIS
aux Etats-Généraux de 1789

Le dernier Evêque du diocèse de Laon.
(1778-1790)

D'après un dessin de la Coll. Ed. Fleury. Bibl. Nat.

Au dessous des évêchés de Noyon et de Laon, s'étendait le diocèse de Soissons, originairement établi sur le territoire de la *Civitas Suessionum,* vers le milieu ou la fin du IIIe siècle ; outre le Soissonnais proprement dit, il englobait la plus grande partie

---

(1) Noyon, Chauny, Vendeuil, Saint-Quentin, Péronne, Athies (dont Vermand dépendait), Curchies, Nesle et Ham.

(2) Cf. Carlet (Abbé). *La rivière d'Ailette.* 1860 (Bull. du Comité archéol. de Noyon, p. 308).

(3) V. sup. p. 12 note 3. — On réunissait aussi quelquefois ces deux pays sous l'unique appellation de *Laonnois.*

(4) Laon, Bruyères, Marle, Mons, Montaigu, Neufchatel, Vervins, de l'archidiaconé de Laon. — Aubenton, Crécy, Guise, La Fère et Ribemont, de l'archidiaconé de Thiérache.

du Valois et une certaine fraction de la Brie Champenoise ; l'Oise et l'Ailette étaient vers l'est et le nord ses seules bornes naturelles, contre ceux de Beauvais, de Noyon et de Laon ; au sud-ouest une simple ligne conventionnelle et à peu près droite, de Verberie à Montmirail, le séparait de ceux de Senlis, de Meaux et de Troyes ; d'autres lignes semblables, entre Montmirail et Epernay, puis d'Epernay vers Fismes, formaient ses limites au sud-est contre le diocèse de Châlons et au nord est contre celui de Reims. Quatre archidiaconés et dix-huit doyennés (1) se partageaient son étendue et ses 424 paroisses.

Quant aux diocèses d'alentour, de Beauvais, de Senlis, de Meaux, de Troyes, de Châlons, de Reims, de Tournai et de Cambrai, il nous aura suffi de les énumérer, non sans indiquer pourtant que la lisière méridionale de ce dernier passait quelque peu en Thiérache et venait écorner le sommet du Vermandois. (2)

§ 3. DIVISIONS FINANCIÈRES ET ADMINISTRATIVES

**Élections et GÉNÉRALITÉ, INTENDANCE et Subdélégations
Greniers à sel, Maîtrises des eaux et forêts
Départements de 1787.**

Tandis que l'organisation ecclésiastique établie en France dès les premiers siècles de notre ère se conservait presque intacte, malgré les fluctuations politiques, jusqu'à la fin de l'ancien régime,

---

(1) Soissons, Vailly, Chacrise, Viviers (aujourd'hui Vivieres), de l'archidiaconé de Soissons. — Vic-sur-Aisne, Collioles, Bethizy, Blerancourt, de l'archidiaconé de la Rivière. — Châtillon sur-Marne, Château-Thierry, Orbais, Chezy, Dormans Montmirail, de l'archidiaconé de Brie. — Bazoches, Oulchy, Neuilly St-Front, Fere, de l'archidiaconé de Tardenois.

(2) Sur ces dioceses, Cf. notamment : Houllier (Abbé), *Etat eccl. et civ. du dioc. de Soissons*. Compiègne. 1783. — D. N. Lelong. *Hist. eccl. et civile du dioc. de Laon*. Châlons. 1783. — *Notice hist. sur l'anc. dioc. de Laon*. 1844 (Bull. Soc. arch. du départ. de l'Aisne, p. 73). — J. Desnoyers. *Topog. eccl. de la France pendant le moyen-âge et dans les temps mod. jusqu'en 1790*. 2ᵉ partie (Ann. Soc. Hist. de Fr. 1859-1863 — Ledouble (Abbé) *Etat religieux anc. et mod. des pays qui forment auj. le dioc. de Soissons*. Soissons. 1880.

On trouvera dans ce dernier ouvrage le détail complet des paroisses des anciens diocèses de Noyon (un tiers environ), de Laon (toutes, sauf deux : Brienne et La Neuville-aux-Joutes), de Soissons (les trois quarts environ), qui restèrent dans le département de l'Aisne, et de celles qui s'y trouvèrent comprises en provenance des diocèses de Cambrai (17), de Meaux (3), de Troyes (4) et de Reims (1). V. également à ce propos Matton. *Dict. topog. Aisne* Introd. p. VII.

l'organisation civile du pays qui ressentait le contre-coup incessant des évènements historiques, se constitua lentement au contraire, à mesure que le Roi parvenait à affermir son autorité et à accroître son domaine. Aussi subit-elle de continuelles variations dans le nombre et dans les attributions de ses fonctionnaires, comme dans l'étendue des ressorts soumis à leur juridiction.

Pour la levée des impôts, qui fut pendant longtemps son souci à peu près exclusif, l'administration royale eut de bonne heure besoin d'auxiliaires spéciaux, répartis par divisions bien définies sur l'ensemble du territoire, afin que dans aucune de ses parties, il ne devînt possible d'échapper au fisc : de là l'institution des *élus* et l'établissement des *élections*, dont l'origine se trouve dans les mesures prises, vers le milieu du xive siècle, par les Etats Généraux, lorsqu'ils acquirent le droit de percevoir l'impôt, sous le règne du Roi Jean.

De prime abord, ainsi que leur nom l'indique, les « élus » avaient été choisis par les représentants de la Nation; mais cela dura peu. Dès qu'il se fût affranchi de la tutelle des Etats, le pouvoir royal — tout en conservant le même nom — transforma les élus en agents nommés par lui, administrateurs et juges à la fois, qui avaient pour mission d'assurer la répartition et le recouvrement des tailles, des aides et autres subsides, ainsi que de régler les contestations et difficultés relatives à ces contributions, dans l'étendue d'un certain territoire, auquel on donna tout naturellement le nom d' « élection ».

Les divisions ecclésiastiques ayant alors les limites les plus précises, c'est généralement d'après elles que fut établie cette première sorte de circonscriptions financières (1). Mais des ressorts aussi vastes que les diocèses ne convenaient guère pour une administation fiscale. Si l'on ajoute à cette raison de service, l'intérêt pécuniaire qui s'attachait au développement des charges vénales, on comprend aisément pourquoi les élections ne tardèrent pas à se multiplier, *par fractionnement suivant les évêchés*, avec

---

(1) « Les sièges d'eslection, ont esté establis d'ancienneté selon les éveschez et « diocèzes, afin de mieulx reigler les départemens — (*c'est-à-dire les repartements d'impôt*) — par paroisses ». Guy-Coquille. *Hist. du Nivernais 1612* — Cette remarque est générale ; ainsi dans notre région, les premieres elections furent celles de Noyon, de Laon, de Soissons et de Reims (Cf. Longnon *Dict. topog. Marne*).

lesquels elles n'avaient d'ailleurs que cette relation topographique (1).

Afin de diriger la gestion du produit des impositions dont les élus étaient chargés de garantir la rentrée, on institua d'abord, très au dessus d'eux et pour tout le pays, quatre *Généraux des finances* (2). De là vient sans doute l'appellation de *Généralités*, qui dès lors paraît avoir été appliquée aux territoires sur lesquels ces agents supérieurs exerçaient leur action. Le nombre, l'organisation intérieure et les chefs-lieux des Généralités éprouvèrent ensuite de nombreux changements ; toutefois leur nom subsista pour servir à désigner la circonscription d'une *Recette générale* et le ressort juridictionnel d'un *Bureau des finances*, où et par qui les deniers royaux de toute provenance étaient centralisés.

Dans les contrées en « *pays d'élections* »(3), ce sont ces dernières que l'on prit comme élément de formation des Généralités, dont elles demeurèrent après cela les subdivisions. Ainsi, au début du XVIe siècle, quand aux quatre grandes Généralités primitives eurent succédé dix-sept nouvelles Recettes de moindre étendue, le nord de la France à cette époque se trouva réparti entre trois d'entre elles, constituées de la manière suivante : à la *Généralité d'Amiens*, avaient été rattachées les élections de Saint-Quentin, de Noyon et de Péronne (du diocèse de Noyon), de Montdidier, de

---

(1) Vers le milieu du 15e siècle, le diocèse de Noyon en comptait 3 : Noyon, Péronne, St-Quentin ; — le diocèse de Soissons, 3 aussi: Compiègne, Soissons, Château-Thierry ; — celui de Reims, 2 : Reims et Rethel ; — celui de Laon, par contre, se maintint très longtemps avec une seule élection correspondante.

(2) Les quatre Généraux des finances étaient départis, l'un en Langue d'oc, l'autre en Langue d'Oïl, le 3e en Outre-Seine et Yonne (dont faisait partie notre région), et le 4e en Normandie.

(3) Les « pays *d'élections* » étaient ceux où les impôts étaient répartis par l'intermédiaire de la *juridiction des élus*, dont nous avons parlé. Ils se distinguaient des « pays d'Etats » qui, quoique réunis à la Couronne, avaient conservé le droit d'ordonner, dans *l'assemblée de leurs députés*, les contributions qu'ils devaient payer au Roi, (il n'y avait point de sièges d'élections dans les pays d'Etats); et d'autre part des « pays *d'imposition* », pays conquis où l'on ne trouvait ni Etats, ni élections et où la répartition de l'impôt était faite *d'office*, directement par les agents de l'administration.

Il n'y eut des Généralités que dans les pays d'élections. Les pays d'Etats et les pays d'imposition échappèrent à ce cadre *financier* ; ce fut le cas du Hainaut (imposition) et du Cambrésis (Etats) dont nous aurons à parler ; mais lorsque circonscriptions *administratives* d'Intendances eurent été créées, les pays d'imposition comme les pays d'Etats en firent partie. L'intendance de Valenciennes, en dernier lieu, comprenait justement le Hainaut et le Cambrésis réunis.

Doullens, d'Abbeville, etc.., (du diocèse d'Amiens); — à la *Généralité de Paris*, les élections de Château Thierry, de Soissons et de Compiègne (du diocèse de Soissons), de Clermont (du diocèse de Beauvais), de Crépy-en-Valois (des diocèses de Senlis et de Soissons), etc...; — à la *Généralité de Châlons*, les élections de Laon (qui correspondait au diocèse entier de cette ville), de Reims et de Rethel (du diocèse de Reims), de Châlons, de Sézanne, etc... (du diocèse de Châlons).

La création de tout nouveau siège de juridiction de quelque nature ou importance qu'il fût, impliquait l'établissement d'une série d'offices à négocier de suite ; c'était donc là pour le Trésor royal un procédé commode de se procurer quelques ressources immédiates, en cas de pressant besoin d'argent. Ainsi naquit la **Généralité de Soissons**, comme l'explique sans détours l'acte même de son institution, lequel est un Edit d'Henri IV, par lui « donné au camp devant La Fère, au mois de novembre, en l'an de grâce de 1595, et de son règne le septième », au moment où ce Roi, après avoir à peu près complètement vaincu les Espagnols et la Ligue, venait de consentir à transiger avec celle-ci et notamment à traiter avec le Duc de Mayenne, qui en avait été l'un des chefs principaux.

Voici d'ailleurs le texte même du préambule de cet Edit :

« Depuis notre advenement à la Couronne — expose Henri IV — nous avons essayé par tous moyens de mettre nostre pauvre peuple en repos, et faire cesser les misères et afflictions qu'il a endurées par la continuation de la guerre ; enfin il a pleu à Dieu nous en donner le moyen par la paix et réconciliation générale de tous nos bons sujets sous nostre obéissance. Pour laquelle establir en tout nostre Royaume, et faire sortir les garnisons estrangères qui sont encore en aucunes de nos villes, *il nous est besoin de faire faire un fonds de deniers autre que de nos finances ordinaires. Et nous ayant été sur ce faictes plusieurs ouvertures de moyens extraordinaires, il ne s'en est trouvé aucun plus propre que par la création et establissement d'aucuns offices, mesme d'un Bureau de nos Finances en nostre Ville de Soissons, et à l'instar de nos autres Généralitéz* : que nous avons trouvé fort utile et commode pour estre ladite Ville de Soissons Capitale du païs de Soissonnois, bien fortifiée et munie contre toutes les invasions des ennemis, bien peuplée et commode, sise en païs fort fertil et sur une rivière navigable, où il y a siège de Bailliage, Election et Grenier à sel. Et ayant cette affaire été traictée en nostre Conseil... avons pour le bien de ladite paix par cestuy notre Edict establi et establissons en nostre dite Ville de Soissons une Généralité et Bureau de Recette générale de nos finances..... »

Comme prix de sa soumission, entre autres avantages personnels, le Roi avait accordé au Duc de Mayenne le *Gouvernement militaire du Soissonnais* et la possession provisoire, comme places de sûreté, des villes de Seurre, de Châlons, et de *Soissons* où, en qualité de Gouverneur, il se fixa. Par amour-propre et pour se faire bien accueillir, il voulut apparemment que, sous l'aspect d'un important chef-lieu judiciaire et financier, sa résidence reprit figure de petite capitale. Pour elle, il obtint donc du Roi — qui sut y retrouver son compte — la création simultanée d'un Bailliage provincial avec siège Présidial (1) et d'un Bureau de recette avec Généralité.

Nous reparlerons du Bailliage. Quant à la Généralité, il fallait déterminer sa circonscription et cela ne se pouvait qu'aux dépens de celles d'alentour. Voyons donc de quelle manière on procéda :

« Audit Bureau et Généralité — d'après le texte même de l'Edit — ressortiront les élections et greniers à sel de Soissons, Crespy, Château-Thierry, Clermont-en-Beauvoisis, Coucy, la Ferté-Milon, et Chambres qui en dépendent, qui auparavant ressortissoient en la Généralité de Paris... et aussi l'élection et grenier à sel de Noyon qui ressortissoient en la Généralité de Amiens ; et pareillement l'élection et grenier à sel de Laon, et les greniers de Velly (*sic*), Cormisi, Marle et Guyse, qui ressortissoient en celles de Chaalons en Champagne ; lesquelles élections et greniers pour doresnavant et à toujours demeurer sous ladicte Généralité de Soissons, nous avons distraictes, séparées et éclipsées des susdites Généralitéz .. nonobstant toutes oppositions ou appellations... comme aussi tous autres Edicts et Ordonnances, règlemens sur le faict, distribution et maniement de nos finances et autres choses à ce contraires... »

Les *greniers à sel*, dont il est parlé dans la citation qui précède, conjointement avec les élections, avaient comme ces dernières, au point de vue financier, un double caractère administratif et contentieux, mais restreint à une matière très spéciale. On sait, en effet,

---

(1) Cette création résulte d'un Edit de septembre 1595 (deux mois seulement avant celui par lequel la Généralité fut établie), où il est dit, au nom du Roi, que : « ... Es meilleures et principales villes de ce Royaume, celle de Soissons a
« semblé meriter de long temps d'estre décorée tant d'un bailliage que d'un siege
« présidial, pour estre en assiette d'importance à la seureté de l'Etat...... *estant*
« *aussi bien mémoratif que par le traité de paix et pour le bien d'icelle, nous*
« *l'aurions ainsi promis et accordé...* ».

qu'avant la Révolution le sel se trouvait entreposé dans les villes et les bourgs les plus importants, d'où il était débité aux habitants des villages voisins de ces centres d'approvisionnement, par l'autorité publique, qui là également statuait en première instance sur les diverses contestations relatives à la distribution de cette denrée. Les sièges d'élections et de greniers à sel étaient souvent distincts ; mais malgré le cas de réunion dans la même localité, leurs circonscriptions réciproques ne concordaient pas ; il y avait d'ailleurs plus de ceux-ci que de celles-là. Sans entrer dans des détails qui nous entraîneraient trop loin, disons ici qu'il convient de ne point prendre le texte de l'Edit absolument à la lettre. Il ne faisait qu'indiquer le rattachement à la Recette de Soissons, des greniers à sel compris en totalité ou pour partie sur l'étendue des élections, dont il organisait l'assemblage à l'état de nouvelle Généralité, avec cette ville pour chef-lieu ; mais c'était aux limites du groupe d'élections, et non de greniers, que devaient se fixer les bornes de cette Généralité (1).

Les élections, à cet effet « distraictes, séparées et éclipsées », étaient donc en somme au nombre de six : celles de Clermont, Crépy, Soissons et Château-Thierry, prélevées sur la Généralité de Paris ; celle de Noyon, détachée de la Généralité d'Amiens ; enfin celle de Laon, prise à la Généralité de Châlons. L'étendue de la circonscription établie de la sorte, demeura par la suite à peu près telle qu'elle résultait de l'Edit de 1595. Elle subit seulement, quelques années plus tard, vers 1610, une légère amputation au sud-est, du fait de la création d'une élection à Epernay, qu'on forma d'un prélèvement sur celle de Reims, joint à une partie de celle de Château-

(1) Pour les ressorts des greniers à sel, V. aux *Arch. départementales*, un intéressant Atlas manuscrit, intitulé : « *Recueil des cartes générales et particulieres des élections et greniers à sel de la Generalité de Soissons fait à dessein de les faire comprendre dans l'état qu'elles sont présentement et les projets de l'état ou elles se peuvent mettre... Levé et dessiné sur les lieux pour le Roy Louis XIIII* (sic) *par le Sr de Saulcet, Ing^r et géographe* ». Ce géographe, « pour la commodité du peuple » dit il lui-même, proposait déjà une série d'echanges de paroisses en vue d'arrondir et de faire concorder les circonscriptions des élections et des greniers à sel réunies Son judicieux projet resta sans suite. — A la fin du XVIIIe siecle, les chefs-lieux des greniers à sel de la Généralité semblent être encore les mêmes que ceux mentionnés dans l'Edit de 1595, savoir : *Guise, Vervins, Aubenton, Marle, Laon, Noyon, Coucy-le-Château, Soissons, Vailly, Crepy-en-Valois, La Ferté-Milon*, et *Château-Thierry* — (Cf. MATTON. *Dic. topog. Aisne*. Introd. XIX).

Thierry (1); cette partie doit correspondre environ à la fraction du diocèse de Soissons restée finalement en dehors des limites de la Généralité de cette dernière ville. Peu de temps encore après, un autre changement survint, mais cette fois sans occasionner aucune modification de superficie: en 1614, une septième élection fut créée à Guise, dont on composa le ressort au moyen d'emprunts faits à celle de Noyon et surtout à celle de Laon (2). Ce nouvel état de chose persista jusqu'en 1789, intégralement.

Des sept élections de la Généralité de Soissons, dont nous connaissons maintenant les centres, six seulement constituaient un ensemble d'un seul tenant (3): celles de *Guise* [100] et de *Laon* [334], englobant la Thiérache et le Laonnois, à l'instar du diocèse de Laon ; celle de *Noyon* [135], simple section de son évêché, dans laquelle se renfermait le Noyonnais ; celles de *Soissons* [229], de *Crépy* [99] et de *Château-Thierry* [119], qui comprenaient le Soissonnais,

Fig. 3. — Les anciennes GÉNÉRALITÉS OU INTENDANCES et ÉLECTIONS de la région de l'Aisne.
(De la Généralité de Soissons, il manque à cette figure, l'élection de Clermont-en-Beauvaisis. V. ci-après la carte complète de cette Généralité. Pl. III, p. 38 *ter*).

---

(1) Cf. LONGNON. *Dict. topog. de la Marne*. Introd.

(2) Cf. MATTON. *Dict. topog. de l'Aisne*, au mot: Guise; et du même, *Hist. de Guise*. l. p. 390.

(3) Les chiffres entre crochets, à la suite du nom des élections, indiqueront le nombre de paroisses comprises dans chacune d'elles (d'après le *Dictionnaire d'Expilly*); ils permettront d'apprécier à ce point de vue leur diversité d'importance. L'addition de ces chiffres donne, pour l'ensemble de la Généralité de Soissons, un total de 1119 paroisses.

une grande partie du Valois et de la Brie Champenoise, sur le diocèse de Soissons presque entier et sur une portion de celui de Senlis. Quant à la dernière, celle de *Clermont en-Beauvaisis* [103], elle formait un îlôt séparé du groupe compact des autres par l'élection de Compiègne, qu'on avait maintenue dans la Généralité de Paris, probablement en considération de la résidence royale que renfermait sa ville chef-lieu.

Ainsi répartie sur une étendue d'environ trente lieues dans sa plus grande longueur et de vingt en largeur moyenne, d'une superficie totale de 445 lieues carrées et d'une population estimée, en 1781, à 429,260 âmes (1), la Généralité de Soissons était bordée au nord, par le Hainaut et le Cambrésis (2) ; à l'ouest, par la Généralité d'Amiens, dont les élections : de *St-Quentin* [81] (qui correspondait, dans l'évêché de Noyon, au Vermandois proprement dit), et de Montdidier, venaient s'adosser contre celles de Guise, de Noyon et de Clermont ; au midi et à l'est, par les Généralités de Paris et de Châlons, avec leurs élections limitrophes : de Compiègne, de Meaux et de Coulommiers, pour la première ; de Sézanne, d'Epernay, de Reims et de Rethel, pour la seconde.

En 1789, si la Généralité de Soissons se trouvait bien fixée quant à ses contours et à ses subdivisions depuis la fin du xvie siècle, il y avait alors presque aussi longtemps (car c'était depuis le milieu du siècle suivant), qu'à l'instar de toutes les autres du Royaume, elle n'était plus seulement une simple circonscription fiscale, placée sous la juridiction d'un Bureau de Recette générale, mais qu'en outre elle constituait un important ressort administratif, comme territoire d'attributions d'un **Intendant** : haut commissaire royal, investi par délégation directe du Souverain de pouvoirs extrêmement larges et qui centralisait entre ses mains la direction de *toutes* les affaires d'intérêt général et local.

On sait que l'institution des Intendants, dont l'origine est antérieure à Richelieu, reçut sous ce Ministre son caractère permanent et fut étendue par lui à toute la France. On sait également

---

(1) *Tableau annexé au projet de décret sur la répartition des contributions foncière et mobilière de 1791.* [Archives parlementaires (1789-1800). Tome XXVI. p. 533].

(2) Ni l'un ni l'autre, pays d'élections (V. *sup.* page 18, note 3, *in fine*).

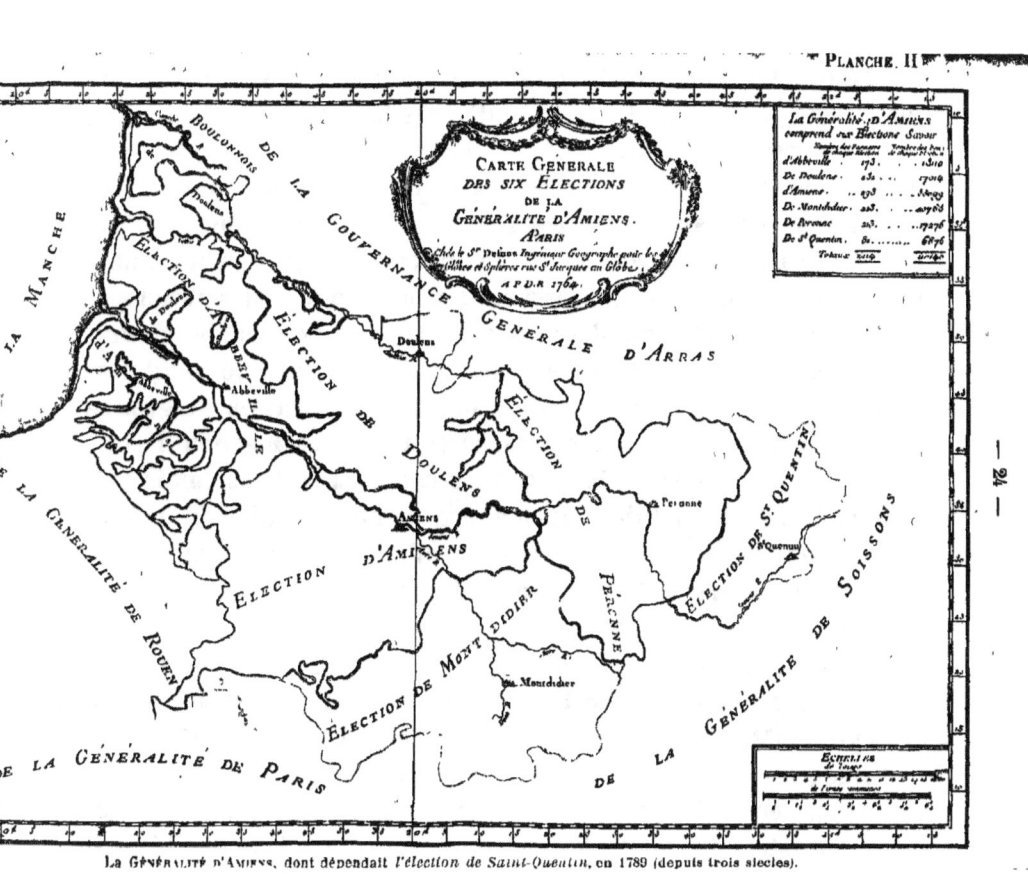

La Généralité d'Amiens, dont dépendait l'élection de Saint-Quentin, en 1789 (depuis trois siècles).

quelle place énorme ces puissants fonctionnaires tinrent par la suite dans l'administration du pays ; quel rôle absorbant et trop souvent abusif ils ont joué dans l'histoire de l'ancien régime ; quelle était en conséquence leur impopularité à la veille de la Révolution, malgré que les excès de pouvoir reprochés aux agents de Louis XV, fussent devenus beaucoup plus rares sous le règne suivant.

Comme tout dépendait d'eux, non seulement les affaires « de justice, de police et de finances », d'après leur titre de nomination, mais encore celles relatives au commerce et à l'industrie, à l'agriculture et aux travaux publics, voire maintes questions d'ordre militaire et ecclésiastique, les Intendants ne pouvaient pas, par eux-mêmes, suffire et voir à tout. Pour être renseignés, pour transmettre leurs ordres et pour assurer l'exécution de leurs décisions, ils se choisissaient donc, dans chaque élection, des collaborateurs, des mandataires personnels, appelés *subdélégués*, qui devaient respectivement s'occuper d'un certain nombre de paroisses, au groupe desquelles on donnait le nom de *subdélégations* : ce n'étaient là que des auxiliaires privés et des divisions conventionnelles, mais qui, par la force de la tradition, avaient acquis une situation de fait non moins bien établie que si elle eût été officiellement reconnue. En dernier lieu, dans la Généralité de Soissons, seule l'élection de Clermont formait une subdélégation; toutes les autres se partageaient entre plusieurs ; celle de Guise en avait deux, dont les chefs-lieux étaient Guise et Hirson ; celle de Laon en comptait huit : Laon, Coucy-le-Château, Craonne, La Fère, Marle, Ribemont, Rozoy et Vervins; celle de Noyon, trois : Noyon, Ham et Chauny ; celle de Soissons, deux : Soissons et Oulchy-le Château ; celle de Crépy-en-Valois, quatre : Crépy, La Ferté-Milon, Neuilly-St-Front et Villers-Cotterêts ; enfin celle de Château-Thierry, trois : Château-Thierry, Fère-en-Tardenois et Montmirail (1).

L'envoi d'un Intendant dans la Généralité de Soissons ne paraît avoir eu lieu que vers 1640. Jusqu'en 1789, les titulaires de cette fonction, dont les premiers sont mal connus, furent au nombre

---

(1) Pour le détail des paroisses comprises dans le ressort des diverses élections de la Généralité de Soissons ou autres, Voy. les *Diction. geographiques* de Saugrain (1726) et d'Expilly (1763-1770 inachevé), et notamment quant à leur division par subdélégations : Houllier. *Etat du dioc. de Soissons.* p. 545.

d'environ vingt-cinq — parmi lesquels, un beau-frère de Colbert : Jean DESMARETS (1665-1667) ; un frère du fameux évêque de Meaux Antoine BOSSUET (1685-1696) ; et peut être quelque parent du grand économiste et homme d'Etat, qui se rendit d'abord célèbre comme

Le dernier Intendant de la Généralité de Soissons.
(Devenu Pair de France sous la Restauration)

D'après une estampe de la *Bibl. Nat.*

Intendant du Limousin : TURGOT Marc-Antoine (1720-1722). L'avant-dernier, Louis LEPELLETIER, resta en fonctions durant vingt années (1765-1784) ; c'est à lui qu'est due la construction d'une nouvelle Intendance pour sa demeure et pour ses bureaux, qui après avoir servi de local à l'Administration du district, puis à l'Ecole centrale du département, sous la Révolution, ensuite de Palais inhabité par les titulaires impériaux de la Sénatorerie d'Amiens (1), est devenue l'Hôtel-de-Ville de Soissons depuis 1817 (2). Quant au dernier, ce fut Charles-Esprit-Marie De La Bourdonnaye de Blossac (1784-1789), fils de l'Intendant de Poitiers (dont le nom se perpétue, dans cette ville, sous celui d'une promenade magnifique concédée par lui), et gendre de M. de Bertier de Sauvigny, Intendant de Paris, massacré le 22 Juillet 1789 (3).

Lors de la Révolution, la Généralité ou Intendance de Soissons, comprenant les villes de Chauny, *de* Guise, *de* Laon, *de* Soissons, *de* Villers-Cotterêts *et de* Château-Thierry *(pour ne citer que celles de sa partie orientale, demeurées dans l'enclave du département), comptait donc, en tant que circonscription parfaitement délimitée, à peu près deux siècles d'existence, et cent cinquante années environ de soumission à une direction politique uniforme, à un système commun d'administration générale, durant une période de centralisation despotique et de régime absolu.*

Au point de vue de notre sujet, c'est là un fait capital que nous devions mettre en lumière, même au prix de quelque longueur.

Outre les divisions et subdivisions d'ordre principalement administratif ou financier que nous avons eu l'occasion d'indiquer dans ce paragraphe, il en existait maintes autres, aux limites assez difficiles à déterminer ; par exemple, les *maîtrises des eaux et forêts*. Comme l'élection et le grenier à sel, la maîtrise était, en même temps qu'une administration, un tribunal. Ses officiers

---

(1) Tronchet (1802-1806), puis le Comte Claude de Beauharnais (1806-1814).

(2) Durant tout le xixe siècle, la Sous-Préfecture occupa aussi l'aile droite de ce bâtiment. Par une coïncidence assez curieuse, elle se trouve actuellement installée (depuis 1901) dans une maison qui fut construite autrefois sur l'emplacement de la précédente Intendance.

(3) Ch. E. M. De la Bourdonnaye de Blossac né en 1753, était donc âgé de 31 ans seulement, à son entrée en fonctions. Il donna sa démission en août 1789, après la mort tragique de son beau-père et se retira dans ses terres de la Vienne, puis émigra. — Rentra en 1814, suivit de Louis XVIII à Gand ; fut nommé Pair de France après les Cent jours — Refusa de prêter serment au Gouv[t] de Louis-Philippe — Mort dans l'Yonne, en 1840. (Cf De Bertier. *Bull. Soc. Arch. de Soissons*, 1888 p. 136: Notice sur M. De Blossac, avec un élégant portrait de lui, jeune homme). [Mr Lepelletier (de Mortefontaine) qu'il remplaça, avait quitté Soissons pour aller occuper la charge de *Prévôt des marchands* de Paris. Il y fut, peut-on dire, le dernier successeur d'Etienne Marcel (1784-1789), cette charge n'ayant été occupée après lui que durant quelques mois, par J. de Flesselles, l'une des premières victimes de la Révolution. Bailly, dont nous aurons à parler, entra ensuite à l'Hôtel de Ville de Paris, comme *premier Maire*].

veillaient au service de la navigation, à la conservation des forêts, et par là ils géraient une partie des revenus de beaucoup de communautés rurales dont la principale ressource était la coupe de leurs bois ; en tant que juges, ils connaissaient de tous les délits commis en matière de forêts, de chasse et de pêche. Pour les pays boisés compris dans la Généralité, *Aubenton, Guise, Laon, Chauny, Coucy, La Fère, Villers-Cotterêts*, ainsi que *Soissons* comme chef-lieu, étaient des sièges de maîtrises.

Il est finalement une division, d'ailleurs la dernière en date et presque éphémère, dont il nous faut dire un mot, surtout à cause de son appellation. En 1787, lors de l'institution généralisée des Asssemblées provinciales, on composa, tant en vue de leur organisation que de leur fonctionnement, des « *départements* », par élections ou par groupe de deux élections, suivant les endroits (1). Chacune des élections de la Généralité de Soissons forma seule un « département » ; de même dans la Généralité voisine, d'Amiens, celle de Saint-Quentin. Au dessous de l'Assemblée provinciale, on y avait créé des assemblées départementales, dont les membres devaient notamment répartir, entre les paroisses de leur circonscription, les impôts établis par cette Assemblée, à l'instar de ce que font aujourd'hui nos Conseils d'arrondissement par rapport au Conseil général. Les *départements (de 1787)* — dès alors fractionnés en « arrondissements » (2) — eurent donc bien déjà le caractère d'un nouveau cadre administratif : mais ils durèrent à peine trois ans et disparurent avec les divisions antérieures pour faire place à une autre, plus étendue, à laquelle ils cédèrent leur nom (3) (4).

(1) Dans les pays où il n'y avait pas d'élections, on donna à ces divisions, au lieu du nom de « département », celui de *district*.

(2) Les chefs-lieux choisis de ces *arrondissements* furent : *Saint-Quentin*, Roupy, Vermand et Le Câtelet — *Guise* ; Hirson ou Aubenton, La Capelle ou Le Nouvion, Bohain ou Origny-Sainte-Benoîte, alternativement — *Laon*, La Fère Marle, Vervins, Sissonne et Craonne — *Soissons*, Attichy, Cœuvres, Braine, Vailly et Oulchy — *Château-Thierry*, Fere-en Tardenois, Chézy l'Abbaye et Montmirail — *Crepy-en-Valois*, Villers-Cotterêts, La Ferté-Milon, etc .. — *Clermont-en-Beauvaisis*, etc... — *Noyon*, Chauny, etc...

(3) (4) Ainsi ces noms, de même que celui de *canton*, n'étaient point nouveaux en 1789. Depuis longtemps on les employait dans deux acceptions différentes : dans le sens de contrée ou de circonscription plus ou moins bien déterminée, mais sans y attacher l'idée de *sous-multiples* à laquelle nous sommes

§ 4. DIVISIONS JUDICIAIRES
Bailliages Royaux

Le rôle de principal représentant de la puissance royale, ayant la haute main sur les affaires de toutes sortes et sur les agents de tous ordres dans l'étendue d'un vaste ressort, rôle que les Intendants tenaient avec tant d'ampleur sous la monarchie absolue, avait précédemment appartenu, par analogie, aux Gouverneurs sous la monarchie tempérée, et aux Baillis sous la monarchie féodale. Parmi les divisions de la France à ces époques diverses, ce sont donc les *bailliages*, les *gouvernements*, enfin les *généralités*, qui devinrent successivement les conscriptions essentielles ; mais toutes trois ayant subsisté conjointement, il était arrivé que chacune de ces divisions avait changé de caractère et d'importance, selon que son fonctionnaire supérieur avait lui-même gagné ou perdu en attributions réelles et en pouvoirs effectifs.

C'est ainsi que, ni de l'omnipotence des quatre Grands Baillis, créés sous Philippe-Auguste (parmi lesquels celui du Vermandois), ni de l'autorité considérable exercée par les baillis plus nombreux du moyen-âge, il ne restait quasiment rien à leurs multiples successeurs du xviiie siècle. Toutes les fonctions que cumu-

---

maintenant accoutumés ; on disait aussi bien « l'arrondissement de notre département », que « le canton de notre arrondissement »; — en second lieu, dans le sens d'application et de répartition d'impôts. On lit déjà, par exemple, dans les *Considérations sur le Gouvernement ancien et présent de la France*, etc... du Marquis D'ARGENSON (La Haye. 1764. p 237) qu'il conviendrait de diviser le royaume « en *départements* moins étendus que ne le sont aujourd'hui les Généralités... », c'est-à-dire en circonscription moins étendues ; — et dans l'*Instruction Officielle* aux directoires des nouveaux départements, datée de juillet 1790. il est dit que leur administration devra relever « les erreurs, inégalités et doubles emplois qui auraient eu lieu lors du *repartement* des impositions », avec cette note explicative : « *On doit entendre aujourd'hui par Département, l'opération de distribution de l'imposition entre les communautés d'un même arrondissement, opération qui était précédemment connue sous le nom de Département* ».

— Sur la Généralité de Soissons, Cf. notamment : DE LA HOUSSAYE (Intendant) «*Mémoire sur la Gen{té} de Soissons, provinces dont ladite Gen{té} est composée, sa situation et son étendue* — 1698 » — Cet intéressant document fait partie de la célèbre Collection des Mémoires des Intendants, rédigés à la fin du xviie siècle, sur les Gen{tés} du Roy{e}. — L'original est à la Bibl. Mazarine, à Paris, n°3223 du Cat. ; la Bibl. de Soissons en possède deux copies manuscrites. Il a été publié dans la Revue « le Vermandois » année 1877. St Quentin — MATTON. *La Gen{té} de Ss. au XVIIIe siècle. Notice pour servir d'Introd. à l'inventaire des Arch. de l'Intendance de Ss.* Laon 1850; broch. in-8; DU MÊME. *Note sur la topographie adm. et financière de la Gen{té} de Ss.* Laon 1850; broch. in-8. — P. DULUC. *L'Intendance de Soissons sous Louis XIV.* 1643-1715 ; Paris 1902, in-8.

laient les anciens dignitaires féodaux étaient depuis longtemps passées à diverses sortes d'officiers royaux. Leur charge seulement se trouvait maintenue et, pour les derniers possesseurs, elle n'équivalait guère qu'à l'acquisition personnelle d'une situation honorifique.

Quant au mot de *bailliage*, qui fut également conservé par habitude, il ne représentait plus qu'une manière de tribunal de première instance dont les membres, devenus indépendants du bailli, continuaient de rendre leurs sentences en son nom, mais désormais pour le compte du Roi. Sans vouloir aborder le sujet confus de leurs attributions, nous nous bornerons à rappeler ici que ces juridictions n'avaient de fixité sous aucun rapport, que leur compétence notamment était essentiellement variable, changeant ici ou là, selon la nature des affaires, la condition des terres ou l'état des personnes, et qu'en conséquence les bornes territoriales de leurs ressorts ne pouvaient être tracées avec précision.

Quelque difficile qu'il soit à délimiter et à définir, le « bailliage royal » apparut pourtant, à l'époque de la Révolution, comme la circonscription judiciaire la mieux caractérisée et la plus propre à figurer en cette qualité, parmi les principales anciennes divisions du Royaume. Mais il semble que cela soit dû surtout à un évènement récent, exceptionnel et considérable qui avait attiré sur elle une attention particulière, après l'avoir accidentellement obligée à se montrer sous l'aspect d'une fraction du pays, formant un tout, ayant de la cohésion et de l'unité, au titre de *circonscription électorale*. De leurs attributions primitives, il restait en effet aux baillis certain pouvoir nominal de convocation pour les élections aux Etats Généraux, et c'est par bailliages royaux que venaient d'avoir lieu — après un intervalle presque de deux siècles — celles auxquelles la France entière devait alors de ressentir une si grande émotion.

Comment donc, en dernier lieu, se répartissaient les bailliages de notre région ?

Voyons d'abord ceux dont l'ensemble ou la majeure partie se trouvait sur le territoire de la Généralité de Soissons ; ils étaient au nombre de treize, d'ancienneté très différente les uns par rapport aux autres et d'une importance superficielle fort inégale ;

— 31 —

Fig. 4. — Les anciens BAILLIAGES de la région de l'Aisne, ayant formé des unités électorales en 1789.

(D'après l'Atlas de M. A. BRETTE).

trois d'entre eux étaient en même temps des sièges présidiaux (1).

A tout seigneur, tout honneur. Le bailliage de Laon [230] (2) établi lors de la réunion du Vermandois à la Couronne de France, formait l'un des quatre grands bailliages entre lesquels se partageait le domaine royal, au temps de Philippe-Auguste et de Saint-Louis (3). Mais, avant 1789, tout en étant resté le plus considérable, comme le plus vieux de la contrée, il se trouvait réduit au seul pays du Laonnois, sur

(1) A l'obscurité des questions touchant la matière des anciens bailliages royaux vient en effet s'ajouter l'incertitude de celle relative aux présidiaux. Ces justices spéciales, dont l'origine remonte à 1551, avaient été créées pour statuer définitivement sur certaines causes de peu d'intérêt et pour décharger d'autant la lente et lointaine juridiction des Parlements. D'abord établies dans quelques villes principales, elles avaient fini non seulement par être instituées près d'un assez grand nombre de bailliages, mais en outre par faire corps avec eux. Les bailliages ayant un présidial annexé, étaient en conséquence devenus des sièges de justice plus importants que les bailliages ordinaires, car en tant que « présidiaux » leur compétence s'étendait, au delà de leur propre ressort, sur un ou plusieurs de ces bailliages simples du voisinage. Telle est du moins l'opinion généralement admise.

Les trois bailliages avec sièges présidiaux de la Généralité de Soissons étaient ceux de Laon et de Château-Thierry qui dataient de la première création, en 1551 ; et celui de Soissons, établi un peu plus tard, en 1595.

(2) Les chiffres entre crochets, à la suite du nom d'un bailliage, indiqueront le nombre des paroisses comprises dans son ressort. Quant à l'énumération de ces paroisses par bailliages, on la trouvera sous sa forme la plus authentique aux Arch. Nat. D IV bis — 46 — dossier : Soissons (Etats de population classés par Généralités, dont une partie est le résultat d'un travail de statistique exécuté sur l'ordre de Necker).

(3) C'est à St-Quentin que le bailli de Vermandois avait originairement son siège principal ; il le transféra ensuite à Laon, on ne sait pas précisément dans quel temps ; ce fut en tous cas, avant la fin du XIVe siècle.

une surface inférieure à celle du diocèse et même de l'élection de Laon.

C'est en effet du démembrement de l'ancien ressort du Vermandois, qu'à des dates souvent imprécises et dans des conditions mal connues pour la plupart, étaient issus notamment les bailliages suivants, qui demeurèrent en conséquence presque tous soumis à son antique Coutume (1) : de *Guise* [116] (2) dont l'étendue correspondait au pays de Thiérache et dépassait un peu celle de l'élection du même centre ; — de *La Fère* [17] et de *Marle* [3], qui formaient à l'intérieur de l'élection de Laon deux petites enclaves ; — de *Coucy* [45] (3), qui dépendait à peu près également des élections de Laon et de Soissons ; — de *Chauny* [49] et de *Noyon* [48], qui se partageaient par moitié l'élection presque entière de Noyon ; — enfin de *Ham* [1], limité exclusivement à cette ville, et même était-ce « non compris ses faubourgs, qui ressortissaient partie au bailliage de Chauny et partie à celui de Saint-Quentin. »

Du fait que ces divers ressorts avaient été compris autrefois dans la circonscription judiciaire de Laon, une conséquence importante résulta pour eux lors de la convocation des Etats Généraux, en 1789. Sauf Ham (qui se vit rattacher à Amiens, sans qu'on s'explique bien pourquoi), tous furent encore considérés, au point de vue électoral, comme des subdivisions annexes du bailliage de Laon, tel qu'il existait alors, et ne purent prendre qu'une part indirecte à la désignation des députés du Vermandois. Chacun de ceux dont il nous reste à parler eut au contraire, dans l'Assemblée, une représentation tout à fait personnelle.

Au dessous des précédents venaient se placer les bailliages : de *Soissons* [156] (4) dont la surface couvrait les quatre cinquièmes environ de l'élection de cette ville ; — de *Château-Thierry* [102], qui, par un fait assez rare, s'identifiait quasiment avec sa propre

---

(1) Sur la région soumise à la Coutume du Vermandois, Voy. l'intéressante étude de M. Gaëtan LEGRAND, avocat (*Bull. Soc. Acad. Laon.* 1909 — XXXII — p. 32 et suiv.).

(2) Etabli dans cette ville depuis 25 ans à peine ; il remplaçait, en un peu plus grand, celui qui avait auparavant son siège à Ribemont.

(3) Après plusieurs changements au cours du xviiie siècle, il venait d'être rétabli en 1780.

(4) Etabli, en 1595 (V. sup. page 20, note 1.)

élection ; — de *Villers-Cotterêts* [46] (1) et de *Crépy-en-Valois* [73] (2) entre lesquels se divisait, à peu près par moitié, l'élection de Crépy. Enfin sur le côté et complètement isolé des autres, celui de *Clermont-en-Beauvaisis* [158] se trouvait, comme son élection, trop à l'écart, pour que nous ayions à nous en occuper.

Par comparaison maintenant, non plus avec les subdivisions financières, mais avec les circonscriptions ecclésiastiques, la situation se traduisait ainsi : l'ensemble des bailliages de Guise, de Laon, de Marle, de La Fère et de Coucy (pour une moitié), correspondait à l'étendue du diocèse de Laon ; ceux de Ham, de Chauny et de Noyon ne formaient qu'une partie de l'évêché de cette dernière ville ; ceux de Coucy (seconde moitié), de Soissons, de Château Thierry et de Villers-Cotterêts se superposaient à la surface presque entière du diocèse de Soissons ; enfin ceux de Crépy et de Clermont dépendaient, l'un de l'évêché de Senlis, et l'autre de l'évêché de Beauvais.

Voilà pour les bailliages qui avaient leur centre dans la Généralité de Soissons. Quant à leurs voisins de tous côtés, en voici l'énumération : c'étaient ceux de Cambrai, de Maubeuge et d'Avesnes, dans l'Intendance de Valenciennes ; — de Sainte-Menehould, de Reims, de Fismes, de Châtillon, d'Epernay, de Châlons et de Sézanne, dans celle de Châlons ; — de Meaux, de Senlis et de Compiègne, dans celle de Paris ; — enfin, dans la Généralité d'Amiens, ceux de Roye et de *Saint-Quentin* (3). Ce dernier seul est appelé à nous intéresser particulièrement. Son étendue, comprenant 110 paroisses, dépassait sensiblement la surface de l'élection de la même ville, qui n'en comptait que 81. A l'ouest leurs limites se confondaient à peu près, tandis qu'au sud et à l'est, celles du bailliage englobaient certaines fractions des élections de Noyon,

---

(1) Créé en 1703, a la sollicitation du duc d'Orléans, par fractionnement de celui de Crépy ; réuni à Soissons en 1758 ; rétabli en 1780, en même temps que celui de Coucy.

(2) Devenu bailliage « royal » en 1515, à l'avenement de François Ier. — Le siège présidial qui lui avait été annexé en 1638, fut rattaché à celui de Soissons en 1758.

(3) Créé par distraction du bailliage de Laon, au début du xve siècle, lorsque la ville de St-Quentin fut cédée, avec le reste de la Picardie, au duc de Bourgogne. Il resta distinct, et devint « royal » lorsque cette ville eut de nouveau fait retour à la Couronne, à la fin du même siècle.

de Laon et de Guise. A un autre point de vue, le bailliage de Saint-Quentin appartenait presque entièrement au diocèse de Noyon ; dans sa partie septentrionale quelques paroisses appartenaient à l'évêché de Cambrai.

Dans l'exposé qui précède, nous nous sommes contenté d'indiquer la superficie approximative des bailliages, comparativement à celle des autres divisions de la contrée. C'est seulement en entrant dans les détails, et nous ne le pouvions pas, qu'on aurait vu combien les bornes de tous ces ressorts de justice étaient indécises et mal connues même de leurs propres officiers. On en eut la preuve manifeste lors du groupement des paroisses par bailliages, pour les élections de 1789. Beaucoup de ces paroisses, qui étaient mi-parties, contestées, ou seulement en bordure, se trouvèrent dans l'embarras. Tantôt les convocations leur étaient venues de deux et même de trois côtés à la fois ; tantôt on les avait, à l'inverse, complètement oubliées. Aussi en est-il qui n'hésitèrent pas à se faire représenter dans plusieurs endroits, tandis que d'autres prirent sur elles de choisir celui qui se trouvait le plus à leur convenance. Les documents manquaient d'ailleurs souvent pour trancher à cet égard les difficultés ou les contestations, au point que pour dresser la circonscription de son propre bailliage, tel bailli (celui de Sens), n'en avait pas découvert de meilleur qu'une certaine liste de paroisses publiée dans un almanach ! (1).

(1) Sur la question des bailliages au point de vue historique et en tant que circonscriptions électorales, Cf. le *Recueil des actes relatifs a la convocation des Etats Generaux* par A. BRETTE (3 vol. et un Atlas — Paris. Impr. nat. 1894-96), ouvrage considérable à la suite duquel toute autre indication bibliographique devient superflue. — Pour les B^{ges} qui se rapportent a notre sujet, Voy. tome II. p. 75 (Ham), 123 (St-Quentin), 133 a 185 (B^{ges} compris dans la Gé^{nté} de Soissons). — Cpdt Voy. aussi E. CHAMPION. *La France d'après les cahiers de 1789.* Paris 1904.

§ 5. DIVISIONS MILITAIRES

Gouvernements généraux

Entre les Baillis et les Intendants, avons nous dit, les plus hauts représentants du pouvoir royal avaient été, durant un certain temps, les Gouverneurs militaires. Les *Gouvernements généraux*, à la tête desquels ces derniers étaient placés, correspondaient le mieux aux territoires dont la réunion progressive à la Couronne avait fini par former l'étendue et l'unité de notre pays. Aussi, quoique principalement historique, cette sorte de division a t elle toujours été choisie de préférence par les écrivains du xviiie siècle, pour servir de base géographique à leur description de l'état politique et administratif de la France (1) ; et cependant alors, en fait, tout comme la division par bailliages, elle ne répondait plus à rien d'effectif et de réel, depuis longtemps.

Ainsi que celles des Baillis, les attributions des Gouverneurs se trouvaient réduites à fort peu de chose, avant 1789. Richelieu, puis Louis XIV, leur avaient retiré presque toute autorité personnelle en faisant passer la plupart de leurs pouvoirs aux mains des Intendants. Il n'est pas jusqu'aux troupes qui finalement ne relevaient plus d'eux, et même la simple résidence dans leurs propres Gouvernements ne leur était pas permise sans une autorisation expresse du Roi. La charge de Gouverneur ne représentait donc plus guère qu'une sinécure, investissant son titulaire, toujours pris dans la haute noblesse, d'importants privilèges et lui procurant de gros bénéfices.

C'est sur la région considérable autrefois soumise aux Baillis de Vermandois, que s'étaient constitués, en proportions inégales, les grands *Gouvernements de Picardie, — d'Ile de France — et de Champagne*. A diverses reprises, leur surface varia quelque peu, mais ils paraissent avoir acquis, du temps de Richelieu, la forme territoriale sous laquelle ils durèrent nominalement jusqu'à la Révolution. Les limites des Gouvernements ne furent d'ailleurs jamais bien fixées. Aussi dans l'Ordonnance royale du 10 mars 1776,

---

(1) Cf. par ex. PIGANIOL DE LA FORCE, *Nouv. description de la France*. Paris — 1722, et ROBERT DE HESSELN. *Dict. universel de la France* Paris.—1771.

dernier acte officiel qui contienne l'état des Gouverneurs généraux du royaume, les circonscriptions approximatives correspondant à leurs charges, sont-elles indiquées en prenant pour base les divisions bailliagères, assez peu précises elles-mêmes, comme nous savons.

Nous bornant à celles de ces divisions qui intéressent notre sujet, rappelons donc seulement ici, d'après le document précité, que les bailliages de Ham, de Saint-Quentin, et de Guise devaient être considérés comme compris dans le Gouvernement général de « Picardie et Pays reconquis » — les bailliages de Laon (y compris ses secondaires : Chauny, Coucy, La Fère, Marle et Noyon ; sauf Guise dont nous venons de parler), de Soissons, de Crépy-en-Valois, de Villers-Cotterêts et de Clermont-en-Beauvaisis, dans le Gouvernement d'Ile-de-France — enfin les bailliages de Château-Thierry, de Fismes et de Châtillon-sur-Marne, dans celui de « Champagne et Brie » : tous ressorts qui pour la plupart couvraient la surface entière de la Généralité de Soissons (1).

Fig. 5. — Les anciens GOUVERNEMENTS GÉNÉRAUX de la région de l'Aisne.

Ainsi en était-il vers la fin du XVIIIe siècle, vraisemblablement depuis l'origine de cette Généralité en 1595, sûrement en tous cas dès le courant du XVIIe siècle. Le rapport officiel que l'Intendant de Soissons, De la Houssaye, en 1698, avait spécialement consacré à la situation administrative de sa circons-

(1) Cf. BRETTE — *Op. cit.*

cription (1), commence en effet par indiquer, qu'elle « est com-
« posée d'une partie des provinces de l'Isle de France, de Cham-
« pagne et de Picardie » : ce vieux mémoire du temps de Louis XIV,
débutait déjà comme toutes les modernes géographies du départe-
tement de l'Aisne. En 1790, une fois le département formé, l'existence d'un tel état de choses ne résultera donc point d'une
création du moment, mais de la simple consécration d'un fait
depuis longtemps accompli.

*
* *

Telles étaient les principales divisions *ecclésiastiques*, *financières*)
et administratives, *judiciaires*, enfin *militaires*, afférentes à notre)
région, vers la fin de l'ancien régime.

En les considérant successivement les unes par rapport aux
autres, nous avons montré que si, de divers côtés, leurs limites se
rapprochaient, se suivaient et même se confondaient, leurs
surfaces respectives ne concordaient presque jamais complètement. Un coup d'œil jeté sur les figures de la planche suivante,
fera mieux saisir encore la variété de toutes ces circonscriptions
et, par endroits, la différence de leurs contours (2).

Aussi nombre de cahiers rédigés à l'occasion des Etats Généraux
de 1789, ne manquèrent-ils pas de protester, tant contre la multiplicité fâcheuse des administrations et des juridictions en exercice, \
que contre l'inégalité, l'enchevêtrement, l'incohérence de tous)
leurs ressorts, créés par à-coup et sans cesse remaniés, formant /
un dédale inextricable dans lequel les contribuables et les justiciables n'arrivaient plus à se reconnaître. (3)

(1) V. sup. note, page 29.

(2) Pour les *anciennes cartes* de ces différentes circonscriptions, exécutées aux
xvii⁰ et xviii⁰ siècles, entre autres par *N. Sanson, H. Jaillot, J.-B. Nolin, N.
de Fer, G. Delisle*, etc. V notamment les *Collections* : Perin (*Bibl. Soissons*) et Ed.
Fleury (*Bibl. Nat. — Cab. Estampes*) où elles se trouvent réunies en assez grand
nombre Au point de vue bibliogque à leur sujet, Cf Pannier èt Longnon. *Bull. Soc.
Hist. de Paris* (1875 p 118 et 141), pour les cartes de l'Ile de France; Drimard.
Bibliog geog. et hist. de la Picardie (Paris-1881. p. 151); Chanfriot. *Les cartes
anc. de la Champagne* (Paris-Nancy-1906).

(3) Mais, au vrai, n'a-t-on pas le sentiment d'en être aujourd'hui revenu a
une situation presque aussi complexe que celle d'alors, en ce qui concerne les
principales circonscriptions de services publics ? Ainsi le depart'. de l'Aisne

Presque partout on éprouvait le besoin d'une distribution du royaume « d'après de nouvelles divisions qui pourraient être plus « avantageuses »(1), « pour arriver à l'égalité si désirable entre toutes « les provinces et à un arrondissement raisonnable qui compren- « drait les districts dont les rapports nécessaires étaient établis par la « situation des lieux et par le même genre d'intérêt et de culture » (2); on souhaitait en particulier qu'il n'y eût plus désormais de paroisses mi-parties, c'est-à-dire partagées entre des ressorts différents (3).

C'est à ces vœux entre autres que l'établissement des départements répondait et qu'il devait donner satisfaction.

Pour en terminer avec les anciennes divisions de la région, à les prendre maintenant non plus isolément mais par grandes masses, il est une remarque qui frappe au vu des cartes et qui présente à propos de notre sujet une grosse importance : c'est, *sur deux côtés principalement de cette région, au nord et à l'est, le voisinage et même la superposition des limites extérieures de diocèses, de généralités, de bailliages et de gouvernements généraux,* par une concordance qui

---

appartient : pour l'instruction publique à l'*Académie* de LILLE — pour l'armée, la justice, et les eaux et forêts au 2e *Corps*, à la *Cour d'appel* et à la *Conservation* d'AMIENS — pour les douanes, à la *Direction* de CHARLEVILLE — pour les mines, appareils à vapeurs et automobiles, à l'*Arrondissement minéralogique* de DOUAI, Sous-arrond¹ de *Valenciennes* — pour les prisons, à la *Circonscription pénitentiaire* de Loos (Nord) — pour les haras, au *Dépôt* de COMPIÈGNE — pour les poids et mesures à la *Circonscription de vérification* de CHALONS-SUR-MARNE; etc.

(1-2) *Cah. T.-E. du Vermandois* et *Cah. Nobl Chât. Thierry.* (*Arch. parl.* VI. p. 145 et II. p. 663).

(3) « Il se trouve différents villages dont les parties sont soumises à différents « bailliages, différentes coutumes, différents diocèses, et que ce défaut d'uniformité « dans un même lieu entraîne l'incertitude dans les affaires, l'inquiétude et le « trouble dans les familles, la confusion dans la discipline ecclésiastique. Le clergé « demande.. qu'on fasse disparaître cette difformité et qu'on établisse dans chaque « habitation l'uniformité de juridiction et de coutumes... » (*Clergé de St-Quentin — Remontrances particulières — Arch. parl.* V. p. 651). Nous avons eu l'occasion de citer déjà le cas de *Ham*, dont la ville dépendait de l'Intendance de Soissons, et avait un bailliage particulier, tandis que ses propres faubourgs, qui appartenaient à l'Intendance d'Amiens, ressortissaient en partie au bailliage de Chauny et en partie à celui de St Quentin. — Voici, parmi quantité d'autres, trois exemples encore, au hazard : *Boursonne* dépendait du bailliage de Crépy-en-Valois, sauf « les habitants de la rue du four qui ressortissaient au bailliage de Villers-Cotterêts ». *Barzy* coupée par une rivière, était d'un côté de l'Intendance de Valenciennes, subdélégation de Landrecies, et de l'autre côte de l'Intendance de Soissons, élection de Guise ; on appelait la première portion Barzy-en Hainaut, et la seconde *Barzy-en-France* Le village de *Dury.* dépendait de trois pays voisins, soumis à des régimes différents ; il était partie en Flandre, partie en Cambrésis, partie en Artois (*Arch. nat.* D IV bis 46 — *Arch. parl.* I. p. 756 et III p. 238).

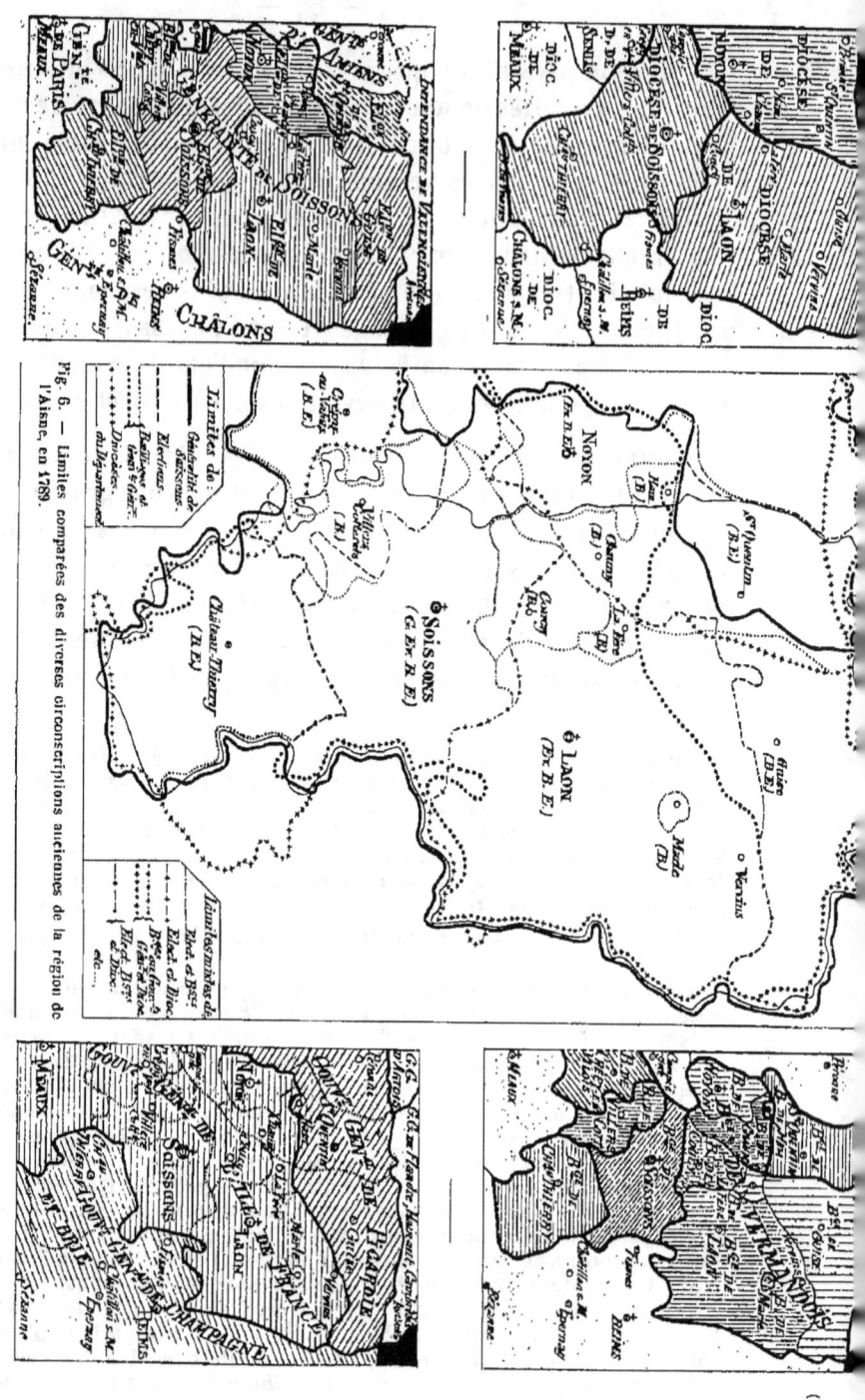

Fig. 6. — Limites comparées des diverses circonscriptions anciennes de la région de l'Aisne, en 1789.

La dernière Carte de la PROVINCE DU SOISSONNAIS
(VERS 1784)
(Réduction au quart environ)

N. B. Il est probable que cette carte fut établie d'après les documents rassemblés dans les bureaux de l'Ingénieur en chef des Ponts-et-Chaussées de la Province, et peut-être même sous la direction de cet Ingénieur, M. Duperron, qui, de 1780 à 1785, avait dressé les « Itinéraires généraux, avec toisé, des Routes de la Généralité de Soissons » (Cf. Arch. départ. Aisne, C. 477; et voy. de plus in/fra, p. 41, note 1.

REMARQUES.

═══ Routes faites à l'entretien.
─ ─ ─ Routes ouvertes et ébauchées.
· · · · · Routes seulement projetées.
▭▭▭▭ Chaussées pavées en grès.
░░░░ Chaussées de Caillouti ou d'empierrement.

DÉPARTEMENTS
▭ de Soissons.
▭ de Crépy en Valois et de Château-Thierry.
▭ de Clermont en Beauvoisis et de Noyon.
▭ de Laon.
▭ de Guise.

dénote l'existence, sur ces faces, de confins historiques fortement accusés, de bornes accoutumées particulièrement précises, et d'autant plus intéressantes qu'aucune barrière naturelle, rivière, montagne ou forêt, surtout vers l'orient, n'en vient sur le terrain marquer la ligne, dont tout du long le tracé n'est qu'idéal et purement conventionnel.

Le moindre essai d'explications sur ce point, nous entrainerait à des développements que ne comporte point notre étude. Disons seulement pour expliquer ce fait, que si ces bordures ont de la sorte constitué, dans la géographie politique du moyen-âge et de l'époque postérieure, des *limites essentielles* à l'égard des circonscriptions de toutes sortes, c'est parce que *pendant des siècles* (depuis les débuts de la féodalité jusqu'au milieu du xive pour celle de l'est, et jusqu'à la fin du xviie pour celle du nord), *elles avaient correspondu aux frontières mêmes du Royaume de France*. La puissance de cette longue tradition était telle, qu'elle s'imposa de nouveau en 1790 et qu'alors ces limites, conservées à peu près intactes pendant si longtemps, apparurent encore comme infranchissables.

§ 6. LE MOT « PROVINCES »
La Province du Soissonnais

Dans l'énumération précédente des circonscriptions anciennes, nous n'avons pas parlé des « *Provinces* »; sauf dans deux ou trois citations où il figurait au texte, nous nous sommes même abstenu jusqu'ici d'employer ce mot, intentionnellement. C'est que, contrairement à l'idée répandue par les livres d'usage courant, le terme de « provinces » ne s'appliquait à aucun cadre officiel, ne désignait aucune unité administrative, aucune division spéciale plutôt qu'une autre. Il n'était qu'une expression générique, d'autant plus souple et commode qu'elle n'avait pas de signification précise, tout comme celle de « pays », avec cette différence cependant que d'ordinaire la première semblait correspondre à un territoire soit historiquement plus important, soit d'étendue plus considérable que la seconde; l'une avait plus de relief que l'autre, aussi le moindre *pays* se parait-il volontiers du titre de *province*.

Au surplus, dans les documents authentiques, on trouve le mot « province » appliqué, non seulement à des pays plus ou moins vastes, peu susceptibles d'une délimitation même approximative (1), mais encore aux ressorts plus précis tantôt d'un bailliage (2) ou d'un ensemble de bailliages, tantôt d'une Généralité ou Intendance (3), tantôt enfin d'un archevêché (4). Quant aux Gouvernements généraux, auxquels de nos jours la plupart des auteurs ont voulu assimiler les Provinces pour en fixer le nombre à trente-cinq ou quarante, ils sont précisément la seule sorte de circonscriptions que les contemporains ne désignaient pas sous ce terme. On disait les Gouverneurs *des provinces* ou *de provinces*, par opposition au Gouvernement de Paris ou aux Gouvernements des Maisons royales, et parce que d'ailleurs beaucoup de ces Gouvernements de l'intérieur de la France étaient composés de plusieurs provinces : par exemple, celui de « Flandre, Cambrésis *et* Hainaut », ou celui de « Champagne *et* Brie » ; quoique à l'inverse il y eût aussi des Gouverneurs généraux spécialement pour le Boulonois, le Saumurois (5), la ville du Havre, et la principauté de Sedan, dont pourtant on ne parle point dans les livres comme ayant été des « provinces ».

Des provinces et des pays, aussi bien pour la chose que pour le mot, il n'est donc pas plus possible de donner une définition exacte, applicable à l'état de la France peu de temps avant la Révolution, qu'on ne le pourrait aujourd'hui, quand nous parlons encore de la Picardie, de l'Ile de France ou de la Champagne, du Vermandois, du Laonnois, du Soissonnais, du Valois ou de la Brie, en mémoire du temps ancien où ces expressions correspon-

---

(1) Comme la Flandre maritime ou la Flandre Wallonne, le Cambrésis ou le Hainaut, le Calaisis ou le Gatinais, ou encore la Brie, etc..

(2) A propos du bailliage de Vermandois: «Son ressort est encore immense et « il forme à lui seul, une belle *province* » (Arch. Nat. B. III. 154 .

(3) « Les Communautés de l'élection de Vézelay forment le vœu particulier de « ne point être séparées de la Generalité de Paris, *province de l'Ile de France* ». (Cah du T.-E. d'Auxerre) [BRETTE *Op. cit.*]

(4) Ici seulement, en matière ecclésiastique, le mot avait réellement un sens determiné et correspondait à la circonscription d'une métropole.

(5) Ce gouvernement ne comprenait que le ressort de Saumur. Le Comte D'EGMONT (*qui fut deputé de la noblesse du bailliage de Soissons aux Etats-Generaux*) en avait été pourvu, en 1782 A ce titre, il reçut une indemnité de 36965 livres, pour ses appointements et traitements de 1788 et 1789, par décret du 14 juin 1791. [BRETTE. *Op. cit.*].

daient aux plus ou moins grands fiefs primitifs, aux duchés ou comtés, successivement disparus, incorporés au domaine royal, fondus dans l'unité nationale, dont la tradition populaire a gardé le souvenir historique, soit par amour-propre local, soit en raison de leurs longues rivalités ou seulement des régimes politiques différents auxquels ils avaient été soumis.

A proprement parler, depuis le milieu du xviie siècle et durant le xviiie, comme nous l'avons indiqué plus haut, de toutes les principales sortes de divisions territoriales, une seule avait vraiment de la consistance, de la réalité, de la vie : celle qui se référait aux circonscriptions administratives par excellence à l'époque, c'est-à-dire aux *Généralités*, considérées comme *ressorts des Intendants*.

Aux environs de 1789, c'est donc en elles bien plutôt que dans les Gouvernements généraux, qu'il faut voir les dernières Provinces ou si l'on veut les derniers groupements effectifs et concrets de provinces et de pays d'auparavant. La Province de Picardie, c'était la Généralité d'Amiens ; la Province d'Ile de France, c'était la Généralité de Paris ; la Province de Champagne, la Généralité de Châlons ; de même que la **Généralité de Soissons** était devenue cette **Province du Soissonnais**, dont l'Instruction royale du 28 juillet 1790 (V. sup. p. 4) devait *nécessairement* dire, en son langage authentique, que le département venait d'être composé pour la plus grande partie (1).

Quand en 1777, 1779 et 1787 des *Assemblées provinciales*

---

(1) V. ci devant Pl III. la carte de la « *Généralité de Soissons* » donnant le détail des routes et chemins dont l'entretien incombait à cette « *Province* ».

Cette carte provient du fonds de la Chalcographie du Musée du Louvre (n° 3820 du cat.) A quelles circonstances sa planche, toujours existante, doit elle d'être devenue la propriété de l'Etat et de se trouver au Musée du Louvre ? Nous ne savons. Elle est anonyme et sans date ; mais la précision de ses renseignements de grande voirie permet de supposer qu'elle fut exécutée, sinon par ordre, du moins d'après des indications émanant de l'Administration de l'Intendance, après la tenue de l'Assemblée provinciale de 1787, puisqu'il y est question des *départements* de la Généralité, établis à cette époque seulement. Tout porte donc à croire qu'elle est la *dernière carte* de la *Province du Soissonnais*, dressée fort peu de temps avant la fin de l'ancien régime. A ce titre documentaire, nous l'avons reproduite de préférence à toute autre, d'autant qu'elle fournit une connaissance utile des facilités plus ou moins grandes de communication qu'offraient les différentes villes de la région, dont nous verrons qu'elles ne manquèrent pas de faire état, soit en leur faveur, soit à l'encontre de leurs concurrentes, lors de la fixation des nouvelles divisions.

furent instituées et réunies dans les Provinces du royaume qui n'avaient pas d'Etats, on fit — il est vrai — revivre, à leur propos, les noms anciens, en signe apparent de réaction contre le pouvoir despotique des Intendants, auquel elles devaient servir de régulateur et de contre-poids. Intentionnellement on les appela les Assemblées de Berry, de la Haute Guyenne, d'Ile de France, de Champagne, de Picardie, du *Soissonnais* ; mais, en fait, le cadre qu'on leur donna fut précisément celui des *Généralités correspondantes* de Bourges, de Montauban, de Paris, de Châlons, d'Amiens et de *Soissons* (1). Quelle meilleure preuve trouver à l'appui de notre opinion ? En voici cependant une autre encore.

Pour la constitution des Comités chargés de l'étude préparatoire, par grandes catégories : agriculture, finances, droits féodaux, etc..., des questions qu'elle allait discuter, quel mode l'Assemblée Nationale adopta-t-elle, en vue de réunir des représentants de toutes les régions de la France, des délégués des différentes *provinces* ? Ce fut le groupement des députés par *bailliages dépendant de la même Généralité,* et l'élection parmi eux d'un commissaire pour chaque Généralité, autrement dit pour chaque Province (2). C'était là d'ailleurs ce qu'on y appelait les réunions en «assemblée de provinces», et c'est de cette manière qu'après la décision prise d'un nouveau partage de la France en « départements », les députés se concertèrent pour décider de ceux à créer dans leur région et pour procéder ensuite à l'établissement de ces divisions, comme nous allons le voir maintenant (3).

(1) Cf. les deux ouvrages de MM^{rs} DE LUÇAY, et LÉONCE DE LAVERGNE, sur : *Les Assemblées provinciales sous Louis XVI* (1857 et 1871).

(2) Cf. *Arch. parl.* notamment séances des 14 juillet, 7 sept. et 9 oct. 1789. — [VIII p. 231 et 601 ; IX. p.391] : « Lecture a été faite de la liste ci après *des membres choisis par chaque Généralité* pour composer le Comité d'agric. et du Commerce » — « Les membres qui composent les Comités des droits féodaux et celui des domaines sont MM^{rs} : A... B.. C... *pour les Généralités de X... Y... Z...* ».

(3) « *M. le Présid^t.* J'invite MM^{rs} les députés *de la Generalité de Tours* à s'assembler pour travailler à la division *de leur province* en départements » (Séance du 21 nov.) — « M. le Président indique plusieurs rassemblements de *Généralités,* concernant la division du royaume » (Séance du 16 nov.) [*Arch. parl.* X. p. 4 et 67].

CHAPITRE II

Division de la France
Création et Formation générale des Départements
par l'Assemblée Nationale (1789-1790).

Le Comité de Constitution à l'Assemblée Nationale. — Projet de division de la France présenté par ce Comité ; contreprojets, discussion, adoption. — Exécution du plan adopté : la carte du Comité de Constitution et sa partie de la région de l'Aisne ; les Commissaires-adjoints pour la division du Royaume (dont Aubry Dubochet, député de Villers-Cotterêts) ; le rôle des députés des provinces. — Les représentants de la région de l'Aisne.

On ne saurait bien comprendre les opérations successsives auxquelles donna lieu la formation d'un département particulier, sans d'abord savoir, quant aux départements en général, comment leur création fut décidée et légalement organisée, sur quelles bases cette œuvre fut entreprise, et par quels concours elle fut réalisée.

C'est donc là ce que nous allons exposer dans le présent chapitre, avec le souci de ne pas sacrifier outre mesure la clarté à la brièveté, sans presque rien dire cependant qui ne doive avoir son utilité pour mieux suivre nos développements ultérieurs et pour y éviter des répétitions ; étant indiqué en outre que nous traiterons cette question, comme notre sujet l'exige, bien plus au point de vue territorial qu'au point de vue politique et administratif.

§ 1. LE COMITÉ DE CONSTITUTION A L'ASSEMBLÉE NATIONALE

On sait ceci :

Sous la pression d'un extraordinaire mouvement des idées et par suite de nécessités devenues particulièrement pressantes, à la fin de 1788, dès le retour au pouvoir de Necker, le Roi Louis XVI avait dû accepter et décider la convocation des Etats-Généraux de France, dont la dernière réunion remontait à 1614. — Le 1ᵉʳ Janvier 1789, pour les « étrennes du peuple », malgré l'opposition des hauts magistrats du Parlement et des Grands de l'Assemblée des Notables, le premier ministre obtenait que cette fois les députés du Tiers état seraient en nombre égal à celui du Clergé et de la Noblesse réunis. — Le 5 mai suivant, les Etats s'ouvraient. — Le 17 juin, devant l'intention d'isolement manifestée à son égard par les deux autres ordres, le Tiers se proclamait ASSEMBLÉE NATIONALE, et trois jours plus tard (le 20) dans la salle du Jeu de Paume, il faisait le serment de ne pas se séparer sans avoir donné à la France *une Constitution*. — Enfin le 27 du même mois, après une tentative infructueuse de pression sur le Tiers état, le Roi ordonnait aux représentants de la Noblesse et du Clergé de se joindre à leurs collègues, pour définitivement délibérer en commun.

De cette Constitution dont on venait de jurer l'établissement, le pays avait vraiment besoin. Sous des formules différentes, quantité de Cahiers des trois ordres la réclamaient d'ailleurs. Alors en effet, « tout était instable, flottant, indécis, embrouillé, contradictoire..... et quoi que l'on recherche, soit les bornes et les *divisions* du Royaume, soit l'organisation des pouvoirs ou leur compétence, soit la condition des personnes ou celle des biens, etc. ., on ne découvre que confusion et obscurité » (1). En ce qui concerne notamment les anciennes divisions, nous savons à quel point cette remarque est exacte, bien que notre région ne fût pas alors de celles où la situation se trouvait la plus compliquée (2).

Dès les premières séances de l'Assemblée nationale, l'un des Comités choisis dans son sein, pour étudier à l'avance les questions

---

(1) CHAMPION. *Op. cit.* — (2) V. par ex. [Sup. p. 24, Pl. II], la region d'Abbevile dans la Généralité d'Amiens.

nombreuses et diverses qu'elle allait avoir à discuter, a donc été le *Comité de Constitution*, dont la composition dut bientôt être réduite (de trente) à huit membres, en vue de leur rendre plus faciles l'ordonnance d'un plan de travail et l'élaboration d'un projet satisfaisant.

Aussitôt après le vote de la Déclaration des droits de l'homme et du citoyen — célèbre préambule — l'Assemblée, sous la direction de son Comité, commença l'examen de la Constitution Ce ne fut pas cependant suivant un cadre général rédigé d'avance, comme l'intention en avait d'abord été émise, mais d après des propositions distinctes, isolément présentées, sauf ensuite à les réunir et à les coordonner. Au milieu de septembre 1789, on se trouvait avoir ainsi décidé déjà : le maintien du Gouvernement monarchique, l'existence d'une seule Chambre permanente, et *l'institution d'un régime représentatif,* désormais applicable aux administrateurs du pays comme à ses législateurs.

Mais pour l'organisation de ce régime, quels principes adopter ? Quelles règles établir ? *Quelles circonscriptions* prendre ? Par la marche des travaux de l'Assemblée, ces problèmes en étaient arrivés à se poser devant le Comité de Constitution ; ils se rattachaient d'ailleurs à la création des municipalités et surtout de ces assemblées de provinces qu'on désirait de tous côtés et dont les évènements rendaient alors urgente la mise en fonctionnement, pour assurer la tranquilité publique. C'est pourquoi dès le 29 septembre, au nom de ce Comité (1), Thouret — député du tiers-état de Rouen — donna lecture de son fameux Rapport « sur les bases de la représentation proportionnelle. »

Après avoir indiqué que ces bases « devaient être, autant que « possible, en raison composée du territoire, de la population et « des contributions..., pour établir entre les divers districts « électeurs la juste proportion de leurs députations », ce Rapport consacrait à chacun de ces trois éléments, certaines explications. C'est dans le premier paragraphe, relatif à la base territoriale — incidemment donc et nullement sous l'aspect d'une conception

---

(1) Il venait d'être renouvelé par scrutins des 12-15 septembre. *Thouret*, l'abbé *Sieyès, de Talleyrand-Périgord,* évêque d'Autun, et *Lechapelier* avaient été maintenus en fonctions; *Target, Demeunier, Rabaud-St-Etienne* et *Tronchet* furent élus en remplacement des autres membres.

très originale, tant on y était préparé par nombre de propositions et de vœux antérieurs — que le principe de la création des « départements » et de leurs subdivisions se trouve posé, et que leur mode général de formation est tracé en quelques lignes (1).

§ 2. PROJET DU COMITÉ DE CONSTITUTION POUR LA DIVISION DU ROYAUME EN DÉPARTEMENTS, DISTRICTS ET CANTONS ; CONTRE-PROJETS, DISCUSSION ET ADOPTION DU PLAN PROPOSÉ PAR LE COMITÉ.

La Constituante ayant précédemment décidé de fonder « sur « des bases communes le double édifice de la représentation natio-« nale, et de l'administration municipale et provinciale », il apparut que pour cela faire, sans risquer « d'asservir le nouvel « ordre de choses à des imperfections qui en contrarieraient l'es-« prit et en gêneraient les effets », on ne saurait utiliser convenablement aucune de ces « antiques » circonscriptions qu'étaient les diocèses, les gouvernements, les généralités et les bailliages, toutes « fort disproportionnées en étendue, vicieuses sous plusieurs rap « ports, que nulle combinaison politique n'avaient déterminées et « que l'habitude seule pouvait rendre tolérables. » Aussi, déclare Thouret :

« Le Comité avait-il pensé qu'il était devenu indispensable de répartir le territoire en nouvelles divisions, égales entre elles autant qu'il serait possible…. , d'après un plan porté figurativement sur une carte du royaume, où l'on verrait que l'on avait respecté autant qu'il avait été possible les anciennes limites et la facilité des communications…. . »

« Suivant ce plan, la France serait partagée en *80* grandes parties, qui porteraient le nom de *départements* (2). Chaque département d'environ 324 lieues carrées, ou de 18 lieues sur 18 .. (3), serait divisé en neuf districts ou « *communes* » (4) de 36 lieues carrées, ou de 6 lieues sur 6 ..; il y en aurait au total 720. Chaque « commune » (4) serait subdivisée en neuf *cantons* de 4 lieues carrées, ou de 2 sur 2, ce qui donnerait en tout 6.480 cantons….. » (5).

(1) Cf. E. LEBÈGUE. *La vie et l'œuvre d'un Constituant : Thouret*. Paris 1910. (Chap. XI, p. 171-206, à propos de son rôle dans la reforme administrative et territoriale de 1789).
(2) Plus un 81ᵉ pour Paris spécialement.
(3) La lieue adoptée était la *lieue commune de France*, de 2400 toises.
(4) Quelques mois plus tard le mot *district* fut préféré à celui de « commune ».
(5) V. *Arch parl.* IX. p. 202.

La rédaction de ce passage n'est certes pas des plus heureuses. On y parle de portions de territoire « égales entre elles *autant qu'il serait possible* », chacune d' « *environ* » 324 lieues ; on y indique que la carte annexée correspondait au plan proposé et que dans le tracé de ses divisions « *les anciennes limites avaient été respectées autant que possible* », ce qui impliquait pour les divisions en question des formes et des surfaces plus ou moins différentes. Après quoi d'autres phrases contenaient l'exposé précis d'un mode de partage général et de fractionnements successifs, où l'on paraissait prévoir des figures et des étendues mathématiquement semblables, avec leurs côtés de 18 lieues sur 18, de 6 sur 6 et de 2 sur 2. Tout cela n'allait pas très bien ensemble (1).

De cette partie du Rapport de Thouret (dont notre précédente citation ne donne qu'un abrégé), la fin fit oublier le début. Les mots, qui de ci de là corrigeaient la rigueur abstraite de son allure générale, passèrent inaperçus et la plupart des auditeurs restèrent sous l'impression d'un projet théorique, impossible à réaliser matériellement.

Aussitôt le Rapport lu en entier, un député attentif avait eu cependant une idée simple, mais excellente : celle de demander qu'on fît plusieurs exemplaires de la carte annoncée, afin de permettre aux représentants d'étudier à loisir les divisions proposées et de présenter en connaissance de cause leurs observations. Le Comité de Constitution répondit par l'un de ses membres que telle était en effet son intention, ajoutant même que la carte « serait envoyée aux provinces et corrigée d'après leurs vœux ». La confection manuscrite de ces exemplaires nécessita quelque temps (2). Quand ils furent un peu répandus, on apprécia mieux par eux, tant à l'Assemblée que dans le pays, le mérite du projet du Comité ; mais en attendant, le souvenir que les députés avaient gardé de la première lecture de ce projet, le leur avait fait surnommer soit *le plan de partage géométrique*, soit *la division par carrés*, ou *en échiquier*.

Un pareil système eût été évidemment inadmissible parce que

---

(1) Nous serons cependant amené plus loin, sinon à justifier cette contradiction, du moins à en expliquer l'origine.

(2) Dès le 3 Octobre, on en afficha un aux Bureaux du Comité (Place Vendôme) que chaque député pouvait aller voir.

— 48 —

inexécutable. On comprend donc qu'il se soit immédiatement élevé de toutes parts des critiques très vives contre celui qu'on supposait devoir être tel. A la tribune, ce fut — semble t-il — AUBRY DU BOCHET, *député du tiers-état pour le bailliage de Villers-Cotterêts*, qui attacha le grelot dès le 14 octobre (1). Mais ce jour-là la discussion dévia, et c'est seulement le 3 novembre qu'elle s'ouvrit véritablement, devant l'Assemblée nationale. Le débat sur *la division du royaume* dura jusqu'au 11 du même mois; de nombreux orateurs y prirent part (2) et plusieurs d'entre eux proposèrent des contre-projets, qu'ils soutinrent sans parvenir à en faire prévaloir le principe. Fort peu de députés demandèrent qu'on laissât les provinces telles qu'elles étaient,

Portrait de la Collection DEJABIN *(Bibl. Nat.)*

(1) En opposition au projet du Comité, et à la division par carrés qu'il jugeait aussi impraticable que peu juste, Aubry-Dubochet proposait un travail de répartition de chaque province par petites parties, sans rien changer à leurs limites actuelles, dans lequel les départements seraient « inégaux et relatifs aux localités ». Son projet comportait 203 divisions, et il estimait, d'après un procédé qu'il indiquait, qu'on pourrait l'établir en un mois de temps (V. *Reimp. Moniteur* — II. p. 59 et 134 — *Arch. parl.* IX — p. 441 et 680).

(2) Entre autres : Mirabeau, Barnave, Gaultier de Biauzat, Bengy de Puyvallée, Pétion, Pison du Galand, etc.., ainsi que Thouret, Target, Démeunier et Rabaud-St-Etienne, au nom du Comité de Constitution.

sauf à les doter d'une nouvelle organisation intérieure. Quant à ceux qui admettaient la nécessité de modifier leurs étendues, tous pour ainsi dire, même les plus désireux de détruire l'ancien particularisme régional et d'empêcher quelque retour vers le passé, émirent le vœu qu'en cas de partage obligé, la division se fît *par provinces*, avec le moins d'empiètement possible des unes sur les autres, afin de laisser réunis les éléments habitués à vivre ensemble et de faciliter ainsi l'établissement de la nouvelle organisation, en ne tranchant pas « tous les liens que « resserraient depuis si longtemps les mœurs, les habitudes, les « coutumes, les productions et le langage. »

D'autre part, au point de vue de la représentation législative et plus encore de l'administration locale, la base essentielle à adopter de préférence, paraissait à beaucoup de députés — à Mirabeau notamment — devoir être la population et non pas la surface.

Pour ces deux motifs principaux et sous l'influence aussi d'autres mobiles divers, trop étrangers à notre sujet pour en parler ici, les idées furent sensiblement différentes parmi les Constituants, qui s'intéressèrent à la nouvelle division du royaume et en comprirent toute la portée, quant au *chiffre* des départements à créer. *Aubry-Dubochet* après en avoir demandé d'abord plus de deux cents (1), s'en était tenu à *cent-neuf* (2), à peu près comme *Mirabeau* qui en eût voulu *cent-vingt*. Par contre d'autres descendaient aux nombres de *soixante-dix* [*Bengy de Puyvallée*] ; de *quarante*

---

(1) V. note 1 page précédente. — (2) A cause de la personnalité de son auteur, rappelons en partie ce 2ᵉ projet d'*Aubry-Dubochet* (dép. du T.-E. de Villers-Cotterêts), dont le cadre a été conservé. – Il divisait la France en 109 départements, dans chacun desquels il prévoyait l'établissement possible d'une *assemblée provinciale*, d'un *siège épiscopal* et d'*une ou plusieurs cours de justice équivalant aux présidiaux*. Ces 109 départements étaient eux-mêmes groupés en 25 « provinces principales » d'environ un million d'habitants, au chef-lieu desquelles seraient placés une *cour supérieure de justice* ainsi qu'un *archevêché* « si on le jugeait à propos ». Indiquons seulement ce qui concerne la région du Nord : La 5ᵉ province, comprenant la *Picardie*, l'*Artois*, et la *Flandre*, aurait eu 6 départements. *La 6ᵉ province comprenant* « la *Champagne septentrionale* et *une partie de l'Ile de France »*, *aurait eu 4 départements, renfermant chacun les villes suivantes : 1° St-Quentin, Guise et Laon — 2° Soissons, Château-Thierry, La Ferté-Milon, Villers-Cotterêts, Crepy, Compiègne et Noyon — 3° Reims, Châlons et Ste-Menehould — 4° Charleville, Mézières, Rethel et Sedan.* La 7ᵉ province, comprenant l'*Ile de France et une partie de la Champagne méridionale*, aurait eu 6 départements ; et le reste de la *Champagne méridionale*, en aurait eu 4 autres, formant la 10ᵉ province ; etc. Pour le surplus de ce projet, V. *Arch. parl.* IX. p. 698.

[*Malouet* (1)] ; ou même de *trente-six* seulement [*Pison du Galand* et *Martin* de Besançon], en donnant à ces derniers une population égale à celle de Paris.

Entre ces deux groupes d'opinions contraires, le *projet du Comité de Constitution* pour un fractionnement en *quatre-vingts* divisions, formait une proposition intermédiaire qu'au nom de ce Comité, Thouret, Target, Démeunier et Rabaud-Saint-Etienne défendirent énergiquement et en définitive avec succès. Elle fut adoptée le 11 novembre « à une très grande majorité » (2), sous réserve d'une petite modification transactionnelle, portant que les circonscriptions départementales au lieu d'être fixées à 80 exactement, pourraient varier entre *soixante-quinze* et *quatre-vingt-cinq* : cette latitude devait permettre d'aplanir certaines difficultés et de donner satisfaction à quelques réclamants.

Au cours de la discussion, les orateurs du Comité s'étaient à plusieurs reprises expliqués sur les deux points de leur projet qui avaient le plus prêté à la critique. Ils firent remarquer, pour l'un, que l'inconvénient d'une même superficie serait corrigé par la proportion à donner au nombre des représentants de chaque division, d'après sa population particulière et le montant de ses impositions, c'est-à-dire aussi d'après sa richesse spéciale. Pour l'autre, qui nous intéresse plus directement, ils confirmèrent, au sujet des étendues, qu'il s'agissait seulement d'arriver à une égalité approximative, « *en observant presque partout les convenances* « *locales et en respectant les limites des provinces...* », car « *le Comité* « *n'avait jamais entendu que l'exécution (du nouveau partage territo-* « *rial) serait rigoureusement géométrique... par carrés parfaits, qui* « *feraient de la surface du royaume un échiquier.* » (3). Ces déclara-

---

(1) Dép. du T.-E. de Riom, puis C^{er} d'Etat et Ministre. — Père d'un Préfet de l'Aisne. le Bon Malouet, en fonctions à Laon de 1810 à 1815.

(2) Buchez et Roux. *Hist. parl. de la Rév. fr.* III. p. 318.

(3) Séance du 3 nov. V. *Arch. parl.* IX. p. 656 et 657. — Cette citation qui traduit l'idée générale du Comité doit toutefois être complétée, en ce qui concerne les détails, par celle-ci de pareille source : « Si quelques frontières de provinces présentent des irrégularités, dont le redressement serait désirable pour la perfection du plan, je ne crains pas de dire que ce redressement serait avantageux aux lieux mêmes sur lesquels il s'opèrerait »..., « mais 'es sinuosités nécessaires que le local ou la convenance économique occasionneraient seront observées... » (Thouret). Cf. dans le même sens, contre « l'*idée absurde* qu'on a prêtée au Comité de tirer sur la France des lignes bien droites qui la partageraient en carrés géométriques, pour pouvoir avec le mot d'*échiquier* jeter du ridicule sur

tions avaient dissipé les préventions primitives ; et, en venant s'ajouter au bon accueil qu'obtint généralement la carte annexée au Rapport initial, elles avaient favorablement influé sur l'adoption finale du plan présenté par Thouret.

La question des divisions principales une fois réglée, l'Assemblée Nationale aborda dès le lendemain (12 novembre), celle de leurs subdivisions intérieures.

Suivant l'intention première du Comité, les départements devaient *tous* être partagés « en *neuf districts*, sous le titre de « *communes*, chacun de 36 lieues de superficie, c'est-à-dire de « 6 sur 6, autant qu'il serait possible ». Indiquons de suite, d'abord qu'on décida, sans débat, d'attribuer à ces circonscriptions le nom de « *district* » plutôt que celui de *commune*, apparemment afin d'éviter une confusion avec les *communautés d'habitants* (villes, bourgs ou paroisses), pour lesquelles ce mot était usité en matière d'autonomie municipale ; et de plus, que la discussion précédente avait déjà fait abandonner toute idée de fractionnements à forme régulière.

Certains députés, ou bien — avec Mirabeau — ne voulaient aucune division intermédiaire entre la communauté d'habitants et le département, ou bien n'en désiraient qu'une seule assez petite, dans le genre du canton. Après une séance dont le procès-verbal est confus, la majorité se rallia presque au système du Comité. Elle consacra l'existence des *districts*, mais en décrétant que leur nombre, sans être nécessairement le même dans tous les départements, serait pourtant, dans chacun d'eux, *soit de* **3**, *soit de* **6**, *soit de* **9**. Cette combinaison ternaire avait paru indispensable à l'établissement du nouveau régime représentatif, qu'alors encore on songeait à organiser sur la triple base convenue, *par districts* au premier degré : ce qui avait fait dire de ces derniers à Thouret, dans son Rapport, qu'ils seraient « *les véritables unités ou élémens — politiques — de l'Empire françois* » (1).

Un mois plus tard (le 14 décembre) — l'Assemblée nationale ayant entre temps décidé de substituer, à ce point de vue, les dépar-

---

un projet dont on ne veut pas .. *idée que l'on ne croit plus, d'après ce qu'a démontré le tracé de la carte...* », le discours de Target, séance du 11 nov. *Arch. parl.* IX. p. 744.

(1) *Arch. parl.* séance du 12 nov. X. p. 4 et suiv.

tements aux districts — le maintien de la disposition ternaire ne sembla plus nécessaire; par endroits, son application avait d'ailleurs donné lieu à beaucoup de difficultés. On la supprima donc et l'on admit « unanimement » que l'Assemblée fixerait *le nombre des districts* dans les divers départements, *depuis trois au moins jusqu'à neuf au plus,* suivant la convenance et le besoin de chacun d'eux, après avoir entendu les députés de la province (1).

Restaient les cantons. Si, comme les départements et les districts, ils devaient être aussi des circonscriptions électorales, par contre ils ne devaient tout d'abord être que cela (2). Sans leur donner de représentation correspondante, on les créa seulement pour servir de cadre aux *assemblées primaires*, aux réunions des *citoyens actifs* (c'est-à-dire des électeurs) appartenant aux communautés d'habitants comprises dans leur rayon, pour le choix des membres des administrations de district ou de département, ainsi que du Corps législatif. La proposition primitive du Comité d'après laquelle les districts seraient fractionnés « en *cantons* d'environ quatre lieues carrées » fut votée le 16 novembre, mais indépendamment de toute limitation de nombre minimum ou maximum ; de telle sorte que ces circonscriptions inférieures se trouvent être les seules à l'égard desquelles une règle de surface ait été maintenue. On en tint d'ailleurs assez peu compte.

Toutes les décisions précédentes furent réunies et codifiées dans un décret de l'Assemblée, en date du 22 décembre 1789 (sanctionné par le Roi le 16 janvier suivant), sur « la constitution des assemblées primaires et des assemblées administratives ». dont voici, pour nous résumer, les premiers articles concernant notre sujet ou s'y rapportant de près :

« ARTICLE PREMIER. — Il sera fait une nouvelle division du royaume en *départemens* tant pour la représentation que pour l'administration; ces départemens seront au nombre de 75 à 85. — ART 2. — Chaque département sera divisé en *districts*, dont le nombre qui ne pourra être ni

(1) Seance du 14 dec. *Id.* X. p. 564 Les districts (supprimés en l'an III), furent remplacés, en l'an VIII, par nos *arrondissements* actuels un peu moins nombreux.
(2) Le canton devint une unité judiciaire l'annee suivante seulement, lorsqu'on eut décide d'y placer un juge de paix (Dec. du 16 Août 1790); et une unité administrative de l'an III à l'an VIII, par l'établissement des municipalités de canton.

au-dessous de 3, ni au-dessus de 9, sera réglé par l'Assemblée nationale, suivant le besoin et la convenance du département, après avoir entendu les députés des provinces. — ART. 3 — Chaque district sera partagé en divisions appelées *cantons*, d'environ quatre lieues carrées (lieues communes de France). »

« ART. 4. — La nomination des représentants à l'Assemblée nationale sera faite par départements — ART. 5. — Il sera établi, au chef-lieu de chaque département, une assemblée administrative supérieure, sous le titre d'*Administration de département*. — ART. 6. — Il sera également établi, au chef-lieu de chaque district, une assemblée administrative inférieure, sous le titre d'*Administration de district*. — ART. 7. — Il y aura une *municipalité* en chaque ville, bourg, paroisse ou communauté de campagne. »

SECTION I. ART. 1. — Tous les citoyens qui auront le droit de voter se réuniront en assemblée de paroisse ou de communauté, mais en assemblées primaires par cantons. — Etc... »

Ajoutons en terminant que par un décret spécial du 15 janvier 1790, l'Assemblée nationale arrêta définitivement le *nombre des départements* à QUATRE VINGT TROIS : la région du Vermandois et du Soissonnais devait former l'un deux.

§ 3. — EXÉCUTION DU PLAN ADOPTÉ PAR L'ASSEMBLÉE NATIONALE : LA CARTE DU COMITÉ DE CONSTITUTION ET SA PARTIE DE LA RÉGION DE L'AISNE ; — LES COMMISSAIRES-ADJOINTS POUR LA DIVISION DU ROYAUME, PARMI LESQUELS AUBRY-DUBOCHET, DÉPUTÉ DE VILLERS-COTTERÊTS ; — LE ROLE DES DÉPUTÉS DES PROVINCES.

De la théorie il fallait passer à la pratique et traduire la loi sur le sol même du pays. Expliquons à grands traits comment fut exécutée cette remarquable opération.

Et d'abord, suivant quelles données graphiques se mit-on à l'œuvre ? C'est le Comité de Constitution qui fournit la base de l'entreprise, au moyen de la carte que dès le début il fit dresser à l'appui de son plan de partage du royaume. Nous avons dit que cette pièce, annexée en minute au Rapport initial de Thouret, puis reproduite en entier et par fractions, pour renseigner les députés et leurs commettants sur les divisions projetées, fut avantageusement appréciée presque partout et qu'elle contribua au succès de la proposition du Comité.

Planche IV

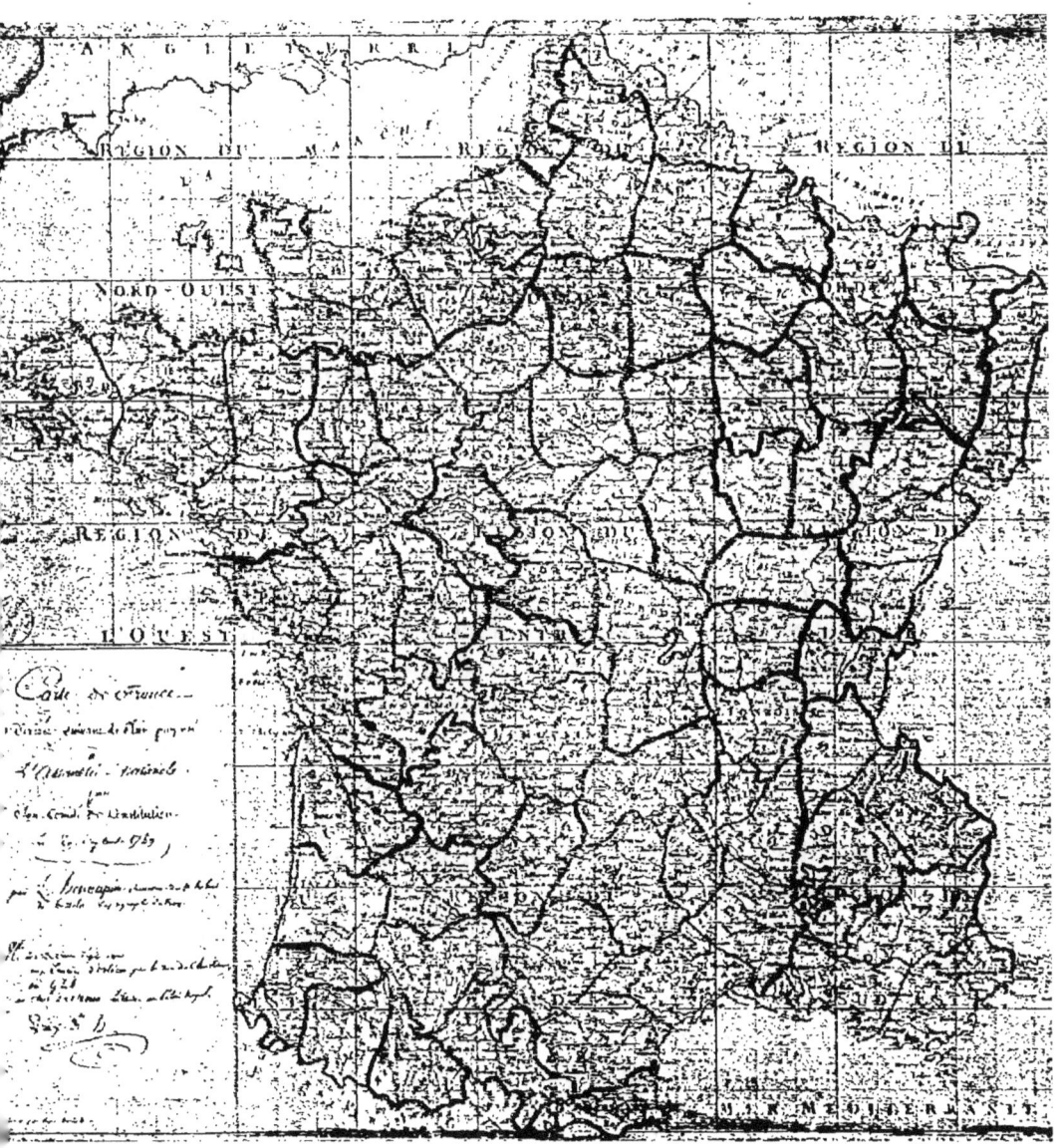

« CARTE DE FRANCE
« divisée suivant le plan proposé à l'Assemblée nationale par son Comité de Constitution,
« 29 septembre 1789. — par L. Hennequin, succr de M. Robert de Hesseln, topographe du Roy. »
(*Bibl. Nat.* Pl. 81, n° 1 — Réduction au 1/16e environ).

Il est en conséquence intéressant de connaître cette carte, de savoir par qui elle avait été établie et quelle première répartition des provinces résultait de son tracé.

L'original semble disparu (1) ; mais un exemplaire unique de ses reproductions se trouve à la Bibliothèque Nationale. Ce document est à peu près ignoré ; car, des ouvrages relatifs à la formation des départements en général ou d'un seul spécialement que nous avons consultés, aucun n'en fait mention (2). Voici donc à son propos quelques indications, bien qu'elles soient un peu en dehors de notre cadre.

La carte en question (V. Pl. ci-contre) n'est pas très grande ; elle tient dans un carré d'environ cinquante-cinq centimètres de côté. L'ensemble du territoire continental de la France y est compris dans quatre-vingts divisions (les 80 départements prévus au projet), numérotées dans le sens latéral, du nord au sud ; la première renferme la région de Calais, Boulogne et Abbeville ; la dernière correspond au pays du Roussillon.

Ces divisions, dont l'étendue est coloriée, se distinguent presque toutes par des teintes différentes, propres à chacune d'elles ; il est cependant certaines provinces tout entières d'une semblable teinte que de simples traits subdivisent plus ou moins selon leur importance. Ainsi, par exemple, pour la Flandre française [2 dép^{ts}], l'Alsace [2], la Normandie [4], la Bretagne [5], le Languedoc [6], le Dauphiné [3] et la Provence [3]. Cela montrait bien, comme disait le Rapport, que l'on s'était efforcé de « respecter autant que possible les anciennes limites », et l'on avait été satisfait de la méthode employée.

En second lieu, ces mêmes divisions avaient été tracées à la main, en utilisant une carte antérieure, sur planche quadrillée, qui provenait de la « Nouvelle Topographie de la France, contenant le Royaume divisé en ses neuf régions, par M. Robert de Hesseln, censeur royal » : indication imprimée que cache un rectangle de

---

(1) D'obligeantes recherches faites à notre intention aux Archives nationales, n'en ont du moins pas amené la découverte. Cet original, d'après un renseignement de la discussion parlementaire, n'était d'ailleurs, paraît-il, qu'une simple « carte au crayon », dressée *grosso modo*.

(2) Cf. cependant CHANTRIOT. *La Champagne*. [Etude de géographie régionale, (Paris-1906) p. 283, note 2], où cette carte est signalée, avec une brève allusion à certaines de ses dispositions.

papier blanc, portant lui-même la mention manuscrite suivante :
« *Carte de France, divisée suivant le plan proposé à l'Assemblée* « *Nationale par son Comité de Constitution, le 29 septembre 1789, par* « *L. HENNEQUIN, successeur de M. Robert de Hesseln, topographe* « *du Roy* » (1).

Robert de Hesseln, dont à deux reprises nous venons de trouver le nom, était un géographe qui, de 1784 à 1786, avait publié sous le titre précité de « Nouvelle Topographie de la France », une carte en neuf feuilles, à l'échelle de 1/600.000 environ, en vue « *de procurer au public la connoissance évidente des détails de la super-* « *ficie du Royaume* » par « des divisions conventionnelles du terrain », qui « offriront enfin des bases certaines aux propriétaires et à l'Administration », en permettant d' « apprécier aisément une distance ou une surface quelconque, sans compas » (2). A cet effet, il avait imaginé de tracer un double système de lignes droites, d'un écartement constant, dont les unes étaient parallèles au méridien de Paris et dont les autres lui étaient perpendiculaires ; ces lignes constituaient une série de carrés, indiqués par des traits de plus en plus faibles, avec des étendues uniformes de plus en plus petites, « graduées par le nombre *neuf* » et déterminées par l'échelle. Robert de Hesseln avait ainsi divisé la France ou plus exactement le carré renfermant la France, en 9 carrés principaux, appelés *Régions*, à chacune desquelles correspondait une des feuilles de l'atlas ; chaque Région était elle-même subdivisée en 9 carrés secondaires ou *Contrées*, sous-divisées à leur tour en 9 *Districts* (3). En outre de ces carrés, se trouvaient également marquées « les divisions irrégulières du royaume par provinces, par intendances et par généralités » (4). Une dixième feuille,

---

(1) Au dessous, est encore écrit : « N^a. Les 3 seuls dépôts sont : aux Ecuries d'Orléans, par la rue de Chartres ; au Glub (*sic*) et chez De Senne, libraire au Palais-Royal. Prix : 3 livres. »

(2) V. *sup.* p. 6, la planche I, extraite de l'Atlas de Robert de Hesseln.

(3) Là s'arrêtaient les divisions de la carte ; mais une Observation générale indiquait à la première feuille, qu'on pouvait continuer le fractionnement successif de chacune d'elles en 9 carrés toujours inférieurs, appelés : *territoires, bans, cantons*, etc.

(4) Les cartes de Robert de Hesseln sont établies en prenant pour unité de distance la lieue *ancienne* de France « de 2187 toises, de 6 pieds de Roi ». [La lieue *commune*, un peu plus grande (2400 toises) est au contraire celle qui fut adoptée dans les calculs du Comité de Constitution et dans les discussions à l'Assemblée Nationale, dont nous avons parlé]. Les carrés de ces cartes, ont

formant tableau d'assemblage, contenait la France entière, à une échelle évidemment neuf fois moindre que celle des autres, mais divisée comme elles: c'est sur une de ces dernières qu'avait été tracée la carte du Comité de Constitution, dont nous parlions tout à l'heure.

Au moment où ce Comité aborda l'étude d'un nouveau partage du territoire, on comprend qu'il ait tenu à consulter au préalable un géographe de profession, et que son choix se soit porté sur celui qui venait, justement, de consacrer à cette question de la division superficielle de la France une importante œuvre topographique. Il s'adressa donc à la maison de Robert de Hesseln (récemment décédé) (1) et fit appel au concours de son successeur L. Hennequin, dont ensuite il s'assura la collaboration. A elle seule, la mention inscrite sur la carte du plan proposé par le Comité que nous avons rappelée ci-dessus, justifierait suffisamment cette assertion ; mais plusieurs autres faits la confirment en tous points (2).

respectivement 81, 27, 9, etc.. lieues de côte, donnant des superficies de 6561, 729, 81, etc. lieues carrées. — Elles furent dressées par *J. A. Dulaure*, géometre et gravées par *Guillaume de la Haye*. — Cf ROUDY. *La cartographie au depôt de la Guerre*. Paris — 1876. p. 16. — La Bibliothèque nationale possede plusieurs exemplaires de l'Atlas de Robert de Hesseln (Pf. 99. n°-23 — Coll Barbier 1013 — Vol. 193) et celle de Versailles en conserve un qui avait été offert à Mme Adélaide, tante du Roi, lequel est remarquable par la beauté de sa disposition matérielle.

(1) On sait peu de chose sur l'existence de Robert de Hesseln, qui ne figure dans aucune des grandes Biographies ou Encyclopédies — Il avait été professeur à l'école militaire de Versailles ; sur ses cartes il prend le titre de « censeur royal », de « géographe de la Ville de Paris » et de « topographe du Roy. — En 1771, il avait publiée un *Dict. univ. de la France*, en 6 vol. ouvrage assez estimé. Au XVIII siècle, plusieurs geographes porterent le nom de *Robert*, notamment Robert de Vaugondy, peut-être étaient-ils de la même famille.

(2) « Voici quel est l'état du travail du Cte de C^{on} sur la nouvelle division du Roy^e... Le ministre de la guerre a bien voulu nous ouvrir ses bureaux ; il nous a donné des cartes et deux ingénieurs habiles ; *nous nous faisons aider par un géographe très capable pour hâter cette grande opération* » (Rabaud-St Etienne. Séance du 12 nov. 1789 — *Arch. parl.* X. p. 4) — « *Le S^r* HENNEQUIN *qui, etant employe depuis cinq mois dans le Cte de C^{on}, pour ce qui concerne les cartes topographiques, désirerait s'honorer du titre de Topographe de l'Ass. Nationale. M. Hennequin est autorisé à prendre ce titre, d'après le vœu ecrit du Cte de C^{on}* » (seance du 20 janvier 1790 — *Arch.parl* XI. p. 326) — « *Veuve* Robert de Hesseln, topog. du Roy et Hennequin topog. de l'Ass. Nat. font hommage d'une carte de la France » (séance du 7 oct. 1791. — *Arch. parl* XXXIV. p. 116) — Signalons enfin que les planches de l'Atlas de Robert de Hesseln sont devenues la propriété de l'État ; elles se trouvent actuellement au service geographique du Ministere la Guerre.

Planche V

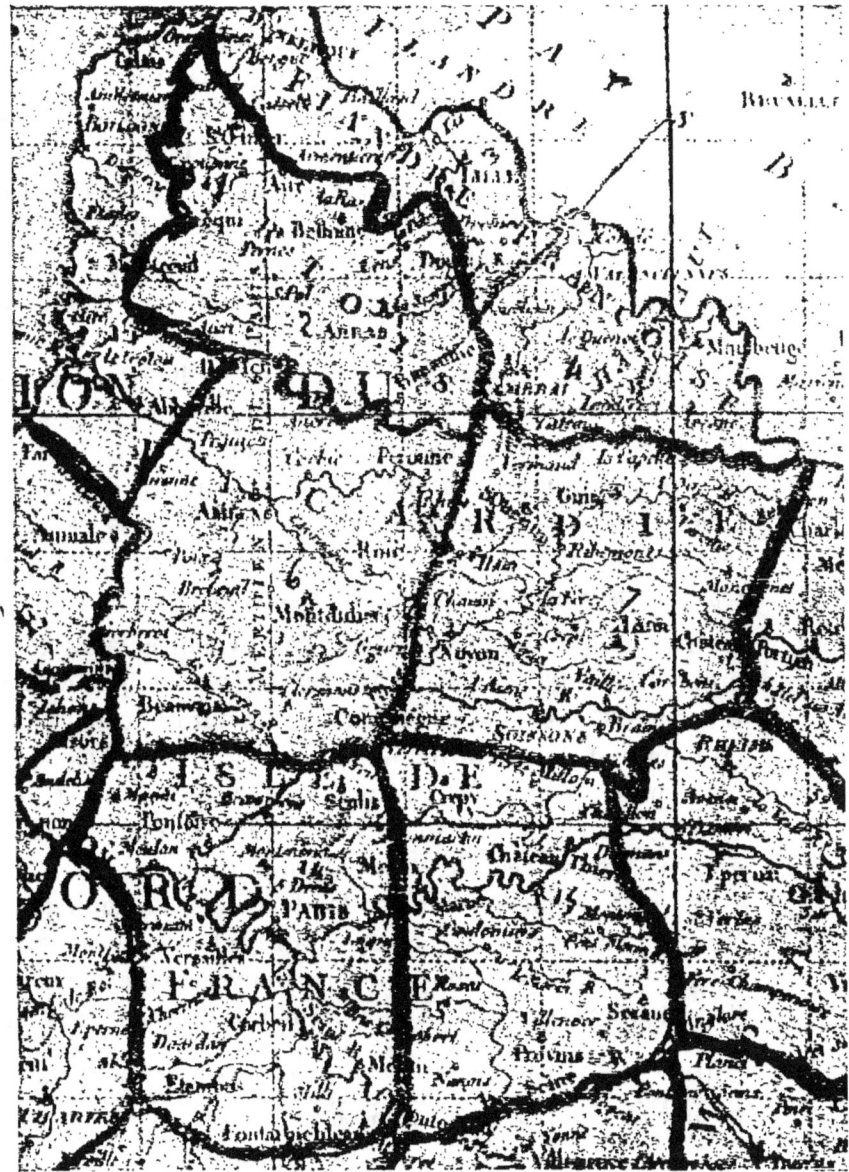

Partie *nord* de la France
« divisée suivant le projet du Comité de Constitution ».
(Fragment de la planche précédente, agrandi presque à la dimension de l'original).

Et voilà qui éclaire singulièrement le premier Rapport de Thouret, dans ses parties relatives aux étendues presque égales et aux fractionnements par neuf pour les départements, les districts et les cantons, ainsi qu'aux combinaisons ternaires pour la nouvelle organisation représentative. L'idée de Robert de Hesseln dut séduire l'esprit systématique de ce « métaphysicien politique » (Mignet), qu'était l'abbé Sieyès, membre du Comité de Constitution, et sans doute c'est lui qui incita ses collègues à la prendre pour base de leur projet. Quoi qu'il en ait été, on ne saurait contester que ce projet fut une simple adaptation, à l'opération politique et administrative dont il posait le principe, du *procédé cadastral* conçu par ce géographe (1) ; la traduction trop fidèle que Thouret voulut en donner alourdit la rédaction de son texte et le fit, d'abord, mal comprendre par l'Assemblée. Les intentions du Comité se bornaient, en effet, à l'établissement d'autant de divisions départementales que de carrés de 324 lieues, sans prétendre les faire toutes rentrer à peu près dans chacun de ces carrés, ni leur imposer nécessairement cette forme.

C'est ce que va nous montrer avec évidence la carte du topographe Hennequin — car il est vraisemblable que ce dernier en fut, sinon l'auteur, tout au moins l'inspirateur pour le compte du Comité de Constitution — en nous limitant à l'examen de ses divisions dans la partie du Nord de la France, qui, seules, se rattachent à notre sujet. Nous savons qu'elles étaient numérotées ; or, nous voyons ceci (V. Pl. ci contre) :

Le n° **1**, renfermait les villes de Calais, de Boulogne, de Montreuil et d'Abbeville ; il correspondait à la Basse Picardie, en réunissant le Calaisis, le Boulonnais, le Gouvernement de Montreuil et l'élection d'Abbeville : quatre fractions de l'Intendance d'Amiens(2).

---

(1) Le nom de Robert de Hesseln, à propos de la création des dép^{ts}, est mentionné par divers auteurs Cf E. Reclus, *Geog. univ.* France p. 802 — A. Babeau. *La province sous l'anc. Régime* I p. 13. — Dussieux. *Geog. hist. de la France* s. p. 176 ; etc. Si l'influence de son œuvre fut plus directe encore qu'ils ne l'ont peut-être supposé, il était bon toutefois de spécifier que ce géographe eut seulement l'idée d'un procédé topographique et matériel de division, et non pas, comme ces auteurs semblent l'avoir cru, le mérite de la conception d'une nouvelle répartition politique possible du territoire.

(2) La *Généralité* d'Amiens comprenait les six *élections* de : Abbeville, Amiens, Doullens, Montdidier, Peronne et St-Quentin ; mais de l'*Intendance* de cette ville, dépendaient en outre les quatre gouvernements de : Ardres, Boulogne, Calais et Montreuil. La circonscription financière et la circonscription administrative ne concordaient pas ici complètement.

Le n° **2**, se composait uniquement de l'Artois.

Le n° **3** (avec Dunkerque, Lille et Douai), groupait les deux portions des Flandres, l'une maritime et l'autre wallonne.

Le n° **4,** comprenait Valenciennes, Cambrai, Câteau Cambrésis. Landrecies et Avesnes, c'est-à-dire le Cambrésis et le Hainaut.

Sous la même teinte, les n°s 3 et 4 se rapportaient à la Province de « Flandre française ». Mais, d'autre part, tandis que les n°s 2 et 3 correspondaient ensemble à l'Intendance de Lille, le n° 4 s'identifiait complètement avec celle de Valenciennes.

Le n° **6,** englobait la moyenne Picardie et la partie nord-ouest de l'Ile de France (avec Amiens au centre, et intérieurement sur sa périphérie : Doullens, Péronne, Albies, Roye, Clermont, et même *Beauvais*) Il s'étendait ainsi sur trois Généralités : sur celle d'Amiens principalement, mais aussi sur celles de Soissons et de Paris.

*Le n° **7**, formé de la Haute-Picardie et de la partie nord-est de l'Ile-de-France, comprenait la plus grande partie de l'Intendance de Soissons et une faible portion seulement de celle d'Amiens. La ville de* LAON *en marquait à peu près le milieu ; Vermand, La Capelle, Aubenton, Montcornet, Neufchâtel, Braisne*, SOISSONS, COMPIÈGNE, NOYON, HAM, ST-QUENTIN *et Vermand s'y trouvaient en bordure intérieure.*

Le n° **14** renfermant la partie médiane de l'Ile de-France en pleine Intendance de Paris, avait pour centre approximatif la Capitale ou bien Versailles. Sur sa lisière, en dedans, étaient: Senlis, *Melun*, Fontainebleau, Etampes, Rambouillet et Mantes.

Le n° **15** enfin, comprenait la partie occidentale de la Champagne (la Brie Champenoise), avec deux portions d'Ile-de-France, l'une au sud-ouest, et l'autre au nord ; cette dernière dépendait de l'Intendance de Soissons, dont elle formait la partie méridionale. Le milieu de cette division était occupé par CHATEAU-THIERRY, Meaux et Coulommiers ; sur sa périphérie intérieure se plaçaient Verberie, *Villers-Cotterêts, Oulchy, Fère-en-Tardenois*, Montmirail, Sézanne, Provins, Nangis, Rozoy, Meaux et Crépy-en-Valois.

On voit aisément que si les n°s 6, 7. 14 et 15 affectaient à peu près la forme d'un carré ou d'un rectangle, il en allait tout autrement pour les n°s 1, 3 et 4 dont les figures étaient très irrégulières, et pour le n° 2 qui ressemblait à un véritable triangle. D'autre part il saute aux yeux que ces diverses divisions formaient deux groupes très inégaux au point de vue des surfaces qu'elles représentaient. C'est bien là ce que nous annoncions précédemment.

Relativement aux trois divisions portant les n⁰ˢ **6, 7** et **15**, qui de toutes ont le plus de rapports avec notre sujet, faisons enfin remarquer qu'il n'avait pas été possible de les renfermer rigoureusement dans des limites de Généralités, comme les n⁰ˢ 2, 3 et 4 notamment. Le cartographe avait dû les composer, l'une à la fois de Picardie et d'Ile-de-France, ou d'Intendance d'Amiens et de Paris — l'autre de Picardie et d'Ile de France, ou d'Intendance d'Amiens et de Soissons — la troisième d'Ile-de-France et de Champagne, ou d'Intendance de Soissons et de Châlons. Or nous verrons la même difficulté et la même nécessité se représenter absolument quand au lieu d'un simple géographe, ce seront les députés eux-mêmes des provinces qui rechercheront la meilleure division possible de cette région.

L'Assemblée Nationale s'était en effet contentée de poser le principe du partage du royaume et de déterminer les règles générales qui devaient en diriger l'exécution, laissant à son Comité de Constitution le soin de fixer les principaux chef lieux de chaque département, ainsi que les circonscriptions de leurs territoires d'ensemble ou subdivisionnaires.

Pour faciliter sa tâche dans cette opération laborieuse et délicate, tant en raison de la besogne considérable à laquelle elle devait immédiatement donner lieu, que des intérêts multiples qu'elle allait mettre en mouvement et en opposition, ce Comité — qui avait sur le chantier d'autres réformes à étudier, d'autres projets à mener à bien — se fit adjoindre une sous-commission toute spécialement chargée de s'occuper, sous son contrôle, de la nouvelle organisation : c'est à elle qu'il s'en rapporta presque entièrement pour la solution des diverses questions relatives à cette organisation, sauf à le saisir de celles sur lesquelles l'accord ne pourrait se faire, afin qu'il les tranchât lui-même ou qu'au besoin il en soumît l'objet à l'appréciation de l'Assemblée Nationale.

Cette sous-commission de quatre membres qu'on appela « *les Commissaires adjoints (au Comité de Constitution) pour la division du royaume* », fut composée, par scrutin du 30 novembre 1789, de :

DUPONT (de Nemours), le célèbre économiste, député du tiers état pour le bailliage de Nemours (près Fontainebleau);

BUREAUX DE PUSY, député de la noblesse pour le bailliage de Vesoul ;

AUBRY-DUBOCHET, député du tiers-état pour le bailliage de Villers-Cotterêts ;

GOSSIN, député du tiers-état pour le bailliage de Bar-le Duc.

Bureaux de Pusy, ayant été élu président de l'Assemblée, fut remplacé, le 3 février 1790, en qualité de Commissaire, par PINTEVILLE DE CERNON, député de la noblesse du bailliage de Châlons-sur Marne.

Ces Commissaires se répartirent entre eux le travail sur toute l'étendue du pays ; en raison des difficultés qui surgirent et de la longueur des opérations qu'elles occasionnèrent, les uns et les autres eurent à s'occuper de notre région (1). Tous hommes remarquables à des titres divers, ce sont eux qui ont été les véritables artisans de cette grande œuvre du partage départemental qui, malgré toutes les compétitions et malgré tous les obstacles, fut terminée plus rapidement qu'on ne le supposait peut-être. Ils prirent d'ailleurs pour système de laisser les députés des bailliages s'entendre entre eux pour la division de leurs provinces respectives, et avec ceux des provinces voisines pour la détermination des limites communes, pour régler les points de détails et même la subdivision en districts ou en cantons, ratifiant leurs accords, n'intervenant ou ne faisant intervenir, soit le Comité de Constitution, soit l'Assemblée Nationale, qu'en cas de contestations sérieuses (2).

---

(1) Comme representant d'un bailliage de cette region, Aubry Dubochet ne devait cependant agir le plus souvent qu'à titre personnel ; nous disons « le plus souvent », car dans certaine occasion particuliere, on verra que ce depute ne fit peut-être pas suffisamment abstraction de son titre de Commissaire et de la situation qu'il lui procurait.

(2) Cf. Rapport de Bureaux de Pusy, *sur la division du Royaume* (Séance du 8 janv. 1790) — *Arch. parl.* XI p. 119 et suiv.

— 63 —

1) **DUPONT**, dit *de Nemours*, (Pierre-Samuel), né à Paris en 1739. — Économiste physiocrate, anc. C^{er} d'État. — Député du B^{ge} de Nemours à l'A. N. — Publiciste. Député du Loiret au C^{eil} des Anciens (1795-99). — Membre du Gouv^t prov^{re} en 1814. — Mort aux E.-U. d'Amérique en 1817.

2) **BUREAUX DE PUSY** (Jean-Xavier), né à Port-s.-Saône (Haute-Saône) en 1750. — Ancien officier. — Dép. du B^{ge} d'Amont, dépendant de celui de Vesoul, à l'A. N. — A partir de 1801, préfet de l'Allier, du Rhône et de Gênes (Italie), où il mourut en 1806.

3) **AUBRY DUBOCHET**.
Député du B^{ge} de Villers-Cotterêts à l'Ass. N^{ale}
V. *sup.* p. 48, son portrait et *inf.* sa note biographique

4) **GOSSIN** (Pierre-François), né à Souilly (Meuse) en 1750. — Dép. du B^{ge} de Bar-le-Duc à l'A. N. — Procureur-syndic du département de la Meuse en 1791. — Condamné par le Tribunal révolutionnaire et exécuté en 1794.

5) **PINTEVILLE** (Jean Baptiste), Baron DE CERNON, né à Coudray (S.-et-O.) en 1756. — Député du B^{ge} de Châlons-sur-Marne à l'A. N. — Membre du Tribunal ; Conseiller à la Cour des comptes — Mort vers 1830.

Les Commissaires-Adjoints au Comité de Constitution pour la division du Royaume.
Figures tirées des Portraits de la Collection DEJABIN (*Bibl. Nat.*)
Notes biographiques de l'auteur.

Dans un grand nombre d'endroits, il y eut des conflits tellement aigus, des discussions si ardentes, que la Constituante elle-même se trouva fort gênée pour statuer. Cela se produisit surtout au sujet de certains chefs-lieux que différentes villes, appartenant à une circonscription donnée, réclamaient avec insistance, soit en qualité de plus notables, soit au titre de mieux placées (1). Lors des débats sur la nouvelle organisation, il avait été admis que les principales administrations pourraient siéger à tour de rôle dans plusieurs localités (c'est ce qu'on appela le système de l'*alternat*) et que les divers établissements administratifs, judiciaires ou ecclésiastiques à créer dans un département, ne seraient pas nécessairement centralisés dans les mêmes lieux (2). Quand l'Assemblée nationale ne crut pas devoir départager, par voie d'autorité, les cités en concurrence, l'une ou l'autre des combinaisons précédentes lui permit de sortir d'embarras suivant les cas. Elle recourut parfois aussi à une troisième, en se bornant à indiquer provisoirement les villes qui lui paraissaient qualifiées pour devenir des chefs-lieux, sauf à ne fixer son choix définitif qu'après avis de l'assemblée des électeurs du département ou du district intéressé : c'est ce dernier moyen qui fut principalement adopté dans notre département, entre Laon et Soissons, entre Guise et Vervins, entre Chauny, Coucy et La Fère (3).

---

(1) En défendant leur projet, les orateurs du Cte de C^{on} furent amenés à indiquer qu'il ne prévoyait pas des circonscriptions trop vastes, car d'apres les etendues proposées, « de tous les points d'un departement on pourrait arriver au centre de l'administration en une journée de voyage » (Target. Séance du 11 nov. 1789. *Arch. parl.* IX. p. 744). Dans les districts un tel voyage serait possible dans la même journée *pour l'aller et le retour*, avait-il été dit aussi. De là naquit tout naturellement l'idée que les chefs-lieux devraient être placés le plus possible au milieu des nouvelles divisions. Nous verrons donc toutes les villes qui occupaient cette situation, ne pas manquer de la presenter comme un argument capital en leur faveur et de l'opposer à toutes leurs rivales a un titre quelconque.

(2) Séance du 9 déc. Proposition de Rabaud St Etienne. *Arch. parl.* X. p. 453. — L'*alternat* n'avait été qu'un « expédient conciliatoire » ; on ne tarda pas à sentir les inconvénients de l'ambulance des administrations qu'il impliquait, et sa suppression fut décrétée moins de deux ans plus tard (11 sept. 1791 — *Arch. parl.* XXX. p. 559). Par des décisions spéciales la *reunion* des centres administratifs et judiciaires se fit petit à petit pour d'autres raisons.

(3) Il y eut également, entre ces villes, certaines propositions et décisions de partage des établissements, mais *aucun alternat* ne fut prévu.

§ 4. — Les députés de la région de l'Aisne, élus aux États-Généraux de 1789 — Membres de l'Assemblée nationale.

Les membres de la Constituante ayant pris à l'établissement des divisions de la contrée qui les avait élus, une part personnelle plus ou moins marquée, nous allons utilement passer en revue la liste des représentants de notre région, dont nous aurons plus loin à rappeler les noms et à indiquer le rôle en cette affaire. Soit à l'occasion des limites du département, soit à propos de ses chefs-lieux, quelques-uns d'entre eux montrèrent, dans l'intérêt de leurs pays respectifs, un zèle et un dévouement des plus louables, auxquels on doit rendre cet hommage qu'ils méritent de ne pas disparaître tout-à-fait du souvenir de leurs compatriotes.

Nous avons vu (1) que les bailliages répartis sur la Généralité de Soissons et utilisés comme circonscriptions électorales pour la nomination des députés aux Etats-Généraux de 1789, avaient été ceux *du Vermandois* (bailliages de Guise, de Marle, de La Fère, de Coucy, de Chauny et de Noyon, réunis au bailliage principal de Laon), de *Soissons*, de *Château-Thierry*, de *Villers-Cotterêts*, de *Crépy-en-Valois* et de *Clermont-en-Beauvoisis*. En dehors de ces derniers, parmi ceux qui les entouraient de toutes parts, un seul nous intéresse au même titre ; c'est le bailliage de *Saint-Quentin*, adossé contre celui du Vermandois, au nord-ouest, en la Généralité d'Amiens.

Sans nous arrêter sur la manière dont les élections se firent dans ces diverses circonscriptions, nous ne retiendrons ici que leurs résultats, quant aux personnalités issues des scrutins (2).

Sauf le bailliage de Vermandois, auquel son importance valut douze représentants (trois du clergé, trois de la noblesse et six du tiers-état) (3), tous les autres n'obtinrent qu'une députation

---

(1) Cf. *sup.* Chap. II § 4 p. 32

(2) Sur l'ensemble et les détails de cette question des élections aux Etats-Généraux, Cf. Brette, *Op. cit.* (I.-III). Nous avons emprunté plusieurs indications biographiques à cet auteur, ainsi qu'aux suivants : Robert, Bourloton et Congny, *Dict. des parlementaires* et A. Desmasures, *Hist. de la Révolution dans le dép^t de l'Aisne.*

(3) Le Règlement Général du 24 janvier 1789, relatif à la convocation des Etats Généraux n'attribuait d'abord que 8 députés au bailliage du Vermandois; mais une décision postérieure, du 2 mars, porta leur nombre à 12.

minimum de quatre membres (un du clergé, un de la noblesse et deux du tiers-état). Des députés suppléants furent de plus désignés d'avance presque partout, pour remplacer au besoin les titulaires; nous aurons, par suite d'option, de non-acceptation ou de démission survenues, à en signaler quelques-uns.

Pour attirer sur eux l'attention et engager à les retenir, nous soulignerons les noms des membres de l'Assemblée plus particulièrement intervenus dans la question que nous étudions.

Les mandataires du bailliage de Saint-Quentin furent : pour le clergé, l'Abbé MAROLLE, « curé de la paroisse de St-Jean-Baptiste à Saint-Quentin », natif de cette ville : l'un des premiers de son ordre qui déclara vouloir se joindre aux députés des communes (1) ; — pour la noblesse, le Comte DE PARDIEU, ancien officier, « seigneur de Vadancourt (près Vermand), Braye-St-Christophe (près St-Simon) et autres lieux », lequel agit pareillement de son côté (2) ; — et pour le tiers-état, FOUQUIER D'HÉROUEL, « écuyer, fourrier des logis du roi, demeurant à Saint-Quentin », l'un des trois frères de Fouquier-Tinville (3); avec l'Abbé DU PLAQUET, « licencié ès-lois, censeur royal, chapelain conventuel de l'Ordre de Malte et de l'église royale (St-Eloi) à Saint-Quentin, habitant en cette ville » (4),

---

(1) [Claude-Eustache-François] né à Saint-Quentin en 1753 — *Evêque constitutionnel de l'Aisne* (fév. 1791 — nov. 1792) ; abandonna l'état ecclésiastique après avoir démissionné ; devint misérable ; mourut à Soissons en 1794, des suites d'une affection contractée en soignant les malades d'un hôpital militaire.

(2) [Guy-Félix], né à l'île de St-Domingue en 1758. Commandant de la garde nationale à St-Quentin, membre et président de l'administration du départ. de l'Aisne, après la session — Prit une part active à l'accomplissement des réformes ; quitta toutefois les fonctions publiques sous la Terreur — Mort au château de Vadancourt (près Vermand) en 1799.

(3) [Pierre-Eloy], né en 1745 à Hérouel, où il se retira après la session et se fit « cultivateur » ; fut élu *député-suppléant* à la Convention, mais n'y vint pas siéger. Mort à une date inconnue — Son fils fut conseiller général du département de 1833 à 1851, député de l'Aisne à la Législative de 1849 et sénateur du 2ᵉ Empire.

(4) [Charles-Vincent] né à Beauvois (près Vermand) en 1730. Etait l'un des trois membres du clergé élus par le tiers-état, avec lequel « il avait pu faire corps, étant chevalier servant de Malte » *(Arch. nat.)*. (Les deux autres étaient, l'un le fameux Abbé Sieyès, élu par le T. E. de Paris-ville, et l'autre un curé-bailli d'Alsace) — « *Prêtre dans l'Etat, citoyen dans l'Eglise* ». Administrateur et président du district de St-Quentin après la session — Tombé dans la gêne à la fin de la Convention, il dut accepter pour vivre un emploi subalterne — Mort en 1811.

que l'on vit faire solennellement remise de ses bénéfices à la Nation, le 11 août 1789, et, comme ses trois collègues, adopter les principes nouveaux de la Révolution.

Fac-Similé des signatures des Députés du Bailliage de Saint-Quentin

D'après le Procès-verbal du *Serment du Jeu de Paume*
et l'Etat de distribution de la *Médaille du 4 août* [Arch. Nat.] (1).

La même unanimité ne se rencontra point parmi les nombreux députés du bailliage de Vermandois, dont plusieurs abandonnèrent leur mandat au cours de la législature, en raison de la marche suivie par les évènements.

Le clergé y avait choisi pour représentants : l'Evêque Duc de Laon, DE SABRAN, pair de France et grand-aumônier de la Reine (2),

(1) Ces signatures — comme celles qui vont suivre — proviennent ainsi des deux sources indiquées : Pour les députés du Tiers-état, ce sont les reproductions de celles apposées par eux au *Procès-verbal* du memorable *Serment du Jeu de Paume* (20 juin 1789) [*Arch. Nat.* C* I. 3, fol. 47 et suiv.], d'après le Fac-simile, avec commentaire, de M. A. BRETTE et E. CHAMPION. Tous les noms des représentants de notre région, pour cet ordre, sont à ce « Procès-verbal ». — Pour les députés du Clergé et de la Noblesse, ce sont les reproductions de celles qui figurent à l'*Etat de distribution de la Médaille du 4 Août* « frappée en mémoire de l'abandon des privilèges », et par lesquelles ils en ont donné Reçu dans le courant de 1791 [*Arch. Nat.* C. 133 (480)], d'après le Fac-simile du Recueil de M. A. BRETTE *Op. cit.* II, Chap. V, p. 573 et suiv. Pour des raisons diverses, il manque à cet « Etat » quelques noms des représentants de la région, titulaires ou suppléants, appartenant à ces deux ordres. Par la suite nous comblerons à peu près cette lacune d'après d'autres documents autographes.

(2) [Louis-Hector-Honoré-Maxime] des comtes de Forcalquier, né au château de Baudinard *(Var)* en 1739 — Prit possession de l'Evêché de Laon en 1778 — Quitta l'Assemblée avant la fin de la session, sans être remplacé. Emigra en Allemagne. Refusa de remettre sa démission au pape en 1801, après le Concordat. Mort en Pologne, vers 1811. (V. Portrait, *sup.* p. 15).

l'Abbé Gibert, curé de la paroisse St-Martin à Noyon (1), qui protestèrent avant d'entrer à l'Assemblée Nationale ; et l'Abbé Ogé, curé de St-Pierremont (près Marle) (2), au contraire partisan des idées nouvelles, dès le début.

La noblesse avait élu deux anciens militaires et un troisième officier encore en activité : le Vicomte Desfossés, dont l'une des résidences était à Coucy-le-Château (3) ; de Macquerel de Quesmy, seigneur de ce lieu voisin de Noyon (4) ; et le Comte de Miremont, possesseur de la terre de Berrieux (près Craonne) (5), qui tous se montrèrent plus ou moins attachés à l'ancien régime. Le second seulement siégea d'ailleurs jusqu'à la fin de la session ; Desfossés et De Miremont démissionnèrent vers le milieu de 1790 et furent

(1) [Louis-Bernard], était né à Baron (près Senlis) en 1749 — Après la session rentra à Noyon, devenue chef-lieu de district du dép¹ de l'*Oise*.

(2) [Jean] né à St-Pierremont en 1755 ; fut d'abord vicaire à Montcornet — Revint dans sa paroisse natale après la session, y exerça comme curé constitutionnel, puis comme prêtre concordataire, tout en pratiquant la médecine, jusqu'à sa mort en 1807.

(3) [Charles-Jean-Louis] né à Praast (près Coucy) en 1737, ancien officier de carabiniers, lieutenant des Maréchaux de France aux bailliages de Soissons et de Coucy-le-château, seigneur du Faux-Aumencourt et autres lieux, vicomte de Vauxtin, etc. — Démissionnaire en juillet 1790 — Condamné, ainsi que sa seconde femme, par le Tribunal révolutionnaire le 8 thermidor an II; tous deux furent exécutés le même jour, veille de la chute de Robespierre. De sa première femme il avait eu trois enfants, dont un fils qui épousa la fille de Labbey de Pompierres, conseiller de préfecture (1800-1813), puis député de l'Aisne (1813-1831) ; et c'est leur fille, Mlle Desfossés, qui devint Mme Odilon Barrot, dont le mari fut lui-même longtemps président du conseil général et député de l'Aisne. — Desfossés fut suppléé à la Constituante, le 24 déc. 1790, par Du Royer « seigneur de Flavy-le-Martel et autres lieux » [Charles-Louis].

(4) [Charles-François-Louis] né à Quesmy *(Oise)* en 1738 — Ancien capitaine du régiment de Brie-Infanterie ; sorti de l'armée depuis 1783 — Emigra ; rentra en France à la Restauration — Fut maire de Quesmy, devenu commune de l'*Oise*, et mourut en 1818.

(5) [Charles-Jean-François-Alphonse] né à Reims en 1755. Capitaine au régiment de chasseurs du Languedoc. Démissionnaire le 26 mai 1790 — Fut conseiller général de l'Aisne, de 1800 à sa mort en 1815. — Fut suppléé à la Constituante, le 3 août 1790, par De Novion « Capitaine au regiment de Vermandois » [Jean-Victor] né à Thionville (actuellement en Allemagne) en 1747 ; était « fils de F.V. de Novion, capitaine au bataillon de milice de Laon ». Emigra après la session, d'abord à Londres, puis à Lisbonne dont il organisa et commanda la police municipale. Revint en France à la Restauration ; fut prévôt militaire du départ. de la Moselle (1816-1819) ; mort en 1825. — Bien que De Novion, entré à l'Assemblée Nationale au milieu de 1790 seulement, n'ait pris aucune part à la formation même du département, nous donnons cependant ici un portrait de lui, afin que l'iconographie des Constituants de la région de l'Aisne se trouve dans notre travail aussi complète que possible.

remplacés par leurs suppléants, qui l'un et l'autre, ne tinrent aussi qu'une place effacée, au côté droit de l'Assemblée.

Des six membres désignés par le tiers-état du grand bailliage de Laon, quatre au moins eurent un rôle parlementaire plus important, auquel les avaient préparés leurs fonctions précédentes d'administrateurs et d'hommes de loi ; certains d'entre eux parurent à la tribune d'une façon honorable et tous rendirent des services dans les travaux des Comités. Quant aux deux autres, simples cultivateurs ou « laboureurs », comme on disait alors, braves gens de peu d'instruction, ils s'associèrent à leurs collègues pour voter dans le sens des réformes, obscurément.

J.^N VICT.^R CH.^{ER} de NOVION
Capt au Rég.^t de Vermandois, Ch^{er} de St Louis et de St Lazarre.
Né à Thionville, le 20 Nov^{bre} 1747.
Député du Vermandois.
Aux États Généraux de 1789

Labadye, del.   Le Tellier, sculp.
Portrait de la Collection DEJABIN
(sur De Novion, V. ci-contre p. 68, note 5)

C'étaient : LE CARLIER, « maire de Laon, ancien procureur du roi au présidial et membre de l'assemblée d'élection en cette ville », « homme de mérite, instruit, parlant bien et facilement » (1) ;

DE VIEFVILLE DES ESSARS, « subdélégué de l'Intendant de Soissons en l'élection de Guise, procureur fiscal de la maîtrise des eaux et

---

(1) *Arch. Nat.* — [Jean Marie François Philbert] né à Laon en 1752 — Fut ensuite député à la Convention, où il vota la mort de Louis XVI. Sous le Directoire, membre du Conseil des Cinq Cents ; président de l'Administration centrale du département ; commissaire plénipotentiaire en Suisse ; ministre de la police ; membre du Conseil des Anciens ; mort en 1799 — Son fils fut député de l'Aisne, sous les Cent-jours, la Restauration et le Gouv^t de juillet, et conseiller général de 1831 à 1835.

forêts, etc. », qui — supposait-on — « ne serait pas l'orateur du Vermandois aux Etats-Généraux, ayant de la difficulté à s'exprimer »(1), mais qu'on entendit cependant plusieurs fois ;

Devisme, « procureur-syndic de l'assemblée de l'élection de Laon » et « le meilleur avocat du siège, que son mérite seul, malgré la brigue, avait porté là » (2) ;

L'eleu de la Ville-aux-Bois, « lieutenant de l'élection de Laon et subdélégué de l'Intendant en cette ville » (3) ;

Enfin Bailly « laboureur à Crécy-aux-Monts » (près Coucy le-Château) (4), et Leclercq de Lannoy, « laboureur, propriétaire de la Seigneurie de Lannoy, bailliage de Chauny, y demeurant » (5).

Les représentants beaucoup moins nombreux des différentes autres circonscriptions de la contrée, ne comptèrent point non plus d'homme qui ait occupé dans l'assemblée une situation un peu en vue. Les membres du clergé opposants ou ralliés demeurèrent inaperçus ; ceux de la noblesse, dont aucun ne voulut, comme De Pardieu (de St-Quentin), coopérer à l'établissement du nouveau régime, partirent ou se tinrent cois ; quelques-uns du tiers-état ont, par contre, laissé une trace utile de leur passage à la Constituante. Nous allons, successivement par bailliages, les

---

(1) *Arch. Nat.* — [Jean-Louis] né à Malzy (près Guise) en 1744. Cousin de Cam. Desmoulins dont il facilita pécuniairement la première instruction. Reprit ses fonctions d'administrateur des forêts après la session. N'appartint à aucune autre assemblée parlementaire — Protesta hautement contre le jugement de Louis XVI par la Convention — Fut destitué, poursuivi devant le Tribunal révolutionnaire, incarcéré à Paris, et ne dut son salut qu'à la chute de Robespierre. A partir de l'an VIII : conservateur des forêts à Guise, puis à Amiens ; membre du conseil général de l'Aisne, qu'il présida pendant 15 ans — Mort en 1820.

(2) *Arch. Nat.* — [Jacques-François-Laurent] né à Laon en 1749. Administrateur du départ. après la session, sous la Législative et au début de la Convention — Député au Corps législatif, qu'il présida (an VIII-1806). Chargé des fonctions du ministère public près le tribunal de justice criminelle et la Cour d'assises de l'Aisne — Membre de la Chambre des Cents jours — Rentra dans la vie privée quelques années après la Restauration — Historien de Laon et du départ. de l'Aisne — Traducteur d'Horace — Mort en 1830.

(3) [Claude-Antoine] né à Laon en 1750 — Président du tribunal criminel de l'Aisne, après la session — Incarcere pendant la Terreur. Rappelé au même tribunal et chargé du ministère public, sous le Directoire — Mort en 1798.

(4) [Charles-Maximin] né à Crécy au-mont en 1739 — Conseiller général de 1800 à 1812.

(5) [Jean-Antoine] né en 1728, à Moyenneville *(Somme* probablement) — La ferme de Lannoy dépend actuellement du canton de Roye (Somme).

énumérer tous, suivant l'usage et le rang alors protocolaire (clergé, noblesse, tiers-état), mais sans plus rappeler chaque fois l'ordre, facile à reconnaître, auquel ils appartenaient.

Signatures de la plupart des Députés du Bailliage de Vermandois [Arch. Nat.]

Ainsi furent nommés,

Par le bailliage de Soissons :

Non pas l'Evêque (comme à Laon), mais un simple prêtre de campagne, l'Abbé Delettre, curé de Berny-Rivière (près Vic-sur-Aisne) (1), remplacé dès le début de novembre 1789 par son suppléant d'analogue condition, l'Abbé Delabat « prieur-curé de la paroisse St-Léger de Soissons » (2) ;

---

(1) [Claude] né à Cœuvres-et-Valsery en 1740 — Démissionnaire le 22 oct. 1789 « pour faiblesse de santé » et mort trente annees plus tard, en 1820, à Attichy *(Oise)* où il s'était retire après dix ans d'émigration.

(2) [Louis] né à Soissons en 1737 — Se montra favorable aux réformes — Après la session, rentra à Soissons, devint infirme et presque indigent durant la période révolutionnaire ; lors de l'organisation Concordataire, fut nommé chanoine de la Cathédrale et mourut en 1813, instituant pour ses légataires universels les pauvres de la ville.

— Le Comte d'Egmont-Pignatelli « comte de Braisne, lieutenant général des armées du roi, gouverneur général du Saumurois, grand d'Espagne, chevalier de la Toison d'or, etc. » (1) ;

— Brocheton, « avocat en parlement, lieutenant de l'élection de Soissons, second échevin de cette ville, y demeurant » (2) ; et Ferté, « cultivateur, propriétaire de la ferme du Pavillon, paroisse d'Acy » (3).

Delabat   ferté   Brocheton

Par le bailliage de Château-Thierry :

L'Abbé Thirial, « docteur de Sorbonne, curé de Saint-Crépin de Château-Thierry » (4);

— De Graimberg de Belleau, « seigneur de Belleau (près Château-Thierry), et autres lieux, officier au régiment du Roi-Infanterie, syndic de l'assemblée d'élection de Château-Thierry pour

---

(1) [Casimir] né à Braine-sur-Vesle en 1727 — Suivit brillamment la carrière des armes. Fit partie, comme l'une des personnalités les plus qualifiées de l'Etat, des Assemblées de Notables réunies à Versailles en 1787 et 1788; avait présidé en fin d'année 1787 l'*Assemblée provinciale du Soissonnais* — Siègea parmi les partisans de l'ancien regime, protesta en 1790 contre l'abolition de la noblesse, à la suite de laquelle on lui prête cette boutade : « Maintenant, il ne nous reste plus qu'à manger avec nos gens ». — Emigra en 1792 — Combattit la Révolution à l'étranger, où il commanda en second l'armée de Condé. Mort à Brunswick (Allemagne) en 1802. Possédait à Braine un élegant domaine, autour d'une ancienne forteresse (connue depuis sous le nom de *Château de la Folie*) qu'il avait transformée en maison de plaisance et dont il ne reste plus que quelques ruines. — Au sujet de son titre de Gouverneur général du Saumurois, V. sup. p. 40 note 5.

(2) [Charles-Fabio] né à Soupir en 1736. Juge au tribunal de district de Soissons après la session — Inquiété sous la Terreur, il s'éloigna; poursuivit plus tard sa carrière judiciaire en Eure-et-Loir, puis à Paris comme juge du Tribunal d'appel du départ. de la Seine (an VIII) et comme conseiller à la Cour impériale (1810) — Mort à Paris en 1814.

(3) [Jean-Pierre] né à la ferme de Quenvière, paroisse de Moulin-sous-Touvent (près Attichy-*Oise*) en 1736 — Ne semble plus avoir pris part aux affaires publiques après la session.

(4) [Jean-François] ne à Compiegne, en 1755. Avait d'abord été professeur de théologie à Paris et à Lyon, puis curé de Vauchamps *(Oise)* — Refusa de prêter sans restriction le serment ecclésiastique en 1791 — Après la session, se retira à Versailles où il exerça la médecine — Reconnu et dénonce au Tribunal revolutionnaire, fut condamné à mort et exécuté en 1794.

les ordres du clergé et de la noblesse » (démissionnaire en juillet 1790) (1) ;

— Pinterel de Louverny, « lieutenant-général du bailliage de Château-Thierry » (2) ; et Harmand, « avocat, demeurant en cette ville » : homme « dont le cœur et l'esprit méritaient les plus grands éloges » ; auteur du cahier du tiers-état de son bailliage, qu'il avait « rédigé en 36 heures » (3).

(1) [Gilles-François] né à Belleau en 1748 — Emigra par la suite — Rentré en France sous le 1ᵉʳ Empire, il se retira à Chézy-sur-Marne et y mourut en 1823. [Sa propriété de Belleau, vendue sous la Révolution comme bien d'émigré, est actuellement possédée par M. J. Paillet avocat à Paris, qui fut conseiller général de l'Aisne de 1896 à 1910; petit-fils d'Alphonse Paillet, l'eminent avocat, né à Soissons en 1796, député de l'Aisne (1846-48, 1849-51), mort à Paris en plaidant (1855), dont la statue érigée en 1863, se trouve dans la cour d'entrée de l'Hôtel de ville de Soissons.] — Graimberg fut supplée à la Constituante, le 10 juillet 1790, par le Chevalier De Bois Rouvraye « capitaine de cavalerie, seigneur du Comté de Villers et Domptin, etc. » [Denis Christophe] né a Mantes (S.-et-O.) en 1751, qui émigra egalement et mourut à Munster (Allemagne) en 1800.

(2) [Adam Pierre] né à Château-Thierry en 1742 — Ses parents étaient alliés a la famille de Racine et de La Fontaine — Après la session, devint juge, puis président du tribunal de district de Château Thierry, fonction qu'il conserva sans interruption sous les divers régimes ultérieurs. Conseiller général de l'Aisne de 1800 à sa mort, en 1810.

(3) *Arch. Nat.* [Nicolas-François] né à Souilly-en-Barrois *(Meuse)* en 1746 — Quitta les affaires publiques après la session et ne reparut que sous le Directoire en qualité d'inspecteur des subsistances aux armées — Préfet de la Mayenne de 1800 à 1814 — Mort à Senlis en 1821.

Signatures de la plupart des Deputes du Bailliage de Château-Thierry [*Arch. Nat.*]

Par le bailliage de Villers-Cotterêts :

L'Abbé DE WAREL, « curé de Sainte-Geneviève, de Marolles » (près La Ferté-Milon) (1) ;

— Le COMTE DE BARBANÇON, « comte souverain de Valteline, colonel du régiment d'Orléans-cavalerie, gouverneur de la province du Valois et des ville et château de Coucy, Noyon et Villers-Cotterêts, seigneur de Maucreux, Faverolles, Ancienville, etc., etc.... conseiller du roi et de S. A. S., bailli d'épée, garde-scel héréditaire au bailliage de Villers-Cotterêts, chef-lieu du duché de Valois, etc., etc. » (démissionnaire en avril 1790) (2) ;

— BOURGEOIS, « fermier de la ferme de l'Epine, à Viviers » (c'est-à-dire Vivières, près Villers-Cotterêts) (3), et AUBRY DUBOCHET,

---

(1) [Jean-Baptiste-Etienne] né à Charly-sur-Marne en 1721 — Donna sa démission en oct. 1789, puis la reprit. Après la session, rentra dans sa paroisse devenue commune du dép^t de l'*Oise* et y fut officier municipal — Mort par accident à Beauvais en 1793.

(2) [Augustin-Jean-Louis-Antoine] né à Paris en 1750. Importante personnalité de noblesse dans la contrée. Choisi comme *suppléant du Duc d'Orléans, qui avait été élu député titulaire* par la noblesse du bailliage de Villers-Cotterêts, De Barbançon ne devint lui-même député titulaire que par suite de l'option du Duc pour le bailliage de Crépy-en-Valois — Il appartint au parti de la résistance ; protesta d'abord contre la réunion des 3 ordres en juin 1789, puis en 1791 contre les décrets de l'Assemblée, après en être sorti — Emigra, fut maréchal de camp à l'armée de Condé. Mort à Mannheim (Allemagne) en 1797 — Fut suppléé à la Constituante, le 3 mai 1790, par le Comte de MAZANCOURT, « maréchal de camp, seigneur de Vivières et Longavesne » [Gabriel-Auguste] né à Vivières en 1725, qui également émigra et prit du service à l'armée de Condé, ne rentra pas en France et mourut à Breslau (Allemagne) en 1809

(3) [Charles-Nicolas] né à Vivières en 1749 — Choisi pour suppléer DE LIMON, « contrôleur général et intendant des maisons, domaine et finances du Duc d'Orléans demeurant à Paris », qui avait été élu député titulaire du tiers-état de Villers-Cotterêts, Bourgeois devint lui-même député titulaire, par suite du refus de De Limon qui d'ailleurs avait pris par avance l'engagement de ne pas accepter si on le nommait. — Bourgeois fut plus tard conseiller général de l'Aisne, de 1800 à sa mort, en 1804. La ferme de l'Epine qu'il exploitait au début de la Révolution pour le compte de l'abbaye de Valsery, devint propriété nationale en 1790. Un personnage illustre dont la famille eut à Villers Cotterêts son berceau, LAVOISIER, chimiste pour sa gloire, mais fermier général pour son malheur et celui de la France, acheta ce domaine moyennant plus de 300.000 livres en 1791; trois ans avant que d'être, comme ses collègues, mis en accusation sur le rapport d'un député de l'Aisne à la Convention, A. DUPIN, condamné par le Tribunal révolutionnaire après réquisitoire de FOUQUIER-TINVILLE, autre individu de l'Aisne, et exécuté le 6 mai 1794.

« maire de La Ferté-Milon », dont nous avons eu déjà à citer plusieurs fois le nom (1).

Par le bailliage de Crépy-en-Valois :

L'Abbé Farochon, « curé de la paroisse d'Ormoy-emmy-les-Champs » (actuellement Ormoy-Villers) ;

— Le Duc d'Orléans « premier prince du sang, lieutenant général des armées navales, etc. (2) ;

— Adam de Verdonne « conseiller du roi et de S. A. S. le duc d'Orléans, lieutenant général civil, criminel et de police au bailliage du duché de Valois », habitant à Bucy-le-Long (3) ; et

(1) [Pierre François] né à la Ferté-Milon en 1737 — Arrière petit neveu de Racine — Avait été « ingénieur féodiste, commissaire à terriers, lieutenant de prévôté, etc... » — Compta parmi les députés laborieux de l'Assemblée ; nous avons signalé son intervention dans le débat sur la division du royaume et sa nomination de Commissaire adjoint au Comité de Constitution (V. sup. p. 48 et 62) — Se mêla souvent ensuite aux discussions financières et économiques. — Apres la session, redevint maire de la Ferté Milon de 1791 à 1794 ; puis fut à deux reprises membre de l'administration départementale, et la présida durant les dernières années du Directoire. Remplacé, au début du Consulat, par le premier préfet de l'Aisne, son ancien collègue à la Constituante, Dauchy dont il va être parlé, il mourut six mois plus tard à La Ferté Milon, en sept. 1800.

(2) [Louis-Philippe-Joseph] né au château de St-Cloud en 1747 — Connu, dès avant la Revolution, pour son opposition au parti de la Cour, qui le fit exiler à Villers Cotterêts de nov. 1787 à mars 1789. A la convocation des Etats généraux, rallia les plus ardents partisans des réformes ; fut lui-même élu en trois endroits, dans Paris-ville, à *Villers-Cotterêts* et à *Crepy-en-Valois* ; il opta pour Crépy. — Conserva son attitude opposante à l'Assemblée, dont il refusa cependant la présidence ; fut éloigné en octobre 1789 sous le prétexte d'une mission à Londres ; revint en juillet 1790. Entra ouvertement par la suite dans le parti révolutionnaire ; prit le nom de Philippe-Egalité ; fut élu à la Convention ; siegea à la Montagne ; vota la mort du roi ; n'en fut pas moins arrêté comme otage, au titre de membre de la famille des Bourbons, traduit devant le Tribunal révolutionnaire comme coupable d'avoir aspiré à la royauté, condamné à mort et exécuté en nov. 1793.

(3) [Louis-Joseph] né à Soissons en 1753 — Habitait alors Bucy-le-Long. Devint par la suite juge de paix du canton de Vailly, et conseiller général de l'Aisne de 1800 à 1806 — Mort à Vailly en 1831.

Hanoteau « laboureur au Plessis-Pacy et maire de cette commune ».

Enfin, par le bailliage de Clermont en-Bauvaisis :

de Larochefoucauld, Évêque-Comte de Beauvais ;

— Le duc de Liancourt ;

— Dauchy « propriétaire, cultivateur et maître de la poste aux chevaux, à St-Just en-Chaussée » (1) ; et Meurinne, membre de l'assemblée d'élection de Clermont.

Orléans

Dauchy

Adam de Verdonne

Au résumé, sur cette liste forcément un peu sèche et longue de trente-six noms, nous en avons indiqué une quinzaine comme étant à garder plus que les autres en mémoire ; savoir : De Pardieu (N) et Du Plaquet (T E), de St-Quentin — *Le Carlier*, de Viefville des Essars, *Devisme* et L'élu de la Ville-aux-Bois, tous du T-E de Vermandois et (sauf le second) nés à Laon — le Comte d'Egmont (N) et Brocheton (T-E), de Soisssons — Pinterel de Louverny et *Harmand*, du T-E de Château Thierry — le *Cte de Barbançon* (N) et *Aubry-Dubochet* (T E), de Villers Cotterêts — le Duc d'Orléans (N) et *Adam de Verdonne* (T E), de Crépy-en-Valois — enfin Dauchy (T-E), de Clermont. Mais parmi ces derniers, il nous a paru bon de faire une seconde sélection, en signalant ici de nouveau six d'entre eux ; ce sont ceux des Constituants dont nous aurons souvent à reparler, que nous verrons plus personnellement

(1) [Luc-Jacques-Edouard] né à Saint-Just (*Oise*) en 1757 — Fut l'un des présidents de l'Assemblée Nationale, en 1791 — Administrateur du départ. de l'Oise, après la session. Député au Conseil des Cinq-Cents en l'an IV — Proscrit — *Premier préfet de l'Aisne* (1800 1802) ; puis préfet de Marengo, conseiller d'Etat, et administrateur des Etats de Venise — Représentant à la Chambre des Cent-jours — Mort à St-Just, en 1817.

intervenir et qui montrèrent dans la circonstance une remarquable activité (1).

* *

En outre des Commissaires adjoints au Comité de Constitution, pour la division du royaume, et des représentants élus par les bailliages de leur contrée, d'autres personnes eurent aussi sur la fixation des limites des subdivisions et des chefs-lieux de chaque département, une influence réelle. Ce sont les députés, dits « extraordinaires », ou « spéciaux », ou « *ad hoc* », que les villes désireuses d'appartenir à une circonscription plutôt qu'à une autre, de rester ou de devenir les centres principaux des nouvelles

---

(1) Lorsque l'un de ces noms ou de ceux cités plus haut reviendra par la suite sous notre plume, nous mettrons en regard — autant qu'il nous a été possible — une figure du personnage qui l'a porté. Entre autres, nous donnerons ainsi plus de vingt portraits des députés de la région de l'Aisne à l'Assemblée de 1789-1791, dont plusieurs se trouveront publiés, croyons-nous, pour la première fois. Presque tous sont naturellement extraits des deux grandes collections de gravures représentant les Constituants, parues de leur temps et sur lesquelles voici quelques renseignements en commentaires préalables de nos illustrations.

La convocation des Etats-Généraux en 1789, leur brusque transformation en Assemblée Nationale et l'importance de l'œuvre aussitôt entreprise par celle-ci, apparurent sur l'heure même comme un evenement appelé à devenir l'un des plus considérables de l'Histoire.

De là vint que deux éditeurs différents, les sieurs DEJABIN et LEVACHEZ, eurent l'idée de transmettre à la postérité les traits des membres de cette Assemblée ; c'est à ce fait que beaucoup de familles doivent les portraits de leurs ancêtres.

L'opération fut confiée à des artistes habiles qui avaient déjà un nom dans les arts ou qui s'y firent bientôt connaître. Leurs *dessins originaux, au crayon*, sont à la Bibliothèque Nationale (cabinet des Estampes). Des 1320 membres environ qui siégèrent plus ou moins longtemps soit comme députés titulaires soit à titre de suppléants, la collection Dejabin compte 900 portraits, réunis en 4 volumes ; celle de Levachez n'en compte de 250, formant 2 volumes.

Dans chacune de ces collections, il y a un certain nombre de dessins *qui n'ont pas été gravés*. Il y en a aussi quelques uns dont les personnages sont inconnus ; mais d'ordinaire les *dessins* sont identifiés par une mention, *le plus souvent autographe*, qu'on retrouve imprimée sur les gravures, où sont indiqués les nom, prénoms et titres du député, la date et le lieu de sa naissance, l'ordre et le bailliage auquel il appartenait ; avec parfois ses armes ou son cachet.

Les portraits de la collection Dejabin (tous de profil) ont été executés au burin ; ceux de la collection Levachez (tous de trois quart) l'ont été en manière noire. (S. LIEUTAUD. *Liste des portraits des deputés à l'Ass. Nat. de 1789* — et M. TOURNEUX. *Bibliog. de l'Hist. de Paris pendant la Révolution*).

On rencontrera dans le courant de notre travail, en ce qui concerne notamment les députés de la region même du dép^t de l'Aisne, tous ceux de leurs portraits contenus dans chacune de ces collections (gravés quand ils l'ont été ; sinon, en dessin) et de plus quelques autres que nous avons pu trouver ailleurs. Comme les portraits d'Aubry-Dubochet, des Commissaires adjoints et de De Novion,

circonscriptions, envoyèrent alors à Paris pour veiller à leurs intérêts et soutenir leur cause. Ils devaient être dûment accrédités à cet effet par des délibérations régulières des municipalités, précisant plus ou moins leur mandat ; car « les membres de l'Assem-« blée Nationale eux-mêmes, ne pouvaient aller au Comité de « Constitution stipuler en faveur d'aucune ville ou communauté, « sans un pouvoir spécial, avec le titre de député *ad hoc* » (1). Nous ferons connaître par la suite, au fur et à mesure que l'occasion s'en présentera, les noms et le rôle de ceux de ces « députés extraordinaires », venus des différentes localités de la région de l'Aisne.

**
* **

Tels ont été, par catégories différentes, les divers auteurs de la formation des départements ; nous sommes à même, sachant cela, de suivre avec beaucoup plus de facilité les pourparlers, les négociations et les débats qui se poursuivirent durant plusieurs mois pour l'établissement du nôtre, auquel nous allons désormais nous en tenir.

déjà donnés (V. sup. p. 48, 63 et 69), ceux de la *collection Dejabin* seront des réductions au tiers environ. Enfin nos reproductions de la *collection Levachez* seront ramenées au quart exactement. La plupart de ces portraits peuvent se trouver encore assez facilement dans le commerce ; toutefois quelques-uns de l'une et de l'autre collection sont devenus très rares. A défaut d'indication d'origine, les illustrations de ce livre proviendront de gravures appartenant à l'auteur.

(1) Indication tirée d'une pièce des *Arch. de l'Inspection des Forêts, à Villers-Cotterêts*, se rapportant à la nomination d'un mandataire de ce genre.

CHAPITRE III

Détermination de la surface d'ensemble du département « du Vermandois et du Soissonnais » ou « de Laon et Soissons »

Formation des départements septentrionaux, du Nord et du Pas-de-Calais — Difficultés du partage de la région de Picardie et d'Ile de France : le département de Paris ; prétentions de nombreuses villes de la région à un chef-lieu de département ; antagonisme entre Laon et Soissons — Le plan n° 4. Configuration générale du département — Extension de territoire obtenue au sud. Fixation définitive de la surface d'ensemble du département.

---

§ 1ᵉʳ FORMATION DES DÉPARTEMENTS SEPTENTRIONAUX

La constitution des départements du Nord et du Pas-de-Calais eut, sur la formation de ceux du dessous, une répercussion assez importante, quoique indirecte ; il convient donc que nous commencions par indiquer, en quelques mots, comment les choses s'étaient passées pour ces deux circonscriptions septentrionales.

Dès que l'on connut, dans le pays, le projet de partage du royaume en nouvelles divisions territoriales de forme à peu près carrée et d'une surface d'environ 320 lieues chacune, dont l'Assemblée nationale venait d'être saisie, il ne s'éleva presque aucun doute sur l'adoption prochaine d'une telle réforme, dans son principe, sinon d'après les conditions d'exécution proposées.

Pour les petites « provinces » dont l'étendue n'approchait pas du chiffre indiqué, et par suite auxquelles ne semblait pas permis l'espoir d'acquérir ou de garder leur autonomie, la question se posa immédiatement de savoir quel serait leur sort et comment on les réunirait à celles d'alentour. Toutes se préoccupèrent donc aussitôt de préparer les voies à l'établissement de la circonscription la plus conforme à leurs sentiments et à leurs intérêts respectifs.

C'est ce qui se produisit notamment au nord de la France, dans les Flandres (maritime et wallonne) d'une part, dans le Hainaut et le Cambrésis d'autre part. La carte annexée au Rapport de Thouret, proposait bien d'accorder à chacun de ces groupes de pays un département spécial ; ils eurent malgré cela l'impression que la situation ne pourrait rester telle, et qu'en raison de leur trop faible superficie un remaniement de limites s'imposerait bientôt à leur sujet : mieux valait pour eux l'arranger au préalable selon leurs vœux, plutôt que d'avoir à le subir ensuite contre leur gré. (Voy. sup. p. 58, Pl. V, les divisions n°s 3 et 4 à ce propos, — 2 et 1 pour ce qui suit) (1).

Or, du fait qu'ils étaient sur la frontière du royaume, ces deux départements projetés (Flandres réunies — Hainaut et Cambrésis) ne pouvaient évidemment s'agrandir qu'en prenant du terrain aux pays situés au dessous d'eux, à l'Artois principalement. Mais de ce côté leurs représentants, c'est-à-dire les députés naguère nommés par leurs bailliages, ne purent arriver à ouvrir des négociations.

De prime abord l'Artois se montra tout à fait intransigeant. Il excipa des intentions manifestées devant l'Assemblée Nationale, d'après lesquelles les précédentes limites devraient être maintenues autant que faire se pourrait, pour déclarer « qu'il ne souffrirait pas sa division » ; fort du département que la carte du Comité lui attribuait exclusivement, il ajoutait même qu'il tenait d'une façon formelle à « rester dans ses bornes » De la part de cette vieille Province, jouissant de temps immémorial d'une Constitution particulière, en sa qualité de pays d'Etats, si la prétention de n'être ni démembrée ni réduite était soutenable, il en allait différemment pour celle, émise par surcroît, de ne supporter nulle adjonction, de n'admettre la réunion à son enclave d'aucun territoire envi-

---

(1) La ligne séparative des divisions 3 et 4, suivait le cours de la Scarpe. On en voit mal le tracé à cause d'un pli du papier de la carte, juste à cet endroit.

ronnant, pour lui faire atteindre la grandeur moyenne applicable à toutes les nouvelles circonscriptions. En ce moment de réformation générale, une telle attitude dut paraître excessive, voire déplacée. On le fit sans doute remarquer aux députés de l'Artois, et peut-être aussi leur rappela-t-on qu'à peu de temps de là, dans la nuit du 4 août, ils avaient déposé sur le bureau de l'Assemblée, une déclaration solennelle de renonciation à tous les privilèges, libertés, franchises et immunités de leur Province. En tous cas, on constate qu'ils ne persévérèrent point dans leurs exigences et qu'ils ne tardèrent même pas à se montrer plus accommodants, sinon vis à vis des Flandres, du moins à l'égard de certains autres pays adjacents, avec lesquels l'Artois avait historiquement plus d'affinités.

Contre ce dernier, la Picardie, envisagée dans son Intendance d'Amiens, était trop considérable pour pouvoir subsister telle quelle. Sur la carte annexe du Rapport de Thouret, on avait donc cru devoir la fractionner en trois parties, d'inégale importance : d'abord la *seule élection de Saint-Quentin*, qui avait été jointe au Laonnois ; ensuite *toute la Picardie centrale* (en l'augmentant d'une portion du Beauvaisis, détachée de l'Ile de France) ; enfin l'*élection d'Abbeville, le Gouvernement de Montreuil, le Boulonnais, le Calaisis et l'Ardrésis, réunis* (1).

Dans ce troisième groupe de petits pays, facile à subdiviser, il était un territoire que la Picardie proprement dite avait particulièrement intérêt à conserver : c'est celui qui se trouvait situé à l'embouchure de la Somme. Afin d'améliorer la navigation de cette rivière, qui l'arrosait par le milieu, et, de plus, pour la relier à l'Escaut par un canal, la Province de Picardie s'était imposée de lourdes charges financières, dont elle désirait ne pas perdre le bénéfice ; aussi réclama-t-elle vivement la remise d'Abbeville et de ses environs. D'ailleurs, cette région ne désirait aucunement être séparée d'Amiens ; mais il avait fallu l'en écarter, pour donner au projet de département maritime, dans lequel on la comprit, une étendue à peu près convenable. Par contre, malgré qu'elle l'eût souhaitée, également à cause de la navigation de la Somme, la Picardie ne crut pas devoir insister pour la conservation de

---

(1) **En outre de la Pl. V, p. 58, voy. la Pl. II, p. 24 et la note 2, p. 59.**

Saint Quentin, en raison de la trop grande distance et du défaut de relations entre cette ville et celle d'Amiens. Dans le sens opposé, elle consentit pareillement à la distraction du Gouvernement de Montreuil, du Boulonnais, du Calaisis et de l'Ardrésis, reconnaissant sans difficulté que cette contrée, insuffisante pour un département, aurait les plus grands avantages à se réunir à celui d'Artois, qu'elle bordait tout du long.

Contrairement à ce qui s'était produit envers les Flandres, des pourparlers purent donc être engagés et finirent par aboutir de cet autre côté. L'Artois commença par admettre volontiers qu'on lui adjoignit le Calaisis, l'Ardrésis et le Boulonnais, pays de mœurs, d'usages et de coutumes analogues aux siennes, avec lesquels les communications étaient faciles et les rapports commerciaux nombreux ; au surplus, cet arrangement ne faisait que rétablir un état de choses antérieur, dont à ce moment encore la circonscription du diocèse de Boulogne conservait la trace (1). Mais les choses allèrent moins aisément, sans raison bien visible, pour le Gouvernement de Montreuil, qui judiciairement et administrativement se rattachait pourtant alors à Calais et à Ardres ; de même aussi pour le reste du territoire de Picardie, compris entre la Canche et l'Authie, malgré qu'il s'y trouvât maints villages, les uns tout entiers d'Artois, les autres mi-partie artésiens et mi-partie picards. A la fin, cependant, l'Artois accepta de prendre la seconde de ces rivières comme ligne de démarcation, pour le prolongement jusqu'à la mer de sa limite au sud, et cela lui assura juste ses 320 lieues d'étendue.

Le département, qui devait être dit : du « Pas-de-Calais », s'étant ainsi définitivement constitué le premier dans la région, celui qu'on appellerait : du « Nord », en résulta de suite nécessairement. « Repoussés par l'Artois, bornés par la mer et les étrangers « — dit en effet un document de l'époque — les deux Flandres, le « Hainaut et le Cambrésis furent contraints de s'unir et de se « renfermer dans le contenu de leurs provinces », d'autant, faut-il ajouter, qu'en Vermandois on se refusait énergiquement aussi

---

(1) Calais faisait autrefois partie du Boulonnais, qui était alors un Comte relevant de celui d'Artois et qui avait des Etats particuliers dont les membres se réunissaient à ceux d'Artois. — L'Evêché de Boulogne comprenait le Calaisis, l'Ardresis et près de la moitié de l'Artois. *Arch. nat.* D IV bis 14 (255).

(nous le constaterons plus loin) à toute réunion avec le Cambrésis. Se voyant ainsi tenues complètement à l'écart, ces diverses provinces unirent leur infortune et se mirent d'accord pour composer ensemble une nouvelle division, quelque irrégulière dans ses limites, quelque bizarre de forme qu'elle dût être, estimant que l'importance de sa population compenserait sa superficie un peu faible de 280 lieues seulement. Les représentants des bailliages de cette circonscription lièrent même partie si intimement, qu'auprès d'eux plusieurs députés d'Artois ne trouvèrent plus à qui parler, quelque temps après, quand revenus de leur intransigeance du début, ce fut leur tour de vouloir proposer une autre combinaison, pour le partage plus normal du territoire des deux départements septentrionaux.

Tout ce qui vient d'être dit sur ces départements (1), se passait vers la fin d'octobre ou dès le début de novembre 1789. pendant et peut-être avant la discussion des projets et contre-projets relatifs au partage du royaume ; en tous cas, cela était officieusement arrêté déjà, quand le plan du Comité de Constitution fut définitivement adopté et que le nombre des nouvelles divisions eut été fixé de 75 à 85, le 11 novembre.

§ 2. Difficultés du partage de la région de Picardie et d'Ile de France.

Par suite des arrangements amiables que nous venons de relater, la carte du Comité se trouvait passablement modifiée : la circonscription primitive de Calais-Abbeville était désorganisée, tandis que celles de Lille et de Valenciennes étaient réunies ; en somme, les deux nouveaux départements d'Artois et des Flandres englobaient désormais à eux seuls une surface de 600 lieues carrées, répartie sur trois départements et demi du projet primitif. Entre la Seine au sud, les limites de la Normandie à l'est, et celles de l'Intendance de Champagne à l'ouest, sur une

---

(1) Les éléments du resumé qui les concerne, sont tirés des dossiers des *Arch. Nat.* D iv *bis* 1 (2) — 2 (49) — 12 (244 a 247) — 14 (254 a 255) et de l'*Inv^{re} Arch départ. Somme* (IV. C — 214-217).

étendue d'environ 1.800 lieues (appartenant aux trois Généralités d'Amiens, de Soissons et de Paris, et comprenant toute la vraie Picardie, l'Ile de France entière et une partie de la Brie), il restait donc quatre départements et demi de la carte initiale, à distribuer nécessairement d'autre façon que sur cette carte. Dans le partage nouveau de ce vaste territoire, il n'allait pas être facile de répondre au double vœu de l'Assemblée Nationale, quant au respect des anciennes limites de provinces et à l'attribution d'une superficie moyenne de 320 lieues à chaque division. Pourtant on y parvint à peu près ; mais non sans tiraillements, dus à trois causes principales : à la question du département de Paris ; aux prétentions de trop nombreuses villes de la région à devenir des chefs lieux principaux ; enfin, dans une lutte opiniâtre avec Laon, à la résistance opposée par Soissons à cesser d'en être un.

*

Le département de Paris.

Au sujet de Paris, estimant que « cette grande cité méritait, par « son titre de métropole, par son énorme population et par sa « forte contribution, d'avoir le titre et le rang de département », le premier Rapport de Thouret proposait d'en former un quatre-vingt unième du district central où se trouvait la Capitale. Cependant la carte jointe ne fournit aucune indication matérielle à ce propos et Paris y est figuré, au moins en apparence, comme le chef lieu tout indiqué d'une division normale, semblable aux autres, sous la forme voisine d'un carré d'environ 18 lieues de côté, comprenant entre autres villes principales, Versailles et Melun.

Nous ne pouvons entrer dans des développements sur la discussion à laquelle donna lieu le point de savoir, si le département de Paris devait suivre la règle commune et renfermer un territoire d'à peu près 320 lieues, comme le demandèrent les représentants de la Ville, ou s'il devait par exception se limiter à la Capitale elle-même, selon le vœu du Comité de Constitution, ou bien encore ne comprendre à l'entour de celle-ci qu'un cercle de faible rayon. Disons simplement que la première opinion (Paris et grande banlieue) ne rencontra presque point d'adhérents parmi les députés de l'Ile-de France (1), et que la seconde (Paris seul) fut de suite jugée préférable par la majorité d'entre eux. Toutefois pendant quelque temps, on ne sut pas si l'idée des représentants de la Province prévaudrait sur celle des représentants de la Ville. Comme le succès de l'une ou de l'autre devait entraîner des conséquences différentes au point de vue de la division territoriale de la région avoisinante, cette division demeura provisoirement en suspens durant tout le mois d'octobre (2). C'est seulement au début de novembre qu'on fut à peu près certain de l'adoption de cette seconde solution : Paris-département, et qu'en tablant sur elle, on aborda l'examen du nouveau partage de la Picardie et de l'Ile de France.

Néanmoins ce fut la troisième combinaison (Paris et petite banlieue), qui dut à son caractère transactionnel d'obtenir, en dernier lieu la sanction de l'Assemblée Nationale.

***

Prétention de nombreuses villes de la Région à un chef-lieu de département.

Beauvais, Senlis, Compiègne, Noyon, Ham, Saint-Quentin, Laon, Soissons, Château-Thierry, Meaux, Coulommiers, Provins, Melun.

Par le double fait de sa situation et de son importance, AMIENS — siège de Généralité depuis plus de deux siècles — pouvait, à juste titre, se croire sûre de rester un chef-lieu d'administration et de conserver autour d'elle une enclave d'étendue très acceptable, à en juger d'après celle qu'on lui avait assignée du premier mouvement, sur la carte du Comité. Par côté LAON, vieille ville judiciaire et ecclésiastique (3) devait au hasard de sa position, d'occuper à

---

(1) Il n'y eut guère que ceux de Beauvais, dont (pour une cause non retrouvée) le bailliage désirait ne point rester englobé dans la Généralité de Paris, et plutôt que d'y être maintenu préférait ne devenir qu'un district dépendant d'Amiens. *Arch. Nat.* D ıv bıs 17 (247) & Inv. Arch. Somme IV. p. 137.

(2) Lettre de Lecarlier a la municipalité de Laon du 11 déc. 1789 (*Arch. mun Laon 1790-1800*, liasse 26); et « Compte rendu aux electeurs du depart de l'Aisne par quelques députés du Vermandois ». 1790, 28 p in 8 (*Arch. nat.* AD xvi. 18).

(3) Ses etablissements monastiques et son clergé etaient si nombreux qu'ils lui donnaient « toute l'apparence d'une ville de l'état pontifical » (DEVISMES. *Hist. de Laon.* — II. p. 182)

peu près le milieu de la division voisine ; cette bonne fortune lui assurait une sorte de vocation à se trouver également choisie comme centre administratif, et elle en concevait le meilleur espoir.

Plus au sud, dans les environs de Paris, le même motif d'emplacement favorable, faisait estimer à Versailles qu'on ne pourrait lui contester sérieusement l'honneur d'être substituée à la Capitale, comme chef-lieu de la circonscription prévue autour d'elle, et permettait à Chateau-Thierry notamment, de se complaire d'avance à l'idée de pouvoir obtenir celui du département qu'on avait projeté d'attribuer à la Brie.

Mais si ces quelques villes se montraient satisfaites du sort qui de prime abord paraissait devoir leur être réservé, il n'en était pas de même pour plusieurs localités qui se trouvaient moins heureusement placées, parmi lesquelles tout particulièrement Soissons.

Aussi, quand il eut été acquis que la région d'Abbeville serait rattachée à Amiens et que Paris ne deviendrait pas le centre d'un grand département rural, analogue aux autres, l'évidente obligation où l'on allait être de modifier les divisions primitivement proposées pour la répartition de la Picardie, de l'Ile-de-France et du Soissonnais, ranima bientôt quelques ambitions déçues et de plus engendra maintes espérances inavouées.

A l'intérieur de cette contrée, un peu de tous côtés, on vit alors de nombreuses villes d'importance très diverse, en prétendant au titre de chef-lieu de département, aspirer à la possession d'un des futurs établissements administratifs ou judiciaires : les unes — les moindres, dont certaines ne revendiquèrent sans doute ce titre que pour mieux s'assurer celui de district — parce qu'elles en attendaient plus de prospérité ; les autres — les principales — parce qu'elles ne voulaient rien perdre de la situation prépondérante dont elles avaient joui jusqu'alors. Cela n'alla point, on le conçoit, sans susciter des jalousies nouvelles et sans réveiller d'antiques rivalités.

En nous bornant aux seules cités intéressantes pour notre sujet, il nous faut cependant énumérer toutes celles-ci : *Beauvais, Senlis, Compiègne, Noyon, Saint-Quentin* et même *Ham ;* puis en revenant vers le sud, *Laon, Soissons, Château-Thierry* concurremment avec *Meaux* et *Coulommiers*, enfin *Provins* et *Melun*.

Ces différentes villes présentèrent leurs demandes, formulèrent leurs réclamations, firent valoir leurs arguments, des plus sérieux aux plus futiles, dans quantités d'« Adresses », d'« Observations », de « Réflexions » et de « Notes », généralement confiées à leurs *députés extraordinaires*, avec mission spéciale de les recommander aux bons soins des représentants du bailliage, de les déposer au Comité de Constitution, et au besoin d'en suivre la discussion jusque devant l'Assemblée Nationale.

C'est à ces documents officiels que nous allons emprunter le résumé des désirs respectifs de chacune des localités précédemment indiquées et des raisons qu'elle donnait à l'appui. (1)

Beauvais se classait elle même « parmi les plus anciennes villes du Royaume » et se donnait, en Ile de France. comme « l'une des premières du second ordre ». Malgré que son commerce ait été récemment anéanti par le traité fait avec l'Angleterre, elle n'en restait pas moins toujours importante « soit par sa population de 18 à 20.000 âmes, soit par la masse d'impositions qu'elle supporte » ; et l'une des plus intéressantes aussi, tant par la multitude de ses fabriques d'étoffes, de toiles peintes et surtout de tapisseries « connues dans tout le monde », car « sa manufacture royale le dispute à celle des Gobelins et souvent la surpasse », que par la variété de ses établissements : Evêché titré, avec une « cathédrale nombreuse de 42 chanoines, sans les dignitaires », collège renommé, séminaire, abbayes et couvents, Hôtel de-Ville « aussi vaste que superbe, nouvellement bâti » sans oublier « sa place, la plus belle du royaume, qui vient d'être décorée de la statue de Louis XIV ». Beauvais revendiquait en conséquence une circonscription « bornée au midi par l'Oise, et qui pourrait comprendre Senlis, Compiègne, Clermont, Chaumont en Vexin et Pontoise. » (2).

(1) Indiquons, une fois pour toutes, à propos des citations choisies par nous, soit ici, soit dans la suite de notre étude, que si nous nous portons garant de leur fidélité matérielle, nous ne saurions bien entendu certifier de même leur exactitude quant aux faits allégués, aux chiffres indiqués, aux appréciations formulées, dont nous ne pouvons entreprendre de faire le contrôle Nos citations sont donc toutes sous cette réserve, qu'elles furent des arguments invoqués, bons ou mauvais, vrais ou faux, *rappelés comme « dires certains », mais non donnés au titre « d'assertions incontestables »*

(2) « Réflexions par lesquelles on cherche à prouver que Beauvais doit être chef-lieu de département. » S. d. *Arch. Nat.* D iv *bis* 12 (248), et diverses pièces s. d. *Ibid.* 29 (412).

Senlis, non loin de là, invoquait également son Evêché pourvu « d'un chapitre riche », son élection, son bailliage, son présidial, tous « de ressorts très étendus ». Au début de sa requête, cette petite ville remplie de gens d'église et de justice, mais « peu marchande », ne sollicitait rien moins, pour son département, que « l'espace situé entre la Marne, la Seine et l'Oise » ; plus modeste à la fin, elle se bornait à demander humblement au pis aller un district, « pour ne pas être réduite à une grande misère ». (1).

Compiègne, sa voisine, escomptait d'ailleurs à son profit une bonne partie de cette même contrée, centre de la plus vieille France. Car, elle aussi possédait bailliage, grenier à sel, élection, maîtrise des eaux et forêts, juridiction consulaire, etc. Placée au confluent de deux rivières, à l'intersection de cinq grandes routes, elle présentait les plus grandes facilités pour la communication avec les différentes villes de son entourage, et des débouchés multiples pour son important commerce extérieur en bois, en grains et en fourrages, et pour les produits de ses manufactures de toiles et de lainages. Mais, à son sens, de quel faible poids tout cela ne devait-il pas être en faveur d'une Cité, « célèbre par les Parlements et par les Conciles qui y ont été tenus », « déjà connue sous le nom de *Ville royale* du temps des enfans de Clovis », où « Clodion séjourna », où « était mort Clotaire Ier », qui avait eu l'honneur de « fournir des otages pour la délivrance « d'un de nos Rois » et, par son constant loyalisme, celui de « mériter très anciennement cette devise digne des plus braves et des meilleurs Français : *Regi et Regno fidelissima* » ! D'une si *Bonne Ville*, en outre réputée pour « la beauté de son local, l'agrément de sa forêt, une des plus belles de l'univers, et surtout la pureté de l'air qu'on y respire », se pouvait-il admettre qu'on ne fît pas un important chef-lieu d'administration, alors qu'elle possédait un grand nombre d' « édifices tant publics que particuliers, propres à recevoir sur le champ et sans frais les divers établissements et les nouveaux citoyens que comportera une capitale de département » ; dans l'Hôtel de Ville par exemple, leurs séances ne

---

(1) « Observations pour la ville de Senlis ». S. d. *Arch. Nat.* D IV *bis* 12 (248).

gêneraient en rien celles du corps municipal ni des tribunaux, et elles s'y tiendraient, le cas échéant, en toute sécurité, sous la protection d'une garde nationale parfaitement équipée de cinq cents hommes, « pris parmi les bourgeois, commerçants et artisans, sans avoir puisé dans ce qu'on appelle vulgairement le petit peuple ni dans les citoyens des faubourgs ». Se croyant « fondée à espérer d'être distinguée de toutes les villes qui l'avoisinent dans un rayon de 5 à 8 lieues (1) », Compiègne s'en était donc remise à qui de droit du soin de fixer sa circonscription, et, contrairement à ses concurrentes — bien que son bailliage n'eût aucun représentant direct à l'Assemblée Nationale (2) — elle avait jugé inutile d'envoyer à Paris une députation spéciale pour soutenir ses intérêts : cette belle assurance lui fit un instant risquer, à la répartition finale, de n'avoir pas même un district (3).

Aussi ambitieuse, mais avec moins de confiance en soi, NOYON s'était montrée plus prudente. Cette autre ville diocésaine, différente de Beauvais et de Senlis, sorte alors de Compiègne épiscopal, par l'élégance de certaines demeures ecclésiastiques et le cachet de ses vieux quartiers, avait donné mission à ses mandataires (dont l'un était député du Vermandois, l'Abbé GIBERT, et l'autre, à titre plus spécial, M. Poittevin-Mesmy, maître des requêtes à Paris) de faire valoir qu'elle-même était aussi placée « dans un site agréable et d'un abord facile » ; qu'en dehors de son Evêché-pairie, de son clergé nombreux et opulent, elle possédait dans ses murs tous les tribunaux royaux : bailliage, maîtrise, grenier à sel, élection et beaucoup d'établissements importants de tous genres, tels que maisons religieuses de l'un et de l'autre sexe, hôpitaux de pauvres et de malades, séminaire, collège, etc. ; à un autre point de vue enfin, d'indiquer que, pour la sortie des

(1) Telles que Noyon, Crépy, Clermont, Roye et Senlis, dont la population, au dire de Compiègne, n'excédait pas 3 à 4000 âmes, tandis qu'elle-même en accusait de 7 à 8000.
(2) Ainsi que ceux de Beaumont, Chambly, Creil et Pontoise, le bailliage de Compiègne n'avait été considéré que comme l'un des secondaires du bailliage principal de Senlis ; ce qui l'avait privé d'une représentation personnelle aux Etats Généraux (BRETTE. *Op. cit.* III).
(3) « Adresse des citoyens de la ville de Compiègne à Nos seigneurs de l'Assemblée nationale ». S. d. *Arch. Nat.* D IV bis 29 (412), et « Mémoires sur des débats élevés au sujet de la formation du département présumé devoir être à Beauvais ». S. d. *Ibid.* 12 (248).

grains d'un commerce considérable qui s'embarquaient chez elle à destination de la Capitale ou de ses environs, elle était à proprement parler « la clef du Vermandois et du Santerre » : soit autant de « puissants motifs qui, joints à sa position favorable, lui valaient bien — espérait-elle — un département dont dépendraient les villes de Roye, Nesle, Saint-Quentin, Ham, Coucy-le-Château, Soissons, Compiègne et Montdidier » (1).

« LOUIS-BERNARD GIBERT
Curé de Noyon
né à Baron (près Senlis), le 24 fév. 1749
DÉPUTÉ DU VERMANDOIS »
(Mention autographe, inscrite au dos de ce portrait, tiré des *dessins non gravés* de la Collection DEJABIN. *Bibl. Nat.)* (2)

HAM, mince localité adossée contre une épaisse forteresse — dès à cette époque le seul reste de ses anciennes murailles — pour justifier sa prétention au chef-lieu d'une enclave presque semblable à celle réclamée par Noyon, estimait que « dans le choix entre deux villes voisines, offrant la même convenance, la préférence devait être donnée à la moins commerçante pour la vivifier et lui faire regagner ce que l'ascendant et les privilèges de l'autre lui avaient fait perdre ». Un immense incendie, qui remontait à un siècle, l'avait complètement détruite, et depuis lors une partie du gros commerce de grains,

(1) « Mémoire pour la ville de Noyon ». S. d. *Arch. Nat.* D IV bis 12 (248). — Le 28 janvier 1790, la municipalité décerna à l'abbé Gibert et à Poittevin-Mesmy, le titre de citoyens de la ville, pour les remercier des démarches qu'ils avaient faites en vue d'obtenir que Noyon devint chef-lieu de dép¹, ou tout au moins de district (MAZIÈRES. *Noyon de 1789 à 1795*, Mém. du Comité arch. et hist. de Noyon, XV, 15.)

(2) Le 17 juin 1790, ayant pris la parole dans la discussion sur la situation et le traitement des vicaires, l'abbé Gibert aurait contribué à faire rejeter les amendements proposés, en disant : « Il semble que plus l'on accorde et plus l'on demande. J'ai été pendant dix ans vicaire à 230 livres et *vous voyez que je n'en suis pas plus maigre* » — (*Arch. parl.* XVI. 245 et *Dict. des parl.*).

dont elle tirait richesse, était passée dans différentes places des environs ; « qu'il lui soit donné un département, elle reprendrait aussitôt son ancienne splendeur », et elle indiquait comme pouvant y rentrer : Saint Quentin, Péronne, Albert, Roye, Noyon, Nesle, Chauny et La Fère, « ne se décidant en cela que par des raisons tirées du bien public » « Placée sur la grande route de Paris en Flandre et dans le Hainaut, ainsi que sur le nouveau canal de la Somme », ayant « dans son abbaye de Génofévins et dans son Château, tout ce qui est à désirer pour servir de lieux de séance à une administration et pour l'exercice de la justice d'un tribunal », cela devait la rendre « recommandable à bien des égards », alors qu'elle était au surplus dans les meilleures dispositions, prête à adhérer d'emblée « à tous les décrets de l'Assemblée » et sur le point de « faire à la Nation une offrande selon l'étendue de ses facultés » . (1)

Voilà pour les localités plus ou moins en bordure de notre région ; arrivons à celles qui lui sont propres : *Saint-Quentin, Laon, Soissons*, et enfin *Château-Thierry*, que Meaux et même Coulommiers cherchaient à supplanter, et jusque contre qui Provins essayait d'approcher, dans sa crainte d'être englobée par Melun, dont nous dirons un mot des intentions, en arrêtant là notre liste de toutes ces villes en mal de chef-lieu.

Détachée d'Amiens, siège trop lointain de son administration principale, SAINT-QUENTIN allégua, non sans justesse, qu'elle était en droit de prétendre à un département pour d'aussi bonnes raisons que Laon, à qui l'on projetait de la réunir, ou que Cambrai, qui peut être aurait désiré se l'annexer. Plus même que ces dernières, elle se croyait susceptible de « remplir avantageusement le but d'aussi sages établissements ». En effet, l'importance de son commerce « lui attirait journellement une grande quantité de fabriquants des villages de dix lieues à la ronde », ce qui — s'il était placé chez elle — « faciliterait la correspondance du chef-lieu avec ses dépendances, rendrait l'administration moins dispendieuse, les rapports plus directs et plus prompts ». Ce motif

---

(1) « Adresse à l'Assemblée nationale délibérée en assemblée des Maire, Echevins et Notables de la ville de Ham — 1er et 2 décembre 1789 » *Arch. Nat.* D iv bis 17 (289) et Note, s. d. (*Ibid.* 290).

n'était évidemment pas des plus concluants ; aussi, en trouvant un autre dans sa situation, ajoutait-elle : « Le canal de Picardie, dont le port baigne nos murs, a été de la plus grande utilité dans la dernière guerre, pour le dépôt et le transport des bois de construction que le gouvernement tirait du nord, et c'est dans ce même port, ou du moins à peu de distance, que se font pour la Capitale les chargements de grains que produisent nos fertiles contrées ; l'administration du département, si elle était établie ici, serait donc à même de veiller plus fructueusement à ces deux importants objets ». En outre de cette considération économique et stratégique du ravitaillement de Paris, que la plupart des autres villes n'avaient point manqué de mettre également en ligne, comme devant être l'une des plus avantageuses pour le succès de leur cause, Saint-Quentin observait que Cambrai et Laon conserveraient vraisemblablement leurs chapitres, l'un métropolitain, l'autre épiscopal, tandis que le sien, simple chapitre royal, paraissait appelé à disparaître ; d'où privation de « revenus très considérables qui coopéraient à entretenir l'abondance et procuraient les moyens de subsister à une grande quantité d'ouvriers » ; une telle perte serait trop sensible et ne pourrait être compensée que par un nouvel établissement, qu'elle demandait donc « à titre de grâce » et qu'elle croyait mériter « par les services de ses ancêtres et par l'attachement inviolable dont elle avait toujours fait preuve envers ses souverains ». (1)

Quelque désireuse que Saint-Quentin pût être, comme tant d'autres villes, d'obtenir un département, il paraît bien résulter de sa requête, où ce point est traité d'une manière succincte et réservée, qu'une idée différente lui tenait pour le moins autant, peut-être même davantage au cœur ; elle y arrive sur la fin, en termes plus vigoureux, comme si tel eût été son principal objectif. On croit sentir, au début, qu'elle s'est résolue volontiers à se séparer d'Amiens et qu'au besoin elle accepterait d'être rattachée à Laon ; mais ici elle indique, sans ambages, que ce à quoi elle ne saurait

(1) Saint-Quentin ne paraît pas avoir tenté de préciser davantage la surface du département qu'elle eût désiré ; sa requête n'en dit rien. Peut-être est-ce pour elle qu'il fut un instant question de reporter un peu en arrière, au delà de Péronne, la limite qu'on projetait de faire passer entre elles deux ? Mais Amiens protesta, et l'on n'en parla bientôt plus [V. Inv^{re} Arch depart. Somme IV. p. 344-356, et Arch. Nat. D iv bis 1 (2): Lettres de la Commission intermédiaire de Picardie aux députés du bailliage d'Amiens].

aucunement souscrire, *c'est qu'on la fît dépendre de Cambrai*, tant est « marquante entre ces deux villes, qui pourtant ne sont éloignées que de neuf lieues, la différence de façon de penser, de mœurs et d'usages ». Après avoir insinué qu'un tel rapprochement pourrait être « dangereux », elle conclut en « suppliant » qu'on laisse Cambrai réuni à Valenciennes. Or, à la date où cette si

« Veuë de la ville de St-Quentin, Capitale du Vermandois, distante de Paris de trente-deux lieues et de sept de la ville de Cambray. — *Aveline fec.* c. p. r. »
(Au début du xviiie siècle; d'après une estampe des *Arch. Départ.* Coll. Piette)

pressante demande était faite, la chose se trouvait en principe décidée, car le département des Flandres, du Hainaut et du Cambraisis réunis, venait de se constituer dans des conditions qui devaient donner à Saint-Quentin une satisfaction à laquelle il semble qu'elle s'en soit tenue. Comme Compiègne, Saint-Quentin se sentait sûre au moins d'un important district et son désir intime n'allait sans doute pas au-delà de ce résultat, car nous ne connaissons de sa part aucune nouvelle pétition, et nous n'avons pas vu non plus qu'elle ait, dans la suite, envoyé à Paris des députés extraordinaires, pour tâcher de se procurer l'avantage d'un chef-lieu de département, en le disputant à Laon, de haute lutte (1).

Fort différente, contre cette dernière ville, fut à ce sujet l'attitude de Soissons qui, jusqu'au bout, se défendit pied à pied, mettant tout en œuvre pour gagner une partie qu'elle finit néanmoins par perdre, mais de peu : nous reviendrons nécessairement sur les diverses phases de ce conflit particulier ; pour en mieux comprendre la première, voyons d'abord ce que plus au sud on réclamait dans le même moment.

Là se trouvait Provins, dont le sort eut par accident une répercussion que nous aurons à indiquer sur celui de la région de Château-Thierry. Principale localité de la Basse-Brie (comme Meaux en Haute Brie et Château-Thierry dans la Brie pouilleuse ou Galvesse, ces trois subdivisions de la Brie Champenoise), « très florissante par son commerce de grains et ses manufactures de draperies et de tannerie, du temps des Comtes de Champagne et de Brie qui y faisaient leur demeure », elle avait été dévastée, sous Charles VI, par les guerres des Anglais, puis par celles de religion, aux effets désastreux desquelles « le régime oppresseur des Intendants était venu mettre le comble ». Pourtant, ajoutait elle, « parmi ces ruines, dans son enceinte plus considérable que celle de Troyes, Capitale de la Champagne, on remarque encore les restes respectables d'une grande ville », et elle énumérait ses juridictions, ses établissements ecclésiastiques et civils (2), le mérite de sa position, l'importance encore de son négoce, concluant que pour ne pas être « bientôt totalement détruite », « Provins, devait être choisie comme centre et désignée comme chef-lieu d'un département, qui pourrait être circonscrit …. par Coulommiers, Montereau, Nogent sur-Seine et Montmirail » (2). Non sans

---

(1) « Lettre des Officiers municipaux de la ville de Saint-Quentin au President de l'Assemblée nationale — 20 novembre 1789 » *Arch. Nat.* D iv bis 3 (146).

(2) « Bailliage, présidial de première création, lieutenance de maréchaussée, maîtrise des eaux et forêts, grenier à sel, direction des aides ; 9 maisons religieuses toutes bien bâties, hôtel-Dieu et hôpital, orphelinat, collège de plein exercice tenu par les Oratoriens, cours de théologie, bibliothèque publique ».

(3) « Observations des députés de la ville de Provins ». 2 pieces s. d. et une carte croquis. *Arch. Nat.* D iv bis 17 (285 et 287). — L'enclave réclamée, d'après ces documents, devait comprendre plus exactement : Coulommiers, Rozoy, Nangis, Montereau, Dannemarie, Bray, Nogent-sur-Seine, Pont-sur-Seine, Romilly, Villenoxe, Sezanne, La Ferté-Gaucher, *Montmirel* et *Nogent-l'Artaud*.

habileté, cette proposition tendait à absorber la surface presque entière du primitif département de Brie, en isolant sur la périphérie extérieure Melun, Meaux et Château-Thierry, toutes plus ou moins ses antagonistes. Mais contre son attente et sa diplomatie, les circonstances contraignirent Provins à se réunir avec Meaux puis à se contenter comme elle d'un district dans un département dont Melun deviendra le chef-lieu, et comme Château-Thierry dans celui du dessus, qui s'accroîtra de son annexion.

Château-Thierry — nous le savons — espérait beaucoup mieux pour commencer, à la faveur de sa situation médiane dans le département de Brie, tel qu'il avait été proposé par le Comité de Constitution et tracé sur sa première carte. Mais à vrai dire le centre de ce département se trouvait au milieu d'un triangle, dont les deux autres sommets étaient figurés par Meaux et Coulommiers ; d'où il résulta fatalement que ces dernières villes s'empressèrent aussi d'en réclamer le chef-lieu. — COULOMMIERS, avec sa faible population et sa petite élection de 35 villages seulement, n'avait que de médiocres titres à invoquer ; toutefois l'occasion d'acquérir de l'importance se présentait trop belle, pour qu'elle laissât échapper le bénéfice fortuit de son emplacement et qu'elle ne tentât pas d'en tirer tout le profit possible. — MEAUX, sous tous les rapports, lui était supérieure ; résidence du lieutenant général pour la Province de Brie, elle comptait le double d'habitants ; siège d'une élection de 140 paroisses, d'un bailliage avec présidial, d'une prévoté royale et d'une maréchaussée, d'un grenier à sel, et surtout d'un diocèse, elle possédait deux chapitres, des abbayes, des couvents, un hôtel Dieu et un hôpital général, etc., presque toutes choses que la précédente localité ne pouvait mettre en ligne et dont quelques-unes, l'évêché notamment, manquaient à la ville de CHATEAU-THIERRY.

Celle-ci ne prit donc guère ombrage de Coulommiers, et ne dirigea contre elle qu'une protestation de forme ; mais à l'égard de Meaux, évidemment plus redoutable, il lui parut opportun de se défendre sérieusement, et de marquer que ses propres mérites pouvaient soutenir la comparaison avec ceux de sa rivale. Leurs juridictions n'étaient-elles pas les mêmes et leur population d'égale importance (1) ? Château-Thierry, avec son titre de duché-pairie et d'ailleurs en sa qualité de « Capitale, qui a été le séjour de plusieurs rois », n'avait-elle pas une ancienneté indiscutable ? Et puis ne compterait-on pour rien : ni sa belle situation « sur la Marne, qui la traverse et l'arrose » et « sur les grandes routes qui y aboutissent pour aller en Allemagne »? Ni « la fertilité de son terroir en grains et vins »; ni « son zèle et son dévouement » patriotiques, après toutes les preuves qu'elle venait de donner à ce point de vue, ayant « fait une perte de dix mille livres environ, lors de la revente des blés qu'elle a achetés pour la subsistance du peuple pendant le rigoureux hiver de 1788 à 1789 », ayant « des premières détesté les traîtres et arrêté leurs provisions meurtrières, qui furent remises par elle à la Ville de Paris pour un meilleur usage » (2) ?

Sans doute il y avait alors ailleurs un siège épiscopal qui n'existait pas ici ; mais que valait cet argument, quand beaucoup de ces sièges allaient probablement disparaître, pour ramener leur nombre à celui des départements, « la patrie ne devant pas être disposée à supporter la dépense de cent trente prélats, si quatre-vingts lui suffisent » ?

Et enfin, à propos de respectives célébrités locales, faisant flèche de tout bois, on décochait à Meaux ce trait, qu'après tout, son *Aigle* « Bossuet, est né à Dijon et il est imitable », tandis que, natif de Château-Thierry même, le *Bonhomme* « La Fontaine ne le sera jamais » (1).

.*.

---

(1) Château-Thierry... élection d'environ 120 paroisses, bailliage, présidial, prévôté, grenier à sel, maréchaussée, gruerie particulière des eaux et forêts..., belle abbaye royale, hôpitaux, petit collège avec principalité, etc... (Expilly-Dict.)

(2) Château-Thierry par cette dernière déclaration tenait peut-être à effacer le mauvais effet produit sur l'Assemblée par une adresse antérieure, lue en séance du 14 octobre précédent, dont les termes avaient mécontenté beaucoup de députés, qui voulaient que cette adresse fût l'objet d'un blâme ; mais l'Assemblée décida de passer outre (*Reimpr. Mon.* II. 63). Au surplus cette ville jugea qu'un argument sonnant s'ajouterait utilement à sa requête et pourrait, mieux encore que ses dires, témoigner de ses sentiments. Le même jour, 6 déc., par une autre délibération, elle avait donc résolu « d'offrir à la patrie, en don, la portion d'ar-« genterie non essentielle au culte et d'autoriser les marguilliers de la paroisse « St-Crépin à faire l'envoy de laditte argenterie à la Monnoye, distraction préa-« lablement faite des choses nécessaires au culte » (Cf. Legrand. Ann. Soc. hist. Château-Thierry — 1905, p. 218).

(1) « Adresse de la Ville de Château-Thierry à Nos seigneurs de l'Assemblée nationale. 4-6 décembre 1789 » *Arch. Nat.* D iv *bis* 3 (144) — in-8 de 12 p. Cette adresse fut lue le 10 décembre (au matin) en séance publique de l'Assemblée

Par cet argument..... ad homines, si l'on peut ainsi parler, le Fabuliste survient à point pour se faire citer ; car, dans cette dispute :

« Tandis que nos champions songeaient à se défendre,
« Arrive un troisième larron.......................... »

C'était MELUN. Ayant d'abord rappelé que l'Assemblée provinciale de l'Ile de France avait siégé dans ses murs en 1787, et qu'elle avait fait d'importantes dépenses à cette occasion; qu'elle était le siège « d'un Châtelet fort ancien, d'un présidial de première création, d'un grenier à sel, d'un tribunal de maréchaussée » et le chef-lieu d'une coutume particulière à sa région, Melun ajoutait qu'elle avait « de grandes facilités de communications, par les six grandes routes qui y aboutissent et par la Seine qui la traverse »; que, « sans laisser craindre aucune prépondérance dangereuse », sa population de 5 à 6000 âmes n'en présentait pas moins toutes les ressources nécessaires à de nouveaux établissements ; enfin « qu'elle serait absolument anéantie », si on ne lui laissait son administration et ses tribunaux, car « depuis 25 ans, son commerce de grains et de farine, assez important autrefois, dépérissait tous les jours »; donc à son dire, « il était *indispensable* de lui donner un département » (1). Elle réussit à l'obtenir ; nous expliquerons plus loin un peu comme cela se fit et de quel intérêt cela fut pour Château-Thierry, alliée de Soissons contre Laon.

Voyons donc maintenant les conséquences spéciales de l'antagonisme de ces deux dernières villes sur le partage de leur région et de toute celle qui lui était contiguë.

---

nationale, ainsi qu'une délibération des officiers munx de ladite ville sur la même question. Le procès-verbal donne le texte complet de ces deux documents (V. *Arch. parl.* X. p. 491). L'un et l'autre avaient été apportés à Paris, par deux *députés extraordinaires* : MM. Levoirier, doyen des avocats, et Fache, notable, ancien échevin (qui devint député de l'Aisne à l'Assemblée législative), tous deux membres du Corps municipal.

(1) « Mémoire présenté par les députés de Melun, à MM. les Commissaires choisis pour la division des départements de l'Ile de France et de la Picardie ». S. d. *Arch. Nat.* D IV bis 17 (287).

Antagonisme particulier des villes de Laon et de Soissons

Pour ce qui était des territoires renfermés dans les limites exactes des Intendances d'Amiens et de Paris, la division proposée par le Comité de Constitution avait bien apporté des modifications assez sensibles à leur étendue ; mais cependant la portion centrale de ces territoires se retrouvait à peu près intacte dans l'enclave des départements projetés autour de leurs deux chefs-lieux.

Vis à vis de la Généralité de Soissons, à cause de sa forme vaguement triangulaire, qui s'encastrait dans les deux autres, on s'était vu contraint d'agir différemment. Pour en tirer un carré principal, il avait fallu la fractionner en trois tronçons : *sa partie septentrionale*, quoique la plus vaste, à laquelle correspondaient les élections de Guise, de Noyon, de Laon, et celle de Soissons presque entière, avait dû être augmentée de l'élection de Saint-Quentin, prise sur la circonscription d'Amiens, à qui fut remise en échange *sa partie orientale*, représentée par l'élection de Clermont ; enfin *sa partie méridionale*, composée des élections de Crépy, de Château-Thierry et du restant de celle de Soissons, avait été rattachée au département de Brie. De telle sorte, comme nous l'avons vu (Sup. p. 60), que le département n° 7 de la carte annexée au Rapport de Thouret, dans lequel était Laon, comprenait *sur son pourtour* : Vermand, La Capelle, Aubenton, Montcornet, Neufchâtel, Braisne, *Soissons*, Compiègne, Noyon, Ham et St-Quentin.

Par un tel arrangement, la ville de Soissons se voyait désormais reléguée contre la lisière inférieure du département à établir dans le grand ressort administratif, dont elle était le chef-lieu quasiment central depuis un siècle et demi. Au point de vue de la conservation d'une semblable prééminence dans l'ordre de choses en projet — prééminence que, par possession d'état, elle se croyait à tout jamais acquise — Soissons se rendit toutefois bientôt compte qu'une situation topographique aussi fâcheuse était de nature à soulever des réclamations, et même à lui créer certaines difficultés qu'il serait préférable d'éviter. Tous les efforts que cette ville fit dès le début et qu'elle soutint jusqu'au bout avec une opiniâtreté remarquable, eurent donc pour but d'obtenir une extension territoriale vers le sud, afin de reprendre place le plus près possible du milieu de sa nouvelle circonscription, autrement dit

— selon l'expression du temps — de regagner sa *centralité*, antérieure.

Déçue tout d'abord du côté de l'emplacement, Soissons, un peu plus tard, relativement à la reconnaissance soi-disant incontestable de sa suprématie comme Ville et à ses droits présumés intangibles comme chef-lieu de toute division administrative dont elle ferait partie, avait eu une autre désillusion. Au commencement de novembre 1789, n'apprit elle pas en effet de bonne source, sans doute par les députés de son bailliage, qu'auprès des membres du Comité de Constitution, en se basant précisément sur l'argument de « centralité », des démarches avaient été faites et que des négociations étaient engagées déjà pour le compte de la ville de Laon, en vue de faire attribuer à cette dernière par préférence à elle-même, le nouveau chef-lieu ! On imagine que cela fit quelque bruit dans ses murs ; le Corps municipal s'assembla d'urgence et rédigea *ab irato* une « Adresse à Nos Seigneurs de l'Assemblée nationale », où Laon fut assez malmenée (1).

De ce long document, qui porte la date du 12 novembre 1789, ne retenons pour l'instant que le début, où se trouve indiquée la manière dont Soissons concevait la formation de *son* « département ». Il devait comprendre — c'était fort simple — *sa* Généralité entière, sauf à y apporter une légère rectification de limites à l'ouest, pour faire disparaître une pointe de terrain trop en dehors et combler du même coup certaine solution de continuité que son enclave présentait de ce côté. Invoquant à l'appui de cette combinaison « la répugnance qu'ont naturellement les peuples de se voir transférer hors du cercle ordinaire de leurs habitudes, de leurs relations et de leur commerce », l'Adresse indiquait, pour les besoins de la cause, que l'Intendance du Soissonnais — elle disait même *lato sensu* « le Soissonnais » tout court — « paroissait être une de ces contrées du Royaume garantie de toute division nouvelle par la nature elle-même » : allégation justement dubitative et passablement risquée à propos d'une contrée à la fois picarde, française et champenoise. Puis elle ajoutait : « Ses sept élections forment un tout continu, à l'exception de celle de Clermont-en-

---

(1) *Arch. Nat.* AD. xvi, 19, broch. in-4° de 8 p. ; et D iv *bis* 3 (148), en copie manuscrite, avec lettre d'envoi à M. Rabaud St Etienne, membre du C^{té} du C^{on}.

Beauvoisis, qui en est séparée par Compiègne ; mais cette inconvenance serait aisée à corriger, en appliquant à l'élection de Soissons les parties de celles de Compiègne qui y touchent et à l'élection de Compiègne les parties limitrophes de celle de Clermont. *Il en résulteroit une surface régulière et intéressante sous tous les rapports de l'Administration, et par la situation de Soissons au centre, et par la facilité des correspondances et des communications...* »

Evidemment, les choses auraient pu être très bien ainsi ; mais il était un point qu'on avait par trop perdu de vue, c'est qu'elles correspondraient au groupement d'environ 400 lieues de terrain, soit 80 de plus qu'il ne convenait pour rester dans la moyenne prévue, et dont par conséquent il faudrait consentir l'abandon d'une façon ou d'une autre à des circonscriptions voisines. Cette remarque leur ayant été faite à coup sûr, son mérite fut bientôt reconnu par les représentants de Soissons, qu'on vit alors accueillir sans déplaisir, et peut-être encourager en sous main. les demandes de chef-lieu émanées de quelques villes jusque là dans sa dépendance, telles que Noyon et Ham, ou même de Saint-Quentin ; étant donné que le succès de ces demandes, sans rien enlever à la longueur du département par eux proposé, ainsi qu'ils y tenaient au sujet de la centralité, pouvait amener dans sa largeur une diminution d'étendue favorable à leur cause, parce qu'en même temps désavantageuse pour Laon.

Dès que les députés du Vermandois, dont plusieurs étaient des Laonnois, eurent connaissance de cette réclamation de Soissons, et des prétentions d'autres villes de la région, ils chargèrent l'un d'entre eux (M. Devisme), de répliquer. Celui-ci le fit en leur nom, dans des « Observations » où il insistait — naturellement — sur les « avantages du projet de division tracé par le Comité de Constitution », dont le moindre à ses yeux n'était sans doute pas celui de fournir la matière d'un agréable et facile plaidoyer *pro domo*, dont voici en partie le résumé.

D'après ce projet — disait Devisme — il apparaissait que la figure du département serait, à très peu de chose près, celle d'un carré, et que, par conséquent, le point central se trouverait plus à portée des extrémités, avec une ville considérable (Laon elle-même, évidemment) juste au milieu, et des villes principales

(Guise, Saint-Quentin, Noyon et Soissons) disposées de manière que sa sous-division en districts deviendrait infiniment commode.

Peut-être ce département excéderait il légèrement les proportions fixées par l'Assemblée Nationale ? Mais puisque la représentation accordée au territoire devait-être uniforme pour toutes les nouvelles circonscriptions, il serait sans importance qu'elles fussent un peu grandes ou un peu petites. D'ailleurs, nombre d'autres départements déjà arrêtés, étaient tout aussi considérables, et il ne pouvait y avoir d'inconvénient à augmenter ceux qui se trouvaient assez éloignés de la Capitale, aux dépens de ceux qui l'avoisinaient, car pour ces derniers l'importance de la population balancerait toujours suffisamment l'inégalité de leur étendue.

JAC. F^{çois} LAU^{rt} DE VISME.
Né à Laon le 10 Aoust 1749.
Député du Bail^e de Vermandois
à l'Assemblée Nationale
de 1789

Portrait de la Collection DEJABIN *Bibl. Nat.*
(V. sup. p. 70, note biographique)

Le département projeté autour de Laon, suivant le porte-parole de ses députés, devait donc être maintenu, car — poursuivait il — on ne saurait en modifier les bornes d'aucun côté « sans violer des convenances incontestables ». En effet, au nord et à l'est, il avait été reconnu que contre les « Provinces belgiques » et la Champagne, la ligne séparative était « immuable »; à l'ouest, pour laisser au département d'Amiens la plus grande partie de la navigation de la Somme, il fallait bien le limiter en deça de Péronne, ce qui permettrait de donner à Saint Quentin et à Noyon, chacune « un beau district » (risette prometteuse d'habile avocat à l'adresse de ces villes qui parlaient de s'isoler et qu'il fallait retenir) ; enfin, du quatrième côté, pour contrecarrer l'intention manifestée par Soissons de déplacer le centre à son profit, au moyen d'un accroissement de surface vers le midi, et dans le dessein intéressé de laisser cette ville en bordure intérieure, Devisme avait trouvé cette raison, que la rivière d'Aisne formait une limite naturelle tout indiquée pour terminer le carré ; or, « quand il s'agit de faire des divisions qui doivent durer autant que la monarchie, on est trop heureux que la nature vienne nous offrir d'elle même le moïen de les distinguer immuablement : c'est un avantage qu'il faut même acheter au besoin par quelque sacrifice ! » (1)

Comme Laon, sans soupçonner davantage que la Monarchie pouvait être décapitée trois ans plus tard et que les nouvelles circonscriptions en gestation étaient appelées à voir maintes autres formes de gouvernement,. Soissons appréciait à sa valeur un tel argument ; seulement, elle estimait qu'au lieu de l'Aisne, la Marne remplirait aussi bien le même office, et elle demandait en conséquence la remise de Château-Thierry dans l'enclave de leur commun département.

Pendant un mois, la dispute aussi géomètrique que géographique engagée entre ces deux villes sur la question de centralité, bien plus que les prétentions de leurs voisines, allait être la pierre d'achoppement de toutes les solutions proposées pour le partage de la région ; car autant Soissons s'acharnait, autant Laon résistait, à une *extension en longueur*, au besoin compensée par une *diminution en largeur*, de la circonscription qui les comprendrait l'une et l'autre.

Au demeurant, en plus de l'amour-propre, la mauvaise humeur se mit malencontreusement de la partie.

Prévenue de la prétention, des espérances, voire de certaines démarches de Laon, toutes assez compréhensibles et dont le fait n'avait en soi rien de discourtois, Soissons — disions-nous plus haut — avait envoyé à l'Assemblée Nationale, vers le milieu de novembre 1789, une longue « Adresse » où figuraient (la vérité oblige à le reconnaître) plusieurs passages d'une rédaction peu

---

(1) « Observations pour la ville de Laon (pour les députés du Bailliage de Laon) » S. d. *Arch. Nat.* D ɪᴠ *bis* 3 (144).

flatteuse pour sa voisine. Celle-ci y est en effet représentée comme une ville « sans commerce ni relations », « privée par la nature d'une infinité d'avantages et de ressources, et ne pouvant jouer dans l'ordre politique qu'un rôle très inférieur » — qui « se dit capitale du Vermandois..... titre qui lui est avec raison contesté par Saint-Quentin » — qui a bien obtenu à l'Assemblée Nationale une députation plus nombreuse que Soissons, mais seulement « parcequ'elle a exposé au ministère que son bailliage comprenait les ressorts de Coucy et de Noyon, alors qu'il n'a réellement que ces deux villes, dont les fauxbourgs mêmes ressortissent au bailliage de Soissons, ainsi que les paroisses de leurs arrondissemens ».

Et quelle différence, au point de vue de la situation, entre les localités ! « Arrosée par une rivière qui la partage en deux, environnée de côteaux rians, Soissons est au milieu du vallon le plus fertile et le plus varié par ses productions et son aspect, tel qu'on pourrait l'appeler la vallée de Tempé » ; « on y respire l'air le plus pur, ce qui lui a fait donner le nom de *suavis Suessio* » ; « des routes aussi sûres qu'agréables et parfaitement entretenues en rendent l'accès facile de tous les côtés et dans toutes les saisons » ; rien ne l'empêche enfin de s'étendre et de recevoir tous les embellissements désirables, car ses remparts « qui lui servent autant de défense que d'agréments, ne resserrent point trop son enceinte » (1). Tandis que Laon, sans posséder aucun de ces précieux avantages, offre de multiples inconvénients. « Assise sur le sommet d'une montagne escarpée, elle est incapable du moindre agrandissement » ; « ses maisons en général ne sont ni commodes ni saines » ; « d'anciennes et nombreuses excavations imprudemment pratiquées y occasionnent quelquefois des écroulemens qui en rendent le séjour dangereux et peu sûr » ; « entourée de marais, dont l'eau stagnante infecte l'air et produit des endémies qui depuis quelques années réveillent l'attention des Sociétés d'agriculture et de l'Administration de la Province », on n'y peut parvenir que par des « routes ouvertes dans des sables et des

---

(1) « Adresse » précitée (*sup.* p. 99 note 1), et « Mémoire pour établir la prééminence de la ville de Soissons sur les autres villes de la province » (présenté à l'Assemblée Constituante) [*Bibl* Soissons — Coll. Perin. Recherches. man. — tome VI, p. 211, et Doc. annexes des Memoires de Fiquet — tome III, n° 7].

terreins humides et fangeux, incommodes et même impraticables pendant une grande partie de l'année ». En un mot, au dire de Soissons, Laon n'était rien moins qu'une cité sans importance, insalubre, isolée, presque inaccessible et qui « ne pouvait rien perdre à ne pas avoir le siège de l'Administration et du premier Tribunal ».

Vue generale de la Ville de Laon
(D'après une gravure extraite du *Voyage pittoresque en France*, 1792) (1)

LA MONTAGNE DE LAON

Prise à partie de la sorte, cette dernière ville eut bientôt vent des allégations dont elle avait été le sujet. Lorsque Lecarlier, son maire et l'un des députés de son bailliage, envoya de Paris, à la fin de novembre, un exemplaire de cette « production de la ville

---

(1) Le *Voyage pittoresque en France*, par une Société de Gens de lettres, auquel nous emprunterons quelques autres gravures, et une importante *publication illustrée*, en une dizaine de volumes in-f°, entreprise à la fin du XVIII° siècle, de 1786 à 1800 environ, sous la direction probable de M. Alex. de La Borde. L'ordonnance de cet ouvrage fut bouleversée par la création des départements ; les premiers tomes avaient été faits par provinces et pays (*Picardie, Valois, Soissonnais* etc. —) : on en refondit quelques uns après 1790, mais le travail ne semble pas avoir été mené entièrement à bonne fin. Les premiers fascicules contenant les planches relatives au *Départ. de l'Aisne* parurent vers 1792 ; le texte qui devait les accompagner a été publié dans le *Vermandois*, revue d'hist. locale, année 1877 — Dessinées par *Tavernier*, gravées par *Née*, ces planches assez exactes ont une valeur documentaire appréciée.

de Soissons », on venait de la connaître dans Laon et l'on y était encore sous le coup de la plus fâcheuse impression. Ayant délibéré, à la date du 6 décembre, « sur le contenu en icelle », la municipalité décida qu'elle devait répliquer sans retard, afin de ne pas « négliger de prendre dans cette circonstance tous les moyens possibles pour obtenir le chef-lieu de département et détruire en même temps les préjugés défavorables contenus dans l'adresse de Soissons contre la ville de Laon, pour lui faire donner l'exclusion » ; elle chargea donc Lecarlier de remettre à l'Assemblée Nationale également une « Adresse », dont elle lui faisait parvenir le texte, rédigée en réponse à la précédente point par point, et presque pointe pour pointe (1).

Pouvait-on sérieusement contester à Laon — disait celle-ci dans sa riposte — de n'être pas un chef-lieu « dans l'ordre juridictionnel et même constitutif de l'état, depuis l'aurore de la liberté par l'établissement des communes », et de n'être pas, vers cette époque, réellement « devenue la capitale du bailliage de Vermandois », dont l'importante circonscription comptait alors 600.000 âmes au moins, d'après l'estimation de M. Necker dans son Rapport de 1788, et s'étendait jusqu'à Coucy, Noyon et St-Quentin d'un côté, jusqu'à Châlons et Reims de l'autre, comprenant au sud notamment *Soissons*, toutes villes qui plus tard avaient obtenu successivement des ressorts particuliers, détachés de celui là ? Certes « Laon ne faisait effectivement aucun autre commerce que celui des productions de son territoire », mais le contour de sa montagne n'était-il pas « garni de vignes d'un grand rapport produisant d'excellent vin » (2) et « la plaine immense qu'elle dominait n'était-elle pas très fertile en blé » vers l'orient et vers le nord ? Au demeurant si cette ville avait « beaucoup déchu depuis un siècle et demi », n'était-ce pas par suite de « l'établissement du régime despotique à Soissons, dès lors devenue la ville de prédilection de la Province » ?

Il était faux que Laon fût inaccessible : « les principales voies

(1) V Lettre de Lecarlier du 27 Nov. 1789 et deliberation municipale du 6 Déc. 1789, avec l'adresse annexée (Arch. mun. Laon, AA. 38 et BB. 46 — p 164 et suiv. ; broch. Bibl. Soissons. Coll. Perin — n° 13); et Communication à la Soc. Acad. de Laon (B¹⁰ de cette Soc. tome XXXII p. 197 et suiv) sur cette adresse, avec un intéressant commentaire, par M. J Marquiset, à l'obligeance de qui nous devons la connaissance de quelques pieces citées dans cette etude.

(2) Cf. Ed. FLEURY. *Les vignobles et les vins du Laonnois*. Laon, 1873, in-8.

qui y conduisent sont des plus douces, surtout depuis quelques années que les habitans les ont rendues telles *à leurs propres dépens* » (1); et « si les routes qui aboutissent à Laon ne sont pas si belles que celles qui mènent à Soissons, à qui la faute si ce n'est à Soissons même, alors que Laon paie plus du tiers de toutes les impositions des sept élections de la Généralité » ? Faux aussi que le séjour de Laon fût dangereux : « le roc sur lequel cette ville est bâtie est d'une épaisseur, d'une profondeur, d'une solidité éternelle ; il n'y a pas un seul exemple d'écroulement depuis son existence ; les édifices aussi hardis que massifs dont il est chargé, et qui sont tels que Soissons n'en a pas et n'en aura vraisemblablement jamais de pareils » le prouvent bien. Fausse de même l'assertion d'insalubrité : « rien de plus vif et de plus sain que

(1) Cela n'était pas tout à fait exact, à en juger par le texte suivant d'un arrêt du Conseil du Roi, du 2 mai 1780 : « Le Roi étant informé que les abords de la ville de Laon sont tellement difficiles et escarpés, que les trois chaussées qui aboutissent aux portes dites Luceau et Saint-Martin de la ville, offrent dans les traverses des montagnes de Vaux, Saint Marcel et Semilly, sur lesquelles elle est située, une pente de dix a onze pouces par toise, et même de quinze dans quelques parties,... de sorte que les voitures ne peuvent les gravir qu'avec les plus faibles charges et même avec des chevaux d'aide, ce qui porte un préjudice notable au commerce de la ville, qui ne peut d'ailleurs s'approvisionner en comestibles et autres denrées nécessaires à sa consommation qu'avec beaucoup de frais et de difficultés ; S. M. étant d'ailleurs informée que *divers Seigneurs, communautés et habitans ont offert de contribuer pour la somme de 12491 livres 6 sols à la depense des ouvrages à faire pour adoucir les pentes des dites chaussées*, dont il est necessaire de changer à cet effet les directions... conformément aux devis et détails estimatifs qui ont été dressés... et par lesquels la totalité de la dépense, y compris les indemnités à accorder aux propriétaires des terrains sur lesquels passeront les chaussées dont il s'agit, suivant les directions nouvelles qui leur seront données, est *évaluée à la somme de 51038 livres 7 sols 9 deniers*. S. M. voulant seconder les efforts des dits Seigneurs, communautés et habitans, et procurer à la ville de Laon les facilités qui lui sont nécessaires pour son commerce : Vu l'avis du S^r Le Peletier, Intendant en la Généralité de Soissons, LE ROI EN SON CONSEIL, approuve les plans, devis et details des ouvrages à faire .. Ordonne que les ouvrages seront exécutés conformément à iceux... que les indemnités et la dépense des ouvrages seront acquittées. . *tant sur les sommes provenant des contributions volontaires des Seigneurs, communautés et habitans de la ville de Laon... que sur la somme de 10.000 livres que S. M. veut bien assigner pour cet objet, sur les fonds qu'elle a destinés à l'entretien des ateliers de charité dans la Generalité de Soissons pendant la présente année et les autres sommes qu'elle se propose d'assigner encore sur les mêmes fonds dans les années subséquentes, pour parfaire le paiement des dittes depensees evaluées en totalité à 3048 liv. 7 s. 9 d...* (Arch. nat. E. 1573, n° 30) — « La ville étant d'un abord difficile à cause de l'escarpement des côtes, par le conseil de l'Evêque de Sabran, une souscription s'ouvrit pour adoucir la pente des trois plus fréquentées. Luimême contribua d'une forte somme, et fit obtenir des secours du Roi. » (DEVISME, Hist. de Laon. II. p. 152).

l'air de Laon ; aussi ne vit-on nulle part plus longtemps ; il n'est pas rare d'y trouver des centenaires et les vieillards de 90 ans y sont communs. Bon pour Soissons d'y voir souvent des brouillards, et de courir quelquefois des dangers réels à cause des débordements de sa rivière » (1). Et la municipalité laonnoise concluait dûre-

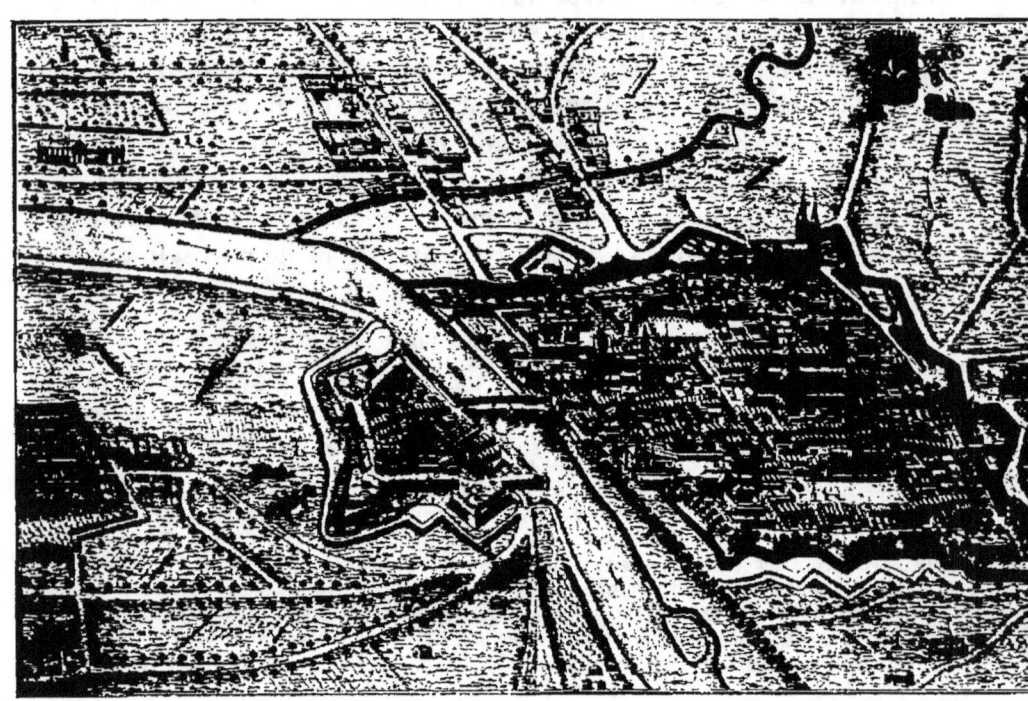

Plan en élévation de la Ville de Soissons et ses Environs, par N. A. Poincellier, 1746
(D'après une gravure appartenant à M. St. Leloutre. — Réduction au 1/16e environ)

LA PLAINE DE SOISSONS

ment : « Quelle singulière manière de se faire valoir que de calomnier sa rivale ;..... une cause est bien mauvaise quand on en est réduit à employer de pareils moyens pour la soutenir ! »

Au ton que d'emblée le débat avait pris, à la nature des

(1) Sur les débordements de « Madame d'Aine », Cf. Notice sur l'inondation de 1784 dans la ville de Soissons, par J. J. Brayer (Bibl. Soissons. Coll. Périn, n° 4613, in-4), et Collet. Les principales inondations de Soissons (Bull. Soc. Arch. de Ss. 1872-73, p. 330 et suiv.) L'inondation de février 1784, avait été particulièrement désastreuse, et, à cette occasion, M. Brayer, alors lieutenant général de police (futur député extraordinaire de Ss), déploya une activité et un dévouement des plus méritoires.

premières appréciations réciproquement échangées, il était évident qu'entre ces deux villes il ne s'agirait pas désormais d'une simple compétition, mais d'une véritable rivalité qui allait les mettre aux prises avec aigreur et avec acharnement, d'une vraie lutte qui fut bien — non point au sens figuré des mots, mais d'après la réalité du terrain — celle de la Montagne et de la Plaine. (1).

Nous aurons plus loin à revenir sur la grande querelle de Soissons et de Laon ; nous verrons alors les arguments et les objections d'autre sorte que ces vieilles cités historiques produisirent en outre des précédents. Ceux-ci nous suffisaient ici pour mettre en lumière la physionomie spéciale et le caractère particulièrement aigu de leur mutuelle opposition.

§ 3. — Le plan n° 4

Configuration générale du département
« du Vermandois et du Soissonnais »

La question du partage des contrées réunies de Picardie, d'Ile de France et du Soissonnais, paraît avoir été l'une des plus compliquées que le Comité de Constitution ait eu à résoudre.

Outre qu'il n'était guère facile de concilier les demandes de tant de villes de cette région, dont les projets personnels se superposaient et se contrariaient si fort réciproquement, l'embarras s'augmentait encore de la difficulté de tenir compte des desiderata exprimés ou des oppositions formulées par un certain nombre de localités moins importantes. Espérant, qui un district, qui un simple canton, les unes voulaient leur rattachement à tel chef-lieu présumé, les autres tenaient à leur distraction de telle division proposée, tantôt par raison de prédilection ou

---

(1) « Nous avons entendu M. Brayer (de Soissons) dire lui-même... qu'il ne voulait point être sur la lisière, *ni être dominé par la montagne de Laon*. M. Lecarlier lui riposta avec son énergie habituelle... » (Lettre des dép. extraord. de Laon. Arch. mun Laon) — « Qu'est-ce donc que le pouvoir d'administration .. s'il doit prendre une nuance différente *en raison de ce qu'il sera fixé dans la plaine ou placé sur une montagne* ? » (Réplique de Lecarlier à M. de Vauvilliers, qui avait parlé en faveur de Soissons — *Compte-rendu par quelques députés du Vermandois*).

d'habitudes prises, tantôt pour cause d'antipathie plus ou moins justifiée, et aussi suivant que de ce côté-ci ou de celui-là, elles croyaient avoir plus de chances d'obtenir satisfaction.

Par exemple : c'était le bourg de *Chaumont en-Vexin* qui, en retour du district que Beauvais lui faisait espérer, accepterait d'être joint à un département dont cette ville serait le chef-lieu, mais préférerait, dans le cas contraire, demeurer en Normandie (1) ; — c'était *Clermont* qui, sous condition d'« un arrondissement convenable », « désirait beaucoup » sa réunion à Beauvais, et même «verrait sans peine» son annexion à Amiens, mais « formait le vœu positif de n'être point compris dans un département qui aurait pour chefs lieux Senlis, Pontoise, Saint-Germain, Versailles ou Meaux » ; — c'était *Senlis* qui, si elle ne pouvait avoir qu'un district, consentirait à dépendre de Meaux, mais « ne voulait pas « absolument aller au même département que Beauvais » (2) ; — c'était enfin *Crépy en-Valois*, demandant de la façon la plus instante à « voir son district rester comme par le passé sous la dépendance de Soissons », avec qui cette petite ville liait ouvertement partie contre sa rivale (3).

Les pourparlers avaient été continuels durant tout le mois de novembre 1789. Chaque jour, entre représentants intéressés, les réunions s'étaient ajoutées aux réunions, ainsi que les conciliabules particuliers de députés à Commissaires Il en était résulté un nombre considérable de mémoires, de rapports, de projets (4)

---

(1) Si Chaumont, dans ses cahiers, avait demandé à faire partie des Assemblées provinciales de Normandie, c'est, dit-il, parce qu' « alors on avait encore à redouter le régime des Intendances ; entre deux maux il fallait choisir le moindre et les citoyens de Chaumont, sous ce point de vue, devaient préférer l'Intendance de Rouen à celle de Paris ». *Arch. Nat.* D IV bis 29 (412).

(2) *Arch. Nat.* D IV bis 12 (248) et 29 (412), pièces diverses.

(3) « Je ne puis voir — disait l'un des représentants de son bailliage (Adam de Verdonne. V. supra p. 75) — dans le désir vif que montrent les députés de Laon de reunir Soissons à leur département déjà trop grand, que le dessein de fixer leur ville plus au centre, afin d'en faire un moyen pour obtenir le chef-lieu de département. . Ces députés auraient tort de vouloir insister davantage. . Cette opération serait injuste parce qu'elle dépouillerait Soissons des avantages dont cette ville a joui depuis longtemps pour les procurer à la ville de Laon . Il n'y a que l'intention d'accroître ses propres avantages qui puisse rendre tolérables les prétentions mal fondées de la ville de Laon ». (Observations du député du bailliage de Crepy-en Valois sur la division des départements de l'Ile-de France. — S. d. *Arch. Nat.* D IV bis 12 (248).

(4) Entre autres, celui qui se trouve exposé dans les « Observations » citées à la note précédente, est très complet et l'un des plus intéressants.

qui s'accumulaient au Comité de Constitution ; les divers plans (1) établis d'après leurs propositions sans cesse renouvelées, avaient été successivement discutés, puis rejetés tour à tour, sans qu'on pût arriver à une entente permettant d'élaborer une combinaison définitive ; et cela, toujours parce que ni Laon, ni Soissons ne voulaient céder sur la question d'emplacement plus ou moins central qui les séparait et qu'elles jugeaient vitale pour leur destinée à venir ; la première s'attachant à rester dans un département presque carré, la seconde n'en démordant pas d'appartenir à une division plutôt rectangulaire (2).

Pourtant il fallait aboutir. Aussi le Comité de Constitution, dans une séance du 4 décembre au soir, décida-t-il de nommer trois de ses membres pour entendre encore une fois les réclamations des localités en concurrence, et établir ensuite, de concert avec les Commissaires des Provinces, plusieurs nouveaux plans de division qu'on devait soumettre en dernière analyse à leurs députés réunis en séance plénière. Il fut entendu que si l'un de ces plans ralliait enfin la « pluralité », selon le terme d'alors, on s'y arrêterait ; mais que si l'on ne pouvait arriver à une solution par ce procédé, le Comité de Constitution déterminerait lui-même le plan paraissant mériter la préférence et la sanction officielle de l'Assemblée Nationale (3).

Cette réunion suprême des représentants des bailliages et des villes de la région, eut lieu le 10 décembre, dans la soirée. La

---

(1) MELLEVILLE (*Dict. hist. du départ. de l'Aisne* — Introd.) indique que ces premiers plans avortés auraient été au nombre de *huit*. Il se peut ; mais nous n'avons trouvé aucune indication qui confirme cette assertion numérique.

(2) Ce point est établi par de nombreuses indications consignées dans les documents. Notons seulement ces deux passages de pièces déjà citées: Le département que les députés de Melun proposaient, « aurait obtenu la presque totalité des suffrages, sans la rivalité de Laon et de Soissons. Ces deux villes sont, il est vrai, exposées à perdre beaucoup si elles ne sont pas chef-lieu, mais ce malheur est inévitable pour l'une ou pour l'autre, leur proximité respective ne permettant pas de les satisfaire toutes deux ». (*Mémoire des députés de Melun*). — « Il n'est pas inutile — lit-on ailleurs — de dire que des projets de division avaient réuni à peu près tous les suffrages ; le mécontentement de Soissons a été la seule cause qui ait arrêté leur adoption ; ceux qui ont été formés en dernier lieu et qui ont déplu généralement n'avaient d'autre but que de donner à Soissons une position favorable ». (*Observations pour la ville de Laon*).

(3) Mémoire pour la ville de Noyon (*Op. cit.*), et Compte-rendu aux électeurs du département de l'Aisne par quelques députés du Vermandois — 1790. in-8 (*Arch. Nat.* AD. XVI. 18).

séance dura peu. Six cartes, différentes de celles non adoptées antérieurement, avaient été préparées par les soins du Comité de Constitution ; quatre laissaient Laon au centre d'un département ; quant aux deux restantes, l'une avantageait Soissons, et l'autre paraissait favorable à St-Quentin (1). Elles furent mises sous les yeux des intéressés présents, qui les examinèrent. Après quelques explications échangées sans nouvelle discussion, le président fit ouvrir le scrutin pour le choix à faire entre ces projets, qu'un chiffre distinguait. Au dépouillement des votes, celui qui portait le numéro 4 réunit la majorité. Un résultat se trouvait enfin acquis ; il ne pouvait évidemment plaire à tout le monde ; certaines protestations se produisirent, mais le président les calma vite en annonçant que le plan choisi pourrait recevoir quelques légères modifications par des arrangements particuliers consentis entre départements voisins, et que d'ailleurs son acceptation finale restait subordonnée à l'adhésion de l'Assemblée Nationale. Cette déclaration rendit espoir aux mécontents du moment, et l'on se sépara généralement satisfait d'en avoir à peu près terminé avec cette question qui commençait à devenir irritante, du partage des Provinces de Picardie, d'Ile-de France et du Soissonnais. (2) (3).

Il serait intéressant de connaître exactement et de pouvoir rapprocher les uns des autres les tracés des six derniers plans

---

(1) Lettre à la municipalité de Laon (9 décembre 1789) de Lecarlier, qui avait eu connaissance de ces plans, dès la veille de la séance (Arch. mun. Laon. HH. 16).

(2) Cf. Rapport au Conseil mun^{al} de Château-Thierry (14 déc. 1789) des députés extraord. de cette ville, qui assistaient à la séance en question. (Arch. mun. Chât.-Thr. Registre délib^{ons}, folio 30).

(3) S'il faut en croire la citation suivante, extraite d'un Mémoire subséquent rédigé par l'un des absents, cette réunion aurait eu lieu un peu impromptu et plusieurs représentants de la région y manquaient : « C'est en vain que l'on
« nous objecterait, comme on l'a déjà fait, que ce plan a été adopté à la majorité...
« (nous contestons la valeur d'un tel argument) surtout dans la circonstance
« dont il s'agit, où beaucoup de députés à qui on n'avait pas donné connaissance
« du jour où l'on irait aux voix sur les plans proposés, n'ont pu être présents
« pour discuter ces plans, pour faire apercevoir combien peu les convenances
« avaient été ménagées. Car il est de fait que l'assemblée n'ayant pas été indiquée
« à la séance de l'Assemblée nationale, plusieurs n'étant pas devins, n'ont pu s'y
« trouver ni voter, ni donner leurs observations qui auraient peut-être et
« même vraisemblablement donné lieu à quelques changements de convenance
« sur chaque plan. » (Observations pour la ville de Crépy-en-Valois.. par Adam de Verdonne, commissaire pour la députation du bailliage du Valois. — Arch. nat. D IV bis 12 (248).

proposés. Malgré nos recherches, nous n'avons découvert ni dans les Archives locales, ni aux Archives nationales, aucun des cinq d'entre eux qui furent écartés par le scrutin du 10 décembre 1789 ; l'indication précédemment rapportée et quelques autres plus succinctes encore étant les seules que nous ayions rencontrées à leurs propos, dans les pièces des dossiers qu'il nous a été donné de compulser, nous n'avons pu les reconstituer même approximativement et c'est un peu dommage.

Mais si ceux-là nous demeurent inconnus, nous avons du moins rencontré le principal, celui qui servit de base pour la formation des départements de la Somme, *de l'Aisne*, de l'Oise, de Seine-et-Oise. de la Seine et de Seine-et-Marne : en un mot le plan n° 4 lui même, auquel nous aurons souvent à nous référer.

Ce *document original* très important, que nous croyons inédit et dont nous donnons ci-contre la photographie, est conservé aux Archives nationales ; il consiste dans une carte manuscrite en papier transparent, de quelques centimètres carrés, collée sur une autre petite feuille de papier plus épais, en haut de laquelle on lit : N° 4 ; et au bas, de la main probablement de M. Gossin, la mention suivante authentiquée par sa signature et par celle de son collègue au Comité de Constitution, M. Bureaux de Pusy (1) : « Le présent « plan, a été adopté par la majorité de MM. les députés de l'Ile « de France... (2) par délibération de ce jour, sauf à MM. les « députés à convenir de quelques légers changements dans leurs « limites respectives. Paris ce 10 Décembre 1789 ». (D IV *bis* 1. 1).

Si nous mettons cette carte en regard de celle annexée au premier Rapport de Thouret (V. Pl. v, p. 58), les remarques suivantes se dégagent de leur comparaison. Le département de Paris y figure sous la forme d'un petit cercle, qui n'englobe même pas encore St Denis ; — celui de Versailles apparaît presque tel qu'il est resté, avec Mantes, Pontoise, Corbeil, Étampes, Rambouillet, dans son entourage ; — Beauvais a conquis le sien, en empruntant une portion du territoire naguère attribué à Amiens, et en prélevant

---

(1) Les deux autres, MM. Dupont (de Nemours) et Aubry-Dubochet (député de Villers-Cotterêts, n'ont pas signé cette mention, apparemment parce qu'ils avaient été, à la réunion, parties intéressées.

(2) Ici un signe de renvoi, sans le texte correspondant, qui vraisemblablement devait être : « et de Picardie ».

— 112 ter —

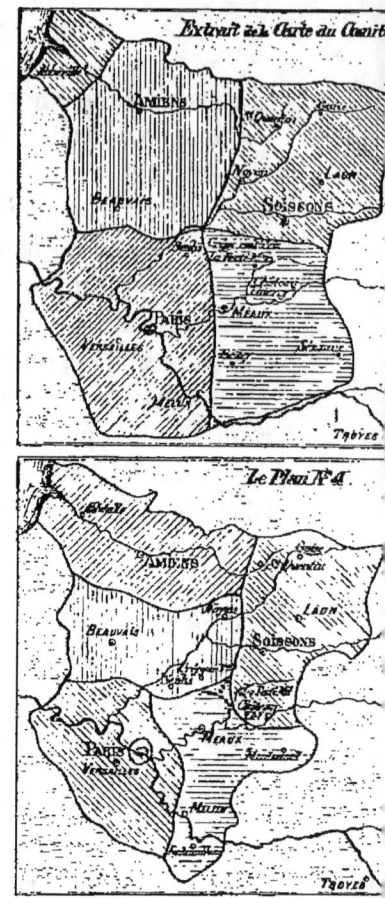

Fig. 6 bis. — Comparaison du partage de la Picardie
l'Ile de France, d'après la Carte du Comité de Co...
tion (29 Septembre 1789) et d'après le Plan n° 4 (...
cembre suivant).

— 112 ou —
PLANCHE VI

Le
PLAN N° 4
« adopté par la majorité
de MM. les Députés
de l'Isle-de-France et de la Picardie,
le 10 Décembre 1789 »,
pour le partage
de leurs Provinces.
[Arch. nat.]

(Grandeur exacte)

d'autres parts : d'abord Senlis, qui se trouvait primitivement comprise dans la circonscription rurale de Paris ; puis Crépy, qui pareillement au début, faisait partie de celle prévue autour de Meaux et de Château-Thierry; enfin Compiègne et Noyon, d'abord réunies à Laon ; — à Amiens, dont l'enclave initiale avait perdu du terrain au sud, on laissait en compensation, vers l'ouest : Abbeville, ainsi qu'il avait été convenu dès les premiers remaniements, tout en lui adjoignant, du côté opposé, à l'est : Ham et *Le Câtelet*, détachés du Vermandois. — Quant à la division dans laquelle on avait projeté de grouper diverses portions de la Brie, elle devenait toute différente : Melun y rentrait, tandis que Château-Thierry en sortait, et la région de Provins s'en trouvait exclue ; ces modifications donnaient à sa surface d'alors une forme tourmentée, qui ne devait pas pouvoir être maintenue.

Venait enfin, avec une bordure un peu moins contournée, mais encore irrégulière, le « département du Vermandois et du Soissonnais », parfois aussi appelé « huitième département » (1), qui avait été le sujet de tant de difficultés et la cause d'un dénouement si tardif. Sa circonscription, d'étendue un peu supérieure à la moyenne admise (on l'évaluait à 340 lieues carrées), répondait en grande partie aux désirs de Soissons et couronnait les efforts de cette ville, puisque réduite en largeur par la perte du Câtelet, de Ham, de Noyon et de Compiègne, elle avait en longueur regagné une étendue compensatrice par l'annexion de Château-Thierry. Suivant cette disposition, la « centralité » se trouvait modifiée, sinon complètement déplacée ; et ce fut là sans doute le motif qui détermina la majorité, car, sans préjuger la solution finale, une telle division devait permettre à Laon de continuer à espérer le

(1) La dénomination de département du Vermandois et du Soissonnais se comprend d'elle-même ; quant à celle de *huitième département*, elle demande une explication. Voici celle qui nous paraît la plus plausible. Il avait été décidé que les départements seraient formés en allant de Paris vers les frontières ; si donc nous les numérotons ainsi, en commençant naturellement dans la direction du nord : le n° 1 devait être le département de Paris ; le n° 2, celui de Versailles ; le n° 3, celui de Beauvais ; le n° 4, celui d'Amiens ; le n° 5, celui d'Artois ; et le n° 6, celui des Flandres, qui touchait à l'étranger. Puis en repartant à nouveau de Paris vers le nord-est, le n° 7 revenait aux départements de Melun et Meaux, enfin *le n° 8, à celui de Soissons et Laon*, frontière à son tour sur quelques lieues. Nous ne pouvons cependant que *proposer* cette explication, car aucun document ne nous en a fourni la preuve ; il est même assez curieux de constater d'après les dossiers des Archives nationales, que le département du Vermandois et du Soissonnais, soit le seul, absolument le seul de sa région, auquel cette désignation numérique se trouve appliquée.

chef-lieu administratif, et à Soissons de ne plus craindre de le perdre autant qu'auparavant (1).

Le différend sur la question du chef-lieu ne se trouvait donc pas aplani. A ce sujet, la lutte entre ces deux localités, allait au contraire devenir bien plus ardente et plus âpre que jusqu'alors. Durant le mois qui va suivre, lorsqu'on s'occupera de la question des districts, c'est elle encore qui dominera le débat et retardera la solution, de même qu'elle aura sa part incontestable d'influence sur certain acccroissement de surface obtenu quelques semaines plus tard tout à fait au sud. Cette extension territoriale étant venue modifier de ce côté le plan n° 4, sans toutefois entraîner de changement au reste de son tracé, il nous faut en parler dès maintenant pour ne pas scinder la matière de ce chapitre relatif à l'établissement de la circonscription générale du département.

§ 4. — Extension de territoire obtenue au sud

Fixation définitive de la surface d'ensemble du département « de Laon et Soissons »

L'adoption du plan n° 4, dont Laon avait été mécontente (2) et Soissons très satisfaite, désappointa complètement Château-Thierry, dans l'instant.

On le conçoit aisément. Cette petite ville qui jusque là s'était crue en situation d'obtenir le siège d'une administration départementale, voyait tout espoir de ce genre lui échapper désormais, par le fait de sa position nouvelle, devenue pareille à celle naguère occupée par Soissons et peut-être un peu plus désavantageuse encore. Prendre la Marne comme limite naturelle, sur si peu de longueur et d'aussi près que ce plan l'indiquait, c'était en effet l'exposer au risque de ne pas même avoir un district ; en

---

(1) Ainsi se trouvait terminé l'« arrangement » qu'environ six semaines plus tôt, le Comité de Constitution avait convié les députés de toute cette contrée à effectuer « le jour même, s'il se peut » ! Cf. « Tableau des Provinces qui sont invitées à se réunir plusieurs ensemble pour s'accorder sur la division du Royaume ». S. d. (mais de la fin d'oct. 1789), 4 p. in 8. *Bibl. Nat.* Le 29/320.

(2) Sans cependant l'être tout d'abord autant qu'elle le devint par la suite, car, à ce moment, le système de l'*alternat* (V. sup. p. 64) était assez en faveur, et l'on supposait qu'il serait établi dans le département (Lettre de Lecarlier à la municipalité de Laon, 11 déc. *Arch. mun. Laon*, liasse 26).

tout cas, c'était détacher d'elle une fraction importante du ressort actuel de son bailliage et de son élection.

Pinterel de Louverny et Harmand, représentants de Château-Thierry, qui avaient protesté dès la séance du 10 décembre (1), émirent d'abord l'idée qu'on en revînt à la démarcation prévue au-dessous de l'Aisne par le projet primitif du Comité de Constitution ; ils demandèrent à quitter la division de Soissons et à être réintégrés dans celle de Meaux. Mais les députés de cette dernière ville, redoutant pour le choix du chef-lieu de leur département, une compétition qui s'était antérieurement manifestée de la manière que nous savons, et qui viendrait maintenant s'ajouter à la concurrence de Melun, se prononcèrent presque tous contre une telle proposition (2).

Soissons sut aussitôt tirer habilement parti de ces dispositions peu bienveillantes envers Château-Thierry, pour la retenir et s'en faire une alliée. De ce moment, on vit le chef-lieu de l'Intendance appuyer de tout son crédit les desiderata de sa voisine et notamment réclamer avec elle la restitution du territoire depuis longtemps sous sa dépendance administrative et judiciaire,

Perrin, del.   *Courbe, sculp.*

Portrait de la Collection DEJABIN
(V. supra p. 73, note biographique)

---

(1) Rapport des députés extraordinaires de Ch. Th. au conseil mun^{al} de cette Ville, 14 déc. (*Op. cit.*)
(2) Lettre de Lecarlier à la municipalité de Laon, 18 déc. *Arch. mun. Laon.* AA. 38.

qu'on avait arbitrairement compris dans l'enclave de Meaux. C'était là d'ailleurs, pour Soissons, un moyen de rejoindre au sud les bornes de sa propre Généralité et, par ce nouveau gain superficiel, de se placer en hauteur exactement au même point que Laon, d'où elle pourrait enfin, quant à la centralité, lutter de pair avec sa rivale.

Suivant sa tactique personnelle, nécessairement inverse de celle de Soissons, Laon continuait de son côté à rechercher un accroissement d'étendue vers l'ouest, en largeur. Elle se désintéressait par conséquent tout à fait de Château-Thierry, pour soutenir au contraire énergiquement les revendications de Noyon qui, sans attaches avec Beauvais, ne désirait nullement rester dans sa circonscription et demandait instamment qu'on la réunît de préférence aux villes du Vermandois, avec lesquelles elle se trouvait liée de longue date par ses habitudes, ses relations d'affaires et ses voies de communication.

Entre temps un événement survint qui modifia quelque peu la situation. Nous avons dit plus haut que la région de Provins n'était pas renfermée dans le tracé du plan n° 4. Comme elle relevait à la fois de l'Intendance de Paris et du Gouvernement de Champagne, sa position intermédiaire devait permettre, selon les nécessités finales, de l'adjoindre soit aux départements issus de l'Ile-de-France, soit à ceux tirés de la Généralité de Châlons. Jadis, au surplus, entre les Gouverneurs des deux provinces contiguës, cette partie de la Brie Champenoise avait fait l'objet d'un long différend, dont les souvenirs n'étaient probablement pas tous effacés (1). Devant l'opposition très nettement manifestée par Meaux contre son placement dans la même division que Provins, celle-ci n'avait pas insisté et avait consenti à dépendre plutôt de Sens (2), qui était parvenue à grouper d'autres petites villes, telles que Nogent sur-Seine, Joigny et Montargis, par la réunion desquelles elle espérait se constituer une circonscription. Mal venue, trop faible d'étendue et toute resserrée entre les départements de Troyes, d'Auxerre, d'Orléans, de Meaux ou Melun, à peu près établis déjà, qui n'entendaient plus rien abandonner, cette

---

(1) Cf. LONGNON. L'Ile de France Ses origines. Ses limites. Ses Gouverneurs, *Op. cit.* p. 24.
(2) *Arch. nat.* D IV bis 32 (448), note anonyme et s. d.

division projetée autour de Sens ne put aboutir. Finalement, pour sortir d'embarras, le Comité de Constitution décida de la démembrer ; il attribua Montargis au département d'Orléans, Nogent à celui de Troyes, Joigny à celui d'Auxerre, *enfin Provins à celui de Melun* ; quant à Sens, les circonstances la mirent en conséquence dans l'obligation de demander elle-même son rattachement à Auxerre (1).

Cette remise de territoire (apport inattendu d'une trentaine de lieues carrées, dont une répartition semblait devoir s'imposer entre les départements de l'Ile-de-France les plus proches), vint à l'appui des réclamations tendant à un partage de la Province sensiblement différent de celui du plan N° 4, et servit même de prétexte à certaines propositions nouvelles d'importance diverse, dans le détail desquelles il serait superflu d'entrer ici : nous n'en rappellerons que deux brièvement.

Ayant provoqué l'exode de Provins, Meaux ne vit certes point avec plaisir sa rentrée ; afin de contrebalancer l'avantage évident que Melun devait en retirer, ce fut elle à ce moment qui, pour améliorer sa situation personnelle en s'assurant plus de centralité, rechercha l'annexion de Chateau-Thierry. Mais l'instant propice était passé ; soutenue par Soissons, encouragée par Melun et gardant sans doute le souvenir du mauvais accueil naguère fait à sa propre demande en ce sens, cette ville ne voulut point revenir ; l'accroissement dont le département de Meaux venait de profiter, lui fournissait d'ailleurs une occasion trop favorable de pouvoir recouvrer le complément de son ancienne circonscription rurale, en possession totale de laquelle elle tenait plus que jamais à rentrer.

Entre Meaux et Melun, à propos du chef-lieu de leur département, le choix restait aussi douteux et la dispute aussi vive qu'entre Soissons et Laon ; ne pouvait-on parvenir à satisfaire trois de ces localités au lieu de deux ? A la suite probablement, en tous cas vers l'époque de la réunion de Provins, certain député de Melun, *natif de Laon* (M. Tellier), et l'un de ses collègues du Vermandois, son compatriote et son ami personnel (M. Devisme), liant ensemble partie dans l'intérêt respectif de leurs villes d'origine et d'élection, pensèrent trouver un arrangement susceptible d'être accepté, en proposant la création d'un département supplé-

---

(1) Cf. PORÉE. Formation du départ. de l'Yonne. Chap. II.

mentaire, situé entre les deux leurs, qui aurait compris Château-Thierry au nord et dont Meaux au centre eût été le chef-lieu tout indiqué. Soissons, reléguée de nouveau sur une lisière, devait faire les frais de la combinaison. Ce projet particulier modifiant des situations acquises, au demeurant trop visiblement intéressé, que nous mentionnons pour mémoire à cause de ses auteurs, suscita plus de protestations que d'adhésions et resta, contre leur espoir, à l'état de proposition isolée. (1) (2).

On se trouvait alors à la fin de décembre 1789 ; dans les trois autres départements, à une exception près (celle de Noyon), l'accord s'était maintenu pour l'acceptation du plan n° 4, et depuis près d'un mois leur organisation intérieure s'effectuait conformément à son tracé ; une mutation quelconque de ses grandes lignes eût remis tout en cause et fait renaître l'ensemble des difficultés dont on avait eu tant de peine à sortir naguère.

Le 4 janvier 1790, les représentants des bailliages et les députés extraordinaires des villes « du Vermandois et du Soissonnais » s'étant assemblés — après maintes réunions précédentes — afin de convenir une bonne fois des limites de ce département, ce fut là la raison pour laquelle on ne put encore rien déterminer : Soissons, en vue de s'étendre jusqu'à Montmirail, y parla de rendre Saint-Quentin à Amiens ; bien entendu, Laon se refusa énergiquement à cela, et elle proposa plutôt, en contre-partie de Noyon qu'on lui aurait annexée selon leur commun désir, d'abandonner au besoin Château-Thierry ; mais personnellement, ainsi que nous l'avons vu, cette dernière ville avait son siège fait et, d'accord avec Soissons, ne voulait plus se séparer d'elle. Le délégué du Comité de Constitution présent à cette séance (M. Dupont de Nemours), se

---

(1) « Réflexions rapides que la ville de Soissons met sous les yeux de MM. les Commissaires adjoints au Comité de Constitution ». Arch. nat. D iv bis 3 (148).

(2) Ces deux députés amis échafaudaient aisément de compagnie leurs projets à domicile. Ils habitaient la même maison, rue de Caumartin n° 30, à Paris. [Lettre de Laurent, membre du corps municipal de Laon à son gendre Devisme, 5 déc. 1789. Arch. nat. D iv bis 3 (145), et Brette, Op. cit. II p. 312 et 330]. Dans son Hist. de Laon (II, p. 388), Devisme se souvenant de sa collaboration avec Tellier, sur ce point, écrivit à propos de ce dernier : « Lors des demêlés qui « s'étaient élevés à la Constituante, au sujet des chefs-lieux de département, il « se trouva que sa ville natale et celle qu'il représentait eurent la même préten-« tion et furent intéressées à faire cause commune : il eut le mérite de servir « utilement l'une et l'autre » — Tellier, plus tard membre de la Convention, se suicida en Eure-et-Loir, ou il avait été envoyé pour une mission, au cours de laquelle il ne crut pas sa conduite irréprochable.

rendit compte, par l'ardeur de la discussion et par la divergence des opinions soutenues, qu'une entente entre les divers intéressés, était devenue complètement impossible ; une quinzaine de jours plus tard, c'est donc par une décision du Comité lui-même que la solution intervint enfin d'office et de la manière la plus simple (1).

A l'occasion du rattachement de Provins à Melun, sur les trois départements de l'ouest, dans la contrée d'Ile-de-France et de Picardie, deux (Amiens et Beauvais) ne réclamaient rien, et le troisième (Versailles) demandait fort peu de chose ; aussi put-on s'en tenir à faire profiter les deux restants (Soissons et Laon — Meaux et Melun) de l'accroissement territorial dont cette contrée bénéficiait au point de vue de son partage. Sans toucher aucunement aux limites des divisions précédentes, sans changer la répartition des différentes villes dans leur enclave, laissant naturellement la région de Provins tout entière au département qui lui était contigu, le Comité se borna donc à poser en principe — à titre de compensation, semble-t-il, envers le département du dessus, le nôtre — que la pointe méridionale de ce dernier, au lieu de s'arrêter au bord de la Marne, viendrait finir *contre la grande route reliant La Ferté-sous-Jouarre à Montmirail* (2). Ainsi Château Thierry obtenait satisfaction presque complète, et par là même Soissons enregistrait, au point de vue territorial, une seconde victoire ; car, malgré cette légère extension vers le sud (3), pour ce qui était du maintien de la division à laquelle ces deux villes appartenaient, telle qu'elle avait été établie dans sa forme générale par le plan n° 4, la cause était entendue (4).

(1) Lettre des députés extraordinaires de Laon à la municipalité de cette ville. 5 janvier 1790. (*Arch. mun. Laon*, liasse 26.)

(2) Note, signée par les députés du bailliage de Soissons (Delabat, Cte d'Egmont, Ferté, Brocheton) s. d. — « Observations de M Prévost sur démarcation entre les dép^ts d'Amiens et de Beauvais, 15 janv. 1790 » [*Arch. Nat.* D ɪᴠ bis 3 (148) et 12 (248;] — et « Observations sur la circonscription des districts et dép^ts en général, et particulièrement sur les limites du district de Ch.-Th. par Harmand député de Ch.-Th. » — in-8, 1790. *Arch. Nat.* D ɪᴠ bis 3 (146).

(3) Nous ferons connaître plus loin (Chap. V § 3), en étudiant le détail de la limite méridionale du dép^t, les arguments présentés par Château-Thierry, pour arriver à cette extension ; il suffisait ici que nous mentionnions le fait de son acquisition.

(4) Au demeurant, dans une réunion de députés de la région comprise dans le plan n° 4, tenue le *15 janvier 1790*, où se trouvaient entre autres des représentants des bailliages de Laon, de St-Quentin et de Villers Cotterêts, il avait bien été décidé, *une dernière fois*, de demander qu'on revint sur la division actuelle des 5 dép^ts d'Ile-de-France et de Picardie, mais que si elle venait à être maintenue par le Cte de C^on, *on ne pourrait rien changer aux limites établies*

La question du département à former autour de Paris, était demeurée jusqu'alors en suspens, entretenant toujours dans l'esprit de quelques obstinés l'espoir d'un remaniement des circonscriptions voisines, suivant le plus ou moins d'étendue qu'on attribuerait à ce département ; mais elle fut tranchée vers le même moment, dans le sens restreint prévu depuis le début de la discussion : c'est dire que nulle tentative de modification du plan n° 4 n'avait pu prévaloir contre lui et qu'il devait demeurer la base incontestable et ferme du partage de la région à laquelle il se rapportait. Le 8 Janvier 1790, en présentant le tableau des départements alors arrêtés quant à leur circonscription, le rapporteur du Comité de Constitution avait d'ailleurs déjà fait implicitement état de cette situation devant l'Assemblée Nationale ; celle ci la ratifia huit jours plus tard, par un décret final du 15 janvier, fixant officiellement leur nombre d'ensemble à quatre-vingt trois. Ce décret mentionnait nominativement, pour les pays du nord de la France, que la répartition des « deux Flandres, Cambrésis, Artois, Boulonnais, Calaisis, Ardrésis », entrerait dans ce nombre total pour deux départements, et celle de « l'Ile-de-France, Paris, Soissonnais, Beauvaisis, Amiénois, Vexin français » pour six : les premiers étaient ceux de Lille et Douai, et d'Arras ; les seconds, ceux d'Amiens, de Beauvais, de Paris, de Versailles, de Meaux et Melun, enfin de *Laon et Soissons* : car à partir de ce moment, les noms de leurs anciennes provinces ne pouvaient plus servir qu'exceptionnellement à distinguer les nouvelles divisions et c'est par les villes évidemment ou probablement appelées à en devenir le chef-lieu, qu'on allait *provisoirement* les désigner.

La surface d'ensemble du département « du Vermandois et du Soissonnais » se trouvant fixée d'une façon définitive et très large, car elle atteignait maintenant près de 380 lieues carrés, il restait encore à régler, avec les départements contigus, le détail de ses contours, en vertu d'accords particuliers, dont quelques uns seulement étaient intervenus avant cette date du 20 janvier 1790 environ,

---

ou à établir conformément audit plan : ce qui impliquait l'acceptation au moins implicite de son tracé, par des intéressés de régions très différentes, *notamment enfin par des Laonnois*. [Note du 13 janvier 1789 (sic), signée Du Plaquet, président, *De Viefville des Essars, Lecarlier* et *De Barbançon. Arch. Nat.* D iv bis 1 (1)].

à laquelle nous sommes arrivés : or, il n'y avait pas de temps à perdre ; déjà même l'on était en retard.

Suivant un décret rendu le 9 janvier précédent, sur la proposition du Comité de Constitution, les députés de chaque département devaient en effet avoir produit pour le 13 de ce mois, dernier délai, « le tableau énonciatif de leur limites respectives arrêté et signé par eux, faute de quoi le Comité pourrait les tracer lui-même et les présenter à l'Assemblée ». Celle-ci avait ainsi nettement manifesté son désir d'en finir bientôt avec la division du Royaume : importante réforme qui passionnait le pays, mettant en rumeur jusqu'aux moindres bourgs pour la question des chefs-lieux, entretenant autour de la Constituante (1) et jusque dans son sein, une fièvre préjudiciable à toute autre besogne. Lecarlier, député du Vermandois, Maire de Laon, paraphrasant certain passage d'un rapport dont il venait d'entendre la lecture et que sa mémoire d'orateur avait retenu (2), en rendait compte éloquemment de la manière suivante, dans une lettre à ses collègues de la municipalité :.

Il serait difficile de vous donner une idée exacte du mouvement et de l'agitation, que produit auprès de l'Assemblée nationale la nouvelle division du Royaume Peignez-vous, MM^{rs}, des députés de presque toutes les villes et provinces, sollicitant en faveur de leur cité ou de leur canton quelques-uns des nouveaux établissemens qui se préparent ; imaginez le zèle aux prises avec l'intérêt, l'attrait de l'habitude dans les uns, la puissance du préjugé dans les autres, l'esprit public en opposition avec les affections locales, l'obstination à côté de l'activité, des prétentions fondées sur les abus passés, des espérances autorisées par des principes plus justes, la crainte ou le regret de perdre d'anciennes jouissances, le désir d'en obtenir de nouvelles, des avantages à balancer, des mécontemens à prévenir, des injustices à réparer, tels ont été les préliminaires et tel doit être l objet de la discussion qui occupe l'Assemblée. (3)

Ce que nous venons d'expliquer a démontré déjà la rigoureuse exactitude de ce tableau ; la suite de nos développements en témoignera mieux encore.

(1) Il y avait alors à Paris, environ 1500 députés extraordinaires des villes et bourgs de France, venus pour soutenir les revendications de leurs localités et reclamer à leur profit le siège d'une administration ou d'un tribunal d'ordre plus ou moins élevé. (5 janv. 1790. Lettre des dép extraord. de Laon à la municipalité de cette ville. — *Arch. mun. Laon.* liasse 26). Ils étaient devenus si nombreux qu'on ne pouvait plus les écouter tous, et leur présence finissait par provoquer plus d'agitation qu'elle n'engendrait d'activité.

(2) Rapport de Bureaux de Pusy, au nom du Comité de Consti^{on}, sur la nouvelle div^{on} du Roy^e (Séance du 8 janvier 1790. — *Arch. parl.* p. 119).

(3) 8 janv. 1790 (*Arch. mun. Laon*, liasse 26).

Nous reviendrons sur l'ensemble du département « du Vermandois et du Soissonnais », non plus au point de vue de sa surface, mais à propos du détail des limites par lesquelles il sera séparé de ses voisins, dans un prochain chapitre. Quant à celui-ci l'on a vu par son exposé, que, la détermination de cette étendue générale se fit suivant trois étapes, bien marquées par des figures différentes :

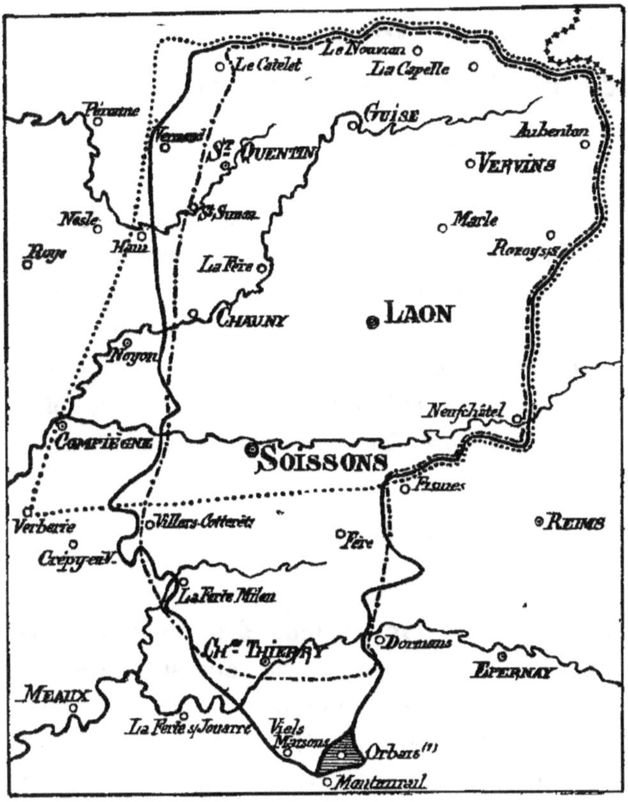

En effet, de la forme, originairement prévue au projet du 29 septembre 1789, d'un *carré* presque parfait, que la rivière d'Aisne longeait à sa base inférieure et dont le milieu se trouvait vers LAON, — on est ensuite passé, sur les vives réclamations de SOISSONS, par l'adoption du plan n° 4, le 10 décembre, à celle d'un *rectangle* irrégulier, comprenant dans sa partie centrale ces deux villes en lutte pour le chef-lieu, et venant au sud s'appuyer contre le cours de la Marne — pour en arriver finalement, vers le 15 janvier 1790, par l'effet des démarches de CHATEAU-THIERRY, au *triangle* approximatif sous l'aspect duquel le département a pris corps et subsisté.

Fig. 7. — Les **TROIS ÉTAPES** de la formation du département
- ········· Carte primitive annexée au projet du Comité de Constitution (29 septembre 1789). Voy. Pl. V, p. 58).
- —·—·— Plan n° 4, adopté par la majorité des députés d'Ile-de-France et de Picardie (10 décembre 1789). (Voy. Pl. VI, p 112-113).
- ——— Limite définitivement arrêtée par les députés du Vermandois et du Soissonnais, d'accord avec leurs collègues voisins (17 février 1790).

(1) Canton d'Orbais, distrait en l'an VII.

CHAPITRE IV

Subdivision du Département
Choix de ses différents Chefs-lieux

La question des districts : les villes de second ordre candidates et concurrentes ; désaccord des députés sur le nombre des districts — La question du chef-lieu départemental : première phase de la querelle de Soissons et de Laon ; Paris appuie la demande de Soissons — Solutions diverses, provisoires ou définitives, intervenues à propos de ces deux questions : choix du chef-lieu laissé à l'appréciation des électeurs du département ; subdivision en six districts — Démarcation des districts et des cantons.

Dès l'adoption du plan n° 4, dans chacun des départements dont il avait enfin fixé la forme générale, les représentants des bailliages compris à l'intérieur de ces nouvelles circonscriptions, eurent ensemble de fréquentes réunions (1). Tantôt ils ne s'y rencontraient qu'entre eux, s'il s'agissait de traiter certaines affaires d'ordre d'intérieur : celles, par exemple, de la subdivision de leur département ou du choix de ses chefs-lieux ; tantôt ils s'adjoignaient quelques collègues des divisions voisines, lorsqu'on devait discuter une question de convenance réciproque, comme celle des limites communes. Les députés particuliers des villes intéressées, admis d'ordinaire à ces conférences, pouvaient y

---

(1) C'est ce qu'alors on appela passagèrement les réunions en « assemblée de département » Les députés d'un même bailliage, en raison de leurs autres occupations à l'Assemblée Nationale, ne pouvaient pas toujours se rendre tous à ces réunions ; ils choisirent donc assez souvent l'un d'entre eux, comme « commissaire », pour étudier plus particulièrement les questions relatives à la division territoriale, et les régler, le cas échéant, au mieux des intérêts dont ils avaient la charge, par délégation et en leur nom.

soutenir leurs revendications et exposer leurs vues, mais avec voix consultative seulement. Parfois aussi, l'un des Commissaires-adjoints au Comité de Constitution assistait à la séance ; en cas de conflit à résoudre ou d'entente à parfaire, il était même de bonne règle qu'on le priât de s'y trouver, soit pour servir de médiateur,

Portrait de la Coll. LEVACHEZ. *Bibl. Nat.* (V. sup. p. 66, note biographique).

soit pour prendre officiellement acte des décisions intervenues, suivant une procédure analogue à celle que nous avons vu employer préalablement au partage de la région de Picardie et d'Ile-de-France.

Mais si les choses se passèrent de la sorte dans le « huitième département », comme d'ailleurs dans tous les autres du royaume, celui-là fut l'un de ceux où les discussions, parfois orageuses, ont été les plus stériles et les plus longues (1). Déjà nous allons, en effet, constater que durant un nouveau mois entier, du milieu de décembre 1789 au milieu de janvier 1790, on ne parvint à s'y mettre d'accord ni sur les districts subdivisionnaires, ni sur le principal chef lieu, au cours des nombreuses asemblées que les élus de ses bailliages et les délégués de ses villes tinrent pendant cette période, sous la présidence ordinaire de l'Abbé du Plaquet, député de Saint-Quentin (2).

§ I. — La question des Districts

Les villes de second ordre candidates et concurrentes : Guise, Vervins et Marle – Chauny, La Fère et Coucy — Crépy-en-Valois ; Villers-Cotterêts et La Ferté-Milon. Leurs mandataires et leurs arguments — Désaccord des députés sur le nombre des districts ; ses causes.

Tant qu'un doute subsista sur le point de savoir si la division de « Laon et Soissons », telle qu'elle figurait au plan n° 4, ne serait pas modifiée d'une façon appréciable, dans l'un ou l'autre des deux sens contraires désirés par chacune de ces villes, on ne put guère qu'échanger des idées générales, entre députés appartenant à cette division, au sujet du fractionnement qu'il conviendrait d'y établir. Il fallut bien cependant en arriver à envisager la solution effective de cette question, lorsqu'on eut acquis l'assurance presque certaine, aux environs du 20 Décembre, que le tracé choisi serait maintenu, sinon intégralement, du moins sans aucun changement sensible dont résulterait l'annexion ou le retrait d'une localité un peu marquante.

Parmi les cités comprises dans son enclave — outre les quatre plus considérables, auxquelles leur supériorité avait tout d'abord permis de prétendre à un département et qui né

---

(1) « Plus de *quarante* séances, se prolongeant souvent dans la nuit, furent employées dans les Bureaux et au Comité de Constitution, à l'établissement du département de l'Aisne. » [Observations présentées à MM^{rs} les electeurs du district provisoire de Chauny. *Arch. nat.* D iv bis 3 (147)].

(2) « Après *vingt* séances et plus de discussion sur la division du 8e depart. en districts, et apres presque autant de plans et de projets differents de division . », il est étonnant qu'on vienne contester à Guise, etc... (*Observations pour la ville de Guise, etc.* Voy. infra).

pouvaient manquer en conséquence de réclamer, voire d'obtenir un district, c'est-à-dire SAINT-QUENTIN, LAON, SOISSONS et CHATEAU-THIERRY — huit autres de moindre importance revendiquèrent le chef lieu d'une division de second ordre. Ce furent : au nord et au nord-est, *Guise, Vervins* et *Marle* (1) ; à l'ouest, d'une part *Chauny, La Fère* et *Coucy* (2), et d'autre part, plus bas, *Villers-Cotterêts* et *La Ferté-Milon*, en face de Crépy-en-Valois, du département de Beauvais, avec qui elles eurent au début des contestations.

Comme nous l'avons fait précédemment à propos des premières d'entre ces villes, nous résumerons tout à l'heure, au moyen de quelques citations extraites des « Adresses », « Observations » ou « Mémoires » qu'elles présentèrent alors, les titres et les motifs invoqués par les secondes à l'appui de leurs demandes. Au reste ce seront encore des arguments semblables, basés pour la plupart sur le nombre des routes à leur portée, sur le chiffre de leur population, sur l'étendue ou la médiocrité de leur commerce, sur leur situation antérieure ou actuelle, sur les établissements dont elles se trouveraient privées, et de même parfois produits avec autant de disposition à en exagérer les mérites, que de tendance à rabaisser la valeur des raisons données par les localités voisines — ces « endroits », ou ces « petits lieux », lit-on assez souvent dans des phrases jalouses ou dédaigneuses — dont la concurrence était gênante.

**

Les députés extraordinaires

Afin de faire valoir ces arguments auprès des représentants de la contrée et auprès du Comité de Constitution, presque toutes les villes indiquées eurent à Paris, dans le cours des mois de décembre 1789 et de janvier 1790, à des époques variables et durant un temps

---

(1) On trouve aussi quelque trace d'une intention semblable de la part de *Rozoy-sur-Serre*, sur les confins du Laonnois et du Porcien (pays de Champagne) ; mais la candidature de ce bourg à un district, ne pouvait prendre et ne prit en effet aucune consistance.

(2) La compétition de Ham se trouvait écartée par le fait du passage de cette cité dans le département d'Amiens, où elle ne réussit pas à se faire attribuer un district, entre ceux de Péronne et de Montdidier. Plus au sud, Noyon et Compiègne passées dans le département de Beauvais, y furent l'une et l'autre plus heureuses à ce point de vue.

plus ou moins long, des fondés de pouvoirs personnels, délégués à cet effet par leurs municipalités, aux frais de la commune le plus souvent (1).

Seule, Saint-Quentin, doit n'en avoir jamais envoyé. Quant à Château Thierry, rien n'indique qu'elle ait fait revenir ceux qui reçurent primitivement la mission de porter à l'Assemblée Nationale la requête par laquelle elle sollicitait le chef-lieu du département de Brie (2). N'ayant aucune rivale à redouter dans les environs, toutes deux purent laisser aux députés du bailliage le soin de leur intérêts propres. Peut-être cependant l'un de ceux-ci en fut-il plus spécialement chargé, car nous verrons l'Abbé Duplaquet (de Saint-Quentin) et Harmand (de Château-Thierry) s'occuper davantage de la question, au titre de « commissaires » désignés par eux (3). — (4).

Comme mandataires particuliers, les autres villes choisirent en général deux ou trois de leurs citoyens les plus éclairés, ordinairement pris parmi les officiers municipaux et surtout judiciaires. Cela explique la très grande place que tient, dans la plupart des requêtes, l'exposé des motifs qui justifieraient l'établissement d'un tribunal dans la localité et de la situation désastreuse où elle se trouverait par la perte de toutes ses juridictions : ces hommes de loi ressemblaient un peu à M. Josse, l'orfèvre.

Quelquefois ces villes demandèrent aussi le concours de certaines personnalités habitant la Capitale, qui, du fait de leur notoriété et de leur résidence, pourraient intervenir avec plus de poids et de facilité.

(1) V. *Sup.* p 77. — (2) V. *Sup.* p. 96, note 1^2. — (3) V. *Sup.* p. 123, note 1.

(4) Les registres des délibérations de 1789-90, conservés aux *Archives municipales de St-Quentin*, ne contiennent pas de renseignements à ce sujet, ni sur aucune question relative à notre matière ; et dans les nombreuses pièces des Archives nationales ou locales que nous avons consultées, nous n'avons rencontré nulle part la moindre allusion à des « députés extraordinaires » de St-Quentin.
— Dans une *Biographie d'Aubry-Dubochet*, M. MATTON, ancien archiviste de l'Aisne, se fiant à une documentation tout à fait insuffisante, a résumé les intentions de cette ville et apprécie le rôle des députés de son bailliage, lors de la formation du département, en termes aussi inexacts qu'injustes pour la plupart. Il nous a paru nécessaire d'en faire la remarque, parce que cette Biographie a précisément été publiée dans les *Mémoires de la Soc. Acad. de St-Quentin* (4ᵉ série, II, 1878-79, p. 355 et suiv.) ; pour cela, l'auteur lui-même nous a mis à l'aise par la devise de son étude: « De toutes les choses qui vieillissent, l'erreur est la seule qui ne mérite pas d'être respectée ».

Ainsi : Marle eut deux députés extraordinaires, dont nous n'avons pas retrouvé les noms (1) ; — et Vervins trois, paraît il, parmi lesquels nous ne connaissons que M. Dupeuty (Jacques-Philippe-Ferdinand), avocat, subdélégué de l'Intendant en cette ville. (2)

Ceux de Guise furent MM. De Viefville (Adrien Jean-Louis), maire — et Saulce (Jean-Baptiste), « procureur du roy au bailliage royal ». — (3).

Chauny désigna : MM. Flamand (Louis Momble François), « lieutenant général du bailliage » (4) — et Hébert fils, « maître particulier de la maîtrise ». — (5).

Coucy-le-Château : MM. Carlier (Prosper-Hyacinthe), « maire et lieutenant général du bailliage » (6) — Pipelet (François) (7),

---

(1) Le Cahier des actes des assemblées de cette ville, entre le 25 oct. 1789 et le 14 fevrier 1790, est disparu. Il manque aux *Arch. mun. de Marle,* ainsi qu'aux *Arch. depart. de l'Aisne.*

(2) Dans les documents de l'époque, on parle toujours au pluriel des députés de la ville de Vervins, qui auraient eté deux d'après certains, et trois suivant d'autres. Nous n'avons pu parvenir à élucider davantage ce point, par les registres de déliberations du corps municipal en 1789, aux *Arch. mun. de Vervins,* ni aux *Arch. de l'Aisne.*

(3) Nommés le 12 janv. 1790, pour se joindre à leur compatriote De Viefville des Essars, député du Vermandois à l'Ass^{ée} Nat^{le}. A leur retour de Paris, ils devaient être « remboursés, sur les deniers patrimoniaux de la ville, des depenses par eux faites, pour cette deputation, d'apres les memoires qu'ils en fourniraient. » *Arch. mun. Guise* Proc.-verbal de l'ass. générale de la commune, à cette date. Registre de délib^{ons} 1789 93

(4) Fut élu, par la suite, administrateur et membre du directoire de départ^t, en mai 1790; puis juge au tribunal du district de Saint-Quentin, lors de la nouvelle organisation judiciaire, un peu plus tard.

(5) Nommés le 7 déc. 1789, et députés à Paris « aux dépens du patrimoine de la ville ». *Arch. mun. Chauny.* Proc.-verbal de l'ass. générale des habitants de Chauny, à cette date. — Registre de delib^{ons} 1765-1790.

(6) Nous donnerons plus loin son portrait et sa note biographique.

(7) Les frères PIPELET [Claude (1718-1792), et François (1722-1809)], nés à Coucy, qui furent tous deux directeurs de l'Académie de chirurgie de Paris, acquirent dans leur art une certaine célébrité, pour la partie herniaire. Cf. à leur sujet, Devisme, *Manuel historique,* p. 341 et presque toutes les grandes *Encyclopédies* ou *Biographies.* — François Pipelet, le seul qui nous interesse ici, avait été quelque temps maire de Coucy-le Château, en 1787, avant Carlier ; ses fonctions le rappelèrent à Paris, jusqu'en 1792. A cette date il se retira définitivement à Coucy, dont il redevint maire sous le Consulat et le Premier Empire, et où il mourut en 1809. L'un de ses fils (François-Marie), dit Pipelet de Montizeaux, avocat, fut administrateur du depart. en 1796 ; maire de Folembray, conseiller d'arrond^t, président de canton (1800-†1805). L'autre (Jean-Baptiste), dit Pipelet de Leury, fut également

FRANÇOIS PIPELET
Directeur
de l'Académie de Chirurgie
de Paris
(1722-1809)

L'un des Députés extraordinaires
du B^{ge} et de la Ville de Coucy-le-Château, en 1789-90.

Portrait au physionotrace (vers 1791) par QUENEDEY (2)
et signature (an XIII) [*Bibl. Laon*]

« maire sortant d'exercice », directeur de l'Académie de chirurgie de Paris » — et Bugniâtre, « avocat au bailliage ». — (1).

La Fère, commença par envoyer un « pouvoir » à M. Perdrix, « avocat aux Conseils » à Paris ; ensuite elle délégua : MM. Luuyt père, « ancien un chirurgien réputé comme tel, mais surtout connu, pendant un moment, par sa femme, qui s'était acquis une place dans le monde des lettres. En 1789, il avait épousé Mlle Constance de Theïs, poète et écrivain, en relations avec tous les principaux littérateurs de son temps, Sedaine, P.-L. Courrier, M.-J. Chénier, etc. Ce dernier la surnomma la *Muse de la Raison*, et un autre auteur, le *Boileau des femmes*. Cette union ne fut pas heureuse ; le ménage divorça en 1799, et Mlle C. de Theïs épousa en secondes noces le Prince de Salm-Dyck, dont elle contribua aussi à faire connaître le nom. Pipelet (J.-B.) se retira à Tours, où il mourut en 1823 — Mlle de Theïs était la sœur du Bon Alexandre de Theïs (1765-1842), écrivain lui-même, Maire de Laon sous le Premier Empire ; conseiller, puis secrétaire général de la préfecture de l'Aisne, sous la Restauration ; préfet de la Haute-Vienne, etc. Cf. Notice sur sa vie et ses œuvres, par H. Grellet. *Bull. Soc. Acad. Laon* 1853, IV, 29).

(1) Nommés le 10 déc. 1789, avec allocation « d'une S^e de 600 livres, sur les deniers patrimoniaux de la ville, pour subvenir aux frais de la députation, selon le compte que M. Carlier en tiendra et représentera à son retour ». *Arch. mun. Coucy-le-Château*. Proc.-verbal de l'ass. des off. du Bge, maire et échevins, députés adjoints au corps municipal, off. de la maîtrise, du grenier à sel, et notables habitants de cette ville, à cette date — Registre D * 4 (1).

(2) Le physionotrace est un appareil inventé, vers la fin du 18e siècle, par le musicien Chrétien, à l'aide duquel on reproduisait mécaniquement des figures. Avant la découverte des daguerréotypes, ce fut, paraît-il, la meilleure manière qu'on eût encore trouvée pour obtenir la ressemblance des portraits au crayon. On en doit un certain nombre à Chrétien lui-même. — Quenedey [Edme, né aux Riceys (Aube) 1756-1830] en fit aussi une collection assez importante, à cette époque, par ce procédé. Sur cette collection et son catalogue, V. *Intermédi^{re} des cherch^{rs} et cur^x*, 1892.

commissaire des guerres en cette ville » — et Ancelot, « avocat et procureur du Roy de l'hôtel de ville » (1). — (2).

Villers-Cotterêts, après avoir choisi d'abord MM. l'Abbé Conseil « aumônier et instituteur des pages de S. A. S. le Duc d'Orléans, citoyen de cette ville », en résidence à Paris — et Guilliot (Louis-François-Marie-Onnebert), « procureur du roi au bailliage dudit lieu »(3), pour agir conjointement avec MM. de Barbançon et Bourgeois, députés du bailliage à l'Assemblée Nationale, leur associa successivement, dans des conditions sur lesquelles nous aurons à revenir : MM. de Limon, intendant des domaines et finances du duc d'Orléans (4) — De La Touche, chancelier de S. A. — Demoustiers, avocat au Parlement, tous trois habitant la Capitale — enfin Lalitte et Niguet, membres de la municipalité. — (5)

De la Ferté-Milon, trois notables, MM. Lamy, Le Beigue et Hautefeuille, vinrent en compagnie du maire, successeur récent d'Aubry-Dubochet en cette qualité, le Comte François de Montholon, « ancien mestre de camp d'infanterie, chevalier de l'ordre royal et militaire de Saint-Louis » (6). — (7)

Enfin Soissons et Laon elles-mêmes — moins, il est vrai, pour la question des districts, que pour celle du chef-lieu de département — s'assurèrent aussi le concours de députés extraordinaires ;

(1) Fut ensuite élu administrateur et membre du directoire du département (mai et juillet 1790).

(2) Délibérations de l'ass. des off. mun. en présence des habitants de la ville, du 21 déc. 1789 pour M. Perdrix (qui ne semble pas avoir eu un rôle très actif) — et du 2 janv. 1790 pour les deux autres, étant arrêté en outre que la dépense de la députation « sera au compte de la ville.... à raison de 12 livres par jour, à chacun de MM. les députés, plus leurs frais de voyage, autant que leur absence ne durerait que 15 jours, et y compris lesdits frais si elle durait davantage..., à charge par eux de rendre compte une fois par semaine de ce qui se passera à l'Ass. Nat. au sujet de leur mission ». *Arch. mun. La Fere.* Registre de délib[ons] 1775-1791.

(3) Devint, par la suite, membre de l'assemblée et du directoire de département (mai et juillet 1790).

(4) V. sup. p. 74, note 3.

(5) Nommés aux dates des 24 et 29 déc. 1789, 12 et 14 janv. 1790, « en les priant d'accepter le remboursement des frais qu'ils pourront faire relativement à leur commission ». *Arch mun. Villers-Cotterêts.* Registre de délib[ons] 1788-90.

(6) Oncle du général du même nom, qui accompagna Napoléon Ier à Sainte-Hélène.

(7) Nommés le 1er janvier 1790. *Arch. mun. La Ferté-Milon.* Registre de délib[ons] 1789-91

ceux de Soissons : MM. Brayer, Boquet de Liancourt, commissaires administrateurs, et Letellier père, conseiller de ville, déployèrent pendant leur présence de six semaines à Paris une très grande activité personnelle, tandis que ceux de Laon : MM. Cadot de Villemonble, lieutenant de maire (adjoint au maire, dirions-nous aujourd'hui) et Fouant, procureur du roi au bailliage, ne purent avoir, durant une quinzaine de jours, malgré les meilleures intentions, qu'un rôle assez effacé aux côtés de quelques uns des représentants directs du bailliage, animés de beaucoup de zèle et de dévouement, mieux placés qu'eux en fait pour soutenir les intérêts de leur ville natale, comme nous le verrons.

Guise, Vervins et Marle

Des huit localités secondaires en quête d'un district, GUISE était certes la mieux pourvue d'établissements divers ; de prime abord elle ne semblait donc pas trop craindre de déchoir. Pourrait-on raisonnablement ne pas garder comme centre de circonscription, une ville « où tout était monté », qui « ayant toujours été chef-lieu pour l'administration et la jurisdiction, possédait tous les tribunaux ordinaires et d'exception » : « un bailliage roïal, avec coutume particulière, dont le ressort, comprenant 140 paroisses et une population de près de 100.000 âmes, était l'un des plus étendus de la France (sic) » ; un bailliage ducal aussi ; un siège d'élection ; un bureau de traites foraines ; un grenier à sel ; une maîtrise pour la gestion et le contentieux « des forêts précieuses et immenses, d'un produit annuel de 4 à 500.000 livres, appartenant à M. le Prince de Condé » ; de plus une douane, un gouvernement militaire avec état-major, un « fort château », un chapître collégial, des maisons religieuses, etc. ? D'un « accès libre et facile, traversée par quatre grandes routes sur quatre faces opposées », cette ville renfermait, « en outre d'une population de 4000 âmes, tout ce qui pouvait être utile et nécessaire : auditoires, prisons et autres bâtimens à l'état de neuf, sans qu'il y ait de dépenses à faire » ; là les actes et titres publics se trouvaient en complète sécurité, car elle était « close et bien fortifiée ». Si par impossible, en ne restant pas un chef-lieu,

Guise perdait les établissements qui constituaient ses seules ressources, attendu « que tout son commerce n'était que de détail et que ce qui la soutenait, c'était le concours des gens de la campagne qui y affluaient pour leurs affaires, soit d'administration soit de justice », alors « il ne lui resterait plus rien de ses avantages

VUE DE L'ENTRÉE DE LA VILLE DE GUISE, DU COTÉ DE PARIS
(D'après une gravure du *Voyage pittoresque en France*, 1792).

et elle se verrait réduite au [plus affreux désespoir ; trois cents pères de famille — dont ses quarante-deux hommes de loy — seraient sans état, sans ouvrage et sans pain ». Messieurs de l'Assemblée Nationale ne le voudraient pas ! Leur justice conservait donc dans ses droits anciens « une ville qui avait toujours bien mérité du Gouvernement. » (1)

Sur la droite, VERVINS — qui, en deux fois, devait pourtant

---

(1) Délibon du 12 janv. 1790 — Pétition adressée à M. Target, Présid' de l'Ass. Nat'e, naguère membre du Comité de Constit°n, signée par 30 notables habitants de Guise, du 29 janv. 1790. *Arch. nat.* D IV *bis* 3 (144) ; et « Observations pour la Ville de Guise contre la Ville de Vervins, sur leurs prétentions respectives pour être chef-lieu de district » (*Ibid.* doss. 145 ; reproduites dans *la Thiérache*, I. 148 et dans *Bull. Soc. Arch. Vervins.* tome XX, 1901-03). An. et s. d. mais d'un peu plus tard.

parvenir à complètement supplanter Guise (1) — n'avait pas une pareille situation judiciaire, administrative et militaire. Elle put bien se donner comme « l'une des plus anciennes villes de la Province, ayant soutenu des sièges et souvent été le théâtre de la guerre, d'ailleurs encore renommée par le souvenir de la paix, *ditte la Paix de Vervins*, conclue en 1598 entre les Rois de France et d'Espagne », se dire « capitale de la Thiérache, contrée très peuplée et commerçante sur la frontière » ; mais elle n'eut à citer que la possession « d'une prévôté seigneuriale fort étendue, d'un grenier à sel, d'une subdélégation et de six notaires royaux très occupés ». Aussi, pour témoigner qu'à tout prendre elle ne manquait pas cependant d'industrie dans ses murs et dans sa banlieue, Vervins

L'ancien « Château-Neuf » des Seigneurs de Vervins, où fut signée la *Paix de Vervins*, le 2 mai 1598 (2), devenu depuis 1804
LA SOUS-PRÉFECTURE DE VERVINS
(D'après un dessin de 1830. *Arch. départ.* Coll. Piette).

tint à signaler l'existence de « sept manufactures de papier, fondées à moins de deux lieues de distance » (3), de « verreries et de forges en grand nombre » et notamment de « deux manufactures en laines et linons, qui mettaient en activité plus de

---

(1) Guise cessa d'être chef-lieu administratif, au cours de 1790, dans des conditions dont nous expliquerons bientôt l'origine ; et chef-lieu judiciaire, en 1792. Sur les circonstances finales de ce double changement, Cf. A. Piette. *Essais hist. sur Vervins*, 1839-1841, [p. 124 et suiv. — Abbé Pécheur, *Hist. de Guise*, 1851. II. p. 277 et suiv. — Matton, *Hist. de Guise*, 1898. II. p. 164 et suiv. — Migrenne, *Hist. pop. de Guise*. 1906. p. 106, où elles sont résumées.

(2) Bâti vers 1560. Vendu par M. de Coigny, dernier seigneur en 1804. — Les plénipotentiaires des divers souverains, se réunirent au Château-Neuf, parce que le légat du pape y logeait ; ils tinrent leurs séances dans un grand salon du 1er étage (aux deux fenêtres de gauche), qu'on appela pendant longtemps, pour cette raison, la Chambre de la Paix. Cf. Mennesson. *Hist. de Vervins*. 1896. p. 222 et suiv.

(3) Cf. Matton. *Les anciennes papeteries de l'Aisne*, 1903, in-fol. *Publicon de la Soc. Acad. de Laon*.

trente mille (?) âmes, tant au dedans qu'au dehors ». Etant enfin donné, que dans une contrée « où, comme chacun savait, les chemins étaient impraticables la moitié de l'année (les routes n'y existant encore qu'en spéculation) », il importait de ne pas laisser ses bourgs et villages dépendre d'un centre trop éloigné, — que, d'autre part, « sa position vers le Nord, à quatre lieues du Hainaut Autrichien, la rendait en ce point de la plus grande importance, soit pour l'exportation des grains, soit relativement à l'introduction frauduleuse d'objets dangereux ou nuisibles au commerce » — et que « les biens des cinq maisons religieuses considérables, dont elle était également environnée, allaient exiger une surveillance continue », Vervins estimait avoir suffisamment démontré « l'intérêt et la facilité de régénérer dans son sein un district », comme le demandaient « presque tous les habitants de son canton, dans un cercle de plusieurs lieues de rayon » (1).

Mais, toute proche, MARLE pensait offrir à cet effet plus de commodité encore, et surtout y avoir plus de droits. « Ancien apanage de la couronne, même un de ses domaines depuis le bon et immortel Henri IV », elle « jouissait de la plupart des titres qui illustrent les villes de province : bailliage royal, gruerie, grenier à sel, traites, direction des aides, subdélégation, maréchaussée, Hôtel-Dieu, hospitalières, etc... ». Au carrefour de « quatre grandes routes, qui permettraient aux administrés de gros et riches villages d'alentour de se rendre facilement chez elle en tous temps », elle était en grande partie « la clef de la Thiérache, pour le passage des blés envoyés à Soissons ou à Paris : considération intéressante au point de vue de l'ordre public, l'un des principaux objets de la législature », et « le centre, à la distance de deux lieues au plus, d'un arrondissement d'environ 80 paroisses, hameaux et grosses fermes, dont la population de 20 à 25.000 âmes parlait par sa bouche ». « Située dans un terroir fertile, mais dénuée de commerce, Marle ne subsistait que par ses différentes juridictions ; si elle les perdait aujourd'hui, en n'obtenant pas le district dont l'inspection de son local et les avantages de sa position prouvaient la nécessité,

---

(1) « Pétition de la Ville de Vervins » An. et s. d. *Arch. nat.* D IV *bis* 3 (144) ; et, Mémoire (en faveur de cette ville), s. d. signé : « Dupeuty, fondé de pouvoirs. » *Ibid.* (145).

ses principaux citoyens demeureraient sans place et le plus grand nombre de ses habitans sans emploi ; sa ville serait désertée et la population des environs se trouverait dissipée », au détriment de l'intérêt général que « les députés ont fait un serment solennel de considérer uniquement » (1).

Concurrentes dès les premiers jours, par motif de voisinage,

VUE DE L'ENTRÉE DE LA VILLE DE MARLE, DU COTÉ DE LAON
(D'après une gravure du *Voyage pittoresque en France*, 1792)

pour le chef-lieu de la nouvelle subdivision dont elles réclamaient l'établissement dans leur région, Marle et Vervins ne songèrent d'abord pas plus l'une que l'autre à déposséder Guise d'une circonscription, ni à entrer en lutte avec elle. Mais l'attitude et la situation respectives de ces différentes localités ne tardèrent pas à se modifier. Entre Guise et Vervins un conflit s'éleva et prit rapidement de telles proportions que Marle, écartée du débat, vit

(1) « Adresse des habitans de la Ville de Marle et des paroisses qui l'avoisinent à l'Ass^{ée} Nat^{le}, au sujet de l'établissement des districts »; fin déc. 1789. *Arch. départ.* Coll. Piette, 4 p. in-4° ; reproduite dans *La Thiérache* : I. p. 83 — G. A. MARTIN. *Essais hist. sur Rozoy-sur-Serre*. Laon 1867. Suppl^t p. 95 — COET et LEFÈVRE. *Hist. de Marle et des environs*. Compiègne. 1897. Pièces justif^{ves} ; et « Pétition en faveur de Marle pour chef-lieu plutôt que Vervins ». An. et s. d. *Arch. nat.* D IV bis 3 (144).

disparaître toute chance de succès, et que les deux autres demeurèrent seules en présence, puis finalement aux prises. Nous dirons bientôt comment ce conflit prit naissance et, par la suite, quelles conséquences il eut d'abord pour ces rivales, devenues non moins acharnées que Soissons et Laon.

*
* *

Chauny, La Fère et Coucy

Dans la partie occidentale du département, Chauny, La Fère et Coucy, formaient un second groupe de villes postulantes, plus compact que le précédent, resserré entre les importantes cités de Saint-Quentin, de Laon et de Soissons, auxquelles un district revenait de droit pour ainsi dire. Cela ne pouvait permettre d'en former dans leur entourage qu'un seul autre, dont toutes trois — d'accord seulement sur ce premier point (1) — voulurent par conséquent être le chef lieu. Voyons ce que chacune d'elles allégua tant pour soi qu'à l'encontre de ses compétitrices (2).

CHAUNY réclamait la préférence à trois titres notamment : pour l'avantage de sa position « dans le pays le plus abondant et le plus peuplé du département », au point vraiment central du territoire en cause « à sept lieues de Saint-Quentin, autant de Soissons et huit de Laon », de telle sorte qu'en lui accordant un district « on ne nuirait pas à l'arrondissement de ces villes principales », tandis qu'il faudrait en étendre les limites « presque jusqu'à leurs portes, s'il était donné à La Fère ou à Coucy » ; — pour le chiffre de sa population, tel que ces dernières « étaient moins considérables ensemble qu'elle seule » ; — pour l'ancienneté et l'étendue de sa maîtrise des eaux et forêts, ainsi surtout que de son bailliage « dont il était impossible de fixer la date de création », auquel « ressortissaient (N. B. *C'était autrefois*) plus de 160 villages et lieux » et qui « sans

---

(1) Deux pièces authentiques [*Arch. nat.* D IV bis 3 (144)] font allusion à un « Mémoire collectif donné en commun par les trois villes de Chauny, Coucy et la Fere, démontrant la convenance et la nécessité d'établir un chef-lieu de district dans leur territoire », mémoire que nous n'avons pu retrouver

(2) Dans son *Histoire de la Ville de Chauny* (1851) p. 99, MELLEVILLE se borne à cette seule phrase : Il fut créé dans le département, six districts, et «Chauny fut declaré, *sans contestation*, le chef-lieu d'un de ces districts ». On s'explique mal, de sa part, une telle erreur, etant donnés les faits notoires et les decisions officielles qui ont trait à ce point.

une injustice manifeste, aurait dû avoir une députation directe à l'Assemblée Nationale », à la différence des juridictions de La Fère et de Coucy « ne comprenant qu'une vingtaine et une quarantaine d'endroits », dont la première « n'était, à proprement parler, qu'une espèce de prévôté », et dont la seconde « réduite en cet état pendant

VUE DE CHAUNY
(Vers la fin du xviii° siècle ; d'après une eau-forte anonyme. *Arch. départ.* Coll. Piette)

plus de vingt années » n'avait été rétablie comme bailliage que depuis assez peu de temps.

Alors que Chauny, « où — prétendait-elle — il ne se faisait pour ainsi dire aucun commerce », se trouvait bien située sur la rivière d'Oise et très abordable par deux grandes routes, s'aviserait-on d'aller mettre le district à Coucy, « environnée de beaucoup de marais et placée à l'écart sur une montagne escarpée qui en rendait l'accès très difficile », ou bien d'en avantager La Fère, que « son école d'artillerie, sa garnison (1) et son arsenal mettraient toujours en état de subsister » ? Cela serait, ou non équitable, ou

(1) Chauny venait alors de recevoir elle-même, comme petite garnison, un dépôt de cavalerie (dont Coucy fera état), qui fut logé dans les casernes qu'on voyait encore en ruines, il y a vingt-cinq ans, et sur l'emplacement desquelles a été bâti le Marché-Couvert actuel. Cf. *Bull. Soc. Acad. Chauny.* 1. 1886, p. 207.

fort incommode, et « la ville de Chauny, pour qui sa jurisdiction était d'un très grand secours, serait ruinée sans ressource ; elle tomberait en décadence et bientôt ne vaudrait point plus qu'un bourg ». (1).

Egalement en pays plat, au bord de la même rivière, « accessible dans toutes les saisons par les grandes routes ouvertes sur la Flandre et la Champagne, par St-Quentin et Laon », au centre des grands domaines ecclésiastiques et forestiers de la région que l'administration nouvelle devait avoir à surveiller et à gérer, LA FÈRE fondait sur cette « heureuse situation » l'espoir d' « un district dont l'arrondissement comprendrait un grand nombre de villages ressortissant à St-Quentin, Laon et Guise, qui gémissaient de se voir portés si fort au loin dans leurs discussions ». De même que Chauny et que Coucy, elle possédait un bailliage et une maîtrise, celui-là moins étendu, celle-ci plus vaste que les leurs

(1) « Observations pour le bailliage de Chauny », et « Mémoires pour la ville de Chauny » (trois pièces s. s. n. d. mais de l'écriture de M. Flamand, dép. extraord.) Arch. nat. D IV bis 3 (144 et 145). — Le 7 déc. 1789, en nommant ses députés extraordinaires, la ville de Chauny les avait chargés : non seulement d'assurer l'Ass. Nat. de « la soumission et adhésion des habitans à tous les décrets émanés de sa sagesse et de ses lumières », en même temps que de lui exposer « ses raisons puissantes d'espérer l'établissement d'un district dans son sein et la conservation de sa juridiction royale, qui de tout temps avait administré la justice à la satisfaction de son ressort » et de « faire appuyer sa requête par toutes les personnes qu'ils croiront disposés à s'y intéresser », mais encore « d'offrir à la Nation les dons patriotiques des habitans de Chauny, jusqu'à présent faits pour le soulagement de l'Etat, par le sacrifice de leurs boucles, bijoux et autres objets d'argenterie ». — Or, à huit jours de là, dès leurs premières démarches à Paris, ces députés écrivirent : « qu'à l'exemple d'une immensité de villes du Royaume, *et pour le succès de la demande qu'ils doivent faire*, ils croyaient *qu'il serait nécessaire* de joindre aux dons patriotiques dont ils avaient été porteurs, l'offre de faire remise à l'Assemblée d'une part du prix des offices municipaux que la ville a rachetté moyennant 20.000 livres, et en second lieu de la somme à laquelle s'élèvera l'imposition des cydevant privilégiés pour les 6 derniers mois de la présente année. » La municipalité s'empressa d'accéder à cette proposition. « Pensant ne pouvoir mieux justifier son patriotisme » — et servir aussi sa cause, peut-être bien, sans le dire — elle décida donc, le 15 déc. d'abandonner le montant de la contribution des privilégiés et même la totalité des 20.000 livres du rachat des offices municipaux. *Arch. mun. Chauny*. Registre de délib[ons], 1765 90.

[N. B. — Sans parvenir à rabaisser le magnifique et incontestable élan de générosité publique, qui se produisit aux premiers temps du nouveau régime, on voit cependant par cet exemple, et par d'autres analogues que nous avons déjà cités ou que nous devrons encore indiquer, qu'on pourrait glaner dans la question des « dons patriotiques » elle-même, la matière d'un chapitre, non dépourvu d'intérêt, qui ne serait pas pour déplaire aux mânes du La Rochefoucauld des *Maximes*].

dans l'état actuel des choses, ce qui rétablissait l'égalité entre toutes trois, au point de vue judiciaire ; mais comme elle était par surcroît « le siège des forces de la province », ayant « un arsenal considérable » et, dans ses casernes nouvellement agrandies, « une garnison montant toujours à près de 1.200 hommes », La Fère

« Vue et perspective des casernes de La Fère,
Construites en 1767, par les ordres de M. Le Peletier, Intendant de la Généralité de Soissons. »
(D'après une aquarelle du *Musée de La Fère*)

estimait devoir l'emporter sur ses voisines —étant indiqué en passant, pour aller au devant d'une objection possible, « que quoique la ville ne fût pas extrêmement peuplée, elle était bien dédommagée par la qualité des personnes qui l'habitaient et par le grand nombre de ses citoyens propres aux administrations. » (1)

De son côté, Coucy, qui « jamais et en aucune manière n'avait été sous la dépendance de Chauny ou de La Fère », se prévalait surtout de l'importance de son grenier à sel « le plus considérable

(1) Délibération municipale du 21 décembre 1789. *Arch. de La Fère.* — Lettre des officiers du bailliage de La Fère (signée d'eux) 21 déc. 1789 — Vœu de la commune de La Fère sur la fixation provisoire du chef-lieu de district (signée Ancelot et Luuyt dép. extraord.) 21 janvier 1790. *Arch. nat.* D ɪᴠ bis 3 (145).

de la province », où « *depuis des siècles, sans réclamation*, les habitants de ces deux villes, ainsi que des bourgs de Saint-Gobain, Villequier, Anizy et de quatre-vingt paroisses avoisinantes, étaient au contraire dans l'habitude de venir lever leur sel et acquitter leur part de gabelle ». Cette tradition démontrait qu'elle se trouvait en bonne place par rapport à ses concurrentes et très abordable malgré la hauteur de sa position, quoiqu'on en dît. Ayant

VUE DE L'ANCIEN CHATEAU DE COUCY, PRISE DE LA ROUTE DE CHAUNY
(D'après une lithographie de l'*Album du départ. de l'Aisne*, par E. Pingret, 1820)
LA HAUTEUR DE COUCY-LE-CHATEAU

d'ailleurs aussi un bailliage et une maîtrise, elle leur devait de compter au total un plus grand nombre d'officiers de judicature que Chauny ou La Fère. Mais sur sa montagne, Coucy (qui ne possédait pas, comme ces dernières, « une garnison, dont la dépense était pour elles une ressource forte importante ») ne pouvait — à l'entendre — « subsister que par un concours de monde attiré dans ses murs ; toute son existence dépendait de ses juridictions ; si donc elle n'obtenait pas un district pour la dédommager des établissements qu'elle allait perdre, elle serait anéantie : autant vaudrait la raser » (1).

(1) «Observations pour la ville de Coucy-le-Château» (signées : Carlier, Pipelet, Bugniâtre, dép. extraord. du B^{ge} et de la C^t de Coucy. 20 déc. 1789). 6 p. in-4. *Arch.*

Par l'équivalence de situation qu'offraient en somme les trois villes de Coucy, La Fère et Chauny, la question du choix à faire entre elles pour l'attribution d'un district ne laissait pas que d'être assez difficile à résoudre. Une cote mal taillée, dont nous verrons qu'elles acceptèrent le principe, permit heureusement de les départager, sans les désaccorder.

*
* *

Crépy-en-Valois ; Villers-Cotterêts et La Ferté-Milon

Il n'en fut pas de même à l'égard de Villers Cotterêts et de La Ferté-Milon, qui finirent par être mises dos à dos, déboutées et dépitées. A peu près à égale distance de Soissons et de Château-Thierry, par côté vers l'ouest, elles constituaient le troisième et dernier groupe de petites villes du département désireuses d'une subdivision, différente de forme pour le gré de l'une ou de l'autre, mais que leur proximité devait nécessairement rendre commune à toutes deux au moins, en cas d'établissement, et pour le chef-lieu de laquelle elles se trouvèrent de ce fait en antagonisme dès l'origine, comme celles du groupe précédent.

Durant un instant, Villers-Cotterêts et La Ferté-Milon se virent de plus en butte aux récriminations de Crépy-en-Valois, leur voisine enclavée dans la circonscription de Beauvais, qui désirait les conserver sous sa dépendance administrative (car elles étaient de son *élection*) et qui pensait, en les comprenant à nouveau dans son rayon, pouvoir s'assurer avec plus de certitude la posses-

---

nat. D ɪᴠ *bis* 3 (144). — Le 10 décembre, en nommant ces députés, la ville de Coucy les avait chargés « de faire présenter à l'Ass. Nat., avec un nouvel hommage de la reconnaissance et de l'adhésion des habitants à ses délibérations, l'assurance de la résolution invariable où ils étaient de continuer à employer tous leurs efforts pour l'exécution de ses décrets — d'instruire l'Ass^{ee} de l'empressement qu'ils avaient apporté à l'acquit total de leurs impositions de cette année, et de la résolution prise par les officiers du B^{ge} de rendre dès à présent la justice gratuitement, en s'applaudissant de plus en plus du sacrifice d'un privilège dont ils jouissaient depuis le xɪᵉ siècle, qui était pour leur ville un objet annuel de 300 livres,... lesdits officiers et habitants regrettant de n'avoir plus rien à offrir à la patrie et de ne pouvoir contribuer davantage an salut et à la regénération de l'Etat — enfin, puisqu'elle se voyait menacée de perdre, dans le nouvel ordre de choses, son grenier et sa maîtrise, de supplier ɴɴ. ss. de l'Ass. nat. de conserver au moins a la ville de Coucy son bailliage roïal qui procurait à ses habitans et surtout aux justiciables de son ressort de très gros avantages. » — *Arch. mun. Coucy-le-Château.* D* 4 (1).

sion du district qu'elle-même revendiquait. Sur le pourtour entier du département, c'est la seule contestation de ce genre qui se soit produite avec une localité située en dehors du cadre que le plan n° 4 lui avait assigné. Pour n'avoir entraîné ni le détachement de Villers-Cotterêts ni celui de La Ferté Milon, cette réclamation de Crépy eut néanmoins, sur la solution de la question des districts et surtout sur la fixation définitive de la limite départementale de ce côté, des conséquences très importantes ; il nous faut donc en exposer ici le sujet primitif.

Comme Château-Thierry tout d'abord, Crépy-en-Valois fut très déçue par le mode de répartition de l'Ile-de-France, auquel on s'arrêta le 10 décembre 1789. Des divers centres administratifs compris dans l'Intendance de Soissons, elle était l'un de ceux qui avaient ouvertement manifesté le plus vif désir de rester unis à ce chef-lieu (1) ; et voilà qu'on avait partagé son ressort en trois tronçons, attribués à autant de départements différents.

Dépossédée de son Présidial (2) et, en fait, de son ancienne situation de Capitale du Valois (3), mais cependant encore le siège d'une Election qui s'étendait sur cette Province historique presque entière et d'un Bailliage royal (ne la comprenant plus qu'en partie, surtout depuis un autre démembrement judiciaire récent) (4), allait-il falloir maintenant, « après tant de pertes essuyées progressivement depuis longtemps », que Crépy perdît tout de son lustre antérieur, en n'obtenant peut-être pas même un district, d'après l'emplacement défavorable où on la reléguait ? Cette petite ville ne pouvait évidemment souscrire, de gaieté de cœur, à une telle déchéance. Aussi, malgré le vote qui lui avait accordé le plus de suffrages, protesta-t-elle aussitôt avec véhémence contre ce plan n° 4, « le plus bisarre, le plus inégal, le
« moins convenable enfin, dont les lignes de démarcation
« n'avaient pu être tracées que par l'effet du hazard, ou à dessein
« de procurer à quelque petit lieu l'espoir d'un district, auquel il

---

(1) V. sup. Chap. III §. 3 p. 109.

(2) Le présidial de Crépy avait été rattaché à celui de Soissons, en 1758.

(3) « Jusqu'en 1703, elle avait été le *Chef-lieu* du Valois ; mais cette année là, le Roi en ordonna autrement et attribua cette distinction à Villers-Cotterêts » (**Expilly**). Cela ne l'empêchait pas d'ailleurs de continuer à en prendre le titre.

(4) **Par suite du rétablissement du bailliage de Villers-Cotterêts, en 1780.**

« n'aurait jamais dû prétendre naturellement, en rejettant Crépy
« dans le coin du département de Beauvais». «Comment (ajoutaient
« ses porte-parole) ne pas se récrier » : «contre un arrangement
« qui la rattachait à cette dernière ville, dont elle se trouvait
« éloignée de 17 à 18 lieues, par des chemins de traverses impra-
« ticables dans l'hiver, tandis qu'elle était placée entre Soissons et
« Meaux, à la distance de 9 lieues au plus de chaque, où condui-
« saient de superbes routes construites en grande partie aux frais
« de son élection » ; — contre « une démarcation ridicule » qui
lui enlevait pour les placer dans deux autres départements,
« nombre de paroisses voisines qui étaient dans sa juridiction
« actuelle, dans son élection actuelle, et qui avaient leurs habi-
« tudes à Crépy, où elles venaient journellement apporter leurs
« denrées et vendre leurs grains ». « Pouvait-il être dans l'inten-
« tion de l'Assemblée de dépouiller les villes qui, comme Crépy,
« réunissaient un bailliage et une élection assez étendus, pour en
« revêtir un bourg qui, comme La Ferté-Milon, ne possédait ni
« l'une ni l'autre ;..... car il était visible que l'auteur de ce plan
« avait eu le dessein de procurer à La Ferté-Milon un district,
« aux dépens de celui que la nature, l'usage et les habitudes les
« plus sacrées donnaient à Crépy », puisqu'entre elles deux, « au
« lieu de tracer la limite suivant une ligne droite », on l'avait
« dérangée », lui faisant faire un « coude déplacé », « un angle
« rentrant et choquant à l'œil »..... Or, « il y aurait injustice à
« procurer ainsi à de petits lieux (qui n'avaient aucun motif pour
« l'espérer, faute de sujets propres et aux administrations et à la
« justice) des avantages dont leur existence ne dépendait pas, en
« les enlevant aux villes pour qui cela était devenu un besoin
« indispensable à tous les habitants qui les composaient : ce serait
« criant, cela ne serait pas raisonnable »…. « La Ferté Milon
« dépendant au surplus du bailliage de Villers-Cotterêts, il était
« impossible que le projet formé par M. Dubochet d'y établir un
« district reçût exécution ; on ne saurait que louer le zèle patrio-
« tique de M. Dubochet, mais il pouvait s'aveugler dans la défense
« de son pays ».

Comme conclusion de ces protestations de la première heure, que réclamaient les mandataires de Crépy ? En résumé, deux choses de conséquence :

Avant tout, « ils faisaient ardemment la prière » qu'on consentît à détacher leur ville du département de Beauvais, pour la réintégrer dans celui de Soissons, ou, au pis aller, pour la mettre dans celui de Meaux.

Mais, si ni l'une ni l'autre de ces mutations n'était réalisable ; s'il fallait que Crépy subît le « malheur » de rester dans le département de Beauvais, ils comptaient du moins que « pour l'indemniser de ce sacrifice », on voudrait bien la doter du district « qui devait raisonnablement lui être accordé » ; et cela impliquait la restitution de presque toutes les localités de son élection, réparties entre les divisions voisines, y compris La Ferté Milon, et Villers-Cotterêts, avec sa forêt toute entière, dont une partie se trouvait déjà dans la circonscription de Beauvais, pour qu'elle dépendît d'un seul et même département. (1)

Bien que toutes deux prétendissent au siège du district séparé de celui que Crépy souhaitait pour elle-même, celle-ci récriminait donc moins contre Villers-Cotterêts, à qui son bailliage donnait au moins quelque titre, que contre La Ferté-Milon, à qui elle n'en reconnaissait aucun pour justifier l'avantage exceptionnel de la position qu'on lui avait créée à son préjudice. De là naquirent une jalousie et un ressentiment dont cette dernière devait par la suite subir les effets.

Crépy ne tarda pas à se voir obligée d'abandonner ses trop importantes revendications.

D'une part Adam de Verdonne, son mandataire très zélé, sut bientôt que le Comité de Contitution était décidé à s'en tenir aux divisions établies par le plan n° 4, et à ne tolérer le transfert d'une division dans une autre, que pour des villages ou de très petits bourgs, à l'exclusion de toute localité plus notable, afin de ne pas remettre en question le partage d'une contrée, auquel on

---

(1) Pour les citations et indications qui précèdent, Cf. *Arch. Nat.* D iv bis 12 (248), les trois importantes pièces suivantes, sans date, mais évidemment du courant de décembre 1789, intitulées : « Observations pour la Ville de Crépy-en-Valois (sic) et pour les paroisses de ce bailliage qui doivent naturellement former l'arrondissement du district de cette ville » [Ecrit et signé par Adam de Verdonne, « Commissaire pour la deputation du Bgᵉ de Valois »]; « Mémoire pour le bailliage et la commune de Crépy-en-Valois » [Ecrit par Adam de Verdonne, signé de lui et de ses collègues Hanoteau et Farochon, ainsi que par Bézin d'Eslincourt et Tardu (députés extraordinaires de la Ville. *Arch. mun. Crépy-en-Valois)*] ; enfin « Adresse à Nos Seigneurs de l'Assemblee Nationale » [Signée par 15 membres du Corps municipal et notables de Crépy].

avait si difficilement abouti. Ce n'était pas d'ailleurs Aubry-Dubochet, commissaire-adjoint à ce Comité, qui l'eût secondé dans ses démarches en ce sens.

D'autre part des considérations — dont ils avaient le devoir de tenir compte — furent soumises aux députés de Crépy pour les engager, malgré leurs répugnances, à accepter presque tel quel, l'état de choses résultant du plan voté.

Depuis plus d'un siècle (sans remonter au delà dans l'Histoire), le Valois constituait de nouveau l'apanage de la Maison d'Orléans; il était le principal fief et naguère encore, en raison de son attitude d'opposition à la Couronne, la résidence forcée du Duc actuel. La noblesse des deux bailliages du duché l'ayant choisi pour représentant aux Etats Généraux, ce dernier avait opté pour Crépy et laissé le mandat de Villers-Cotterêts à son suppléant, au Cte de Barbançon, Gouverneur civil de cette « province », « dont il connaissait la pureté des vues, la droiture des intentions et l'attachement à ses intérêts » (2). Parmi les autres élus, ici et là, le duc d'Orléans en comptait également plusieurs

Portrait de la Collection DEJABIN, *Musée de Soissons*
(V. supra p. 75, note biographique) (1).

(1) Pour les autres portraits de Ph. d'Orléans, dont la liste atteint presque la centaine, Cf. S. LIEUTAUD *Op. cit.* p. 163-166.

(2) Politiquement, De Barbançon observa toutefois une attitude contre révolutionnaire, complètement différente de celle du Duc d'Orléans. (V. sup. p. 74, note 2.)

de son entourage ou à sa dévotion. Cela étant, chacune de ces circonscriptions pouvait donc compter à bon droit, pour la défense de ses propres desiderata, sur une aide égale de sa part.

Le nouveau partage du royaume et l'établissement des subdivisions départementales, qui intéressaient au même titre les deux bailliages, vinrent leur fournir l'occasion inattendue de solliciter concurremment l'appui de cette haute personnalité, que les derniers événements avaient mise en particulière évidence. Ce fut dans le courant de décembre 1789 ; mais le Duc était alors absent, éloigné de Paris, depuis quelque temps, par une mission à Londres. Vers la fin de ce mois, on décida donc que la question de la formation des districts du Valois serait soumise à son Conseil. M. de Limon, « contrôleur général et intendant des maisons, domaines et finances de S. A. S. » (1) se chargea d'en faire le rapport. Diplomatiquement, il le rédigea suivant cette idée directrice que « les
« intérêts de Monseigneur, comme ceux de la Province, se
« réunissaient à faire désirer que ses deux chefs-lieux fussent
« placés dans deux districts différents, comprenant tout le
« Valois,......... selon l'arrangement que MM. les Commissaires
« du Comité de Constitution, en procédant à la division de l'Ile de
« France, avaient justement prévu. »

« Cet arrangement — ajoutait De Limon — avait éprouvé
« beaucoup de contradiction, parce que par la topographie il était
« physiquement impossible de le réaliser sans couper les deux
« extrémités du fer à cheval que forme la forêt de Villers-Cotterêts,
« sans mettre les trois quarts de cette forêt environ dans son
« district et le surplus dans celui de Crépy ». Jusqu'à la délimitation définitive, cette question spéciale de la division de la Forêt de Villers-Cotterêts, aux contours si particuliers, sera en effet le sujet d'une continuelle discussion entre les divers représentants de la région et de ses trois principales localités.

Non sans justesse de vues, l'auteur du rapport démontrait ensuite que si l'on voulait « placer *en entier* cette forêt et ses
« dépendances dans un même district, il faudrait : renoncer à en
« avoir deux dans le Valois ; — réunir ensemble Crépy et Villers-
« Cotterêts, par conséquent anéantir le bailliage de l'une de ces

---

(1) Elu, non acceptant, du tiers-état de Villers-Cotterêts (V. sup. p. 74, note 3).

« deux villes, et priver l'autre du siège du district, tout en sacri-
« fiant La Ferté-Milon, ville très intéressante, à qui il serait utile
« de donner les moyens de se vivifier elle-même, ainsi que ses
« environs ; — abandonner la rivière d'Ourcq aux soins d'un
« district étranger, qui ne serait pas aussi immédiatement inté-
« ressé à favoriser et à maintenir le débouché des bois de la forêt
« de Villers-Cotterêts ; — enfin faire dépendre Villers-Cotterêts et
« son territoire (à quatre lieues de Soissons), de Beauvais qui en
« était très éloigné... alors qu'il serait à désirer, par une infinité
« de raisons, que tout au moins une grande partie du Valois pût
« suivre le sort de Soissons, parce que le Vermandois, le Soisson-
« nais, le Valois, seraient toujours beaucoup plus liés d'intérêt de
« commerce, de culture et d'administration publique, que le
« Valois ne le serait avec le Beauvoisis ». Pour le Prince — de l'avis
du contrôleur et intendant de ses domaines — la division de la
forêt de Villers-Cotterêts entre deux districts, ne devait d'ailleurs
présenter aucun inconvénient, soit au point de vue des impositions, soit au point de vue de la juridiction : « La forêt
« de Coucy et la forêt de Saint Gobain appartenant à S. A.,
« étaient absolument contiguës ; une route seule les séparait, et
« actuellement l'une était de la maîtrise de Coucy et l'autre de
« celle de La Fère... Il en serait de même de la forêt de Retz... Que
« quelques-uns des triages qui la partageaient fussent situés dans
« un district et le reste dans un autre, il n'en résulterait ni
« dépense ni embarras de plus, l'administration n'en demeurant
« pas moins tout entière dans les mains de Monseigneur. »

M. De Limon, justement préoccupé de n'indisposer personne
contre son maître, concluait donc que le mieux serait de s'en tenir,
comme tout le monde, au plan du Comité de Constitution, pour
« que le Valois eût deux districts ; — que Crépy fût le centre et le
« siège de l'un ; que Villers-Cotterêts et la Ferté-Milon pussent
« partager les avantages de l'autre ; — et que, pour faciliter ce
« double et important arrangement, la forêt de Retz s'étendît dans
« les deux districts. » Enfin, son rapport se terminait par un
appel aux municipalités de Crépy, de Villers-Cotterêts et de la
Ferté-Milon, les engageant à demander à leurs députés respectifs
de s'entendre à l'amiable sur la division du Valois « afin d'éviter
« de se mettre en opposition les uns aux autres devant le Comité

« de Constitution, *et de favoriser par cette contrariété d'opinions, les vues et prétentions des villes circonvoisines.* » (1)

Le conseil était trop sage, pour être unanimement écouté. Crépy qui s'en inspira plus que les autres, devait s'en bien trouver. Renseignée sur le ferme dessein du Comité de Constitution de n'apporter aucun changement à la répartition des villes, telle qu'elle avait été admise pour l'Ile de France ; ne doutant pas qu'à sa première réunion, qui devait avoir lieu dans le courant du mois suivant, le Conseil du Prince se bornerait à ratifier l'avis de son Contrôleur général, elle avait compris qu'il lui fallait se résigner à être du département de Beauvais et qu'elle n'avait nulle chance de faire rentrer dans son enclave, ni Villers-Cotterêts, ni la Ferté-Milon. Elle abandonna donc à cet égard ses précédents chefs de demande, pour ne plus diriger ses efforts que vers la reprise de quelques communes rurales de son ancien ressort et de

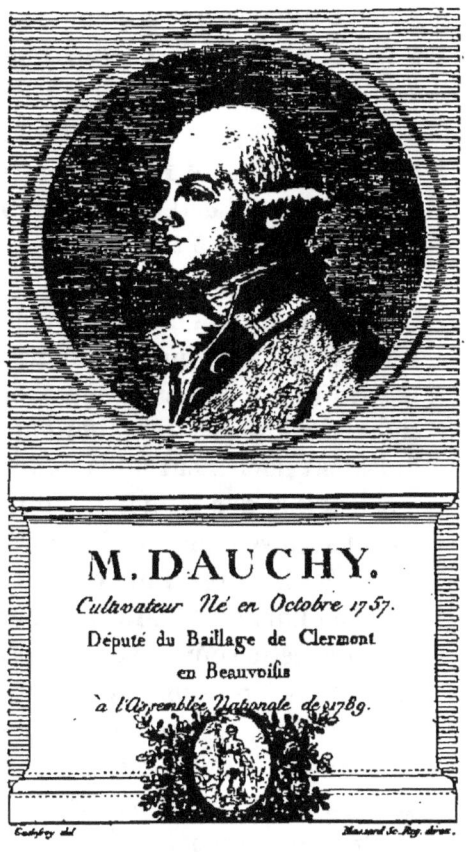

Portrait de la Collection DEJABIN
(V. supra p. 76, note biographique)
Le futur premier Préfet de l'Aisne
(1800-1802)

son entourage presque immédiat. Son plus actif défenseur, Adam de Verdonne, et De Liancourt, tous deux en qualité de « commissaires du département de Beauvais », avec Dauchy, leur collègue du bailliage voisin de Clermont, et enfin L'Eleu de la Ville-aux-Bois, seul représentant de la circonscription du Soissonnais et

(1) *Arch. de l'Inspection des forêts à Villers-Cotterêts* [Doss. de la « Répartition territoriale de la forêt de Retz (1789-1810) » 49 pièces, parmi lesquelles la copie authentique et in-extenso du long rapport de M. de Limon.]

du Vermandois, signèrent donc de compagnie, le 22 décembre 1789, une liste des communes en bordure intérieure de chaque côté, correspondant à la « division d'entre Beauvais et Soissons, « tracée sur la carte de M. de Cassini, par M. Bureaux de Puzy, l'un « des Commissaires-adjoints au Comité de Constitution, d'après « l'étendue donnée originairement aux départements indiqués « sous le n° 4 » (1) (2).

Qu'est-ce à dire ? Crépy acceptait la situation contre laquelle naguère elle s'était récriée si fort ! Elle consentait à subir l'empiètement excessif de La Ferté-Milon ! Elle acceptait, en face de soi, le « coude déplacé » de la limite, « son angle rentrant et choquant à l'œil » ! (V. sup. p. 143). Enfin De Verdonne s'accordait avec Du Bochet ! Pourquoi donc cela maintenant ?

D'abord parce que, de bonne foi, l'on croyait alors du côté de Beauvais (et c'était sans doute aussi le cas, pour le député de Laon signataire), que les délimitations de la grande carte montrée reproduisaient fidèlement le contour des divisions du petit plan n° 4, de l'original que les députés d'Ile de France et de Picardie avaient eu sous les yeux, le 10 décembre 1789, et que, par leur signature, les Commissaires Bureaux de Puzy et Gossin avaient authentiqué au nom du Comité de Constitution. Or, nous verrons plus loin que cette copie n'était pas exacte, et qu'après la découverte de ce fait — vraisemblablement imputable à l'influence d'Aubry-Dubochet — il se produisit, parmi les députés des départements de Beauvais et de « Soissons et Laon », un mouvement d'opinion dont La Ferté Milon eut fort à pâtir.

Si Crépy acceptait ainsi le principe de la démarcation du plan n° 4, c'est ensuite qu'elle sentait toute l'utilité de pouvoir, à son

---

(1) *Arch. Nat.* D iv bis 1 (2). En dehors de cette liste signée « de compagnie », il en existe, dans ce dossier, une autre presque semblable, établie à la date du 14 décembre précédent, quatre jours après l'adoption du plan n° 4, qui est mentionnée comme « *arrêtée* entre les communes des départements de Beauvais et de Laon ou Soissons », mais ne porte en fait que des signatures de députés en résidence dans ce dernier département : notamment celle d'Aubry Dubochet, très pressé — et pour cause — de voir ratifier cette délimitation. Les explications que nous avons données plus haut expliquent la réserve, le refus peut-être, que les députés voisins avaient mis à leur adhésion, ce jour-là.

(2) Les cartes de France de Cassini, en 18 et 180 feuilles, dites de l'Académie — remarquable monument géographique de la fin du xviii⁰ siècle — servirent, avec celles de Robert de Hesseln, aux études préparatoires de l'établissement des divisions et subdivisions départementales. C'est au moyen des feuilles de la plus grande, qu'ont été faites les *cartes-minutes originales* des départements, en 1790 ; nous aurons à en reparler.

tour, s'appuyer désormais sur l'autorité du Comité de Constitution, sur la base du partage qu'il avait fait sien. En effet, tandis que La Ferté-Milon avait pris les devants à sa manière, et s'était assurée une position convenable de centralité en vue du district convoité par elle, Villers-Cotterêts, dans le même dessein, avait aussi très nettement manifesté déjà l'intention de revendiquer la remise de sa forêt entière ; il importait de barrer la route à celle-ci, qui ne pouvait guère obtenir gain de cause sur ce point, sans un nouveau préjudice porté à Crépy. Dans la crainte d'un pire, mieux valait s'en tenir à son sort présent, et voilà pour quelle seconde raison, cette ville s'était décidée de bonne heure à suivre le conseil de M. De Limon, en restant seule dans le département voisin, si mal à l'aise qu'elle y fût, et en laissant, dans le leur, les concurrentes d'à côté se tirer d'affaire ensemble, chacune selon ses moyens (1).

Revenons donc maintenant aux arguments respectifs de ces deux dernières.

Villers-Cotterêts, pour son compte, insista sur sa « situation agréable et salubre, au milieu d'une des plus belles forêts du royaume, qui avait porté les anciens Princes de la Maison de France à y bâtir le grand et magnifique château appartenant aujourd'hui à S. A. S. Mgr le Duc d'Orléans, lequel n'a cessé de l'embellir et d'en faire ses délices » (2) ; sans manquer bien entendu

(1) Les circonstances aidant, cela lui réussit tout a fait. Tandis que ni Villers-Cotterêts, ni La Ferté-Milon, n'obtinrent finalement un district, Crépy-en-Valois eut le sien dans le département de l'Oise. Il est vrai de dire que ce département fut divisé en neuf districts (chiffre maximum autorisé par la loi), alors qu'il n'en fut établi que six dans l'Aisne. Mais comme les deux autres, Crépy ne devait plus rester, après l'an VIII, qu'un chef-lieu de canton, de l'arrondissement de Senlis.

(2) Le premier château de Villers-Cotterêts, dû aux Rois de la troisième race, fut pendant longtemps appelé la Malmaison ; les invasions anglaises le ruinèrent au XVe siècle. Rebâti par François Ier en 1530, ce château demeura résidence royale jusqu'au XVIIe siècle, epoque où il fit partie des apanages de la maison d'Orléans. Il était fort délabré en 1750, quand le Duc d'Orléans consacra une somme de 2 millions à sa restauration, fit élever les murs du grand parc et construire, dans le pays, l'hôtel de la Venerie. La Révolution déposséda la maison d'Orleans du domaine de Villers-Cotterêts, et de son château — presque aussi grand à lui seul que toute la ville (dira malicieusement, dans ses *Memoires* Alexandre Dumas pere, le célèbre et fécond romancier, né à Villers-Cotterêts en 1803, mort en 1870) — en general plus remarquable par son importance que par son architecture (Larousse Dict. univ.). Au début du XIXe siècle, ce château fut affecté à un « dépôt de mendicité » du département de la Seine, transformé depuis en « maison de retraite », dont la destination première explique que l'administration de cet établissement dépende encore de la Préfecture de Police.

d'invoquer aussi ses 2000 âmes, ses sièges judiciaires actuels d'un bailliage royal « ayant eu l'honneur de député directement » et d'une importante maîtrise, sa capitainerie des chasses, ses abbayes de filles et de religieux prémontrés, ses « deux marchés par semaine », son emplacement enfin sur « le passage de la route de Mons à Paris, l'une des plus fréquentées de la France » (1). « L'ar

LE CHATEAU DE VILLERS-COTTERÊTS
(Au début du xviii° siècle ; d'après une estampe des *Arch. départ.* Coll. Piette).

rondissement même de son immense forêt, apartenante au même propriétaire, semblait être un district que lui avait tracé la nature, où les chemins étaient nombreux et faciles, où les gros bourgs ne manquaient pas et dont la population s'élevaient à 40.000 habitants qui ne connaissaient qu'elle ; leurs droits, leurs propriétés, leurs travaux, leurs affaires, tout pour eux tenait essentiellement à cette forêt ; il fallait donc les y maintenir ». D'où il résultait « non seu-

(1) Nous n'avons pas vu — mais il ne serait pas impossible que cela fût dans quelque document de l'époque, car on faisait argument de *tout* alors, et l'on en trouve de plus baroques — nous n'avons donc pas vu la ville de Villers-Cotterêts rappeler de plus, qu'elle était le siège de la corporation des ménétriers, au nombre de six membres, dont le chef nommé par le duc de Valois, prenait le titre de « lieutenant général des violons du duché de Valois » et avait droit d'inspection sur tous les ménétriers des six châtellenies de ce duché. (Ibid.)

lement que Villers-Cotterêts devait avoir un district, mais que déjà cette ville en avait réellement un » et que de sa part il s'agissait moins « d'exposer une prétention que de réclamer une possession ». Aussi « se flattait-elle de réunir tous les suffrages pour être chef-lieu », car si « sa rivale, située à une extrémité et à une certaine distance de la forêt, possédait effectivement les avantages inappréciables d'une rivière, les débordements de celle-ci et les marais des environs la rendaient malsaine et quelquefois impraticable, ayant peu de routes ou chemins pour y communiquer et d'ailleurs point de logemens convenables à un district » (1).

Tel n'était nullement — on le pense — l'opinion de La Ferté-Milon, « seconde ville du Valois », à l'entendre. Outre qu'elle avait bel et bien « à la disposition de la Nation, deux maisons religieuses et de vastes bâtiments pouvant être employés sans frais à recevoir l'assemblée du district », elle possédait de son côté « une châtellenie, une prévôté (substituée à son ancien bailliage), un grenier à sel, un hôpital pour les pauvres du lieu », et un hôtel-dieu pour les soldats, « étant ville de logement et d'étapes pour les troupes qui y passent et séjournent souvent » ; tous établissements qui, comme « ses marchés de chaque semaine et ses quatre foires par an », témoignaient assez de son importance. A celle-ci venait s'ajouter l'avantage de sa position — non pas dans l'enceinte resserrée d'une forêt — mais au centre d'une large vallée formant un arrondissement de plus de cent paroisses et de huit petites villes ou bourgs », sur le passage « de la grande route de Meaux à Soissons », au bord de la « rivière d'Ourcq, navigable depuis plus d'un siècle, dont les ports fournissaient annuellement plus de 2.000 septiers de bled-froment et une grande quantité de bois pour la provision de Paris ». Voilà les motifs principaux mentionnés par La Ferté-Milon dans ses pétitions officielles, et qui, d'après elle, « devaient déterminer à lui accorder un district » (2). A vrai dire, il existait une autre raison non avouée sur

---

(1) « Précis du mémoire adressé par les communes de Villers-Cotterêts et environs à l'Assemblée nationale » s. d. signé : Guilliot et Abbé Conseil, dép. extraord. Impr. in 4° de 2 p. *Arch. Insp forêts de V. C.* ; et « Exposé des motifs qui déterminent la nécessité d'un district dans l'arrondissement de Villers-Cotterêts » s. d. signé des précédents et de plus par Demoustiers, Lalitte et Niguet, aussi dép. extraord. *Arch. nat.* D iv bis 1 (1) et 3 (145).

(2) « Reclamation de la Commune de La Ferté-Milon, à MM[rs] du Comité de Const[on], présentée par M. Aubry-Dubochet, député à l'Ass[ce] Nat[le] et Commissaire

laquelle cette petite ville fondait beaucoup plus d'espérances de succès ; c'était le fait, particulièrement opportun en la circonstance, d'avoir eu pour enfant et pour dernier maire, M. Aubry-Dubochet, député du bailliage à l'Assemblée Nationale, adjoint au Comité de Constitution à titre de « commissaire chargé de la divi-

« Vue de la ville de LA FERTÉ-MILON, dans le Valois, prise de la terrasse de M. de Montholon »
(D'après une gravure du *Voyage pittoresque en France*, 1789).

sion du royaume ». Or, à l'inverse, il arriva que par un fâcheux excès de zèle nvers son pays natal, ce personnage compromit tout à la fois la cause de ce dernier et celle de son centre électoral. Ce n'est pas ce à quoi s'attendait le général de Montholon, en ren-

adjoint du Comité de Const^{on} » s. d. Impr. 6 p. in-4° *(Arch. Insp. forêts de V. C.)* ; « Note par les habitans du Bge de Villers-Cotterêts contre différentes délibérations du dép^t du Vermandois préjudiciable à leurs intérêts, par MM. les députés de ce Bge » s. d. Impr. 4p. in-8, avec un « plan du district qu'il convient d'établir à La Ferté-Milon » *(Bibl. Soissons. Coll. Périn N° 2637)* ; et « Mémoire tendant à prouver la convenance de conserver La Ferté-Milon, chef-lieu d'arrondissement communal, 13 pluv. an VIII *(Arch. départ. L. 702)*. Il ne reste plus rien aux *Arch. nat.* des documents « concernant la ville de La Ferté-Milon » ; une note s. d. comprise au doss. 144 (D) iv *bis* 3), indique que *douze pièces* qu'il contenait à son propos, ont été « remises à M. Aubry-Dubochet » ; les *Arch. de l'Inspection des forêts de V. C.* nous ont heureusement permis de combler en partie cette lacune importante.

trant de Paris, le 3 février 1790, à la tête de la délégation spéciale dont « M. le Commissaire » avait dirigé les démarches, durant plus d'un mois (1).

De même que La Ferté-Milon et que Villers-Cotterêts, La Fère d'un côté et Marle d'un autre, demeurèrent, en fin de compte, à l'état de localités cantonales, de simples points de « rendez-vous » pour *assemblées primaires*. Quant à Guise et à Vervins, à Chauny et à Coucy, plus heureuses sans avoir complète satisfaction, elles obtinrent le siège soit de l'administration, soit de la justice du district qui les renferma.

Mais avant d'en arriver là, que de contestations, de querelles et de difficultés !

***

Désaccord des députés sur le nombre des districts.
Motifs et mobiles de ce désaccord.

D'après les dispositions décrétées, il appartenait à l'Assemblée Nationale de fixer le nombre des districts, entre trois au moins et neuf au plus, « après avoir entendu les députés des provinces », suivant le besoin et la convenance de chaque département. Pour pouvoir lui soumettre à ce sujet la proposition qui concernerait le « huitième », son Comité de Constitution devait donc au préalable avoir pris l'avis des élus de la contrée. Or, de même qu'en beaucoup d'autres endroits, deux courants se manifestèrent de bonne heure parmi ces représentants.

Les uns étaient partisans d'un chiffre moyen de quatre à six districts au maximum. En faveur de leur thèse, ils invoquaient que les frais des nouveaux établissements seraient ainsi moins onéreux pour les contribuables, désormais appelés à y subvenir ;

---

(1) DESMASURES *(Hist. de la Rev^{on} dans l'Aisne*, p. 105) dit que « la querelle la plus vive pour la prétention au chef-lieu du département de l'Aisne ne fut pas celle de La Ferté-Milon, représentée par Aubry-Dubochet, mais celle de Laon et de Soissons. » C'est un simple lapsus échappé à cet auteur généralement bien documenté. Avec une opiniâtreté remarquable, Aubry-Dubochet — durant sa vie entière, à toute occasion — voulut faire de La Ferté-Milon un centre de second ordre ; mais, à notre connaissance, aucune pièce ne révèle de sa part l'idée exorbitante d'avoir songé pour elle à un chef-lieu principal.

— que l'administration serait mieux conduite et la justice mieux rendue, car il y aurait à compter sur davantage de lumières et d'expérience de la part d'administrateurs et de juges élus, en pouvant de la sorte les choisir dans un cercle étendu ; — que le département ne comprenait pas plus de cinq ou six villes présentant toutes les ressources indispensables à l'installation et au fonctionnement d'un district ; — que d'ailleurs enfin, il était presque impossible, à cause de la position topographique des autres, de leur attribuer des circonscriptions convenables.

Quant aux seconds, sans aller tout à fait jusqu'au nombre supérieur légalement prévu, ils ne voulaient pas moins de huit districts, en se fondant principalement sur l'utilité de placer les centres administratifs et judiciaires le plus possible à portée des populations. Ils estimaient qu'il y aurait injustice à laisser aux villes principales tout le bénéfice de la nouvelle organisation, et à priver quelques autres du moyen qu'elle leur offrait de garder ou de reprendre un peu d'importance. Ils considéraient au surplus comme chimérique la crainte de ne pas rencontrer dans des circonscriptions un peu moindres, mais encore vastes, les éléments matériels suffisants et les capacités nécessaires que comporterait l'établissement d'un simple district.

En somme les deux systèmes se soutenaient par de bonnes raisons.

Le 25 décembre 1789, dans une réunion des députés de la région du département « en comité », c'est-à-dire entre seuls représentants directs, la question du nombre des districts, qui jusqu'alors n'avait donné lieu qu'à des échanges de vues, fut pour la première fois soumise à un scrutin. Par huit voix contre deux, la division en *cinq* districts, devant avoir pour chefs-lieux Saint Quentin, Guise, Laon, Soissons et Château-Thierry, seuls centres actuels à la fois de justice et d'administration, y fut votée.

Cette décision de principe anéantissait les espérances de toutes les villes secondaires, excepté Guise ; elle occasionna sur le champ une émotion très vive et une agitation fort compréhensible parmi leurs mandataires. A la demande de ces derniers, une autre « assemblée des députés de la province », où ils vinrent faire entendre leurs protestations et leurs arguments, se tint donc dès le lendemain, 26 décembre ; cette fois, à la satisfaction générale des réclamants, ce fut le partage en *huit* districts qu'on adopta par onze voix contre trois, en ajoutant à celles qu'on laisserait évidemment aux cinq villes précédentes, trois nouvelles circonscriptions à déterminer, autour de Vervins, — de Chauny, de Coucy et de La Fère, — enfin de Villers-Cotterêts et de La Ferté-Milon.

Quels membres délibérants assistèrent à ces réunions et prirent part aux scrutins ? On ne le sait pas au juste, aucun procès-verbal de séance n'ayant alors été dressé ; mais plusieurs indications concordantes des documents de l'époque, nous apprennent qu'à beaucoup près les votants n'étaient pas les mêmes un jour que l'autre (1).

Comme les cinq bailliages compris dans le département comptaient ensemble vingt-huit élus à l'Assemblée Nationale, ces résolutions contradictoires, émanées les deux fois d'une douzaine d'entre eux seulement, n'avaient au fond qu'une valeur très relative. En fournissant un semblant d'appui aux partisans de chaque opinion, en permettant à toutes les prétentions de s'affirmer et de se combattre, elles eurent néanmoins pour résultat de retarder beaucoup la solution de cette controverse.

Trois jours plus tard, le 28 décembre, à la suite d'une nouvelle assemblée de département, où la question avait encore été débattue, sans que l'entente ait pu se faire sur le parti auquel il conviendrait de s'arrêter définitivement, on s'était séparé en décidant de s'en rapporter à l'arbitrage du Comité de Constitution, qui statuerait d'après les mémoires qu'on devait lui remettre incessamment. Mais le Comité ayant différé de s'occuper de cette affaire durant plusieurs semaines, le désaccord alla croissant.

Tous les députés des bailliages de Soissons et de Château-Thierry s'étaient déclarés nettement en faveur de la thèse des districts peu nombreux, tandis que ceux du bailliage de Villers-

---

(1) « Cette assemblée — *dit l'un, en parlant de la seconde* — avait été provoquée et formée par ceux qui étaient attachés à l'opinion des districts nombreux en l'absence de ceux qui la réprouvaient ». « Dans ce deuxième comité — *dit un autre* — ne se trouvaient pas tous les délibérants de la veille ». « Quelques intéressés — *dit un troisième* — n'étaient point à cette délibération qui fut prise à une heure où ils croyaient la conférence rompue ». *Arch. Nat.* D ıv *bis, passim.* Au demeurant, tout porte à croire que pour la première réunion les choses ne s'étaient pas passées de façon plus normale.

Cotterêts soutenaient tous au contraire le système des circonscriptions multiples. Quant aux députés du bailliage de Saint-Quentin et à ceux surtout du bailliage de Vermandois, ils se partageaient : certains, avec Le Carlier et L'Éleu de la Ville-aux-Bois (de Laon), et probablement le Comte de Pardieu (de St-Quentin), étaient pour le dernier système ; alors que d'autres étaient pour la thèse précédente, à la suite de Devisme (de Laon) et, semble-t-il, de l'Abbé Duplaquet (de St Quentin).

Si de ces députés directs, membres de la Constituante et qui seuls, par le fait, avaient voix délibérative dans les réunions particulières en assemblée de département, nous passons aux représentants spéciaux des villes, admis à ces réunions avec voix simplement consultative, voici, pour ordre, comment ces derniers s'étaient répartis. Les mandataires de Soissons soutinrent énergiquement les députés de ce bailliage et leurs collègues du même bord, en vue d'un petit nombre de districts ; venus sur le tard, les fondés de pouvoirs de Guise se joignirent à eux. Réciproquement en concurrence, les envoyés de Villers-Cotterêts et de La Ferté-Milon d'une part, ceux de Coucy, de La Fère et de Chauny d'autre part, ceux de Marle et de Vervins en troisième lieu, n'en firent pas moins toujours chorus avec les partisans de l'idée inverse. Enfin ceux de Laon, quoique fort embarrassés par la divergence de sentiment qui existait dans

GUI FELIX
Cte de Pardieu
Né à l'Isle St Domingue en 1758
Député de St Quentin
à l'Assemblée Nationale de 1789

Perrin, del.   Courbe, sculp.

Portrait de la Collection DEJABIN
(V. supra p. 66, note biographique).

la députation du bailliage entre leurs propres concitoyens, se montrèrent cependant plus portés pour la conception large de Le Carlier que pour la théorie restreinte de Devisme.

Avec des avis aussi tranchés, les divisant en groupes à peu près d'égale force, on conçoit que de plus en plus les députés du département devaient éprouver de la difficulté à se mettre d'accord. Il est d'ailleurs évident qu'en dehors des motifs très plausibles, également inspirés par l'intérêt général, sur lesquels s'appuyaient les deux opinions en présence, certains mobiles d'intérêt particulier n'étaient pas non plus étrangers à la préférence de leurs adhérents respectifs.

Les représentants des bailliages et des localités secondaires ne pouvaient — cela va de soi — faire autrement que de se ranger au système des districts nombreux, puisque celui-là seul réservait une chance de succès à leurs revendications.

Quant aux députés des bailliages et des centres principaux, ouvertement opposés aux subdivisions multiples, leur attitude résulte pour une bonne partie du désir qu'ils avaient, tout au moins, de ne pas laisser amoindrir les ressorts actuels de leurs chefs-lieux et l'importance apparente de ces derniers, en consentant aux prélèvements de territoire nécessaires à la formation des nouvelles circonscriptions.

Ainsi en était-il pour Guise, qui se trouvait menacée de deux côtés; à l'ouest, par Saint-Quentin, dont le district futur ne saurait forcément rester fixé au cadre étroit de son élection ou même de son bailliage, et devrait en conséquence être élargi vers elle, à défaut d'allongement possible dans la direction de La Fère et de Chauny ; — à l'est, par Vervins, dont la réussite occasionnerait le détachement de la région d'Aubenton et d'Hirson au minimum. Que resterait-il alors à Guise, pour son propre district ? L'intérêt manifeste de cette dernière ville obligeait donc ses mandataires à paralyser les efforts des représentants de Chauny, de La Fère et principalement de Vervins, à tenter par tous les moyens de détruire leurs projets (1), par suite à n'être pas du parti des subdivisions nombreuses.

(1) Telle fut d'ailleurs la mission très précise qu'ils reçurent, en vertu de la délibération qui les nomma, le 12 janvier 1790, à la suite d'une lettre de De Vief-

De même pour les députés de Soissons et de Château-Thierry qui, pas plus les uns que les autres, ne se souciaient de voir créer un district au profit de Villers-Cotterêts ou de La Ferté-Milon, car ce district enlèverait à toutes deux un peu de leur arrondissement, quelle que dût être sa forme, qu'il fût circonscrit autour de la forêt, selon le désir de l'une, ou bien établi suivant le cours de l'Ourcq, comme l'autre le souhaitait. Les représentants des plus grandes ou des plus petites de ces villes, divergèrent donc totalement d'opinion.

Même parmi les partisans des districts nombreux, il en est également à l'esprit desquels une considération semblable s'imposa. Ceux du Laonnois par exemple, qui accueillirent, puis encouragèrent les démarches de Vervins, parce que Guise devait en faire presque tous les frais, s'opposèrent au contraire à la demande de Marle, à cause de sa position plus rapprochée de Laon : pour celle-ci cette demande présentait en effet le même inconvénient et comportait le même risque, que la prétention de Vervins par rapport à Guise, ou de La Ferté-Milon et de Villers-Cotterêts à l'égard de Soissons et de Château-Thierry. N'ayant aucun représentant direct personnellement intéressé à son sort, ne trouvant aucun appui dans la députation du Vermandois, Marle — fâcheusement placée — ne put soutenir utilement sa candidature.

Enfin pour s'expliquer mieux la raison du bon accueil que cette même fraction des députés du Laonnois fit aux projets des autres petites villes de l'ouest et du sud-ouest, il faut toujours en revenir à l'affaire du chef-lieu départemental qui préoccupait tous les élus, inspirait au fond la conduite de la plupart d'entre eux et pesait sur beaucoup de leurs déterminations : ce point spécial n'est pas, dans la question de l'établissement des districts, le moins curieux à observer.

Aux sens propre et figuré de l'expression, Soissons avait « gagné beaucoup de terrain » par l'adoption du plan n° 4. Dans la nouvelle enclave du département, sa position s'était notablement

ville des Essarts, député du Vermandois, habitant de Guise ; lettre par laquelle ce dernier mettait ses concitoyens au courant des démarches inquiétantes (mais non point « clandestines » comme les indique et les apprécie toutes d'un seul mot, M. Matton, *Hist. Guise* II, p. 164) des villes du voisinage. [*Arch. mun. Guise*].

améliorée au point de vue de la centralité. Il s'agissait pour Laon de contrecarrer l'effet de ce succès remporté par sa rivale, en tâchant de se procurer désormais la situation la plus médiane au regard des circonscriptions subdivisionnaires. Si l'on n'établissait que cinq districts : à Saint-Quentin, à Guise, à Laon, à Soissons et à Château-Thierry, comme le proposait Devisme, qui par là se rencontrait avec les représentants de Soissons et de Château-Thierry, il y en aurait bien deux au-dessus de Laon et deux au-dessous, tandis que Soissons en aurait trois au dessus d'elle et un seul au-dessous, ce qui semblait être *à priori* une disposition favorable à Laon. Cependant il ne fallait pas compter sans son hôte. Au moment de choisir le chef-lieu, Laon pourrait bien, malgré cela, ne pas recueillir la préférence, étant donné que « les rapports naturels de Château-Thierry étaient avec Soissons », que « Guise était accoutumée à suivre Soissons pour l'administration », alors que Laon « avait perdu toutes ses relations avec Guise et qu'elle en avait fort peu avec Saint-Quentin » ? Soissons « ne manquerait pas d'employer tous les moyens auprès de ces deux (dernières) villes pour les attirer » et peut-être y arriverait-elle, « comme elle venait déjà d'obtenir une division du département qui n'était propre qu'à servir ses projets ». « Nul doute que ses députés, en demandant le partage en cinq, n'aient la pensée qu'ils auront ainsi bien moins de difficultés à surmonter lorsqu'il s'agira de fixer le lieu de l'établissement de l'administration » ; dès lors, du côté de Laon, « il fallait être sur ses gardes ». Mieux vaudrait donc le fractionnement « en huit districts, placés à Château-
« Thierry — à La Ferté-Milon ou Villers-Cotterêts — à Soissons
« — à Chauny, La Fère ou Coucy — à Saint Quentin — à Guise —
« à Vervins — enfin à Laon, qui acquérerait ainsi bien des forces
« pour disputer à Soissons l'administration, en se ménageant le
« vœu de la plus grande partie de la province ». Par cette division
en effet « Laon se ferait des partisans de Vervins et de Chauny, et
« sa position serait bien plus centrale ; tandis que si Vervins et
« Chauny n'obtenaient pas de district, ce qui arriverait dans la
« division en cinq, Laon s'attirerait de la part de ces lieux l'impu-
« tation de n'avoir aucun établissement, et Soissons lui enlèverait
« l'administration, puis peut-être aussi le tribunal, s'il y a
« lieu ».

Car la question se compliquait encore, pour les villes en concurrence, du point de savoir lequel des nouveaux établissements projetés serait à réclamer de préférence au cas de partage, puisqu'ils ne devaient pas être nécessairement tous placés dans le même endroit. Le premier projet d'organisation judiciaire présenté par le Comité de Constitution, prévoyait l'existence d'un tribunal de département ; d'autre part, au point de vue ecclésiastique, on supposait que si le nombre des évêchés était modifié, il y en aurait toujours au moins un par département. Or, à ce propos, il y avait également diversité d'opinions entre les députés du Laonnois. Tout en estimant — naturellement — « qu'il « serait de l'intérêt de « Laon d'avoir le plus « d'établissements possi- « bles, ils s'accordaient « à reconnaître (N.-B. *Tous* « *étaient plus ou moins* « *hommes de loi*) que le « tribunal de département « était celui qui convien- « drait le mieux à la « localité de cette ville. « Mais il s'en trouvait un

Portrait de la Collection DEJABIN, tiré des *dessins non gravés* [Bibl. Nat. (V. sup. p. 70, note biographique).

« (M. Devisme) qui croyait que Laon serait bien dédommagée « si elle obtenait le tribunal et l'évêché, tandis que d'autres « (MM. Lecarlier et L'Eleu de la Ville-aux-Bois) jugeaient que « l'évêché présentait fort peu d'intérêts et que l'établissement « d'un tribunal de département était encore très incertain. En « conséquence, celui-là pensait que la division du département « devrait être faite en cinq districts, et ceux-ci estimaient que

« la division en huit serait bien plus favorable » (1). Et en effet, puisque la nouvelle organisation administrative était, pour le moment, la seule sur laquelle on sût à quoi s'en tenir, il fallait songer au plus pressé et ne viser qu'au plus sûr, en s'attachant d'abord à devenir le centre de l'administration départementale ; le reste viendrait après, selon les circonstances.

Ainsi s'exprimaient, en résumé, les députés extraordinaires de Laon, dans une longue lettre envoyée de Paris où ils venaient d'arriver, au commencement de janvier 1790, par laquelle ils rendaient compte à la municipalité de ce qu'ils avaient appris des pourparlers en cours, tant sur la question des districts que sur celle du chef-lieu principal. Ils disaient leur perplexité, et ingénument demandaient à leurs commettants des conseils..... qu'ils ne virent pas venir (2) (3).

(1) A deux reprises, nous venons de voir Lecarlier et L'Eleu en antagonisme avec leur collègue Devisme. A cela, la politique ne se trouvait probablement pas tout à fait étrangère ; ils n'étaient pas et ne devaient jamais être du même parti. D'autre part ils avaient toujours été placés plus ou moins face à face, de par leurs fonctions — soit administratives : L'Eleu étant subdélégué, tandis que Devisme était syndic de l'assemblée d'élection — soit judiciaires : Lecarlier, comme ancien procureur, et Devisme, en qualité d'avocat, au bailliage et siège présidial de Laon. Or, l'administration dépendait peu ou prou de l'Intendant, c'est-à-dire du pouvoir régnant ; mais la justice, plus ou moins sous la coupe du Duc d'Orléans dans toute la région, devait épouser un peu sa cause et son opposition. Donc, lors des élections aux Etats-Généraux, ces trois candidats laonnois du tiers-état n'avaient pas été de la même... liste. Après les scrutins nommant Lecarlier et De Viefville des Essarts (autre subdélégué), L'Eleu qui allait être bientôt nommé à son tour, écrivait à un ami, en parlant de l'échec de De Limon, intendant et agent électoral du duc d'Orléans, candidat en Vermandois pour le compte de son maître : « *La cabale Devisme, comme vous voyez, n'a pas été heureuse* » (Arch. départ. Fonds de l'Intendance. C, 1-2). Devisme lui-même fut cependant élu, « *malgré la brigue* », dira un de ses compagnons de liste moins heureux (Arch. Nat. V. sup. p. 70). A partir de dix huit mois plus tard, quand la Révolution s'accentua, Devisme, de la liste des réformateurs, suivra modérément, tandis que Lecarlier et L'Eleu, de la liste conservatrice, iront rapidement de l'avant — question de tempérament, de caractère et de circonstances — *Nil novi sub sole*.

(2) Arch. mun. Laon. doss. 26. Lettre, signée Fouant, s. d. mais du début de janvier 1790. — (3) De Paris, une quinzaine plus tard, le même M. Fouant, « député extraordinaire » — qui dans quelque hôtel de la Capitale, aspirait à retrouver les hauteurs d'un home, que son collègue M. Cadot de Villemomble, avait regagnées déjà — écrivait en effet d'une plume lamentable : « Je vous avais
« consulté, MM. (les officiers municipaux), et vous ne m'avez point fait de
« réponse Je vous ai écrit plusieurs lettres auxquelles vous n'avez pas répondu.
« J'aurais bien le droit de m'en plaindre. Seul, au milieu des orages, et d'une
« division qui honore la délicatesse de ceux qui la partagent, sans conseil,
« j'aurais cru, Messieurs, que vous ne m'auriez pas abandonné. Le dégoût et
« l'inquiétude m'ayant pris, je vous avais demandé la permission de retourner ;
« vous avez encore gardé le silence. Maintenant, que dois-je faire ? Il faut que
« je prenne un parti, car je serai consulté. Hé bien, Messieurs, fort de ma cons-
« cience, animé du zèle le plus ardent pour vos intérêts, j'en ferai pour le mieux.
« — Si vous me blâmez ensuite, j'aurai à vous répondre qu'il fallait éclairer
« mon zèle, et me relever de mes erreurs. — Si vous étiez, comme moi, témoins

Ainsi, pendant toute la première quinzaine de janvier, le *statu quo* persista. De part et d'autre, on restait dans une expectative ombrageuse et une énervante indécision, à attendre que le Comité de Constitution se décidât à solutionner d'autorité le conflit qui scindait la députation du huitième département, après examen des requêtes, des pièces justificatives et des plans que les divers intéressés continuaient à lui faire parvenir presque chaque jour. On n'ignorait pas que les Commissaires adjoints à ce Comité étaient eux-mêmes fort embarrassés. Quoique opposés en principe à la multiplication des districts, on les savait cependant enclins à l'admettre pour la division de Laon et de Soissons, probablement à cause de sa grande étendue, et peut-être un peu aussi par condescendance pour l'opinion de celui d'entre eux (Aubry-Dubochet) qui avait la raison que l'on connaît d'y tenir particulièrement : à coups de Mémoires, les deux partis se livraient donc à un siège en règle du Comité (1).

Toutes les combinaisons possibles furent ainsi traduites sur le papier. En outre des projets de partage en cinq et en huit districts,

« de l'ardeur avec laquelle les intérêts de Laon sont deffendus, c'est alors que la
« ville de Laon serait convaincue de l'étendue de ses obligations envers nos
« députés sans aucune exception... Quand le Comité aura recueilli le vœu de
« tous les députés intéressés au département sur la distribution des districts, je
« crois qu'il n'y aura plus de difficulté à ce que je puisse retourner, étant inutile
« d'attendre le décret de l'Assemblée qui sera conforme au rapport du Comité.
« Mais j'espère, Messieurs, pour cette fois que vous ne me refuserez pas une
« réponse, et j'aurais la vanité de croire que sinon mes services, mes peines et
« mes démarches au moins la méritent. Je suis, avec respect, etc... » — Et le
dossier finit là, sans indiquer si, sous les tours de Notre-Dame de Laon, sœur
Anne resta obstinément muette, ni quand ce pauvre M. Fouant rentra « sur le
plateau ». (Lettre autographe de lui ; de Paris, 17 janvier 1790. *Ibidem*)

(1) En outre des differentes pièces indiquées, et d'autres antérieurement
citees (telles, par exemple, que les requêtes particulières des villes) où se trouvent
des indications relatives à l'objet de ce paragraphe, les principaux documents
qui nous en ont fourni la matière, sont en effet les suivants : « Mémoire des
députés du bailliage de Saint-Quentin » ; 2 janvier 1790. Ecrit et signé par Du
Plaquet, « commissaire nomme par MM. les deputés de ce Bgc à l'Ass Nat. » —
« Départ[t] du Vermandois. Mémoire pour 5 ou 6 districts au plus » ; s. d. et anonyme, mais du 20 janvier 1790 environ et de la main de Devisme — « Mémoire
des députés de la ville de Soissons pour qu'on s'en tienne à 5 districts » ; s. d et
anonyme, mais du 15 janv. environ et en partie de la main de Boquet de Liancourt — « Observations sur la circonscription des districts et départ[ts] en général,
et en particulier du district de Château-Thierry... par M. Harmand... commissaire nommé pour la fixation des limites du 8e département » ; Impr. Nat. 1790
(début de janv.) in-8 de 25 p [*Arch. Nat.* D IV bis 3 (145, 144, 148 et 146)] —
« Opinion de quelques députés du Vermandois sur la formation des districts de
leur département » ; Impr. Nat. in-8 de 16 p. Anonyme et s. d. mais du 16 janv. 1790
environ et visiblement rédigé par Lecarlier *(Ibidem*. AD XVI, 18) — « Réclamation
de la commune de la Ferté-Milon, présentée par M. Aubry-Dubochet... » Op. cit.
Arch. Insp. forêts de V. C. — Etc...

qui correspondaient aux votes des 25 et 26 décembre précédent, il y en eut d'autres en six, en sept et même en neuf subdivisions, comportant de nombreuses variantes dans les limites proposées. Sur les formes des circonscriptions prévues par ces différents projets primitifs, des renseignements précis manquent pour la plupart d'entre eux. De quelques indications rencontrées çà et là, il semble cependant que l'on puisse conclure à leur répartition des principaux centres et chefs-lieux, de la manière suivante :

La division en *cinq* districts aurait compris : *Saint Quentin* et Chauny — *Guise* — Vervins, Marle, *Laon* et La Fère — Coucy, *Soissons* et Villers-Cotterêts — *Château-Thierry* et La Ferté-Milon. La division en *six* districts, en prévoyait un autre pour Chauny, Coucy et La Fère ; celle en *sept*, un de plus pour Villers-Cotterêts et La Ferté-Milon ; celle en *huit*, un encore pour Vervins et Marle, dans lesquels le chef-lieu restait à déterminer, et que chaque ville prétendait, en conséquence, circonscrire de la façon qui lui serait la plus favorable. Enfin, la proposition de partage en *neuf* districts (nombre maximum fixé par la loi) séparait peut-être, par surcroît, Marle de Vervins, ou bien La Ferté-Milon de Villers-Cotterêts ; mais on ne pouvait guère s'y arrêter, en raison des étendues par trop inégales qu'auraient eues nécessairement les subdivisions. En tous cas, il est certain qu'aucun des plans établis sur l'une ou l'autre des bases précédentes, ne parvint à rallier l'adhésion générale dans les assemblées que tinrent, durant cette quinzaine, les représentants des bailliages et des villes de la région. L'élaboration successive de ces projets, leurs remaniements incessants semblent, au contraire, avoir amené entre les députés, soit à titre d'intéressés directs, soit comme partisans plus ou moins avoués de Laon ou de Soissons, des contestations toujours renouvelées (1), et même avoir provoqué souvent des paroles acrimonieuses, à la suite desquelles les réunions se terminaient dans le mécontentement, sans que la besogne ait avancé.

Au fond, c'était la question du chef-lieu du département, non encore abordée de front, qui tenait tout en suspens.

---

(1) A noter une vive protestation au Comité de Constitution, de la part des députés du Bge de Saint-Quentin, « ne pouvant souffrir que suivant un projet de division en 5 districts, on n'assigne à leur ville, capitale du Vermandois, ayant une population de 10.000 âmes et un commerce de 10 millions avec l'étranger, qu'un territoire très inférieur à celui des autres districts. » *Arch. nat.* D IV bis 3 (145)

§ 2. — La question du chef-lieu départemental
Débuts de la querelle de Soissons et de Laon

En réalité, la fixation des chefs lieux dans telles ou telles villes du département, autrement dit le choix de celles d'entre elles qui allaient devenir les sièges des nouveaux organes, principaux ou secondaires, d'administration et de justice, se rattache à l'étude de la première organisation des circonscriptions plutôt qu'à celle de leur formation initiale. Mais — comme déjà nous l'avons vu (Sup. p. 98 et suiv.) par la répercussion que l'antagonisme de Laon et de Soissons pour le chef-lieu du département, avait eue sur la détermination de sa surface d'ensemble, de même que par l'effet de cet antagonisme, joint à la concurrence de plusieurs petites villes pour de simples chefs-lieux de districts, sur l'établissement de ses subdivisions intérieures — les deux matières se confondaient trop sur ce point, pour qu'il nous fût possible de le laisser en dehors de nos explications.

Nous nous en tiendrons dans ce paragraphe à la querelle de Soissons et de Laon, et même à ses débuts seulement. Le conflit qui mit aux prises ces vieilles cités historiques, ne reçut en effet sa solution définitive qu'au bout de six mois environ. Il fut, à vrai dire. une pièce en trois actes, dont l'action — qui ne manqua ni d'intrigues, ni de passion, ni de péripéties — se passa d'abord à Paris, durant les mois de décembre 1789 et de janvier 1790, aux conférences particulières des députés et au Comité de Constitution ; puis dans la ville de Chauny, avec des personnages nouveaux, lors de la première réunion des électeurs du département, en mai suivant ; enfin à Paris derechef, devant l'Assemblée Nationale, au mois de juin de cette même année 1790.

En retraçant les phases de ce conflit, il va de soi que nous ne songeons pas à raviver des dissensions depuis longtemps apaisées. Nous n'avons pas à prendre fait et cause pour l'une ou pour l'autre des deux villes alors rivales. Nous nous contenterons du rôle de narrateur, cherchant à mettre dans notre exposé toute l'impartialité désirable et toute l'exactitude possible, d'autant plus qu'en cette affaire le dossier personnel de l'une des parties, contenant la correspondance confidentielle échangée avec ses mandataires, est irrémédiablement disparu. Le dossier de Laon se trouve encore aux archives de sa mairie, mais Soissons a perdu le sien dans le terrible incendie qui, durant la nuit du 5 au 6 mars 1814, anéantit à la fois son Hôtel de Ville et son Palais de Justice installé dans l'ancien immeuble du Bailliage (1) : deux bâtiments contigus sur la Place d'Armes, dont les murs avaient assurément entendu

« VUE DE LA PLACE DE L'HOTEL DE VILLE DE SOISSONS ET DU BAILLAGE » (sic)
(D'après une gravure du *Voyage pittoresque en France*, 1789)

| L'ancien Palais de Justice ex-Hôtel du Bailliage et du Bureau des Finances (Bâti vers 1600) | L'ancien Hôtel de Ville de Soissons (Bâti en 1760) | L'ancienne Église Notre-Dame des Vignes en partie démolie, puis transformée en théâtre (1805) |

Incendiés en 1814

L'ancienne Fontaine, démolie en 1828

UN COIN DE SOISSONS DISPARU

plus d'une conversation anxieuse et abrité plus d'une réunion ardente, un quart de siècle auparavant, pendant la période de formation du département et de lutte malheureuse pour en rester le chef-lieu.

(1) Le général Moreau, chargé de la défense de Soissons, venait — par une insigne faiblesse — de consentir (3 mars 1814) la reddition de cette place, assiégée par les Russes de l'armée de Blücher, qui aussitôt avaient commencé à prendre

Dès le début, alors que le projet de leur division commune affectait la forme carrée prévue par la carte du Comité de Constitution, Soissons s'était rendue compte que le vœu de Laon, presque centrale, avait une base sérieuse et que sa concurrence pourrait être redoutable. L'ombrage qu'elle en prit, ne tarda pas à se doubler de quelque inquiétude. Tandis qu'à Paris, les députés du bailliage s'employaient à faire modifier la configuration du département, en vue d'obtenir une meilleure place pour Soissons, dans cette ville même, la municipalité et les corps notables prenaient différentes délibérations destinées à fortifier ses titres, ses « droits » au chef-lieu principal, et à lui attirer la bienveillance du pouvoir dirigeant par leurs marques ostensibles d'adhésion aux idées nouvelles.

Le 12 novembre, dans la lettre d'envoi de sa toute première « Adresse », le corps municipal soissonnais, malgré d'antérieures déclarations du même genre, n'avait pas manqué de témoigner à nouveau d'un particulier « respect pour l'Auguste Assemblée, « d'une soumission sans bornes à ses décrets, et d'une reconnais- « sance égale à la grandeur des bienfaits et des avantages que ses « travaux promettaient à la Nation ». Mais des actes auraient plus de poids que de paroles et, dans la circonstance, il convenait de ne point laisser passer inaperçus les plus capables de produire bon effet près de qui de droit. Le 22 novembre, les habitants réunis en assemblée générale avaient unanimement arrêté de faire abandon à la Nation de tout objet de luxe et de tous bijoux d'or ou d'argent ; un peu auparavant, les officiers du bailliage et du siège présidial s'étaient d'autre part engagés à rendre dorénavant la justice gratuitement, de même que les officiers municipaux avaient devancé la dernière loi en renonçant à « toutes les distributions qui leur étaient faites en robes, vins, bougies, étrennes et autres rétributions ». La ville de Soissons tint à rappeler ces faits à l'Assemblée Nationale dans une nouvelle

---

possession de la ville. Tandis que Napoléon arrivait à Fismes, le lendemain, les troupes françaises d'avant garde des ducs de Raguse et de Trévise, parvenues devant Soissons, crurent devoir tenter sur ses faubourgs un coup de main aussi honorable qu'inutile. C'est alors, dans la nuit suivante, qu'une fatale imprudence alluma l'incendie par lequel ces immeubles, avec toutes leurs archives, ne furent pas seulement détruits, mais dans lequel un très grand nombre de soldats blessés, qu'on ne put évacuer à temps, périrent en outre tragiquement sous leurs décombres.

« Adresse », portant la date du 2 décembre, dont la teneur dénote son état d'esprit du moment, tout en enlevant aux décisions précédentes beaucoup du caractère spontané et désintéressé qu'elles semblaient avoir eu. Après la mention qui les concerne, on lit en effet : « *Malgré les alarmes qui doivent justement l'agiter, au « moment où son existence et sa fortune dépendent de la division qui va « être adoptée pour fixer le chef-lieu de sa province...* rassurée par les « réclamations légitimes contenues dans son Adresse, ainsi que « dans un Mémoire déjà sous les yeux de l'Assemblée, et se « reposant entièrement sur les vues de bien public et de justice « qui l'animent,... la commune de Soissons aspire après le « moment où cette frêle offrande déposée sur l'autel de la liberté, « pourra n'être pas dédaignée par ses illustres défenseurs » ; et ceci encore : «....... Oubliant, pour ainsi dire, *ses vives inquiétudes* « pour ne s'occuper qu'à donner des preuves nouvelles de son « dévouement à la cause publique et à la patrie..., elle compte « que ces preuves seront accueillies, *comme elle espère que seront* « *favorablement écoutées ses réclamations pour conserver dans sa ville* « *le chef-lieu de sa Province.* » (1).

C'est quelques jours plus tard, le 11 décembre, que Soissons eut la satisfaction de voir l'assemblée des députés de Picardie et d'Ile de France adopter le plan n° 4 ; mais, par contre, elle dut avoir, à peu près en même temps, connaissance de l'Adresse en riposte à la sienne, qui de Laon était parvenue la veille (10 décembre) à Lecarlier. Il devenait dès lors évident que sa voisine était fermement décidée à la lutte ; le danger s'accentuait, et pour s'assurer la victoire, il allait falloir à Soissons ne rien négliger, ne perdre nul instant, n'épargner aucune démarche, désormais.

Afin de contrebalancer l'influence des douze députés du bailliage de Vermandois, dont trois étaient originaires de Laon même (Devisme — Lecarlier — L'Eleu de la Ville-aux-Bois) et un autre y avait sa résidence officielle (l'Evêque De Sabran) ; afin de renforcer aussi l'action des représentants de son propre bailliage, au nombre de quatre seulement (juste autant que d'élus tout à fait laonnois), la municipalité de Soissons décida donc bientôt de

---

(1) « Adresse de la commune de Soissons à l'Assemblée Nationale » et « lettre d'envoi » du 2 déc. 1789 *(Bibl. Soissons.* Coll. Périn, Rech. man. XII, p. 156 et suiv.

confier plus spécialement la défense de ses intérêts à trois « députés extraordinaires » : MM. Brayer, naguère lieutenant général de police de la ville, actuellement encore subdélégué général de l'Intendance et membre de la Commission provinciale du Soissonnais (1) — Boquet de Liancourt, « premier avocat du Roi au bailliage et siège présidial de Soissons » (2) — et Letellier, membre du Conseil de Ville, qui, arrivés à Paris vers le 20 décembre (3), devaient être constamment sur la brèche jusqu'à la fin du mois de janvier suivant, dans la seconde quinzaine duquel nous verrons de nombreux collègues venir tout à coup se joindre à eux.

(1) BRAYER [Jean-Joseph] né à Soissons, conseiller et avocat du roi au baillage et siège présidial de Ss ; lieutenant général de police de la ville, membre de la Commission intermédiaire du Sss (1787-90); subdélégué général de l'Intendance, en 1789 — Devint commissaire du roi près le tribunal du district de Soissons, en 1790. Incarcéré pendant la Terreur. Juge de paix du canton rural de Soissons, apres Thermidor ; puis conseiller a la Cour d'Amiens ; président du tribunal civil de Soissons (1802-1815). Mort en 1818 — « Doué d'un physique avantageux et d'un bel organe, il parlait avec une grande facilité, même sans être préparé.. » (Montois. *Notice necrologique*, dans Annuaire du départ^t. 1819.) La bibliothèque de Ss possede, en copies manuscrites, quelques études documentees dues à M. Brayer. Elles auraient trouvé leur place dans une histoire de Soissons, pour laquelle il avait rassemblé de nombreux matériaux, mais qu'une longue maladie ne lui permit pas d'écrire avant sa mort.

(2) Elu, quelques mois plus tard, membre du tribunal de district de Soissons.

(3) Cette date seulement approximative et correspondant sans doute à celle de leur nomination, résulte de deux indications fournies par les documents du temps : « La ville de Soissons a ici des deputes *depuis 8 jours*... », écrit Lecarlier au debut de janvier — « Depuis *près d'un mois* que nous sommes à Paris... » ecrivent, de leur côté, les deputés speciaux de Soissons, le 15 janvier 1790 (*Arch. mun. Laon* et *Arch. Nat.* passim).

D'autre part, sur le conseil avisé de la communauté des procureurs judiciaires de la ville, les édiles soissonnais commencèrent alors à engager des pourparlers avec les municipalités des principaux centres du sud du département (tels que Château-Thierry et Villers-Cotterêts) — intéressés, par raison de proximité, au choix de Soissons comme chef-lieu — leur demandant d'apporter aux efforts des représentants de celle-ci l'appui de leur crédit et de leurs sollicitations, en vue de neutraliser l'effet des entreprises analogues qui seraient engagées, au nord par Saint-Quentin et Guise, probablement aussi par Chauny et Coucy, en faveur de Laon (1).

Forts de la situation topographique de leur cité dans la division du Vermandois et du Soissonnais (même encore après le vote du plan n° 4), les élus laonnois se crurent pendant quelque temps suffisamment qualifiés pour soutenir seuls ses intérêts et pour parvenir à la faire triompher sur sa rivale. Mais à la suite des divergences de vues qui se produisirent parmi eux, quant aux districts à créer et sur le choix de l'établissement principal — administratif ou judiciaire — à réclamer de préférence en cas de partage, il leur parut assez utile d'avoir le concours de mandataires spécialement accrédités pour parler et discuter au nom de la ville, plus librement que peut-être ils ne sauraient le faire eux-mêmes, en leur qualité de représentants du bailliage tout entier. Comme d'ailleurs quantité d'autres villes (Soissons notamment) avaient déjà dans la Capitale de tels mandataires, il importait d'autant plus d'être en mesure de traiter, sans contestation possible, de pair avec elles. Le 30 décembre, au reçu d'une lettre de Lecarlier, ses collègues de la municipalité de Laon s'étaient donc réunis et, séance tenante, avaient nommé deux d'entre eux pour se rendre à Paris, avec le titre de « députés extraordinaires » : MM. Cadot de Villemonble, maître particulier des eaux et forêts, membre de l'assemblée d'élection et lieutenant de maire — et Fouant (François-Amant), procureur du roi au bailliage, qui partirent dès le lendemain (2) ; mais, par la force des choses, auprès de leurs actifs

---

(1) Délibération de la communauté des procureurs de Soissons (sur la question du chef-lieu), du 28 déc. 1789. [*Bibl. Soissons* Coll. Périn, n° 5602]

(2) Cf. à ce propos, lettres de Lecarlier des 11 et 29 déc. 1789, 2 janv. 1790, et délibération du 30 déc. (*Arch. mun. Laon*, AA, 38 — doss. 26 — BB. 46).

et zélés concitoyens, députés directs, ils eurent, en fait, un rôle plus nominal que réel (1).

[signature]

[Arch. départ. et mun. de Laon]

* * *

Les plaidoyers de Soissons et de Laon

En outre des arguments basés sur leur respective position naturelle, que nous avons précédemment résumés (2), quelles raisons les deux villes concurrentes donnèrent-elles pour justifier leur prétention au titre de premier chef-lieu, dans l'organisation nouvelle ? Quels avantages dirent-elles offrir pour le placement de l'administration départementale ? Nous allons rappeler ici brièvement les unes et les autres.

Soissons, par son « Adresse » du 12 novembre, ayant tiré la première, donnons lui d'abord la parole.

Déposséderait-on de sa situation prépondérante, une cité d' « ancienneté supérieure même à celle de la Monarchie, qui y eut son véritable berceau », dont le territoire environnant « fut le premier qui porta le nom de France », autrefois « la Capitale du Royaume » et maintenant encore « une capitale dans l'Empire françois » ? — « Dans tous les âges, son histoire était étroitement liée à celle de la Nation » : elle avait « vu ôter et donner la couronne à plusieurs Rois des deux premières races » ; dans ses murs s'étaient réunis « dix à douze Conciles, et un plus grand nombre d'Assemblées nationales » ; « choisie, en 1728, pour servir de domicile au Congrès des puissances de l'Europe (3) », « ses

---

(1) V. supra et infra, *passim*.
(2) V. supra, p. 102 et suiv.
(3) Le Congrès de la Paix, réuni sur l'initiative du Cardinal de Fleury, en vue de terminer tous les différends entre les puissances de l'Europe se tint en effet à Soissons, durant un an (de juin 1728 à juin 1729) ; il se termina sans résultat.

avantages l'avaient encore fait désigner dernièrement pour y tenir les Etats-Généraux » (1). « Se trouvait-il beaucoup de villes qui — dans l'ordre politique — eussent de pareils monumens d'illustration et d'antiquité à opposer à leurs rivales ! »

Dans l'ordre civil, Soissons n'avait pas moins de relief ; « depuis deux cents ans, elle était décorée de tous les Tribunaux et de tous les établissements que peut comporter une localité de son rang ». Et complaisamment elle les énumérait : Présidial ; Bailliage royal ; Bureau des Finances (Généralité) « dû au grand Duc de Mayenne » ; Intendance ; Tribunal d'élection ; Juridiction de grenier à sel ; Tribunal de la maréchaussée et séjour du Grand Prévôt ; Juridiction consulaire ; Evêché « premier suffragant de Rheims » ; « Académie françoise » ; Société d'agriculture ; « Collège de plein exercice, avec bourses fondées » ; Ecoles gratuites, Séminaires ; Hôtel Dieu, hôpital général ; Bureaux de charité ; enfin, pour ne rien oublier, « Etablissemens de jeux d'arquebuse, d'arbalète et d'arc, et les plus belles promenades, dans le plus beau site ».

Mais dans la question de l'emplacement de l'administration départementale, il convenait d'envisager aussi certain point de vue économique et le côté pratique.

Soissons n'offrait pas seulement des facilités particulières d'accès par sa situation en plaine et par le bon état des routes nombreuses qui y conduisaient ; elle était de plus « l'entrepôt des bleds de la Province et l'un des principaux greniers pour l'approvisionnement de Paris », qui en tirait annuellement du quart au

(1) Par là Soissons faisait état, non pas même d'une décision, mais d'une vague intention dont voici la cause : Au début de juillet 1789, prenant prétexte de quelques troubles survenus à Paris, le roi avait cru devoir concentrer d'importantes forces militaires autour de la Capitale et de Versailles, où siégeaient les Etats Généraux. Ceux-ci estimèrent qu'un tel rassemblement n'était nullement justifié par les circonstances et, sur la proposition de Mirabeau, demandèrent au Roi le renvoi de ces troupes. Le roi répondit, le 11 juillet, qu'elles n'avaient été massées qu'en vue du maintien de l'ordre et qu'elles ne menaçaient nullement l'indépendance des Etats Généraux, ajoutant que « si leur présence « necessaire dans les environs de Paris causait encore de l'ombrage, il se por- « terait, sur la demande des Etats Généraux, à les transférer à Noyon ou à « *Soissons*, et qu'alors il se rendrait lui-même à Compiègne » pour rester en communication avec eux. Quoique cette réponse ne parut pas satisfaisante, l'affaire en resta là dans l'Assemblée. Mais ce même jour Necker fut renvoyé ; le lendemain, au Palais Royal, Camille Desmoulins électrisait le peuple de Paris ; et, le 14 juillet, la Bastille était prise.

tiers de ce qu'il lui fallait. Or « un pareil commerce avait sans doute besoin d'être surveillé et protégé par une Administration immédiate embrassant la Province entière, pour que — dans l'intérêt de la Capitale qui consomme et de la Province qui cultive et qui fournit — le cours de cette précieuse denrée ne prît pas une autre direction ». « Pour les avantages que ce commerce procurait à la subsistance de Paris, il serait donc de la plus grande utilité que les autorités principales chargées du soin d'aider l'action du Gouvernement fussent placées dans la ville même où se préparaient et s'expédiaient de si importantes livraisons de bled » ; l'on ne saurait donc manquer de voir là « un motif puissant, pour accorder à Soissons la prérogative dont elle avait toujours joui, d'être le chef-lieu de l'administration ». (1).

Enfin — et c'est là une raison d'ordre matériel, qu'elle mettait spécialement en avant — Soissons, par son Hôtel de l'Intendance construit depuis peu et tout approprié, se trouvait en possession d'un « bâtiment public où le Corps administratif du département pourrait tenir ses séances et placer ses bureaux, sans qu'il y ait un sol de frais à faire » et sans nécessiter le déplacement des papiers et des archives de l'Administration provinciale, ni d'aucun des autres établissements actuellement en activité dans cette ville ; alors qu'au contraire Laon ne pouvait offrir d'immeuble analogue, complètement installé et de suite disponible, en vue d'une telle destination. Ici, le local convenable était tout prêt ; faute d'utilisation, « ce serait pour la Province une dépense de deux millions faite en pure perte » (2). Là, il faudrait construire ou tout au moins

---

(1) Au lendemain des décrets qui *ordonnaient* la liberté intérieure du commerce des grains, il est intéressant de relever, dans une requête officielle, cette allusion au maintien nécessaire d'une surveillance administrative destinée, non pas à éviter l'exportation, mais à entretenir un acheminement déterminé des denrées. Nous verrons bientôt pourquoi cette exception d'utilité particulière à une mesure d'ordre général, ne courait cependant aucun risque d'être prise en mauvaise part. De ces entorses intéressées l'histoire économique et politique est toute remplie.

(2) V. sup. p. 26 et 27. Cet Hôtel de l'Intendance avait été construit, de 1772 à 1775, d'après les plans de M. Advyné, ingénieur, sous l'administration de M. Lepelletier qui « jouant le satrape et se trouvant logé d'une manière peu convenable
« dans une belle maison bourgeoise qu'occupaient ses prédécesseurs rue de
« Panleu, se fit autoriser par la Cour à bâtir cet immeuble et à le décorer
« convenablement aux frais de la Généralité, pour qu'il pût recevoir le Roi et la
« Reine, lors de leurs passages à Soissons. La difficulté était de trouver un empla-
« cement favorable. On jeta les yeux sur le vieux Château-Gaillard, abandonné
« depuis longtemps par ses maîtres. Le duc d'Orléans en fit volontiers la cession...
« La démolition fut prompte, quoique pénible et en place de ce monument

louer un vaste immeuble, dont les frais considérables d'aménagement occasionneraient une surcharge accablante d'impositions, « en un moment où la détresse des peuples était à son comble ».

L'INTENDANCE DU SOISSONNAIS
Édifiée en 1775, devenue l'Hôtel de Ville de Soissons depuis 1817,
Telle qu'on la voit actuellement, 1911.

« gothique, on éleva en moins de 3 ans, un superbe palais... auquel cependant il « manquait un jardin ; on en fit un pris sur le cour (sic) en face de la maison. Cette « usurpation gâtait la promenade, dont elle bornait la vue du côté du pont, mais « personne n'osa s'y opposer, tant on craignait les suites du mécontentement « d'un Intendant » [FIQUET (qui fut administrateur du département, député à la « Législative, à la Convention, etc..) Mémoires manuscrits pour servir à l'hist. de Ss. tome III liv. 8. *Bibl. Soissons*]. — M. Lepelletier, en fonctions à Soissons depuis 1765 et devenu veuf, s'était remarié à la fin de 1768, avec « haute et puissante demoiselle Françoise-Elisabeth De la Cropte de Bourzac, *fille mineure*... ». Plus que l'Intendant lui-même, peut-être est-ce sa jeune femme qui se trouva « logée de façon peu convenante » dans la maison de la rue de Panleu, et, par suite, un peu à l'influence de celle-ci que Soissons devrait ce monument ?

La construction et la décoration de la nouvelle Intendance du Soissonnais avaient coûté 850.000 livres, plus environ 250.000 livres d'autres faux-frais, soit au total onze cent mille livres, et non pas « deux millions » comme il est dit ci-dessus avec une exagération excessive autant qu'intéressée.

L'Intendance ne devint pas la propriété du département, mais celle de l'Etat, qui en concéda la jouissance partielle à la commune de Soissons en 1817, pour y installer sa mairie provisoirement établie rue Richebourg, à la suite de l'incendie de 1814. La ville la loua tout entière en 1825, puis l'acheta à la fin de 1834, moyennant 200.000 francs environ.

Ce bel édifice, dont l'ensemble est remarquable par la régularité plus que par l'élégance de sa construction, et par une distribution bien ordonnée, abrite actuellement, outre la Mairie, la Bibliothèque, le Musée et les Cours secondaires de jeunes filles. Les grilles qui, de devant et de derrière, le dégagent de façon si avantageuse ont été substituées depuis peu à des murs épais qui l'encadraient lourdement. Dans la cour, la statue d'Alph. Paillet (V. sup. p. 73 note 1). — Cf. Description du cy-devant Hôtel de l'Intendance en 1790. *Bull. de la Soc. Arch. de Ss.* avec une note de l'auteur. 1908 p. 119 ; et *Ibidem*, 1874, V, p. 257 et suiv. l'intéressante étude de M. E. CHORON, sur les « Divers emplacements de l'Hôtel-de-Ville à Ss ».

Au surplus « par la suppression annoncée des tribunaux d'exception, par les réformes qui devaient avoir lieu dans le clergé séculier et régulier, Soissons se voyait à la veille de perdre pour plus de 500.000 livres de consommation, et de n'avoir ni état ni ressource à conserver pour la majeure partie de ses habitants » ; Laon, au contraire, « jouissait de la faveur d'un établissement immuable, celui de ses cazernes pour un régiment de cavalerie, venant de coûter à la province plus de 800.000 livres, qui y entretiendrait toujours un mouvement très productif » (1). Celle-ci n'aurait donc point à faire de sacrifices aussi considérables que celle-là ; « elle demeurerait ce qu'elle était dans la partie d'administration puisqu'elle serait nécessairement chef-lieu d'un district ». « Afin de lui procurer une existence plus importante, réduirait on presque au néant une cité d'ordre supérieur ? »

Pour ces divers motifs, Soissons espérait « que l'esprit de justice et d'équité de l'Assemblée Nationale la porterait à ne pas dépouiller entièrement et sans aucun motif d'utilité une ville depuis si longtemps en possession de tous les attributs et du titre de Capitale », et que « par une décision, à laquelle étaient attachés l'intérêt de Paris et le bonheur même de la Province », cette Assemblée jugerait convenable de « préférer entre les deux localités concurrentes, celle qui offrait tous les avantages possibles, et où le nouvel établissement serait le moins dispendieux » (2).

(1) Ces casernes sont celles du Champ Saint-Martin, commencées en 1783 et terminées à la fin de 1787. Leur construction, qui coûta près de 800.000 livres, avait été adjugée à L. Duroché, entrepreneur à Soissons, moyennant 710.000 livres (chiffres ronds) payables sur les fonds de la Province du Soissonnais, par annuités de 80.000 livres environ de 1785 à 1794.

(2) Les citations qui précèdent sont extraites des documents suivants : « Adresse (de la ville) de Soissons à NN. ss. de l'Assemblée Nat. » (12 nov. 1789), broch. in-4 de 8 p. — « Mémoire pour établir la preéminence de la ville de Ss sur les autres villes de la province » (déposé entre le 12 nov. et le 2 déc.) (*) — « Demande pour la conservation du chef-lieu de depart¹ dans la ville de Ss. » (14 janv. 1790) broch. in-4 de 6 p. probablement rédigée par Boquet de Liancourt, dép. extraord. — « Mémoire pour la ville de Ss. » anonyme et s. d. mais émanant des députés du Bgᵉ, vers le 17 ou 18 janv. — « Observations contre la demande de la ville de Laon pour obtenir provisoirement l'établissement du chef-lieu du 8ᵉ départ. » anonyme et s. d., mais émanant des députés de la ville de Ss. vers le 17 ou le 18 janv. *Arch. Nat.* AD XVI, 19 ; D IV *bis* 3 (148 et 145) — *Bibl. Soissons* Doc. annexés aux *Mémoires* de FIQUET, tome III nᵒˢ 7, 8 et 9 ; le nᵒ 7 est le mémoire précité (*) dont l'auteur est inconnu, et sous le nᵒ 8, sont les notes qui ont servi à sa rédaction ; enfin, sous le nᵒ 9, sont les notes dues à M. Brayer, ex-lieutenant général de police, qui ont servi à la rédaction de l'adresse du 12 novembre.

Observant un pareil enchaînement d'idées, suivant pas à pas l'argumentation de Soissons, Laon rappelait, au cours de ses réponses, qu'elle aussi pouvait invoquer de glorieux souvenirs historiques et d'antiques liens avec la Monarchie française.

Pendant près d'un siècle, au xᵉ, sous les derniers Carlovingiens, n'avait-elle pas elle-même été un chef-lieu, « une Capitale », dont sa vieille Tour de Louis d'Outremer et son « Palais des anciens Rois, où ils faisaient leur séjour », demeuraient des preuves matérielles ? Et surtout n'était-il pas constant que dans les temps postérieurs, « par une conduite aussi naturelle de sa part que contraire à celle de Soissons », la ville de Laon avait toujours montré une particulière « aversion pour le despotisme », comme en témoignaient notamment les longs démêlés dont l'institution de sa Commune fut l'objet durant plus de deux cents ans, tels — disait elle — que « ce qui se fait aujourd'hui n'est que le complément de la Révolution commencée dès lors », et plus tard son refus de devenir le siège de l'Intendance, « fait notoire, passé par la tradition dans tous les esprits et dans tous les cœurs, qui paraîtra peut-être singulier, mais qui n'en est pas moins vrai »(1). En protestant d'un attachement séculaire à la cause de la liberté et en le déclarant opposé à l'attitude traditionnelle de Soissons, Laon ripostait à l'attaque de celle-ci par un trait de politique, dont il est manifeste qu'elle escomptait un effet pernicieux pour sa rivale, dans les circonstances présentes ; à la vérité, ce but spécial ne devait pas être atteint (2).

(1) Nous avons vainement recherche quelque autre trace de ce « fait notoire » et « singulier » en effet. Devisme, notamment, n'y fait pas la moindre allusion, ni dans son *Hist. de Laon*, ni dans son *Manuel historique du département*. Puisqu'avec prudence on le disait seulement transmis « par la tradition », daterait-il, par hasard, d'une fraîche année de la fin du xviiᵉ siècle, ou sur les côteaux de la Goutte d'or et de Saint-Vincent, les raisins auraient été un peu... trop verts ?

(2) Pénétrés d'une idée analogue, certains auteurs peu favorables en principe à l'esprit de la Révolution, donnent à entendre que, par unique raison de revirement politique, differentes villes durent au renom dont elles jouissaient sous l'ancien régime, d'avoir perdu leur situation dès le début du nouveau. Et l'on cite comme exemples, Soissons supplantée par Laon, Guise par Vervins, Reims par Châlons. Rien n'est plus inexact que cette appréciation superficielle, basée sur de simples apparences. Nous en verrons la preuve détaillée en ce qui concerne les premières de ces villes ; quant à Reims, il suffit de rappeler qu'elle ne déchut pas, puisqu'elle dépendait déjà de la Généralité de Champagne dont le chef-lieu était à Châlons.

Cette ville ne manquait pas d'ailleurs de moyens différents à faire valoir. « Le bailliage de Vermandois, séant à Laon, était *le premier* des quatre anciens Grands Bailliages ». Pour n'avoir plus un ressort aussi ample qu'à l'origine, ni même qu' « au temps où elle en était devenue la capitale », il demeurait toujours « l'un des plus considérables du royaume ». Au mois de mai dernier, lors de la réception par le Roi des députés de toute la France aux Etats Généraux, n'avait-on pas vu faire aux siens l'honneur de commencer par eux la présentation (1) ? D'autre part, pour les élections de ces Représentants de la Nation, n'était-ce pas à Laon qu'avait eu lieu de tous temps, et naguère encore, la réunion des bailliages de la contrée, provenant d'un démembrement de son ancienne circonscription, comme autrefois s'y étaient également réunis ceux même de Saint Quentin et de Soissons, par semblable motif ?

A part l'Intendance, dont elle « osait dire qu'elle n'avait pas voulu » (2), Laon possédait — en plus grand — les mêmes établissements que Soissons : un Evêché « décoré du titre de pairie » ; une juridiction de grenier à sel plus importante ; une maîtrise des eaux et forêts « de beaucoup plus d'étendue et d'attributions » ; une élection d'un tiers plus considérable ; enfin un bailliage et surtout un présidial bien plus vastes, sur la « célébrité desquels il serait superflu d'insister », qui comptaient actuellement quinze officiers, dont elle étalait toute la brochette : « un lieutenant général, un lieutenant de police, un lieutenant criminel, deux lieutenants assesseurs, sept conseillers, deux avocats et un procureur du Roy. » Si l'on ne pouvait contester que Soissons fût un centre principal pour l'administration, il apparaissait donc avec non moins d'évidence que Laon, de son côté, en était un autre dans l'ordre représentatif et juridictionnel.

(1) Dans son *Manuel histor. du départ*, Devisme, à la date du 2 mai 1789, mentionne : « Présentation au Roi des députés du Tiers-Etat du royaume ; à leur tête marchaient ceux du Vermandois nommés à Laon, comme représentant le premier bailliage de France » Lui-même s'y trouvait ; et c'était la vérité ;... pas cependant toute la vérité, car « il y eut à ce sujet une réclamation des députés de Bourgogne. Ayant entendu appeler le premier le bailliage de Vermandois, ils prétendirent que cette honneur leur était dû en l'absence des députés de la Capitale et de sa vicomté. Pour ne pas suspendre la présentation, ils gardèrent toutefois le rang qu'on leur avait assigné, et remirent a faire valoir leurs droits le soir même, pour la procession du surlendemain. La décision du Roi leur a été favorable, et ils parurent ce jour-là à la première place. La même difficulté s'était présentée en 1614. » (*Réimpr. Mon.* Introd. p. 609. Note sur la procession des Etats-Gén*) — *Amicus Plato, sed magis amica veritas*.

(2) Aucun siège d'Intendance ne fut distinct du chef-lieu de la Généralité.

Devant Soissons qui s'intitulait : « grenier de Paris », Laon crut devoir se poser en vigie de la France. « Sur une montagne « qui semblait placée là pour dominer une étendue de pays que la « vue peut à peine parcourir,... elle était peu éloignée de la « frontière vers le Nord Est... Or, il ne saurait être indifférent « que le chef lieu d'une province — (*lisez* : d'un département) — « surtout d'une province frontière, en fût plus ou moins distant... « et Laon, par son heureuse situation, voyait cette frontière de « dessus ses remparts». Sur son éminence, quoi qu'on en ait dit par malignité, « il serait facile de trouver à Laon des emplacements « vastes et commodes pour la tenue des assemblées. » Dans le Palais des anciens Rois, par exemple, où se trouvait déjà l'auditoire du Tribunal, on pourrait aisément pratiquer à peu de frais pour l'Administration, un local qui serait très convenable (1), si toutefois il ne devait pas être « aussi somptueux que l'Inten- « dance de Soissons : ce monument du despotisme le plus « insensé d'un Pacha de province, dont il n'y avait pas une « pierre qui n'eût été arrosée des pleurs et des sueurs des « malheureux » (!) (2).

Au reste, « la meilleure balance politique pour peser l'importance politique de deux villes, n'était-elle pas la mesure de leurs contributions, et à forces égales, la localité qui payait le plus ne méritait-elle pas plus de faveurs ? » Or si la population de Laon équivalait à celle de Soissons, les impositions de l'une dépassaient celles de l'autre. De là vint qu'aux réunions de l'Assemblée provinciale, en 1787, à Soissons même, les députés de Laon obtin-

(1) Six mois plus tard, l'administration départementale fut installée, non pas dans ce bâtiment, mais à l'abbaye Saint-Jean, où est encore aujourd'hui la Préfecture de l'Aisne. D'autre part, sous le Consulat, durant l'exercice du premier préfet Dauchy, tous les tribunaux de Laon furent transférés dans l'ancien Evêché ; et pendant un temps ensuite, avant la construction de l'Hôtel-de-Ville actuel, l'ancien local du Bge devint celui de la Mairie. — Sur ce « Palais des anciens Rois » à Laon, qui datait de Philippe-Auguste, ainsi que sa « Tour », dite encore par tradition « de Louis d'Outremer », quoique postérieure de deux siècles à celle du Palais disparu de ce dernier Roi, Cf. l'intéressante étude de M. L. Broche, *Bull. Soc. Acad. de Laon*, 1904, xxxi.

(2) « Pachas », « Satrapes » (V. sup. p. 173, note 2), étaient à l'époque les qualificatifs courants, par lesquels se traduisait l'animosité contre les Intendants, dont la suppression s'imposait au point, d'après la remarque d'un psychologue, que « s'il était une branche de leurs fonctions qu'il fût absolument nécessaire de perpétuer en leurs personnes, *il serait d'une sage politique de les déguiser sous une autre dénomination* » (Cah. Nobl. Bge de Montreuil-sur-Mer) — En l'an VIII, Rœderer et Bonaparte devaient s'inspirer de cette idée, quand ils créèrent les *Préfets*, aux attributions étendues de la loi de pluviôse.

rent le premier rang. Ce fait récent n'avait-il pas toute la force d'un précédent décisif ? (1)

En dernier mot, tandis que « Soissons devait à son avantageuse situation sur une rivière navigable, de faire un négoce immense et très lucratif, dont ses habitants resteraient favorisés, Laon, à qui la nature avait interdit tout commerce et qui tirait ses seules ressources des consommations, se voyait menacée de perdre tout ce qui la soutenait, ses chapitres nombreux, ses trois grandes abbayes d'hommes et plusieurs autres communautés. Si elle n'obtenait quelque dédommagement, elle serait anéantie. La juste espérance de devenir un chef-lieu de département, était donc pour elle *la planche dans le naufrage* ». (2).

*
* *

Incident survenu entre les députés du Soissonnais et leurs collègues du Laonnois

Les deux plaidoyers dont nous venons de dégager les arguments principaux, se trouvaient contenus dans les diverses requêtes qui, de part et d'autre, furent officiellement remises au Comité de Constitution, et qui devaient — le moment venu — lui permettre de se prononcer en connaissance de cause.

(1) Sur cet antérieur conflit de préséance, solutionné en faveur de Laon, voici comment s'exprime quelqu'un qui y avait été mêlé : « Lors de notre « première Assemblée provinciale en août 1787, M. de Clamecy, maire de « Soissons, prétendoit passer avant moi à double titre, comme maire et comme « représentant la Ville de Soissons, siège de l'Intendance. J'avois intérêt de « soutenir les anciennes prérogatives de Laon, qui a toujours eu le premier pas « aux anciens Etats-Généraux à raison de son ancienneté et des prérogatives qui « militoient en sa faveur ; mais je ne voullois pas en faire une affaire de « discussion avec un vieillard respectable. Sur sa représentation, je m'en « rapportai à M. le Comte d'Egmont qui décida, suivant des instructions parti- « culières, que c'étoit le montant des impositions des communes qui devoient « décider du rang de leurs députés.. (Après vérification de ces impositions « sur un des registres de l'Intendance, l'ordre établi parmi nous fut : Laon, « Soissons, Château-Thierry, Crépy-en-Valois, Clermont-en-Beauvoisis, etc... ; on « le suivit également dans l'Assemblée générale du mois de novembre). » [Lettre autographe de M. Laurent (conseiller du Bge de Vermandois, représentant de la Ville de Laon, pour le tiers-état, à l'Ass. prov.) à son gendre, M. Devisme. Laon 5 déc. 1789. *Arch. Nat.* D iv bis 3 (145)].

(2) Les citations qui précèdent sont extraites des trois documents suivants (*les seuls* que Laon ait produits en sa faveur) : « Observations pour la ville de Laon (pour les députés du Bge) », anonyme et s d , mais de la rédaction de Devisme, au début de déc. 1789 — « Adresse de la municipalité de Laon du 6 déc. », en réponse à celle de Ss. — « Observations sur la fixation du chef-lieu du dépar^t du Vermandois et du Soissonnais », anonyme et s. d. mais du 20 janv. 1790 environ et de la main de Lecarlier. [*Arch. nat.* D iv bis 3 (144) et *Arch. mun.* Laon.]

Au cours des assemblées successives, tenues sans résultat appréciable, par les députés directs et extraordinaires de la région, en présence parfois de l'un des Commissaires-adjoints, Dupont de Nemours, Gossin ou Bureaux de Pusy, à propos de la circonscription définitive du département, ou bien au sujet de ses districts, quelqu'une des raisons précédentes, incidemment évoquée dans la discussion, avait souvent amené certains échanges de mots assez vifs entre les avocats de Laon et de Soissons, parmi lesquels Lecarlier pour l'une et Brayer pour l'autre, tous deux bons orateurs, paraissent avoir été les plus ardents. Un jour, c'était Brayer déclarant que Soissons ne souffrirait pas d'être « dominée par la montagne de Laon ». Le lendemain, c'était Lecarlier disant à l'adresse de son contradicteur habituel, membre de la Commission provinciale et pour l'heure Intendant intérimaire, que « les

(J-M-F-P) **LE CARLIER**
Maire de Laon
DÉPUTÉ DU VERMANDOIS
(V sup. p. 69, note biographique)

Buste par DOUBLEMARD (1883)
[*Musée de Laon*] (1)

. Signature et cachet (1793)
[*Bibl. de Soissons*]

---

(1) DOUBLEMARD (Amédée-Donatien), sculpteur français, né en 1826 à Beaurain

administrateurs soissonnais, en ne rougissant pas d'affirmer que les accès de Laon étaient très difficiles, prouvaient qu'ils ne connaissaient pas le pays qu'ils prenaient la peine d'administrer » — ou bien encore, opposant à l'offre des officiers du bailliage de Soissons de rendre la justice gratuitement, faite « seulement depuis qu'il était question d'une nouvelle organisation du pouvoir judiciaire et de l'établissement d'un chef-lieu de département », la marque autrement probante de leur désintéressement qu'avaient donnée ceux de Laon, en prenant la même décision « dès le mois de mars dernier, avant la première des assemblées primaires, dans moment où elle ne pouvait être équivoque ». (Op. cit. *passim*).

Cependant l'on ne se décidait toujours pas à entamer le débat sur le fond même de la question ; et, de jour en jour, les rapports devenaient plus tendus entre les partisans des deux villes qui, dans l'intervalle des réunions, surveillaient avec un soin jaloux leurs démarches mutuelles, ne cessant de se reprocher leur ambition et leurs intrigues inspirées par une tactique inverse. Les Laonnois, en raison du nombre important des députés du bailliage de Vermandois qui paraissait devoir assurer au profit de leur cité une majorité de voix, visaient en effet à obtenir des députés du département un vote dont le Comité de Constitution serait obligé de tenir compte ; tous leurs efforts tendaient donc à préparer le succès de ce scrutin et, comme nous l'avons vu, c'est beaucoup afin de gagner des suffrages que certains d'entre eux se montraient si disposés à accueillir presque toutes les demandes de districts émanant des petites villes. Mais les Soissonnais qui sentaient bien le danger d'un tel vote, s'attachaient au contraire à l'éviter, ou tout au moins à le retarder, en entretenant l'indécision

---

(Aisne — C^e de Flavigny-le-G^d et Beaurain, près Guise), où son père était garde-champêtre ; mort à Paris, en 1900 — Elève de Duret ; prix de Rome en 1855 — Artiste de grand talent, auquel on ne doit cependant aucune production tout à fait hors ligne. Plusieurs de ses œuvres représentent des personnalités politiques du département de l'Aisne. Citons : les bustes de MM. *Quentin-Bauchart*, député en 1848 et 1849, *Fouquier d'Hérouel* (fils du Constituant), député en 1849, et *Victor Suin*, tous trois sénateurs sous le 2e empire ; la statue du *Maréchal Serurier*, sur la place de l'Hôtel-de-Ville à Laon, inaugurée en 1863; un buste d'*Odilon Barrot* ; la statue de *Camille Desmoulins*, édifiée sur une place publique de Guise en 1884, inaugurée en 1890 ; un buste d'*Henri Martin*, etc. Nous ignorons d'après quelles données Doublemard a établi la figure de *Lecarlier*, dont on ne connaît — paraît-il — aucun portrait exécuté de son temps.

parmi leurs collègues, avec l'espoir que le Comité de Constitution se prononcerait pour Soissons, avant qu'il n'ait eu lieu.

Dans un tel état des esprits, un éclat ne pouvait manquer d'arriver. Il se produisit à la séance de l'assemblée de département du 14 janvier 1790. Ce jour là, la discussion prit une si fâcheuse tournure que les députés du bailliage et de la ville de Soissons crurent devoir se séparer de leurs collègues, en « déclarant « formellement qu'ils n'entendaient plus concourir à aucune déli-« bération avec eux », et que pour tout ils s'en remettaient exclusivement désormais à la décision de Messieurs les Commissaires-adjoints, qui statueraient d'après les Mémoires déjà déposés, auxquels avait été jointe, le matin même, une dernière « Demande — dont ils laissaient copie — pour la conservation du chef-lieu de département dans la ville de Soissons », sous la signature de ses mandataires spéciaux.

Ceux-ci, à la susdite réunion avaient été piqués au vif par une imputation dirigée contre l'Administration provinciale qui siégeait encore à Soissons, et par extension contre cette Ville elle-même. Au surplus, voici le récit qu'ils firent du motif de l'incident, dans une lettre adressée par eux dès le lendemain à l'un des Commissaires-adjoints :

« ..... Depuis près d'un mois que nous sommes à Paris, pour suivre l'objet de notre mission, nous n'avons manqué à aucune des conférences qui se sont tenues entre les députés des bailliages et des villes qui ont intérêt à la composition du huitième département. Vous avez été témoin plusieurs fois, Monsieur, de l'inutilité de ces conférences; *vous l'auriez été à la séance d'hier de particularités et de personnalités qui font craindre de voir dégénérer en rixes sérieuses des explications qui deviennent chaque jour plus désagréables.*

La ville de Laon, forte du nombre de ses députés directs, soutenue en outre de ceux des villes situées dans son arrondissement, ne se contente pas de faire valoir contre nous cette supériorité excessive, en cherchant toujours à engager par le suffrage des parties intéressées, ce qui ne peut et ne doit être réglé que par MM. les commissaires. Elle cherche à répandre la défaveur et le soupçon sur celle de Soissons par les attaques les plus vives et les inculpations les plus graves, dont nous ne vous citerons, Monsieur, que *celle d'accuser publiquement la Commission provinciale actuellement existante, de s'être rendue coupable d'accaparement, de monopole et de concussion dans la vente des bleds faite l'été dernier, pour venir au secours des villes de la province.*

Nous n'avons, Monsieur, ni caractère ni mission pour nous livrer à des discussions aussi étranges ; nous ne redoutons pas d'ailleurs pour nos concitoyens administrateurs, l'impression d'une calomnie dénuée de vraisemblance, ni l'évènement du compte le plus rigoureux qu'ils ont toujours été prêts de rendre des opérations qui leur ont été confiées. Mais nous ne voulons pas non plus qu'on puisse interpréter contre nous jusqu'à notre silence et notre modération ; et c'est en vous confiant, Monsieur, notre juste mécontentement que nous nous bornons à réclamer la justice et l'impartialité du Tribunal qui doit nous juger.

.....Nos plaintes sur les procédés de quelques-uns de MM. les députés de la ville de Laon, sont une justification du parti que nous sommes obligés de prendre de ne plus rentrer en discussion avec eux et de nous en rapporter uniquement à l'avis de MM. les Commissaires vos collègues, qui doit préparer la décision que nous avons lieu d'attendre de la part de l'Assemblée Nationale.

Nous sommes avec respect, etc..... Les députés de la ville de Soissons [signé :] Boquet de Liancourt, Letellier, Brayer. Paris, ce 15 janvier 1790 » (1).

Comment donc, sous cette forme de tous temps exécrée, d'une « accusation d'accaparement, de monopole et de concussion », un aussi dangereux grief avait-il été soulevé contre Soissons ? Ce fut bien un peu par le fait, sinon par la faute, de ses propres mandataires. Disant cela, nous ne voulons nullement insinuer qu'une telle accusation était fondée ; ce que nous savons de la question nous porte à croire le contraire, et nous l'indiquons de suite. Nous avançons seulement ici l'idée que Soissons paraît en avoir ellemême fourni le prétexte par certain motif auquel elle crut devoir s'attacher particulièrement et par certain appui très puissant (quoique en fin de compte inefficace) qu'il lui valut, comme nous allons le voir.

A partir de l'adoption du plan n° 4, l'emplacement topographique

---

(1) *Arch. nat.* D ɪv bis 3 (148), de la main de Boquet de Liancourt, à Bureaux de Pusy (probablement). « ... Nous avons entendu très distinctement un de « Messieurs les députés du Bgc de Laon, confier à un de Chaulny qu'ils étaient « assurés du succès, si la fixation du chef-lieu pouvait dépendre du vœu des villes « et non du jugement du Comité ; c'est en flattant les députés de Coucy, La Fère, « Chaulny et Vervins, de l'espoir d'avoir un district qu'on cherche à s'assurer « leur suffrage pour la fixation du chef-lieu de département a Laon, décision « que par ces motifs l'on veut faire précéder celle des districts... » (*Ibidem*) — A l'appui : « ... Nous ne négligerons aucun moyen pour que Laon soit bien « traité. Nous avons vu ici des députés de Chauny, de Coucy, de Noyon, etc... « Nous leur avons parlé et ils nous promettent bien leurs voix, s'ils obtiennent « quelque chose... » (Lettre des dép. extraord. *de Laon* à la municipalité ; début de janv. 1790. *Arch. mun. Laon*).

de Soissons, par rapport au centre de la circonscription départementale, put soutenir convenablement la comparaison avec celui de Laon. Aussi, dès ce moment, les membres du Comité de Constitution et leurs Commissaires-adjoints se montrèrent-ils pour la plupart favorables à sa cause, estimant qu'il serait bien rigoureux de faire perdre le principal siège d'administration à une localité qui le possédait depuis près de deux siècles. A cet égard, leur avis était connu, car ils ne le cachaient pas. Il importait donc de les entretenir dans ces bonnes dispositions et, par précaution, de s'assurer néanmoins auprès d'eux la recommandation de protecteurs influents. Les mandataires de Soissons n'eurent garde d'y manquer ; non sans habileté, ils réussirent notamment à obtenir, en faveur de leur ville, l'intervention des Ministres et de la Commune de Paris (1).

Mais pour quelle cause ? Et de quelle manière ? — Ce point intéressant d'histoire économique locale mérite d'être repris d'un peu haut.

L'Administration provinciale du Soissonnais, 1787-90
La disette de 1788-89
Soissons secourt Paris — Paris soutient Soissons

Reconnaissant enfin, après douze années d'un règne hésitant, que certaines réformes étaient devenues indispensables pour remédier à la situation déplorablement obérée où se trouvait la France, Louis XVI, par un édit de juin 1787, ordonna la création d'Assemblées provinciales dans toutes les provinces du royaume qui n'étaient pas des pays d'Etats, à l'instar de celles précédemment créées en Berry et dans la Haute-Guyenne, dont l'établissement avait été bien accueilli par l'opinion publique, et dont les résultats administratifs et financiers avaient été très satisfaisants. Des règlements particuliers déterminèrent ensuite les conditions d'organisation et de fonctionnement de ces nouvelles Assemblées, en leur donnant les ressorts de Généralités

---

(1) Lettre des députés extraordinaires de Laon à leurs collègues de la municipalité. 17 janvier 1790 (*Arch. mun. Laon* doss. 26).

comme circonscriptions constitutives, auxquelles on jugea toutefois, pour la circonstance, devoir faire reprendre les anciens noms des provinces.

Un arrêt du Conseil du Roi, du 5 juillet suivant — l'un des premiers parus — établit donc, à Soissons, une « Assemblée provinciale du Soissonnais », et des assemblées secondaires au chef-lieu de chacune des sept élections de la Généralité de cette ville.

SCEAU DE
L'ASSEMBLÉE PROVINCIALE
DU SOISSONNAIS (1)
[Arch. départ.]

En exécution dudit arrêt, cette Assemblée provinciale compta trente-six membres, dont une moitié d'entre eux nommés par le Roi et l'autre moitié choisie par les précédents, de telle sorte que le tiers état des villes et paroisses y eût autant de représentants que les deux autres ordres réunis. Il lui appartint de former en partie les assemblées d'élection, composées de façon analogue.

Pour les remplacer dans l'intervalle des réunions annuelles, ces assemblées durent instituer une délégation permanente, appelée Commission ou Bureau intermédiaire, comprenant, en outre de leur président et de leurs deux procureurs-syndics, quatre membres pris, un dans la noblesse, un dans le clergé et deux dans le tiers-état.

L'Assemblée du Soissonnais, dont le président désigné par le Roi fut le Comte d'Egmont-Pignatelli, tint une session préliminaire, du 11 au 16 août 1787, où l'on ne s'occupa que de questions d'organisation. Après s'être complétée, l'Assemblée nomma les membres à son choix des assemblées d'élection et ceux de sa Commission ; puis ayant chargé celle-ci de réunir tous les renseignements de nature à éclairer ses prochains travaux, elle s'ajourna au mois de novembre.

Plusieurs des députés aux Etats Généraux, élus dix-huit mois

---

(1) Comprenant les sept écussons des sièges d'élection dans la Généralité, groupés autour de celui de Soissons, comme chef-lieu : en haut, Laon et Noyon — par côtés, Château-Thierry et Guise — en bas, Clermont-en-Beauvaisis et Crépy-en-Valois. Pour plus ample description, Cf. *Bull. Soc. Arch. Ss* 1852, VI, p. 132.

plus tard, en avaient fait partie : les comtes d'Egmont et de Barbançon, Pinterel de Louverny et le duc de Liancourt, des bailliages de Soissons, Villers-Cotterêts, Château Thierry et Clermont-en-Beauvaisis (1).

[Signatures : Le Comte d'Egmont — Les Députés composant la Commission provinciale du Soissonnais — Mennesson, Brayer — Blin de la Chaussée — Bouverot — Dubois — Le cte d'Allonville procureur provincial syndic]

La Commission intermédiaire se composa — par adjonction à MM. le Comte d'Egmont, président, d'Allonville, maréchal de camp, et Blin de la Chaussée, avocat à Soissons, procureurs syndics, membres de droit — de MM. l'abbé Dubois, chanoine de la cathédrale et vicaire général du diocèse de Soissons, de Bouverot, Brayer, lieutenant général de police à Soissons, et Mennesson, avocat à Soissons, membres issus du scrutin, presque tous choisis parmi les habitants du chef-lieu, en vue d'un exercice plus commode de leurs fonctions.

(1) Il y en eut aussi plusieurs, qui provenaient des Assemblées d'élection, tels que : Brocheton et l'abbé De Labat ; Devisme, Lecarlier, L'Eleu de la Ville-aux-Bois et Bailly ; l'abbé Thirial et Graimberg de Belleau, élus par les Bges de Soissons, du Vermandois et de Château-Thierry.
— Certains membres de l'Assée provinciale appartinrent également, par la suite, à l'administration départementale et au Corps législatif : par exemple, Blin de la Chaussée, futur procureur général syndic du département ; Bernier,

La session réelle s'ouvrit le 17 novembre 1787. Sans nous arrêter sur ce que fit au juste l'Assemblée, durant le mois entier de cette session, rappelons seulement qu'elle se divisa en quatre bureaux : de l'impôt ; de l'agriculture, du commerce et du bien public ; des fonds et de la comptabilité ; enfin des travaux publics, dont la nomenclature résume les principaux objets de ses occupations — et, d'une manière générale, qu'elle s'intéressa de son mieux au soulagement du sort des populations rurales, à l'amélioration du régime fiscal, au développement et au bon entretien de la voirie.

Le 17 décembre, l'Assemblée se sépara, non sans avoir donné à la Commission permanente des instructions détaillées pour la conduite administrative à tenir par elle jusqu'à la session prochaine de novembre 1788. Mais alors, comme plusieurs de leurs membres se trouvaient retenus à Versailles par la seconde réunion des Notables, les Assemblées provinciales ne purent siéger, et l'année d'après elles en furent empêchées de nouveau par la convocation des Etats-Généraux et par les évènements qui survinrent.

La Commission intermédiaire du Soissonnais, par suite, demeura seule en service ininterrompu, depuis la fin de décembre 1787 jusqu'en juin 1790, date à laquelle elle dut remettre ses pouvoirs aux mains de l'administration départementale récemment instaurée, établie à Laon depuis quelques jours (1).

Dictée par la défiance qu'inspirait le passé des Intendants, une disposition réglementaire d'août 1787, n'avait plus laissé à ces fonctionnaires, naguère omnipotents, en dehors de certains pouvoirs de juridiction contentieuse et de haute surveillance, que leurs attributions antérieures relatives à l'ordre public, à la police

---

cultivateur à Marizy, qui sera député de l'Aisne à la Législative, ainsi que Carlier, le futur député extraord^e de Coucy (nommé seulement en sept. 1787).

— Enfin quelques autres noms encore méritent d'être signalés : ceux de MM. Laurent, conseiller au B^{ge} et siège présidial de Laon (beau-père de Devisme), ensuite procureur syndic du Bureau d'election (car il n'y avait pas d'incompatibilité prevue entre l'exercice de fonctions dans les differentes Ass^{ees}), et plus tard administrateur du département ; Godard de Clamecy, maire de Soissons ; de Viefville, maire de Guise, futur député extraord^e, dans l'Ass^{ee} provinciale — et dans les assemblées d'election ; Lamy, prieur de Saint-Lazare de La Ferte-Milon, futur député extraord^e ; J.-B.-N. Desmoulins, lieut^t gén^{al} au B^{ge} royal de Guise, père de Camille ; et Cadot de Villemomble (André-Philippe), maître particulier des eaux et forêts à Laon, Trésorier de France, le futur lieut^t de maire et député extraord^e de cette ville.

(1) L'abbé Dubois décéda probablement sur la fin de 1788 et ne fut pas remplacé.

générale et à l'accomplissement des ordres du roi. Quant à l'exécution des délibérations prises par les assemblées locales, ils devaient y rester tout à fait étrangers ; c'est aux commissions intermédiaires exclusivement que le soin en avait été remis : importante réforme, par la substitution d'une collectivité exécutive à un agent unique, dont l'idée (fort sujette à critique) allait passer à l'état de principe posé, appliqué et amplifié, au cours de la période révolutionnaire, de 1790 à l'an VIII.

Ainsi, durant deux ans et demi, l'administration des affaires de la Province du Soissonnais incomba, en majeure partie, aux membres de la Commission provinciale et des bureaux intermédiaires d'élection. Ce sont eux qui en furent, au cours de cet intervalle, les véritables gérants. Animés du désir de faire le bien, agissant avec prudence et modération, s'attachant à maintenir de bons rapports entre coopérateurs de la même œuvre, les uns et les autres, malgré quelques tiraillements, firent une besogne incontestablement utile, dans son ensemble, au bien-être de la Province. Mais novices en matière de science administrative, et tenus de correspondre avec des municipalités plus inexpérimentées encore, dont l'organisation nouvelle causait de la mésintelligence dans les paroisses et suscitait des conflits avec leurs dirigeants antérieurs, ils éprouvèrent parfois des difficultés assez sérieuses. Ces difficultés se produisirent surtout à la fin de 1788 et pendant l'année 1789, quand la situation se compliqua de la crise aigue occasionnée par la pénurie des subsistances, qui va nous occuper spécialement dans un instant.

Par principe, comme nous venons de l'indiquer, les corporations provinciales — Assemblées, Commissions et Bureaux — avaient été instituées à côté ou, pour mieux dire, en face de l'autorité individuelle des Intendants et de leur subdélégués. Aussi, en vertu de son Réglement du 5 juillet (cela précise bien cette conception), ce ne fut pas à l'Hôtel de l'Intendance — où il y avait bien plus de place — mais à l'Hôtel de Ville de Soissons, que l'Assemblée du Soissonnais tint ses séances et que la Commission intermédiaire s'installa primitivement. Toutefois, dans ce Chef-lieu, aucun heurt ne se produisit entre les deux pouvoirs voisins : le mur mitoyen qui les séparait n'altéra point leurs relations. Un homme de valeur, qui, pour ses services, jouissait d'une grande considération — M. Brayer — lieutenant de police de la Ville et membre de la Commission provinciale, futur subdélégué général de l'Intendance, dut contribuer à cet heureux résultat, en servant ordinairement de trait d'union entre l'administration d'ancien régime et celle qui préludait au nouveau, ainsi que nous allons le lui voir faire dans un moment de calamité publique et de pénible embarras pour l'une autant que pour l'autre. (1) (2) (3).

* *

La disette générale de 1788 fit peser, en France, sur les classes pauvres, de cruelles souffrances qui se prolongèrent jusqu'à la fin de 1789, par suite du rude hiver survenu de plus entre ces deux années. Le peuple croyait cette disette factice et l'attribuait aux manœuvres des monopoleurs et des spéculateurs qui, depuis longtemps, dominaient le négoce des grains, aussi insensibles à la misère et à la famine qu'insoucieux des colères et du mépris qu'ils provoquaient, pourvu que la fortune leur vînt.

C'est par une grêle formidable, que la Picardie et l'Ile de France entières, souffrant déjà d'une période d'extrême sécheresse, avaient été ravagées au milieu de juillet 1788. Mauvaise dans le Laonnois, médiocre en Thiérache, la récolte fut de beaucoup réduite dans le Soissonnais (4). Toute cette contrée, l'un des centres principaux de la production et du commerce de blé, se trouvait

---

(1) Après quelques mois de fonctionnement à l'Hôtel-de-Ville, la Commission intermédiaire du Sss, ainsi que le bureau de l'assemblée d'élection, allèrent s'établir plus au large dans une maison sise rue du Coq-Lombard, entre la Mairie et l'Intendance, où elles demeurèrent jusqu'au milieu de juin 1790. Les trois principales administrations séantes à Ss, municipale, provinciale et de l'Intendance eurent ainsi leur personnalité bien distincte, marquée par des installations différentes.

(2) La région de Saint-Quentin, dépendant de la Généralité d'Amiens, eut ses représentants à l'Ass^ee provinciale de Picardie, au nombre desquels Fouquier d'Hérouel, qui sera député du B^ge aux Etats-Généraux ; l'Abbé Duplaquet et le Cte de Pardieu, « capitaine de remplacement au régiment de Guienne », ses futurs collègues, firent seulement partie de l'assemblée d'élection.

(3) *Sur les Assemblées et Commissions provinciales* en général, sur celles du Soissonnais et de Picardie en particulier, Voy. supra p. 28, 41 et suiv. Cf. également L. DE LAVERGNE et DE LUÇAY. *Op. cit.* — MATTON. *Notice*, dans Bull. Soc. Arch. de Ss, 1852 — DESMASURES, et H. DUPONT. *Op. cit.* — R. HENNEQUIN. *Le directoire départ^al de 1789*, Annales Ec. Sc. politiques, 1893 — et surtout les *Procès-verbaux* de ces Assemblées, Soissons et Amiens, 1788, in-4°.

(4) D'après une statistique officielle, les pertes occasionnées par cette grêle auraient atteint dans la Généralité de Ss, un total d'environ 3 millions de livres, se répartissant ainsi : Election de Clermont, 825.000 ; de Crépy, 820.000 ; de Soissons, 580.000 ; de Noyon, 380.000 ; de Laon, 245.000 ; de Guise, 125.000 ; et de Château-Thierry, 13.000 (chiffres ronds). *Arch. depart.* C. 977.

donc elle-même plus ou moins atteinte. Or, aux mois de septembre et de novembre suivants, pour donner satisfaction à l'opinion publique et tâcher d'adoucir le sort malheureux de la majorité du pays, des arrêts du Conseil d'Etat, rendus à la demande de Necker, Directeur général des finances, avaient édicté certaines mesures jugées — par erreur — de nature à rendre les acaparements plus difficiles, à favoriser la circulation des grains dans l'intérieur du royaume et à assurer l'approvisionnement des marchés (1).

CHARLES-ESPRIT-MARIE DE LA BOURDONNAYE DE BLOSSAC,
Chevalier, Conseiller du Roi en ses Conseils, Maître des Requêtes ordinaire de son Hôtel, Intendant de Justice, Police & Finances en la Généralité de Soissons.

Tout en ordonnant l'exécution de ces arrêts dans sa Généralité, l'Intendant de Soissons — M. de Blossac — crut néanmoins devoir prendre quelques dispositions, dans l'intérêt de cette Province si fortement éprouvée, pour conserver les

(1) Ces arrêts (complétés par un autre d'avril 1789) prohibèrent l'exportation des céréales, accordèrent des primes à leur importation par mer ou même par

quantités nécessaires à sa propre consommation et ne laisser sortir que l'excédent. Il donna le conseil, dans la Thiérache, de ménager les denrées qu'on y possédait et de ne plus les diriger, comme d'habitude, vers Soissons, où il fit surveiller, puis suspendre les chargements en partance du port de cette ville et de quelques autres sur l'Oise et l'Ourcq. Non sans raison, ce haut magistrat craignait que les ressources du Soissonnais ne fussent rapidement épuisées, sous les commandes considérables que cet important entrepôt connu ne manquerait pas de recevoir de tous côtés ; qu'ensuite des troubles graves ne se produisissent si, dans une province essentiellement agricole, le blé venait à faire défaut d'une manière absolue.

Grav. d'après Duplessis par de St-Aubin

J. NECKER
Ministre d'Etat
et
Directeur général
des Finances
(1732-†1804)

Entre autres conséquences, ces mesures locales eurent celle de réduire beaucoup les expéditions dont la région parisienne profitait à l'ordinaire pour une large part. L'approvisionnement de la Capitale s'en ressentit donc. Le Directeur général des Finances informé, blâma le fonctionnaire contempteur de ses Edits et lui enjoignit de n'apporter désormais aucun obstacle aux enlèvements de grains dans la contrée. M. de Blossac, gendre de

---

terre, renouvelèrent l'ancienne obligation de n'en vendre et acheter que dans les marchés ; ils permirent aux commissaires envoyés dans les provinces, ainsi qu'aux magistrats de police d'obliger, au besoin, les détenteurs de grains à les amener sur ces marchés, et de prendre des informations sur « les approvisionnements auxquels on pourrait avoir recours dans les moments ou la liberté du commerce (sic) ne suffirait pas ». Ces mesures, plus gênantes qu'utiles, eurent un effet inverse de celui qu'on souhaitait : en dénonçant la crise générale qui sévissait, elles l'accentuèrent; en rendant tout le monde circonspect, au lieu de faciliter le mouvement des denrées, elles l'entravèrent.

l'Intendant de Paris, se sentant des appuis à la Cour et dans le ministère (1), se sachant aussi sur place, en complet accord avec la Commission provinciale, pensa pouvoir faire la sourde oreille. Il maintint ses précautions malgré les ordres de Necker, qui d'ailleurs ne tarda pas à apprendre, par les pressantes demandes de secours alimentaires ou financiers venues de divers points de la Généralité, et par les renseignements des élus de cette Province arrivés à Versailles pour les Etats Généraux, qu'elle était loin d'être aussi abondamment pourvue qu'on le supposait et que lui-même l'avait cru. Revenu de sa prévention, le Directeur général fit donner l'ordre à certains commerçants du pays, d'exposer aux marchés de leur voisinage une partie des blés déjà achetés pour Paris, et, à la Commission intermédiaire qui réclamait instamment son aide, il promit un prochain envoi de riz avec une subvention en argent (2).

Cela se passait dans la première quinzaine de mai 1789. Jusque là, non sans quelque effervescence et plusieurs désordres assez sérieux de divers côtés, on avait vécu tant bien que mal, plutôt mal que bien. Les administrations locales, en s'assistant par des prêts et des versements réciproques de denrées, avaient pu pourvoir aux nécessités. Mais alors, on commençait généralement à se trouver fort gêné ; nombre de marchés importants n'étaient plus fournis et beaucoup de villes n'arrivaient plus à nourrir leurs pauvres. Tout comme la réglementation générale du Ministre, la prudence particulière de l'Intendant avait été vaine. Ni l'une ni l'autre n'étaient parvenues à empêcher les courtiers en grains, agissant directement pour le compte de la Capitale ou pour celui des frères Leleu, riches trafiquants parisiens, propriétaires des grands établissements de Corbeil, de battre le pays selon leur coutume et d'y prélever tout ce qu'ils avaient pu. La Thiérache notamment avait été vite épuisée, à la faveur d'une trop tentante exportation frauduleuse par la frontière du Hainaut, d'où le blé rentrait ensuite à peu de frais non loin de son point de sortie,

---

(1) Voy. infra, p. 194 note 2. Au surplus les mesures qu'il avait prises avaient été ratifiées par M. de Montaran, maître des requêtes au ministère des Finances, chef du service des subsistances, avec lequel il était en excellents termes.

(2) Le 7 juin, en exécution de cette promesse, elle reçut 300 quintaux de riz et une allocation de 6.000 livres.

sous le double bénéfice de la prime d'importation et de l'exhaussement des prix ! Pour n'être pas encore aussi critique que dans la région de Clermont, de Crépy ou de Noyon et qu'autour de Guise ou de Vervins, la situation devenait cependant alarmante partout ailleurs dans la Généralité.

Trois semaines plus tard, au début de juin, la disette augmentant toujours, les administrateurs de la Province, dont la tâche se faisait très ardue, résolurent de prendre par eux-mêmes une importante mesure conservatoire. Certaine récente enquête, faite chez les marchands de grains de la ville de Soissons, avaient appris qu'il leur restait environ 1.600 muids de blé. Par l'entremise du lieutenant général de police, M. Brayer — l'un de ses membres — la Commission intermédiaire conclut avec tous ces négociants un accord, aux termes duquel ils s'engagèrent à conserver ce stock en magasin et à ne le livrer que par quantités déterminées, sur ordres administratifs, à raison de 290 livres le muid, tandis que le prix courant était de 295 livres dans la région et même davantage dans d'autres (1). Ladite convention ayant été immédiatement homologuée par l'Intendant, la Commission décida d'utiliser cette réserve de la manière suivante : 600 muids pour Soissons, 600 pour les localités de la Province où les besoins seraient les plus impérieux,

(1) Ce résultat fut acquis grâce « aux offres patriotiques » et au « généreux dévouement » des marchands de Soissons, disent les documents imprimés, « non sans peine » cependant, s'il fallait en croire la correspondance confidentielle (*Arch. départ.*) — Que fut au juste cette opération ? Nous n'avons pas retrouvé le texte même de la convention ; mais de diverses indications des dossiers officiels, il résulte qu'il n'y eut pas un *achat* ferme des 1600 muids par la Commission, moyennant 460.000 livres, à payer sur les fonds de la province, comme semble l'indiquer M. Matton, dans une de ses *Notices*, et encore moins un emprunt d'une telle somme pour solder cette acquisition, comme renchérit à ce propos M. Ed. Fleury, dans une de ses *Études* (Cf. Compte des recettes et dépenses faites ou à faire, dans la Généralité de Ss pour l'année 1789, approuvé par le ministre Lambert le 20 mars 1790. *Arch. depart.* C. 954 et 958). La Commission dut contracter avec les marchands une sorte d'obligation de « porte-fort » pour le placement de cette quantité de grains d'après ses indications. Elle en acquit la disposition et non pas la propriété ; on ne lui vendit point les 1600 muids ; on les lui réserva. Cependant on trouve dans la correspondance des administrateurs, quelques phrases où il est parlé des blés qui leur ont été « vendus », ou qu'ils « possédaient » ; c'était pour la simplification du langage, mais comme de plus les livraisons ne se faisaient qu'en vertu de leurs ordres, l'idée s'accrédita que la Commission était effectivement devenue propriétaire de ce stock : cela permit une confusion, qui servit de base aux désobligeants griefs que nous verrons plus loin élever contre elle, par quelques députés du Vermandois.

et le reste pour Paris en exécution d'engagements antérieurs.

SOISSONS — VUE DU PORT, à la fin du xviii° siècle, d'où s'expédiait, en blé, pour Paris, du 1/3 au 1/4 de sa consommation.
[D'après une peinture de L. HOYER (1). *Musée de Soissons*].

Ces dispositions étaient à peine arrêtées de la veille, quand subitement — le 8 juin, à la première heure — M. de Blossac reçut en même temps, par un exprès, toute une correspondance de MM. Necker, de Villedeuil, ministre de la maison du roi, de Montaran, maître des requêtes, chef du service des subsistances au ministère, et de Crosne, lieutenant général de police à Paris. Elle l'informait que cette Ville se trouvait sur le point de manquer de vivres, que le cas était des plus préoccupants et que, dans un récent Conseil de Cabinet, où les ministres avaient délibéré sur les moyens d'assurer la subsistance de la Capitale, « on était allé jusqu'à proposer de faire enlever à main armée ce qui pourrait se trouver dans les greniers de Soissons ». On pressait vivement M. de Blossac de venir en causer, pour « satisfaire aux vues et aux demandes du Gouvernement » (2).

(1) HOYER (Jean-Louis-Joseph), né à Lausanne (Suisse) en 1762, mort à Soissons en 1829. — Dessinateur et peintre d'un certain mérite, professeur à l'école de dessin de Ss (1763-96) et à l'École centrale du département, établie sous le Directoire dans cette ville, où sont conservées un certain nombre de ses œuvres d'un réel intérêt documentaire pour l'histoire locale (Cf. Collet. *Cat. du Musée du Ss.*) — De l'ancien port de Ss, en partie représenté ci-dessus, il ne reste plus aucun vestige ; le premier quai qui le longea et en détermina l'étendue, fut construit vers 1825 ; les remaniements, les nivellements et les agrandissements ultérieurs en ont encore complètement changé l'aspect. Le vieux pont, datant du xiii° siècle, qu'on voit au centre, a été reconstruit et modifié à droite du côté de la ville, en 1886.

(2) MM. de Villedeuil et de Montaran surtout, « *comme amis* », insistaient auprès de M. de Blossac pour qu'il les aidât à sortir d'affaire. *(Arch. départ.)*

On juge de l'embarras de l'Intendant et des inquiétudes de la Commission, au vu de ces lettres. Le jour même, ayant d'abord fait diriger sur Paris un chargement de 240 muids de blé, M. de Blossac, accompagné de trois administrateurs (M. Brayer entre autres), partit pour Versailles. Dès le lendemain, renforcés du Comte d'Egmont et du Duc de Liancourt, membres de l'Assemblée provinciale et des Etats Généraux, tous allèrent trouver Necker. Après une longue conférence sur la véritable situation du Soissonnais, sur l'état présent de ses ressources et, comme conclusion, sur la quantité de blé susceptible d'être encore expédiée de suite, on s'arrêta au chiffre de 300 muids. Les administrateurs spécifièrent toutefois qu'ils ne sauraient les prendre sur le stock dont ils s'étaient assurés la disposition, qu'en étant autorisés à faire des « recherches » spéciales dans le reste de la Province, chez les détenteurs présumés de grains, afin de combler le vide qui résulterait de ce prélèvement dans les greniers de Soissons. Necker y consentit. La délégation rentra, et dès son retour envoya à Paris par bateau 50 muids, en acompte sur la fourniture promise ; le reste devait suivre par livraisons successives, dans la mesure du possible.

Dess. par le Ch. de l'Espinasse, 1782.   Figures par Duplessis-Ber

« VUE INTÉRIEURE DE PARIS, représentant le Port au blé depuis le Marché aux Veaux jusqu'au Pont Notre-Dame

PARIS — LE PORT AU BLÉ, à la fin du XVIIIe siècle,
où débarquaient entre autres les importants arrivages provenant de Soissons.

[D'après une gravure du temps — V. Topog. 13, au *Musée Carnavalet*].

Il fallait trouver pour cela les 300 muids de complément. La région du Laonnois était alors à peu près la seule où peut-être on y réussirait. La Commission provinciale écrivit donc au bureau intermédiaire de l'élection de Laon, pour le mettre au courant des derniers événements, et pour lui demander d'employer tout son zèle aux « recherches » autorisées par le ministre, en vue de parvenir à « concilier les intérêts de la Province avec les besoins de la Capitale » et à « faire le bien public d'une manière qui remplisse les intentions du Gouvernement »; dans l'attente de quoi, terminant par une bonne nouvelle engageante, elle lui annonçait la prochaine réception de 9.000 livres pesant de riz, à distribuer par ses soins, comme il le jugerait bon.

Notons ici, en passant, qu'à Soissons les deux membres les les plus actifs de la Commission paraissent avoir été M. Brayer et M. Blin, le procureur syndic; et qu'à Laon, M. Laurent, conseiller au bailliage, membre de l'Assemblée provinciale, leur correspondant habituel, fut alors pour eux un collaborateur non moins diligent, comme procureur syndic du bureau intermédiaire. Or, si M. Brayer devait devenir sous peu l'un des députés extraordinaires de la ville de Soissons, M. Laurent était le beau-père de M. Devisme, ancien procureur syndic, en ce moment député laonnois aux Etats Généraux. Cela est utile à retenir pour ce qui arriva par la suite.

Laurent, Conseiller Député de l'Assemblée provinciale et Procureur syndic du bureau intermédiaire de Laon — Arch. départ.

L'importante lettre officielle de la Commission de Soissons au Bureau de Laon, à laquelle nous venons de faire allusion, est du 16 juin 1789. La réponse du Bureau à la Commission ne se fit pas attendre; elle vint le lendemain même, mais tout autre que probablement on l'espérait. Après s'être concerté avec la municipalité de Laon, avec le lieutenant-procureur de la police du bailliage (M. Fouant, futur député extraordinaire de la ville), et avec le subdélégué local (M. L'Eleu, dès alors député laonnois aux Etats Généraux, de passage sans doute), le bureau y disait non moins officiellement : d'abord ses remerciements à l'adresse de M. de Blossac « pour le soin qu'il avait bien voulu prendre de continuer à défendre la cause de la Province dans les circonstances critiques où elle se trouvait » — puis, malgré leur désir « de seconder autant qu'il dépendait d'eux les vues du Gouvernement », l'avis unanime de ses membres et de tous les officiers consultés, que « loin de pouvoir souscrire au moindre enlèvement nouveau » dans la circonscription, « où ils ne connais- soient aucun magasin de blé », « il était au contraire à désirer que la Commission ne se dessaisît point de ce qu'il y avait d'excédent à Soissons, afin de venir à propos au secours du Laonnois, et surtout de la Thiérache, où la situation de Vervins [N. B. Alors, on le sait, de l'élection de Laon] leur donnait quant à présent les plus vives allarmes » — enfin, son intention de s'occuper néanmoins des recensements demandés par la Commission, sans toutefois garantir que les données recueillies seraient assez exactes et sûres » « pour lui procurer des bases de conduite à l'abri de tout reproche ».

Au fond, c'était une fin de non recevoir avec une teinte de remontrance, à peine déguisée sous la déférence des termes, qui, courrier par courrier, revenait de Laon à Soissons, où l'on ne s'y trompa pas. Et voilà que commencent ici à se manifester, entre les deux villes, les premiers symptômes d'un désaccord qui, six ou sept mois plus tard, devait atteindre son paroxysme (1).

(1) Du 16 juin (même date que la lettre officielle de la Commission au Bureau), d'une lettre personnelle de Brayer à Laurent sur le même sujet : « Je devais, Monsieur et cher confrère, venir à Laon .. pour vous prier de délibérer (conjointement avec MM. de votre bureau intermed^{re}) sur les moyens de seconder les vues du ministre... Obligé par la nécessité de rester à mon poste .. j'en suis d'autant plus fâché qu'outre le plaisir de vous revoir, j'avais de fortes raisons de désirer vous confier combien les recherches auxquelles on va se livrer exigent de précision, de zèle et de circonspection... Je vous embrasse de tout mon cœur Votre affectionné serviteur. [Signé] Brayer. » — Du même au même, le 26 juin (après la réponse du Bureau à la Commission) : « Vous trouverez ci-joint l'ordonnance que vous avez demandée... Vous ne pouvez compter sur aucun envoi de grains ou de farines, nous sommes tellement épuisés par tout ce que nous avons fait jusqu'à présent que nous ne sommes pas même assurés de notre subsistance. Ainsi retournez-vous dans votre pays et tâchez de vous y procurer les ressources nécessaires pour gagner la récolte... J'ai l'honneur d'être bien véritablement, Monsieur et cher confrère, votre très humble et très obéissant serviteur. [Signé] Brayer. » Cependant quelques jours plus tard, Blin de la Chaussée, plus conciliant, écrit à Laurent, le 3 juillet : « Vous pouvez envoyer chercher le plus tôt possible 20 muids de blé. La C^{on} n'a pas hésité à vous donner ce premier secours, après avoir calculé nos ressources ; nous désirons pouvoir vous en accorder un 2e, s'il est nécessaire ». — Arch. départ. C. 941.

Les recherches domiciliaires répétées en exécution de la dernière autorisation de Necker et des prescriptions subséquentes de la Commission provinciale, démontrèrent l'extrême pénurie dont souffrait toute la Généralité, qui plutôt que de pouvoir envoyer du secours ailleurs, avait dès lors un besoin très urgent d'en recevoir. Elles occasionnèrent de plus chez les cultivateurs et les fermiers beaucoup de mécontentements.

Les administrations, qui sur le tard, eurent recours à la Commission, se montrèrent également peu satisfaites du cas suivant. Bien qu'un écho de leurs protestations soit parvenu jusqu'à ses membres, ceux-ci ne pouvaient se douter de l'intensité qu'elles prendraient un jour et de la grave répercussion qu'elles auraient. Lorsque fut conclu par eux l'accord du 7 juin avec les négociants de Soissons pour la livraison de leur stock à 290 livres, au lieu de 295 livres le muid, le sacrifice consenti était relativement minime. Mais les cours ne cessèrent de monter, atteignant par endroits jusqu'à 350 livres et plus. Ces commerçants firent entendre quelques réclamations, auxquelles il parut équitable de donner droit, afin de les indemniser du manque à gagner que le contrat précédent leur avait fait subir. Après la cession de 1100 muids au premier prix convenu de 290 livres, les autorités locales acceptèrent donc les taux de 320, puis de 330 livres, pour la livraison des 500 autres muids (1).

Malgré la prudence justement parcimonieuse avec laquelle les administrateurs provinciaux répondirent aux demandes des nombreuses localités qui, dans leur détresse, réclamèrent l'aide du marché soissonnais, la réserve qu'ils avaient constituée fut bientôt anéantie ; au point qu'à Soissons même, un moment, on faillit, paraît-il, ressentir aussi la famine (2). Durant le mois de juillet, il

(1) De Dubuf, de Vervins, membre de l'Ass{ce} provinciale, à Laurent, le 5 juillet : «... Je vous remercie de bien vouloir penser à notre ville... Savez-vous pourquoi MM. de la C{ion}, après m'avoir offert du blé à 290 liv. le muid, me l'ont vendu à 320 livres quand j'en ai envoyé chercher? » — De Blin de la Chaussée à Laurent, le 10 juillet : « Je vous suis obligé de l'avis que contient votre lettre. La Commission à qui je l'ai communiqué, n'a nulle inquiétude sur le résultat des renseignements qui se prennent Sa conduite exempte du plus leger soupçon, est facile à justifier Le compte de son administration sera public et on verra que les mesures qu'elle a prises étaient commandées par les circonstances. » *(Ibid)*.

(2) A partir du 1er juillet, la Commission avait pris le parti de ne plus accorder des secours de grains, que moitié en blé et moitié en avoine, pour faire avec le mélange des deux farines du pain, semblable à celui dont on devait se contenter même dans Soissons.

s'ensuivit un peu partout de nouveaux troubles, auxquels s'ajouta une étrange panique, qui fit quelque bruit jusque dans l'Assemblée Nationale, panique dite des *Carabots*, prétendus brigands, occupés à détruire par avance les blés de la prochaine moisson impatiemment attendue, dont on parlait avec terreur de tous côtés et qu'on ne vit nulle part (1).

Sur les 1600 muids détenus par elle à Soissons, les villes en faveur desquelles la Commission consentit des envois plus ou moins importants, furent les suivantes : Vervins, Guise, Laon, Château-Thierry, parmi celles demeurées dans l'enclave du département nouveau ; — Noyon, Crépy-en-Valois, Clermont-en-Beauvoisis, de la Généralité de Soissons, passées dans des divisions voisines ; — enfin, dans la Généralité de Paris (dont il n'est peut-être pas sans intérêt de rappeler encore ici que l'Intendant, M. de Bertier, était le beau-père de M. de Blossac) : Senlis ; Compiègne ; Paris (2), qui longtemps paya cher le pain, mais qui, par cette assistance, n'en manqua cependant tout-à-fait, à aucun moment ; ainsi — paraît-il - que Versailles, où résidait la Cour et où se tenaient les Etats-Généraux. Nous verrons tout à l'heure l'intérêt de cette liste.

Si la récolte de 1788 avait été très mauvaise, celle de 1789, survenue sur ces entrefaites et heureusement bonne dans l'ensemble du pays (3), ne devait pas tarder à amener une diminution de la misère populaire. Cela ne se produisit pas aussi vite qu'on y comptait, car cette dernière récolte avait été tardive, et l'on ne put commencer à en profiter généralement qu'au mois de novembre. A Paris donc, sur la fin de septembre, les arrivages de blé étaient encore peu considérables et le prix du pain demeurait

---

(1) A la suite de ces troubles, M. Brayer jugea prudent (fin août) de donner sa démission de lieutenant de police, qui fut acceptée. « Sans cette précaution — a-t-il écrit — j'aurais infailliblement subi le sort des maires de Saint-Denis, d'Etampes et de Troyes » (qui furent massacrés en 1789, par des attroupements dus à la question des subsistances).

(2) Outre les envois antérieurs, la Capitale reçut en effet celui-ci : « Il restait au 15 août 1789, environ 200 muids de blé pour la subsistance de Soissons ; quoique l'on ne pût encore compter avant le 15 septembre sur le produit de la nouvelle récolte, la Commission n'a pu se refuser *aux vives instances de M. Bailly, maire de Paris* ; elle a autorisé les marchands de Soissons à expédier pour la Capitale, la quantité de 148 muids de blé, *au prix de 290 livres* » (Arch. départ. C, 913).

(3) Dans la Généralité de Soissons, d'après une statistique officielle du temps, elle n'aurait encore été que médiocre. Mais étant donné les évènements de l'année, les résultats de cette statistique doivent être très sujets à caution.

toujours élevé. Le peuple, criant de nouveau à l'accaparement, s'agitait beaucoup ; tant et si fort qu'à la suite des discussions confuses sur le droit de veto législatif à reconnaître au Souverain et d'un gala trop manifestement contre- révolutionnaire, la Cour et l'Assemblée Nationale virent arriver à Versailles, les 5 et 6 octobre, plusieurs milliers de femmes venues ab irato, dans un élan de patriotisme surexcité par les privations, pour ramener à Paris — disaient-elles — « *le boulanger, la boulangère et le petit mitron*». Les députés suivirent le mouvement, et bientôt tout le monde fut installé aux Tuileries ; le Roi avec sa famille, dans le Palais ; les Constituants, (après un court séjour à la Salle de l'Archevêché, près de Notre-Dame), sur la terrasse du jardin, dans celle du Manège.

On conçoit qu'après un tel événement — sur les incidents regrettables duquel nous passons — le gouvernement royal et l'édilité parisienne aient tenu à faire renaître, sans aucun délai, l'abondance dans la Capitale. Derechef, le principal Ministre Necker et le Maire Bailly réclamèrent donc aussitôt l'aide du commerce de Soissons. Les administrateurs, qui avaient une certaine direction sur ses opérations, rencontrèrent de la part des négociants de la ville, réapprovisionnés, tout l'empressement désirable pour répondre à cette nouvelle demande instante : en moins de six semaines, Paris reçut d'eux alors un envoi extraordinaire d'environ *huit mille* muids de blé. Après quoi, par les expéditions redevenues normales, la fièvre de la misère et de la faim étant tombée, tout rentra dans l'ordre (1).

Ainsi, à deux reprises, durant cette même année 1789, en partie grâce à Soissons, la Cour, l'Assemblée Nationale et la population de Paris avaient été sauvées ; celles-là de nouveaux dangers ou

(1) Les indications et citations qui précèdent, proviennent principalement des sources suivantes : *Arch. départ.* Fonds de l'Intendance, doss. C. 15, 16, 930, 931, et surtout celui sur les « Mesures prises dans l'élection de Laon pour l'approvisionnement en grains de la Ville de Paris et de la Province du Sss. juin-juillet 1789 » (C, 941), ainsi que le « Registre des délibérations de la Commission provinciale, en 1789 » (C, 913) — « Observations sur la disette de 1789 et sur les ressources qu'offrit à la ville de Paris le commerce de blé de la ville de Soissons, par J. J Brayer » [*Bibl. Soissons.* Coll. Périn, n° 6275] — « Avis des électeurs du district de Soissons, à leurs frères les électeurs des autres districts du dép'. de l'Aisne » Mai 1790. Impr. 4 p. in-4. [*Arch. nat.* D iv bis 3 (148) et *Arch. depart.* L. 594 — Sur la disette de 1789 dans la Province du Sss., Cf. (mais sous bénéfice d'inventaire) les divers opuscules des *Etudes révolutionnaires* de M. Ed. Fleury, intitulées : *Famines, misères et séditions* (1849, 1873-74).

attentats, celle-ci de nouveaux excès. Dans la tranquillité de la rue et sous la douceur d'un hiver exceptionnel, chacune allait reprendre ses occupations : son travail — ses délibérations — ses intrigues.

**

Il était nécessaire que nous entrions dans quelques détails sur ce qui se passa, au cours de cette triste période de malaise général, dans la Province du Soissonnais, et en particulier sur les faits commerciaux qui, à cette occasion, avaient créé entre son centre principal et Paris des liens spéciaux de solidarité ; plus peut-être que tout autre motif d'un caractère historique, administratif ou simplement pratique, cette relation d'ordre économique devait exercer, en effet, d'action sur le sort final de Soissons, dans la question du chef-lieu du département.

Déjà nous avons vu que cette ville l'avait comprise, en termes formels, parmi les raisons écrites qu'elle signalait à son actif au Comité de Constitution ; et l'on comprendra mieux maintenant de quel poids elle pouvait espérer que seraient, en sa faveur, les souvenirs évoqués par cet argument devant l'Assemblée Nationale.

Quand la concurrence de Laon eut pris une tournure inquiétante, ces faits récents fournirent à Soissons la meilleure base pour se procurer l'appui de hautes protections. Après les avoir rappelés dans une Pétition au Roi (1), ses députés extraordinaires, guidés par M. Brayer, durent aller trouver les ministres et notamment revoir Necker, afin de les en entretenir et de les prier d'intercéder pour leur ville. Les démarches qu'ils firent de ce côté eurent un certain résultat. Nous ne savons au juste de quelle façon se traduisit la recommandation de ces personnages, mais sûrement elle se manifesta, car il y est fait différentes allusions un peu aigre douces dans plusieurs lettres et documents émanant des députés laonnois (2).

Ce n'est pas seulement vers les cabinets ministériels que les mandataires de Soissons dirigèrent leurs pas. A l'Hôtel de Ville également on leur avait de l'obligation. Outre qu'ils se savaient

---

(1) Nous en avons seulement trouvé la mention ; son texte a échappé à nos recherches.

(2) Lettre du 17 janvier — Compte-rendu par quelques députés du Vermandois... — Etc. *Op. cit. passim.*

tout aussi sûrs de rencontrer là bon accueil, ils devaient se sentir mieux à l'aise pour exposer l'objet de leurs souhaits, en rappelant à l'appui, devant des égaux et non plus des supérieurs, les services naguère rendus par eux dans des moments difficiles. On s'y offrit d'ailleurs très volontiers à les payer de retour, dans des conditions qui se trouvaient être particulièrement propices aux intérêts de leur cité. Le chef de la municipalité parisienne, celui là même qui, quelques semaines auparavant, n'avait pas vainement fait appel au concours des administrateurs soissonnais pour ravitailler d'urgence la Capitale, était M. BAILLY : savant de marque, et personnalité politique considérable de l'heure présente, plus influente certes que le Roi ou ses ministres, qui avait entraîné le Tiers et fait procéder au Serment inaugural de la Révolution, premier Président de l'Assemblée Nationale avant d'être le premier Maire de Paris (1). L'avoir dans son jeu n'était pas un mince atout.

Les députés du Soissonnais surent y parvenir de la manière la plus complète. Il reste divers témoignages que verbalement et par

---

(1) Jean Sylvain BAILLY, né à Paris en 1736, membre de l'Académie des Sciences (1763), de l'Académie française et de celle des Inscriptions (1784-1785). La Révolution vint l'arracher aux travaux qui l'avaient illustré et le jeter au

écrit, voire par des actes, Bailly et ses collaborateurs du Conseil de Ville, aussi reconnaissants du passé que soucieux de l'avenir, soutinrent de tout leur pouvoir et jusqu'au bout la cause de Soissons.

La première preuve (nous en verrons prochainement une seconde) résulte de la lettre suivante adressée par Bailly « à M. Dupont, conseiller d'Etat » et « à M. Rabaud-Saint-Etienne », son collègue à l'Assemblée Nationale, membre du Comité de Constitution, ainsi peut être qu'à d'autres personnes encore — lettre dont le haut intérêt local nous a paru justifier l'entière reproduction :

Paris, 11 janvier 1790.

Dans un moment, Monsieur, où les municipalités s'organisent, toutes les villes se disputent à l'envi le droit d'avoir chés elles le chef-lieu de l'un des départements de chaque district, je me permettrai d'élever la voix en faveur de la ville de Soissons, qui paraît être en concurrence avec la ville de Laon Pour faire valoir sa prétention, je ne vous dirai pas que cette ville était le siège d'une Intendance, celle d'une assemblée provinciale, qu'elle a eu à ce double titre une supériorité marquée sur la ville qui est en concurrence avec elle ; je n'ajouterai pas qu'en matière d'établissements publics, il vaut mieux quelquefois conserver que détruire, pour former ailleurs un établissement du même genre ; je me permettrai seulement de vous observer, comme Maire de Paris, que si les municipalités doivent s'entraider mutuellement, c'est surtout entre celles qui peuvent se devenir respectivement utiles qu'il est important d'établir une grande union. J'ajouterai que le Soissonnois est l'un des greniers de la ville de Paris, qu'il est précieux pour la Capitale que la ville de Soissons soit un chef-lieu de département, et vous penserez sans doute comme moi, Monsieur, que la ville immense, à la tête de laquelle j'ai l'honneur d'être placé, doit d'autant plus désirer que la ville de Soissons obtienne le succès que je sollicite pour elle que la ville de Paris

---

milieu des orages politiques. Nommé député du Tiers aux Etats-Gén[x] par les électeurs de Paris, il eut l'honneur de présider cette Assemblée dans la mémorable séance du Jeu de Paume. Apres la prise de la Bastille, Bailly fut nommé maire de Paris par acclamation. Sa popularité était alors immense. mais il en vit bientôt le terme. Au retour de Varennes, il fit exécuter trop rigoureusement. la loi martiale contre les petitionnaires réunis au Champ de Mars pour demander la déchéance du roi. Déjà mal vu par la Cour, et dès lors en butte a la haine publique, il abandonna son poste de maire (nov. 1791) et se retira près de Nantes. S'étant rapproché de Paris en 1793, il fut arrêté à Melun, traduit devant le Tribunal révolutionnaire et condamné à mort pour sa participation à l'affaire du Champ de Mars. Il mourut avec un courage admirable, ayant supporté sous un temps glacial et pluvieux les interminables apprêts de son supplice, et répondu à cette question d'un assistant : Tu trembles, Bailly ? — « Oui, mon ami, j'ai froid. » (Biog. de Bailly, par Arago). († 40 nov. 1793).

sera elle-même plus restreinte et plus circonscrite dans le département qui lui est assigné.

J'ai l'honneur d'être parfaitement, Monsieur, votre très humble et très obéissant serviteur.

[Signé :] *Bailly*

P. S. — Songez, Monsieur, que Soissons fournit à Paris, le tiers ou le quart de sa consommation, que par conséquent notre vie dépend de Soissons; et que si j'obtenais pour elle, ce qui d'ailleurs me paraît juste, Soissons nous serait attachée comme municipalité et comme municipalité obligée (1).

La lettre qui précède est du 11 janvier ; et l'assemblée des députés du département, au cours de laquelle l'Administration provinciale du Soissonnais fut accusée « de monopole, d'accaparement et de concussion », avait été celle du 14 janvier : trois jours seulement séparent donc les deux dates. Lors de cette réunion, les députés laonnois venaient sans doute d'apprendre — avec peu de satisfaction — l'arrivée au Comité de Constitution de la « recommandation très pressante de M. le Maire de Paris, pour Soissons ». Par l'un deux, la conversation dut être amenée sur les faits qui la motivaient ; la discussion s'était animée, puis bientôt avait tourné à l'aigre.

(1) *Arch. nat.* D IV bis 3 (144) et *Bibl. Soissons*, Coll. Perin. Rech. man. XII 210 — De ces deux lettres, la partie principale est écrite par un scribe ; mais le post-scriptum (ci-dessus en italiques) est de la main de Bailly, sur l'une et l'autre ; à la fin de celle destinée à M. Dupont, il ajouta même : « Faites-moi l'amitié de venir dîner aujourd'hui si vous pouvez, *nous en parlerons* ; je vous propose encore vendredi » — En tête de celle adressée à M. Rabaud-Saint-Étienne, un secrétaire la résuma par cette mention : « **Recommandation très pressante de M. le Maire de Paris pour Soissons** ».

Quelques mois plus tard, revenant à la charge, Bailly dira plus officiellement encore cette fois : « A MM^{rs} du Comité de Constitution – Paris le 28 may 1790 —
« Ce n'est pas seulement en mon nom que j'ai l'honneur de vous écrire ; la muni-
« cipalité de Paris sans cesse occupée des moiens d'assurer la subsistance de son
« immense population, m'a spécialement chargé de l'honneur de vous présenter
« sa propre réclamation en faveur de la ville de Soissons. Cette ville est en
« concurrence avec celle de Laon, etc... (Suit un texte analogue à celui de la lettre
« précédente, mais un peu amplifié : puis ceci :) j'ajouterai que le Soissonnois
« est l'un des principaux greniers de la ville de Paris, *qui, dans les momens de
« pénurie ou elle s'est trouvée, lui a due* (sic) *en partie son salut* et que si
« notre innombrable population peut faire craindre de voir les maux auxquels
« nous avons été en proie se reproduire un jour, il est précieux pour la Capitale
« que la principale ville d'une province sur les secours de laquelle elle a le
« droit de compter, soit un chef-lieu de département. Ces considérations vous
« feront sans doute excuser, MM^{rs}, la démarche que la municipalité de Paris a
« cru pouvoir hazarder, et vous penserez que la ville immense etc. (comme ci-
« dessus)..... J'ai l'h^r d'être, etc.. [Signé :] Bailly. » *Arch. nat.* D IV bis 3 (148).

La scène probable peut être aisément reconstituée. Ah ! — dit-on du côté de Laon — MM. les administrateurs de Soissons, dans les durs temps derniers, étaient venus en aide à la Capitale affamée, qui aujourd'hui leur en témoignait sa gratitude. Oui ; mais, tandis que Paris, Versailles et Compiègne avaient été copieusement assistées sur les réserves de blé soi-disant faites au profit de la Province, quelles villes de cette Province bénéficièrent de la même faveur, parmi toutes celles non moins menacées de famine qui s'étaient adressées à ces administrateurs ? Fort peu. Tout au plus, dans le département, pouvait-on citer Guise (encore était-ce, pour partie, grâce à une subvention obtenue de M. Necker par les députés du Vermandois) (1) et Château-Thierry. Ailleurs, dans le reste de la Thiérache et dans le Laonnois où, sauf à Vervins et un peu à Laon, l'on n'avait presque rien reçu, il fallut misérablement vivre sur les maigres ressources locales. N'était-il pas avéré que les personnes envoyées à Soissons de la plupart des villages de la Généralité, n'avaient pu obtenir qu'une fraction insignifiante des grains demandés et qu'à cause de cela des désordres s'étaient produits en beaucoup d'endroits ?

M. DE VIEFVILLE DES ESSARS Avocat.
Né à Malzy en Picardie le Premier Mars 1745
Député du Baill.͡ du Vermandois.
à l'Assemblée Nationale
de 1789.

Portrait de la Collection DEJABIN
(V. supra, p. 69-70, note biographique)

(1) Au début de juin, Guise avait pu se procurer à Soissons 21 muids à 290 livres. Cette fourniture ne tarda pas à devenir insuffisante aux besoins de sa région ; il lui aurait encore fallu 40 nouveaux muids, mais l'argent manquait. Sur les instances et démarches des députés du Vermandois, notamment de De Viefville des Essars, qui était de Guise, le Directeur général des finances

Et d'autre part — question scabreuse — pourquoi ces écarts dans les taux, passés de 290 à 320, puis à 330 livres le muid ? Le premier n'était-il pas évidemment le prix auquel l'Administion avait acheté en masse, pour venir au secours des populations de la Province, les blés emmagasinés à Soissons ? Les autres, ceux auxquels elle les avait finalement revendus, réalisant ainsi d'importants bénéfices, au lieu de soulager la misère générale, en les cédant au prix coûtant, comme elle s'y était engagée ? — Enfin qu'était devenu l'excédent du prix ? Qui en avait profité ? Nul ne le savait ; on n'en avait rien dit et personne ne pouvait s'en vanter (1). Ne reconnaissait-on pas, dans tous ces actes, les

consentit au profit de cette circonscription une allocation de 6.000 livres, dont 3.600 pour le canton de Guise. Le maire de cette ville connut la bonne nouvelle, par une lettre de Lecarlier, arrivée le 11 juillet. (*Arch. mun. Guise.* Registre des audiences de police, Mai-Déc. 1789). Le soir de ce jour, Necker était brusquement renvoyé. Guise allait-elle manquer de la subvention promise et la France se voir pour toujours privée du concours de ce ministre préféré ? Or, c'est le lendemain que Camille Desmoulins, dont le père était l'un des administrateurs de l'élection de Guise et qui lui-même s'intéressait au sort malheureux de son pays natal, donnait, au Palais-Royal, l'élan insurrectionnel qui fit prendre la Bastille et porta Bailly à la mairie. Sous cette concordance de dates, y aurait-il quelque relation, subtile mais réelle, de cause à effet ? Sait-on jamais ce qui est, parfois, au très-fonds de l'Histoire ; — En tous cas les 3.600 livres furent ensuite versées, et Guise acheta encore dix muids de blé à Soissons, au prix de 330 livres le muid cette fois, par l'entremise d'un délégué de la municipalité de Paris, envoyé par Bailly au secours de Guise, sans doute à la requête de C. Desmoulins. Sur ces dix muids, trois furent rendus à M. Fouant, procureur du roi à Laon (le futur député extraordinaire), qui les avait complaisamment prêtés. A voir Lecarlier soutenir plus tard si vivement Vervins contre Guise,

La dernière statue de
Camille Desmoulins,
par Eug. BOVERIE,
érigée à Paris, en 1905,
dans le Jardin du Palais-Royal.

on peut être porté à penser que, non sans quelque raison, il témoignait alors à celle-ci un certain ressentiment de son inclination pour Soissons, malgré qu'elle eût naguère profité de ses bons offices et qu'elle ait été obligée de la sorte par Laon. Cf. PÉCHEUR. *Hist. de Guise* II p. 219, et MATTON, *idem*, p. 163.

(1) Dès le 23 août 1789, on avait eu soin de consulter Necker sur l'emploi de cet excédent, s'élevant à 15.000 livres environ ; le ministre avait répondu, le 17 octobre, qu'il s'en rapportait à la Commission ; en conséquence elle décida de laisser aux négociants ce bénéfice, qu'ils se partagèrent entre eux, comme ils le voulurent. Le compte administratif de cette opération de vente des 1.600 muids réservés, ne fut toutefois établi par la Commission qu'au moment de sa cessation de fonctions, le 13 juin 1790. Au mois de janvier, quand l'incident se produisit, on n'en connaissait donc rien encore officiellement ; de même en mai, à Chauny, où la question fut soulevée de nouveau non moins acrimonieusement qu'à Paris.

manœuvres familières aux trafiquants des Sociétés du Pacte de famine ? (1).

Cette sortie véhémente contre les administrateurs provinciaux était trop désobligeante envers leurs compatriotes, pour que les députés du bailliage et de la ville de Soissons n'en fussent pas froissés au dernier point, et parmi eux, M. Brayer surtout, leur porte-parole habituel, l'un de ces administrateurs, qui ayant pris lui-même une part active aux opérations appréciées de la sorte, se trouvait personnellement touché.

Peut-être ce dernier essaya-t-il d'expliquer que « les adminis-
« trateurs n'avaient pas vendu de bled ; qu'ils n'avaient point fait
« de commerce ; qu'ils n'y avaient mis aucun fonds ni particulier,
« ni public, et n'en avaient retiré aucun intérêt ; que le bled était
« toujours resté dans les greniers des marchands et n'en était
« sorti que pour être transporté, d'après les mandats de la
« Commission intermédiaire, pour la subsistance des populations ;
« que le prix n'en avait pas été payé à cette Commission, mais aux
« marchands eux-mêmes auquel il était dû ; que le coût des
« transports ou l'avidité de quelques commissionnaires avait
« pu augmenter la valeur des grains livrés, mais que de cela
« l'administration ne saurait être responsable » ; que le reproche d'accaparement était donc injuste et l'imputation de concussion une affreuse calomnie (2).

Un coup avait toutefois été porté. En effet, il dut résulter pour le moins de cette chaude discussion — car c'est un fait réel, imposé par les circonstances — que l'Administration de la Province s'était montrée généreuse à l'égard surtout de quelques grandes villes de l'extérieur et (par malchance dans les conjonctures actuelles) envers plusieurs localités de l'intérieur n'appartenant

(1) Peut-être aussi, dès ce jour là, comme on devait le faire un peu plus tard, reprocha-t-on aux administrateurs soissonnais quelques livraisons mélangées de ble et d'avoine, en les accusant d'avoir encore augmenté leurs bénéfices par ce moyen frauduleux (« Réponse d'un cultivateur de la Thiérache à la lettre d'un cultivateur du Soissonnais... » Broch. anonyme, in-8, mai 1790). [V. sup. p. 198, note 2].

— Et qui dut parler ainsi ? Sans doute, pas Devisme ; cela n'était point dans sa manière. Peut-être L'Eleu ; mais plutôt probablement son ami Lecarlier, « avec l'énergie qu'on lui connaissait ». Rien ne l'indique pour cette reunion ; mais peu de temps après, dans une autre occasion, c'est un pareil langage que ce dernier pretendra lui-même avoir tenu. Nous le verrons bientôt.

(2) « Avis des électeurs du district de Soissons à leurs frères, etc... » (*V. sup. p. 200, note 1*)

plus au département. Soissons, qui venait de s'assurer un appui très sérieux auprès du Comité de Constitution, par l'intervention en sa faveur de Bailly, Maire de Paris, voyait cette intervention se retourner aussitôt contre elle dans l'assemblée des députés du département, et l'y mettre en mauvaise posture. Cédant à un mouvement d'humeur assez compréhensible, ses députés avaient donc déclaré ne pas vouloir en entendre davantage et ne plus consentir à discuter dans ces conditions, ni sur un pareil ton, avec leurs collègues du Laonnois. Sur quoi, claquant la porte, ils étaient sortis, leur ayant laissé — en flèche du Parthe — la copie du mémoire complémentaire déposé par eux, le matin, au Comité de Constitution, « pour la conservation du chef-lieu, à Soissons. » (1).

Du double fait de ce brusque départ et de la remise officielle de ce mémoire spécial, les Laonnois allaient à leur tour tirer un parti, qui devait subitement faire avancer toutes choses, après plus d'un mois passé en controverses incessantes, sans avoir abouti à quoi que ce soit, aussi bien sur les questions secondaires que sur les points principaux.

Ainsi s'ouvrit, le 15 janvier 1790, une nouvelle phase. De cette date, à laquelle nous sommes arrivés, nous allons entrer dans la période des réunions régulièrement annoncées et tenues, des avis contradictoirement émis, des décisions correctement prises, comportant des solutions définitives ou seulement provisoires, mais enfin des solutions. Cet intervalle tout autre, très utilement rempli, va durer jusqu'à la fin de la première semaine de février. Alors l'opération difficultueuse en cours sera presque achevée : il n'y aura plus qu'à régler quelques menus détails, qu'à dresser l'acte de délimitation du département et, pour trois de ses chefs-lieux, qu'à attendre l'expression du vœu des électeurs.

(1) Nous avons cité et analysé cette pièce précédemment — Elle se terminait par cette phrase, qu'il devient intéressant de rapporter ici : « On a lieu « d'espérer, d'après les dispositions connues des villes de Saint Quentin, Guise et « Château-Thierry, qu'elles continueront volontiers de correspondre avec Sois- « sons comme chef-lieu ». Château-Thierry, oui ; Guise, probablement. Mais Saint-Quentin ? Ses dispositions étaient-elles réellement si favorables à Soissons ? Ce que nous allons voir laisse à ce sujet un doute très sérieux. Il faut reconnaître que pour elle, il était plus logique de se prononcer en faveur de la ville la plus rapprochée. Soissons sans doute se berçait ainsi de quelque vague promesse en rapport avec ses désirs [« Demande... » et lettre d'envoi du 14 janvier 1790 — *Arch. nat.* D. IV bis 3 (148)].

§ 3. Décisions relatives au Chef-lieu et aux Districts du département

Proposition de consulter les électeurs pour le Chef-lieu, de désigner Laon provisoirement, et d'établir six districts.

C'est le 11 novembre 1789 que l'Assemblée Nationale avait décidé le partage du royaume de France en 80 divisions environ (de 75 à 85), et c'est le 15 janvier suivant — deux mois seulement après — qu'elle adopta le « décret final sur les départements », fixant leur nombre à quatre-vingt trois, parmi lesquels six devraient comprendre : « l'Ile de France, Paris, *le Soissonnois*, le Beauvaisis, l'Amiénois et le Vexin françois ». Le travail d'ensemble se trouvait achevé ; déjà même toutes les nouvelles circonscriptions territoriales étaient presque arrêtées et fractionnées d'une manière définitive. Désormais l'on allait pouvoir s'occuper spécialement des cas particuliers de délimitation qui restaient à trancher et des contestations pendantes, dans beaucoup de ces circonscriptions, entre les nombreuses villes qui aspiraient à être l'un de leurs chefs-lieux (1).

Or, en ce qui concerne la division du Vermandois et du Soissonnais, il se produisit, *dès le lendemain*, un fait qui paraît avoir été dû à quelque démarche officieuse des représentants laonnois, consécutive aux dernières réclamations des mandataires de Soissons, si ce n'est à la seule influence du Commissaire Aubry-Dubochet, désireux de voir aboutir l'affaire intéressant son pays et sa contrée d'origine.

A la séance publique de l'Assemblée Nationale, le 16 janvier au matin, par une annonce inopinée, les députés de cette circonscription s'entendirent inviter à se réunir au local du Comité de Constitution, le soir même de ce jour, pour fixer le chef lieu de leur département. La soudaineté de cette convocation immédiate surprit un peu certains d'entre eux, mais comme elle était officielle, il n'y avait qu'à s'incliner, d'où qu'en pût venir la demande.

Dans la soirée, seize de ces députés se trouvèrent donc au rendez vous indiqué, en compagnie des délégués de différentes

---

(1) Cf. *Rapport sommaire sur la division du Royaume*, par Bureaux de Pusy, membre du Comité de Constitution ; séance du 8 janvier 1790.

villes. Les élus du bailliage de Saint-Quentin (Abbés Marolle et Du Plaquet, Fouquier d'Hérouel et Comte de Pardieu) étaient venus au complet, et ceux du Vermandois à six ou sept (soit au moins la moitié), parmi lesquels les quatre de Laon ; le bailliage de Château-Thierry comptait aussi trois de ses représentants, tandis que

Portrait de la Collection LEVACHEZ. (V. supra p. 66, note biographique).
Le prochain Évêque constitutionnel de l'Aisne (1791-92).

chacun des bailliages de Villers-Cotterêts et de Soissons n'avait là qu'un seul des siens (1). Intentionnellement ou par cas fortuit les autres députés firent défaut. La région du nord du département

(1) Nous ne savons à quel bailliage au juste appartenait le seizième député présent, car son nom manque parmi les signataires du procès-verbal ; mais vraisemblablement il devait être de ceux du Vermandois (Voy. infra p. 212 note 3).

l'emportait numériquement sur celle du sud d'une façon manifeste; il était à présumer que la réunion tournerait à l'avantage de Laon. Ce que voyant, l'unique député direct de Soissons qui fût présent (M. Ferté), de lui même ou peut être sur le conseil des envoyés de cette ville, crut devoir se conformer à l'attitude de ses collègues du bailliage : il ne tarda pas à se retirer discrètement.

Son départ ne pouvait manquer d'être remarqué, car l'assemblée ne comprenant plus que quinze membres délibérants (sur vingt-huit possibles), se trouvait réduite au nombre juste suffisant pour prendre de valables décisions. D'un avis général, on jugea conséquemment indispensable de procéder selon toutes les formes requises, en particulier de rédiger un procès-verbal, destiné à garder trace des conditions et du résultat de la présente réunion, chose qui jusque là n'avait jamais été faite.

Après désignation de l'abbé Du Plaquet comme président, selon l'habitude, et de Devisme comme secrétaire, la séance commença. Quels orateurs parlèrent en faveur de Laon et quels autres pour Soissons ? Nous ne savons ; le début du procès-verbal se borne à mentionner que les deux opinions furent soutenues successivement, sans indiquer par qui ni comment.

Cette discussion mal connue une fois terminée, le Comte de Pardieu présenta un amendement dont le caractère transactionnel et dilatoire parut à tous des plus séduisants. Il proposa de *fixer seulement d'une manière provisoire l'endroit où aurait lieu la première assemblée des électeurs du département et de laisser à ces derniers le soin de choisir, d'après l'avis de leurs commettants, le chef-lieu définitif, sauf ratification de ce choix par l'Assemblée Nationale.* « Les députés extraordinaires de plusieurs villes, ceux notamment de Chauny et de Soissons, ayant été entendus » sur cette proposition — porte encore le procès-verbal, sans d'ailleurs ajouter quoi que ce soit de ce qu'ils purent dire — le président la mit alors aux voix : elle rallia l'*unanimité* des votants.

Du principe admis par ce scrutin marquant, il restait à faire l'application. La plupart des assistants voulurent naturellement y pourvoir de suite. Les mandataires particuliers de Soissons protestèrent, en se basant sur l'absence des députés de leur bailliage, qui se verraient ainsi tenus à l'écart d'une délibération du plus haut intérêt. Non sans à propos, plusieurs membres répondirent à cette observation que l'un de ces députés, M. Ferté, avait été présent durant un instant au début de la séance et qu'il n'aurait tenu qu'à lui de demeurer — que pour les autres, convoqués comme tout le monde, ils auraient pu venir s'ils l'avaient bien voulu. Les représentants de Soissons répliquèrent, firent toutes réserves et même annoncèrent leur intention de déposer une réclamation au Comité de Constitution. On n'en passa pas moins outre, et par un second vote — ainsi qu'il fallait s'y attendre, d'après la composition de la réunion — Laon fut désignée pour recevoir la première assemblée des électeurs du département, c'est-à-dire proposée comme chef-lieu provisoire, « à la pluralité de onze voix contre quatre », suivant un partage, dans lequel on reconnaît aisément qu'il y eut d'un côté les députés de Saint-Quentin et du Vermandois, en faveur de Laon, et de l'autre ceux de Villers-Cotterêts et de Château-Thierry, qui tenaient bon pour Soissons de préférence (1).

Sur quoi, vu l'heure probablement avancée, les députés se séparèrent en remettant au surlendemain le règlement de la question des districts. (2) (3).

(1) Contrairement à l'espoir des députés de Soissons, les représentants de Saint-Quentin venaient donc de se prononcer tous officiellement et visiblement pour Laon (V. sup. p. 208, note 1.)

(2) L'idée — heureuse et pratique en somme — de consulter les électeurs locaux sur le choix des chefs-lieux et de s'en rapporter à leur décision, est-elle propre au Comte de Pardieu ? Nous ne saurions l'affirmer Nous n'avons rencontré toutefois aucune indication qui s'y rapporte, antérieurement à la date où elle fut admise par l'assemblée du 8e département. Trois jours plus tard [le 19 janvier à l'occasion du chef-lieu du départ^t septentrional de Champagne (Ardennes)], nous la trouvons, pour première fois, proposée en séance par un rapporteur du Comité de Constitution, Gossin, et adoptée par l'Ass. Nat. — Par la suite ce moyen devait être étendu à une vingtaine d'autres départements, pour solutionner provisoirement certaines difficultés que le systeme boiteux de l'*alternat* n'avait pas permis de trancher définitivement, et pour permettre d'en finir au plus vite avec la réforme territoriale et administrative de la France, qui fut terminée le mois suivant, vers le 20 février 1790.

(3) « Délibération des députés du 8e départ^t, du 16 janv. 1790 » (Extrait) Impr. Nat. Paris 1790, in-8 [*Arch. nat.* D IV *bis* 3 (148)]. Cette pièce porte les quatorze signatures suivantes : « Duplaquet, *prèsid^t* ; Marolle ; Cte de Pardieu ; Fouquier d'Hérouel — Ogé ; L-H. Evêque, duc de Laon ; Lecarlier ; Devisme, *secrétaire* ; le Vic^{te} Des Fossés ; L'Eleu de la Ville-aux-Bois. — Aubry Dubochet — Thirial, docteur en Sorbonne ; Harmand ; Pinterel de Louverny ». Les quatre députés de Saint-Quentin figurant dans cette liste, et d'autre part aussi les quatre de Villers-Cotterêts et de Château-Thierry qui sans doute votèrent contre Laon, il s'ensuit que le quinzième membre qui prit part à ce scrutin, devait être un septième député du Vermandois.

Bien qu'elle n'impliquât qu'une solution d'attente et qu'elle ne constituât qu'une proposition préjudicielle à la décision de l'Assemblée Nationale, la délibération qui précède était aussi importante que favorable au parti de Laon. Ses représentants s'empressèrent donc de la porter à la connaissance de leurs concitoyens, en

Gui-Félix comte de Pardieu, député du Bgc de St-Quentin en Picardie
La bonne Picardie, applaudissant Pardieu
Au retour des Etats, s'écriera : *chest men Ficu.*

(2° Portrait). De la Collection Levachez. *Bibl. Nat.* (V. supra, p. 157, le 1er)

termes qui ne dissimulaient ni leur satisfaction ni leur espérance d'un succès définitif : « Vous serez sans doute charmés — disaient-
« ils — d'apprendre ce résultat, et vous en sentirez tout l'avan-
« tage, car il n'est pas à présumer que le Comité de Constitution
« puisse avoir maintenant un autre avis, quelque excité qu'il soit

« à se prononcer pour Soissons ; d'après tout ce qui s'est passé « jusqu'à présent, la réclamation de ses députés ne semble pas « devoir produire l'effet qu'ils s'en promettent, et notre ville « paraît presque assurée du vœu de l'Assemblée ; ..... il dépen- « dra pour ainsi dire de vous ensuite de conserver le département « *en traitant bien les électeurs* ». Après ce dernier conseil, venait à propos de la question des districts, sur laquelle on devait incessamment statuer, une remarque qui ne manque pas non plus de saveur. Cette question —, ajoutaient-ils — « présente toujours beaucoup de difficultés, *mais au moyen de ce que nous avons maintenant le provisoire quant au département, sera-t il plus utile pour nous qu'on fasse la division en cinq ou en huit ?* Chaque opinion a son mérite, chacune est soutenable » (1). Devant le succès entrevu, l'ardente et longue controverse sur le nombre des districts perdait subitement beaucoup de son intérêt pour les mandataires laonnois ; ils avouaient presque qu'elle leur devenait, au fond, assez indifférente (2).

Par contrecoup, la délibération du 16 janvier avait trop fortement atteint Soissons pour que ses représentants ne fissent pas entendre aussitôt les plus vives protestations. Ils les consignèrent dans deux Mémoires collectifs — dus, l'un aux députés du bailliage, par la plume de Brocheton, leur « commissaire » (3) et l'autre aux députés extraordinaires, par celle de Boquet de Liancourt —

(1) Lettres de Lecarlier, député direct, et de Fouant, dep. extraord^e, à la municipalité et aux officiers du B^{ge} de Laon, du 17 janvier 1790. *Arch. mun. Laon.* doss. 26 — « Un autre avantage bien réel, c'est que ce provisoire va laisser un intervalle assez grand pour que l'Assemblée ait pu décréter ou rejeter les tribunaux de département ; dans le premier cas, nous serons les maîtres de choisir ; dans le second, nous tâcherons de conserver le département » (*Ibid*). Tout paraissait donc aller pour le mieux.

(2) V. sup. p. 159 et suiv. nos précédentes explications à ce sujet, dont cette conclusion logique et .. bien humaine emporte confirmation, tout en rappelant d'office le *quantum mutatus ab illo...!*

(3) Indication extraite d'une lettre du Comte d'Egmont a MM. de la Commission provinciale du Sss, qui rend hommage au zèle de leurs compatriotes, en ces termes : « Je ne puis répondre au désir que vous me marquez de connoître le sort de la ville de Ss dans la nouvelle division, parce que ce travail n'est point encore fini, malgré toutes les peines que s'y donnent M. Brocheton, qui est le commissaire de la deputation de Ss. nomme au Comité pour cette division, ainsi que MM. Brayer et de Liancourt, deputes de votre ville qui se sont joints à lui et qui sûrement s'empresseront de vous en rendre compte aussitôt que l'Assemblée aura prononcé. » De Paris, 3 janv. 1790. *Arch. départ.* C, 931 — Cette lettre et celle à laquelle elle répond sont les deux seules concernant un peu notre sujet que nous ayions trouvées parmi les papiers de la Commission provinciale, dans tout le *Fonds de l'Intendance du Soissonnais* aux Archives departementales de l'Aisne. Pourtant elles dénotent l'existence vraisemblable d'une correspondance, malheureusement disparue sans doute.

auxquels Ferté, qui s'était trouvé mis en cause du fait de sa présence momentanée à la séance de ce jour, jugea bon d'ajouter une lettre personnelle, afin de ne laisser subsister aucun doute sur son opinion.

Pourquoi cette réunion subite en vue de fixer le chef-lieu d'une division non encore définitivement arrêtée ? Puisqu'on projetait d'y incorporer la forêt de Villers-Cotterêts tout entière, et de porter ses limites jusqu'à Montmirail ou Orbais, il en résulterait au sud et vers le sud-ouest une modification d'étendue qui devait abaisser la position du point central. Rien n'étant également décidé quant au nombre et à l'emplacement des districts, comment, sans savoir quels seraient leurs rapports avec le chef-lieu, choisir celui-ci ? Agir ainsi qu'on l'avait fait, c'était vouloir mettre la charrue devant les bœufs.

Portrait de la Collection DEJABIN
tiré des *dessins non gravés* [Bibl. Nat.]
(V. sup. p. 72, note biographique).

Vraisemblablement provoquée par les seuls députés de Laon et de Saint-Quentin, tenue avec intention en l'absence de ceux de Soissons, et d'ailleurs sans l'assistance de l'un des Commissaires du Comité de Constitution, cette réunion n'avait-elle pas été « aussi irrégulière que prématurée » et la décision prise dans ces conditions aussi injuste qu'insolite ? Car, quelle valeur d'équité reconnaître à un scrutin destiné à départager deux cités, dont les circonscriptions étaient si inégalement représentées, que l'une comptait quatre votants seulement, tandis que l'autre en possédait douze, «qui, sauf un [N. B. L'abbé Gibert, de Noyon, probablement], avaient un intérêt direct et personnel à obtenir la préférence pour leur ville, où la plupart d'entre eux avaient leur domicile et tous leurs propriétés ou leurs habitats ». Au surplus si l'on devait s'en tenir à une désignation provisoire, ne convenait-il pas — « ainsi qu'on en a déjà usé, dans le doute, à l'égard de quelques villes », telles que « Melun préférablement à Meaux et Chaalons sur-Marne préférablement à Rheims » (1) — de choisir celle qui jusqu'à présent avait eu la possession du chef-lieu ?

Mais l'Assemblée Nationale ne saurait « décréter une interversion aussi préjudiciable à l'ordre public et au bien général, aussi contraire aux principes de ses décisions, que celle qu'on prétendait obtenir d'elle », car — résumait Ferté, en une phrase incorrecte mais imagée — « cy l'on adoptoit la ville de L'aon, ce
« seroit comme ci il etoit posibles de faire changey le cours de la
« rivierre de Soissons et la faire remonter a Reims, ci non que
« l'un et plus posibles que l'autre, mais il ne me paroit pas plus
« juste, en ce que ces faire aller des scitoyens à loposé de leur
« comerce... » (2).

Donc Soissons, — concluait-on avec une feinte assurance — « sera conservée chef-lieu du département... ; elle sera maintenue dans sa possession, parce que tout réclame en sa faveur, parce que rien ne peut déterminer provisoirement pour Laon » (3).

(1) Dès lors il était sans doute admis en principe que ces chefs lieux seraient provisoirement désignés, sous réserve que les électeurs locaux décideraient s'ils préféraient l'*alternat*, ainsi qu'il fut decrété les 21 et 30 janv. 1790.

(2) Pour orthographier largement selon la manière d'un certain lieutenant en second du régiment *(dit)* de La Fère (*), qui malgré cela devait faire son chemin, nommé Buonaparte, et pour manquer de culture générale, Ferté n'en était pas moins — d'apres sa correspondance — un brave homme de fermier-cultivateur, joignant à du bon sens et à une sérieuse connaissance de sa profession, le mérite d'être aimable et de ne pas s'en faire accroire Sa lettre se termine ainsi : «... nayant d'autres talan que celui dêtre impartiale, vous vous apersevaré, MM. que je né fait aucune étude que celles relatifs à mon état ; je vous demande beaucoup d'indulgens que jespere que vous macorderé avec votre bonté ordinaire conû de tous les bon scitoyen qui ont eu l'honneur dêtre admis à vos séances. » — (*) Le rég^t de *La Fère*, n'était pas caserné dans cette ville, dont il portait le nom (et ou Bonaparte ne fut jamais en garnison), mais alors (en 1789-90) à Auxonne-en-Bourgogne, (où le futur Empereur eut pour camarade le lieut^t Belly de Bussy, qu'il devait retrouver cultivateur, maire et conseiller général. à Beaurieux son pays natal, et employer utilement sur place en 1814, lors de la Campagne de France).

(3) « Mémoire pour la ville de Ss » et « Observations contre la demande de la ville de Laon... » (*Op. cit.*, p. 175, note 2) — Lettre (autographe) de M. Ferté, dép. du B^{ge} de Sss au Cte de C^{on} du 20 janv. 1790. *Arch. nat.* D IV *bis* 3 (145).

Indépendamment des réclamations ci dessus analysées — *verba et voces* ! — qu'ils firent immédiatement parvenir au Comité de Constitution, les mandataires de Soissons s'étaient vus dans la désagréable nécessité d'informer leurs compatriotes du *fait* qui résultait de la réunion du 16 janvier. Comment présentèrent-ils les choses ? Quelle importance dirent ils attacher au vote émis ? Quelles craintes réelles, ou seulement quels espoirs affaiblis manifestèrent-ils ? Nous ne savons, leur correspondance étant perdue. Mais l'on ne saurait douter du malaise qui, dès leur lettre connue, gagna la cité entière, depuis plus d'un mois impatiente et inquiète à l'ombre de ses murailles, quand le 18 ou le 19 janvier — de la Porte de Crouy à celle de Paris, dite Saint-Christophe, et de la Place d'Armes ou du Grand Marché (1) à la Place Royale, vis-à-vis les Filles Minimes (2) — se répandit tout à coup cette navrante nouvelle : la cause de Soissons se perd ! Le chef-lieu est peut être perdu !

Mais sur l'heure le Conseil de ville s'était assemblé et les communautés municipales avaient délibéré. Les habitants reprirent quelque confiance en apprenant que de nombreux citoyens, porteurs de pouvoirs réguliers et d'instructions catégoriques, devaient aller rejoindre dans la Capitale leurs premiers collègues, pour les encourager et les aider à soutenir d'un suprême effort la position menacée du vieux centre provincial.

Devant l'imminence du danger, c'est en effet plus qu'une délégation, c'est une véritable ambassade de dix-huit à vingt notables, qui accepta de se rendre à Paris, et qu'on vit, le soir même, partir en poste du faubourg Saint-Christophe, dans la direction de Villers-Cotterêts, par la chaussée pavée de grès passant à Verte-Feuille (3). Du voyage étaient notamment

---

(1) Aujourd'hui la Grand'Place — (2) et la Place Dauphine (depuis le passage de la famille royale par Soissons, pour le sacre de Louis-Philippe, en 1831).

(3) « Compte-rendu par quelques députés du Vermandois... » *Op. cit.* — Pour franchir les 25 lieues 1/4 qui, par la grande route, séparaient Soissons de Paris, les *diligences* (dont les premières datent de 1770 environ) mettaient au moins douze heures, faisant relais à Verte-feuille (en bordure de la forêt de V.-C., où se trouvait alors une poste ainsi qu'une auberge très ancienne et très connue), à Villers-Cotterêts, à Levignen, à Nanteuil, à Dammartin, au Mesnil, enfin au Bourget. De Soissons à Laon, distantes de 8 lieues et reliées par un moins bon chemin, le service public se faisait encore par simple *coche* ou *carrosse*, à la fin du 18e siècle, en neuf heures, avec arrêts au relai de poste de l'Ange gardien, contre la ferme de Vaurains, et à Chavignon pour le repas [Cf. *Le conducteur françois*, par Denis (Paris, 1778), ainsi que les anciens *Livres de poste* et *Ann. du départ*.]

MM. Carrier de Belleuse, juge, et Vernier (Charles-Jérôme-Laurent), procureur du roi, au bailliage ; Meurizet, de Rouvroy de Bellary et Dubois des Charmes, autres « procureurs ès sièges royaux »; Quinquet, avocat ; Letellier (Marie-Victor), négociant grainetier, officier du grenier à sel ; Petit, maître particulier des eaux et forêts ; Chomier, juge-consul, apothicaire ; Laurendeau, officier de l'élection ; Bricongne (Antoine), notaire ; etc..... (1). Le lendemain matin, après une nuit soucieuse et cahotée, l'ambassade extraordinaire de Soissons débarquait, puis commençait aussitôt ses démarches. Nous la verrons à l'œuvre dans un moment, car, dès avant son arrivée, une seconde délibération importante avait été prise.

*
* *

Comme il avait été convenu l'avant-veille, « les députés du huitième département, convoqués expressément pour délibérer sur le nombre des districts », s'assemblèrent de nouveau, le 18 janvier, au nombre de dix-sept. Cette fois tous les bailliages furent représentés : celui de Saint-Quentin par deux de ses députés ; celui du Vermandois par six des siens, dont trois laonnois ; ceux de Villers-Cotterêts, de Château-Thierry, et même de Soissons — dont les membres avaient eu plus de vingt-quatre heures pour maudire, et pour réfléchir aux inconvénients d'une abstention systématique — chacun par trois des leurs. Les mandataires spéciaux des villes intéressées assistaient également à cette séance ; mais pas plus qu'à celle d'avant (ni d'ailleurs qu'aux suivantes) l'on ne vit venir un des Commissaires du Comité de Constitution. Enfin M. Devisme remplit encore les fonctions de secrétaire et l Abbé Duplaquet celles de président.

Aubry-Dubochet prit d'abord la parole. Jugeant, d'après l'opinion probable des membres délibérants présents, que la lutte s'annonçait chaude et que le résultat final était très problématique, il proposa d'arrêter tout débat sur l'objet de la réunion, en récla-

(1) Nous avons pu reconstituer de la sorte, en partie, la composition de cette mission, au moyen d'une unique pièce manuscrite, signée de la plupart de ses membres et conservée au dossier des *Arch. nat.* [D IV bis 1 (1)], ainsi que de divers documents imprimés de la *Bibl. de Soissons*, énumérant les officiers municipaux et judiciaires de cette ville, en exercice dans le courant de 1789 ; par homonymie, peut-être avons-nous toutefois fait erreur pour l'un d'entre eux. V. infra. p. 225, Pl. VII, ces signatures, avec certaines notices complémentaires.

mant la *question préalable*, sous prétexte que par une décision antérieure, le nombre des districts se trouvait fixé — définitivement selon lui — à huit... dont un serait attribué, avait-on dit, à la région de La Ferté Milon. Il faisait allusion au vote du 26 décembre, voulant oublier que la veille un autre scrutin avait eu lieu en faveur de la division cinq en districts seulement. Cette motion ne rencontra pas d'appui ; y compris ceux de Laon, maintenant en possession présumée du chef-lieu provisoire, les assistants s'accordèrent pour « écarter formellement ces deux premières délibérations non écrites » et pour ne reconnaître de valeur qu'à celle dont il allait être dressé acte. Aussi bien les députés du département n'étaient-ils officiellement réunis pour l'instant qu'en vue de trancher par cette dernière le différend occasionné et, depuis trois semaines, entretenu par les précédentes. Aubry-Dubochet dut s'incliner devant cette opposition presque unanime ; et c'est probablement afin de masquer un peu son échec aux yeux de ses collègues du Comité et de ses commettants, qu'il accepta, peut-être même qu'il demanda la rature de l'allusion faite à sa proposition dans le procès verbal de la séance.

Prêtre dans l'État, Citoyen dans l'Eglise

CH.^{er} VINCENT du PLAQUET,
de l'Ordre de Malte,
DÉPUTÉ DES COMMUNES
du Baillage de St Quentin
À L'ASSEMBLÉE NATIONALE DE 1789
né à Beauvois   le 20 Janv. 1750

(2e Portrait). De la Coll. DEJABIN (V. sup. p. 124, le 1er)

La discussion qui s'ouvrit ensuite se prolongea « durant plusieurs heures », au cours desquelles, entre autres orateurs, « on entendit de nouveau les députés extraordinaires des différentes villes ». Finalement la question se posa de savoir comment on clôturerait ce débat ? On décida de commencer par un scrutin sur le chiffre le plus élevé, puis de continuer tour à tour sur les chiffres immédiatement inférieurs, jusqu'à ce qu'une majorité fût acquise.

Tout le monde ayant reconnu que la division du département en neuf districts était impraticable, le nombre *huit* fut mis aux voix le premier : il fut rejeté par 9 suffrages contre 8, tout juste donc à la pluralité.

On passa au nombre *sept* : il fut pareillement écarté par 12 voix contre 5.

On vota encore sur le nombre *six*, qui finit par réunir l'importante majorité de 13 voix contre 4. En conséquence on arrêta de procéder à un partage du département en six districts, sur lequel il serait statué dans une prochaine assemblée (1).

Un nouveau point se trouvant réglé, les députés s'en étaient tenus là pour ce jour ; ils se séparèrent, non sans commenter diversement la solution adoptée, qui peut-être eut été différente, s'il n'avait pas manqué à la réunion autant de membres délibérants (11 sur 28, soit plus du tiers), puisque le partage en huit districts ne fut d'abord repoussé qu'à une seule voix d'écart. Tout aurait dépendu d'ailleurs de ceux qui seraient venus ajouter leurs suffrages ; parmi les onze absents — laissant de côté les trois représentants du Vermandois, dont la résidence personnelle n'appartenait plus au département et qui par suite devaient se désintéresser de sa distribution intérieure (l'abbé Gibert de *Noyon*, Maquerel de *Quémy* et Leclercq de *Lannoy*) — il semble bien en effet que les votes des huit autres députés se seraient compensés, sinon répartis en faveur du système des divisions les moins nombreuses.

(1) « Procès-verbal de l'ass. du 8ᵉ départ¹, du 18 janv. 1790 » [*Arch. nat.* D ɪᴠ bis 1 (1)], en *copie* écrite et certifiée par Devisme, mentionnant la présence de MM. Thirial, Harmand et de Louverny, pour la députation de *Château-Thierry*. — de Pardieu et Duplaquet, présid¹ (*Saint-Quentin*) — Cᵗᵉ d'Egmont, Ferte et Brocheton (*Soissons*) — Ogé, Vicᵗᵉ Desfossés, Lecarlier, de Viefville, de la Ville-aux-Bois et Devisme, secʳᵉ (*Vermandois*) — Cᵗᵉ de Barbançon, Bourgeois, Aubry-Dubochet (*Villers-Cotterêts*). [Etaient donc absents : MM. Graimberg de Belleau (*Ch. Th.*) ; Marolle (*St-Q.*) ; de Labat (*Ss.*) ; Ev. de Laon, Miremont, Bailly, Gibert, Maquerel, Leclercq (*Vmds*) ; Warel (*V.-C.*)] Le passage concernant la *question préalable*, proposée par Aubry-Dubochet et non admise, est biffé, avec approbation de la rature.

À ne prendre que les dix-sept membres présents, pour revenir aux faits acquis, il est vraisemblable que, lors de ce premier scrutin, la balance dut à l'un des députés de Saint-Quentin d'avoir penché du côté de cette dernière opinion ; les neuf voix de la majorité auraient été, selon nous, celles des trois députés de Soissons, des trois de Château-Thierry, de MM. Devisme (de Laon) et de Viefville des Essars (de Guise), députés du Vermandois, auxquels se seraient joints l'abbé Duplaquet — et les huit voix de la minorité, celles des trois députés de Villers-Cotterêts, des quatre restants du Vermandois (Lecarlier, L'Eleu, Desfossés et Ogé) et du Comte de Pardieu, qui se serait séparé de son collègue de Saint-Quentin. Au troisième scrutin, par lequel le fractionnement en six districts avait été voté par 13 voix contre 4, il est également probable que cette faible minorité comprit seulement les trois représentants de Villers-Cotterêts, ainsi que Lecarlier, qui persistèrent jusqu'au bout, ceux-là pour l'intérêt qu'ils y avaient et ce dernier par amour-propre de chef de file.

CH. FR. Lᵢ MAQUEREL de QUEMY
Chᵉʳ de Saint Louis
Né à Quemy le 30 Sept. 1738.
Député du Vermandois
Aux Etats Génᵉʳˣ de 1789

Moreau del.   Courbe sculp.

Portrait de la Collection DEJABIN
(V. supra p. 68, note biographique)

Tout en mécontentant la plupart des villes secondaires, la délibération du 18 janvier laissait quelque espoir à certaines d'entre elles. Marle se trouvait définitivement mise hors de débat ; Vervins pouvait croire ses chances anéanties ; par contre, Guise s'estimait assurée de rester comme ci-devant le chef-lieu d'une circonscription, au même titre que Saint-Quentin, Laon,

Soissons et Château-Thierry. Mais où formerait-on la sixième ? Serait-ce autour de Chauny, Coucy et La Fère, ou plus bas vers Villers-Cotterêts et La Ferté-Milon ? Les présomptions étaient en faveur du premier groupe. Aussi, les représentants divisés du second — qui jusqu'alors avaient vivement bataillé, comme nous le verrons plus loin, pour se modeler un territoire favorable et pour se partager au besoin les divers établissements du district en expectative — montrèrent-ils le plus d'humeur. Aubry-Dubochet ne cacha point son intention d'en appeler à l'Assemblée Nationale, s'il ne parvenait pas auparavant à gagner verbalement sa cause devant le Comité de Constitution, à qui — de leur côté — les mandataires particuliers

« DE WAREL
Curé de Marolles, âgé de 68 ans.
DÉPUTÉ DE VILLERS-COTRETZ » (sic)
(Mention inscrite au bas de ce portrait,
tiré des *dessins non gravés*
de la Collection DEJABIN. *Bibl. Nat.*)
(V. supra p. 74, note biographique)

de Villers Cotterêts adressèrent une réclamation écrite, spécialement en faveur de cette localité. Reprenant pour leur compte personnel, la récente thèse du défenseur de La Ferté-Milon, ils y soutenaient que le partage en huit districts, « dans lequel Villers-Cotterêts en avait un », résultait d'un vote antérieur, qui constituait pour eux un « titre régulier », contre lequel ne saurait prévaloir une délibération subséquente « doublement irrégulière, par défaut de convocation motivée et par l'absence d'un membre essentiel ». En juriste habitué à tirer parti du moindre vice de formes, le procureur Guilliot, rédacteur apparent de cette protestation, déclarait la nouvelle décision entachée de nullité, sous prétexte que l'ordre du jour véritable n'appelait pas à la dernière assemblée la reprise d'une question principale déjà réglée, mais l'examen jusqu'alors ajourné d'une tout autre affaire concernant la démarcation et l'indivisibilité de la forêt de Villers-Cotterêts ; d'où venait — ajoutait-il — que l'un des députés directs du bailliage [N. B. L'abbé Warel] avait manqué involontairement, et que faute d'une seule voix, la sienne, l'ancien mode de partage avait été annulé, par neuf suffrages contre huit seulement. Un aussi médiocre argument de procédure eut le sort qu'il méritait ; personne n'y prêta d'attention (1).

Dans l'assemblée du département, en obtenant d'être indiquée comme chef-lieu provisoire, Laon avait été victorieuse le 16 janvier ; le 18, par la proposition de fixer à six le nombre des districts, Soissons avait en revanche vu prévaloir son opinion. Qui l'emporterait à l'Assemblée Nationale, où la partie décisive devait se jouer bientôt ? On ne le savait trop encore, car il fallait compter avec l'avis du Comité de Constitution. Or les circonstances firent qu'entre temps le litige capital vint en discussion improvisée devant ses Commissaires, dans des conditions spéciales dont le récit s'impose.

La question du Chef-lieu devant le Comité de Constitution.

Démarche de la Commune de Paris en faveur de Soissons. Discours de M. de Vauvilliers, lieutenant du maire de Paris ; vive réplique de M. Lecarlier, député, maire de Laon.

Dès son arrivée à Paris, l'ambassade extraordinaire de Soissons se joignit à la foule des divers députés. Après avoir pris contact avec ceux de la ville et du bailliage, ses membres voulurent sans doute connaître la Salle des séances publiques de l'Assemblée Nationale et, à deux pas des Tuileries, au n° 4 de la Place Vendôme, l'Hôtel des Comités, où s'étaient tenues les réunions particulières des mandataires du département ; on dut les voir dans les tribunes de l'une et dans les couloirs de l'autre. Leur affluence ne pouvait passer inaperçue ; les Laonnois en furent vite informés et plus que jamais veillèrent au grain, car il était évident que ce renfort de rivaux ne resterait pas inactif.

(1) « Exposé des motifs qui déterminent la nécessité d'un district dans l'arrondissement de Villers-Cotterêts » s. d. mais du 20 janvier environ (V. sup. p. 152, note 1).

— 224 —

Les nouveaux arrivants ne demandaient en effet qu'à légitimer leur déplacement. Mais que faire pour dépenser leur activité et calmer leur ardeur, qui n'ait été déjà tenté, depuis un mois, par leurs zélés prédécesseurs ? Relancer les ministres ? On eut peut-être jugé leur insistance importune. Retourner à l'Hôtel de Ville sembla plus utilement réalisable : « le 24 janvier, en députation « solennelle — rapporte ironiquement Lecarlier — ils allèrent « donc, au nombre de dix-huit, solliciter l'intervention de « l'assemblée des représentans de la Commune de Paris ».

Au cours de cette visite, les envoyés de Soissons dirent quelle odieuse imputation d'accaparement et de concussion venait d'être articulée par certains députés laonnois, dans une des dernières conférences, contre quelques uns de leurs principaux concitoyens ; ils expliquèrent que le prétexte de cette accusation avait été trouvé dans les distributions de blé opérées, l'an passé, durant la période de disette, sous la direction des administrateurs provinciaux, en en faisant profiter la Capitale dans la plus large mesure possible, comme le savaient pertinemment M. Bailly et M. de Vauvilliers, son lieutenant, président du comité des subsistances (1), qui, par expérience, connaissaient les difficultés rencontrées et les dangers courus alors, par les fonctionnaires chargés du pénible service des approvisionnements publics. Probablement enfin les mandataires soissonnais se justifièrent de venir

(1) Aux références précédentes de la p. 200, note 1, concernant cette disette dans le Sss et à Paris, il y a lieu d'ajouter celles-ci, oubliées : *Mémoires de Sylvain Bailly* (Paris, 1821-22, 3 vol.), tome II *passim*, et les documents d'archives mentionnés au *Répertoire* gén[al] *des Sources manuscrites de l'Hist. de Paris pendant la Révolution*, de M. Alex. Tuetey (Tome I, Chap. III. Subsistances et approvisionnements de la Capitale ; notamment sous les n°s 3145, 3211, 3241, et 3293).

De VAUVILLIERS (J. F.), savant helléniste, né en 1737, professeur au Collège de France (1766), membre de l'Acad[ie] des inscriptions (1787) ; élu député-suppléant de Paris aux Etats-Généraux, il ne consentit pas à siéger ; bientôt après il accepta cependant de faire partie de la municipalité de cette ville et, comme lieutenant de maire, se trouva chargé du service des subsistances. Durant la disette de 1789, il déploya dans ces fonctions une grande activité et par d'habiles mesures réussit à assurer les approvisionnements de la Capitale. Ce ne fut sans périls ; de sa voix éloquente on le vit plusieurs fois haranguer avec succès la foule affamée. Il se prononça par la suite contre diverses réformes de la Révolution et fut un moment détenu en 1792. En 1795, quand une nouvelle disette menaça Paris et les départements, le ministre Bézenech le choisit, en souvenir de son heureuse administration de 1789-90, comme agent supérieur des subsistances. Il démissionna pour ne pas prêter le serment de haine à la royauté qu'on exigeait de lui. Enfin, compromis dans un complot royaliste et acquitté, élu député aux Cinq-Cents et proscrit, Vauvilliers se réfugia en Russie, où il mourut en 1801 (Cf. à son sujet toutes les grandes *Encyclopédies* ou *Biographies*). Nous avons vainement recherché quelque portrait de lui.

PLANCHE VII

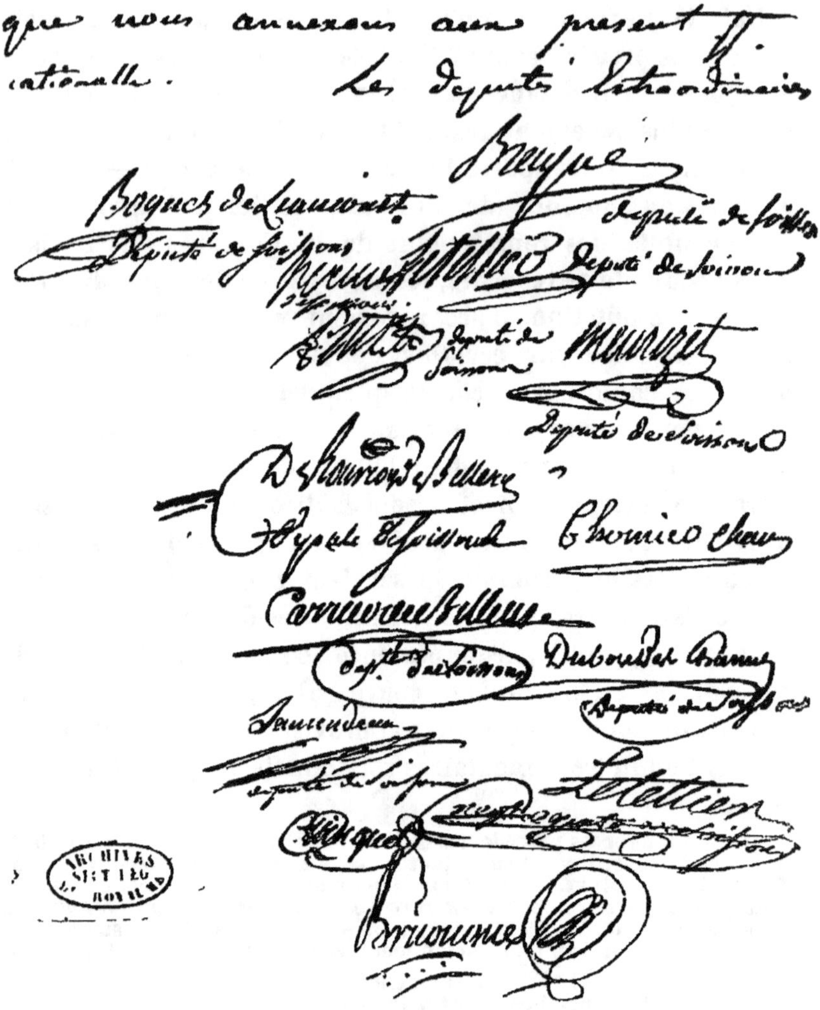
que nous annexons au present [...]
[...]cationalle. Les députés extraordinaires

Brayer

Boquet de Liancourt — député de Soissons

Letellier — député de Soissons

Meurizet — député de Soissons

Letellier

« CES MESSIEURS DE SOISSONS... »
en mission extraordinaire à Paris (Janvier-Février 1790) [*Arch. Nat.*] (1).

(1) V. sup. p. 169, pour MM. Brayer, Boquet de Liancourt et Letellier ; et p. 217 et 218, pour les noms suivants dont certains meritent quelques autres indications biographiques : — MEURIZET (Marie-Louis-Constant), né à Blerancourt, en 1757, apres avoir eté l'un des premiers administrateurs du département, devint bientôt commissaire des guerres ; il exerça ces fonctions a Soissons, a la Grande Armee, puis a Laon, jusque sous la Restauration, époque a laquelle elles furent supprimees et rattachees au service de l'intendance militaire. On lui doit en partie la conservation de la Cathedrale de Ss, pour y avoir emmagasiné de 1793 à 1795, les equipements, vivres et fourrages destinés aux nombreuses troupes campées autour de la ville. — De son fils Constant, commissaire-priseur

encore réclamer de l'appui pour leur ville, par ce fait nouveau qu'à la faveur d'une récente délibération de l'assemblée du département, toute contestable qu'elle fût, sa rivale allait peut-être avoir gain de cause.

Cet exposé fit sensation sur leurs collègues, car on décida qu'une délégation municipale, sous la conduite de M. de Vauvilliers, se rendrait incessamment au Comité de Constitution, afin de

à Soissons, qui fut cons^{er} mun^{al} et adj^t (1792- † 1873), naquit en 1824, Louis-Emile Meurizet. Ce dernier, en 1848, alors qu'il était étudiant à Paris, prit une certaine part à la Révolution de février ; reçu avocat, il revint à Ss, y plaida plusieurs procès politiques, et concourut à la rédaction de différentes feuilles de l'opposition ; en 1849, il fut notamment l'un des fondateurs du journal socialiste du département, le Paysan ; au rétablissement de la République, 20 ans plus tard, à Paris où il était allé s'établir, il devint (1870-71) le premier adjoint au maire du 1er ar^{rdt} (M. Tenaille Saligny), dont le second adjoint était M. Méline.

— CARRIER DE BELLEUSE (Victor-Armand-François), avocat puis juge au B^{ge}, ayant pris une certaine part à la vie publique de Soissons, avant la Révolution et durant ses premiers temps, fut inquiété sous la Terreur, comme plusieurs de ses concitoyens ; emprisonné jusqu'à la chute de Robespierre, au château de Clermont-en-Beauvoisis, il en a fait, durant sa détention, une aquarelle documentaire (Musée de Ss), témoignant déjà des dispositions artistiques qui devaient atteindre la maîtrise dans sa descendance. Le fameux sculpteur (E.-A) Carrier-Belleuse, né à Anizy-le-Château (Aisne) en 1824 — mort en 1887 — auquel on doit, entre autres œuvres, une statue de C. Desmoulins au Palais-Royal (1882-83) et un buste d'Henri Martin (1886), était en effet son petit-fils. Les remarquables peintres contemporains de ce nom sont ses arrière-petits-enfants.

— Enfin QUINQUET (Jacques), d'une très ancienne famille de magistrats soissonnais, avocat au B^{ge} (beau-père du procureur Vernier et parent aussi de Meurizet, qui faisait partie de la mission), fut, en 1790, nommé administrateur du district de Soissons, puis l'année suivante procureur-syndic, après avoir été candidat malheureux aux élections de l'Ass^{ée} Législative. Ruiné, il alla résider à Paris, où il aurait occupé, sous la Terreur, un emploi dans la police ; nous ignorons ce qu'il devint ensuite. Sa femme est plus connue, pour d'assez médiocres raisons de conduite et de littérature, sous le nom de Mme de Morency.

Suzanne Giroust, née à Paris, fille d'un riche négociant qui, presque aussitôt sa naissance, en 1772, vint s'établir fermier à Mortefontaine (près Cœuvres), épousa très jeune l'avocat Quinquet, beaucoup plus âgé, dont l'existence était passablement dissolue. Aussi ne tarda-t-elle pas à s'abandonner à une série ininterrompue d'aventures galantes, qui la mirent en relations avec toute une galerie historique, où figurent à la suite de Quinette (de Soissons), les généraux Biron et Dumouriez, Hérault de Séchelles, Fabre d'Eglantine, .. e tutti quanti, peut-on dire, car la liste ne laisse pas que d'être cosmopolite. Profitant de la récente loi sur le divorce, Mme Quinquet, qui avait quitté Soissons et pris, à Paris, le nom plus guerrier de Mme de Morency, s'était séparée de son mari en 1793. Compromise par sa liaison avec Hérault, elle subit une longue détention, mais sut échapper aux rigueurs du Tribunal révolutionnaire ; sous le Directoire, passant des jacobins aux ci-devants, elle reprit sa vie antérieure, dont un grave accident de cheval arrêta le cours, en la défigurant. C'est alors que, de 1799 à 1806, elle chercha des moyens d'existence dans la composition de quelques romans, « d'une physionomie baroque, écrits dans un style sans nom, pétulant, obscur, sentimental et effronté » (Ch. Monselet. Oubliés et dédaignés), dont le premier surtout Illyrine ou L'écueil de l'inexpérience (3 vol. in-8), eut une

— 227 —

lui exprimer de vive voix l'opinion de la Ville de Paris, dans une affaire à laquelle elle s'estimait intéressée pour des raisons de sentiment autant que d'utilité. La démarche en question eut lieu le surlendemain ; elle prit, par aventure, une importance singulière.

De cette séance inattendue et de la brillante joute oratoire qu'elle provoqua, une copieuse relation nous a été conservée par certaine vogue. Ce « recueil de folies, où l'on voit en deshabillé plusieurs conventionnels illustres » (J. Claretie. *C. Desmoulins*), est une autobiographie toute remplie de détails précis, d'une authenticité reconnue par maints historiens. Au point de vue documentaire, le premier volume de ce livre à clefs, qu'on ne saurait recommander *ad usum Delphini*, est particulièrement intéressant pour la connaissance des évènements qui se passèrent dans le département, à la veille et au lendemain de sa formation : même la mission de janvier 1790 se trouve là mentionnée. C'est pourquoi nous avons cru devoir ici parler autant de son auteur et, au titre de curieuse petite personnalité de la région vers ce temps, reproduire ses traits. Par plus d'un nom visé dans son roman et par nous cité ou représenté dans cette étude, celle qui fut Mme Quinquet s'y retrouvera en pays de connaissance, toute seule, il est vrai, au milieu d'une nombreuse compagnie masculine ; mais Mme de Morency n'eut point été femme à s'en effaroucher.

Mme Quinquet-Giroust
dite
MADAME DE MORENCY

Portrait, par Canu, en tête de ses Mémoires.

Remariée, paraît-il, à un ancien soldat d'Italie, celle-ci mourut en 1809, aux derniers accents d'une chanson qui, les années précédentes, avait fait fureur à Paris et dans le département : chanson que, quinze ans plus tôt, elle aurait pu inspirer, et dont voici — autre miette d'histoire locale — le premier couplet :

LES BELLES SOISSONNAISES

De jeunes Soissonnaises,
S'ennuyant au pays,
Un jour furent bien aises
De venir à Paris.

L'amour tout bas
Leur dit : là-bas
On prépare des fêtes ;
Partez, mes sœurs,
Et sur les cœurs
Faites mille conquêtes ;

Si les beautés françaises
Brillent dans tous pays,
Les beautés soissonnaises
Ont la palme à Paris.
(*Air inconnu*)
*** (1807).

Le père de l'ex-madame Quinquet, Charles Giroust, et sa mère, fille du président R... (dont le nom s'est perpétué dans le Sss), avaient acheté le château de Vivières, lorsqu'il fut vendu comme bien national après le départ du Cte de Mazancourt, député du Bge de Vill.-Cotts (V. sup. p. 74, note 2). Ils s'y retirèrent et y vécurent durant 36 ans, laissant, pour leur compte, la réputation de gens honorables et bienfaisants. Ch. Giroust, qu'on appelait dans le pays : « le père des pauvres », mourut en 1827, âgé de 94 ans (Renseigts de Mr C-A. Barot).

l'un des interlocuteurs, Lecarlier lui-même à n'en pas douter : c'est donc à son « Compte-rendu » — le seul existant — que nous emprunterons les citations suivantes, dont une analyse eût mal rendu le tour alerte ou la force d'argumentation

... .Recommandations de grands personnages, sollicitations actives d'un très grand nombre de ses concitoyens, intervention de la Commune de Paris, tout fut mis en usage de la part de Soissons. Quant à nous — pour Laon — un simple exposé des principes, une persévérance constante à en demander l'application, une vigilance continuelle sur les démarches des députés de Soissons, voilà les moyens dont nous nous sommes servis.. ... Aux mémoires présentés par la ville de Soissons, nous avons seulement répondu par des observations sommaires contenant le résumé de ce que nous avions précédemment exposé au Comité de Constitution (1).

Voici dans quelles circonstances nous étions parvenus à nous y faire entendre.

Les députés du Vermandois attendoient avec impatience le moment où ils pourroient présenter les motifs qui engagèrent la majorité des députés du département à désigner la ville de Laon comme chef-lieu provisoire, lorsque le 23 janvier, quelques-uns d'entre eux se trouvant à l'Hôtel des Comités, le hasard (2) les fit entrer dans une salle où plusieurs de MM. les Commissaires du Comité de Constitution étoient descendus pour recevoir une Députation de la Commune de Paris, présentée par des députés extraordinaires de la ville de Soissons.

La présence des députés du Vermandois eut un instant l'air d'être indiscrette ; déjà ils se disposoient à se retirer, lorsque l'un des députés de Soissons voulut bien leur dire qu'ils se trouvoient là fort à propos ; que s'agissant d'un objet qui intéressoit la ville de Laon, comme celle de Soissons, ils profiteroient du moment où ils étoient présens pour dire un mot à MM^{rs} les Commissaires en faveur de cette dernière Les députés du Vermandois sollicitèrent de leur côté la permission d'être entendus et la séance fut ouverte par un député de Soissons (3). La Députation de la Commune de Paris gardoit le silence. Un des députés du Vermandois lui en témoigna sa surprise, et aussitôt M Vauvilliers, Lieutenant de Maire, l'un des membres de la Députation, déclara qu'il auroit le courage de remplir sa mission...

(1) « Observations sur la fixation du chef-lieu du dep^t du Vermandois et du Sss. » *Arch. nat.* D ɪv *bis* 3 (144) s d. mais du 20 janv. environ. Cette pièce, *en entier de la main de Lecarlier,* est un assez long canevas de plaidoirie, portant en regard des arguments de Soissons, leur critique, et ceux que Laon pouvait victorieusement opposer en réponse : l'analogie du plan, la similitude de certaines phrases démontrent que le « Compte-rendu » est incontestablement l'œuvre personnelle de Lecarlier. A défaut de ce document, cela ne serait pas moins sûr : *Le style, c'est l'homme*

(2) Hasard sans doute aidé par la « vigilance continuelle » dont l'aveu précède.

(3) On ignore lequel ; son discours est également inconnu, mais il se trouve certainement en substance dans nos explications antérieures.

Ne voilà-t-il pas, assez joliment contée, une piquante rencontre ? « Ces Messieurs de Soissons » ne s'attendaient guère à voir des tiers en leur affaire !

... Dans son discours, M. Vauvilliers insista spécialement sur la nécessité d'établir une Administration principale dans une Ville qui avoit de grandes relations de commerce avec Paris, et qui, d'ailleurs étoit depuis longtemps centre d'administration ; il cita, à ce sujet, la Déclaration des Droits, qui veut que nul ne puisse être dépossédé de sa propriété.... Rappelant ensuite les services rendus par Soissons à Paris, il se plut à épancher sa reconnaissance. ... ; puis il ajouta : « La « calomnie a poursuivi Soissons ; c'est à moi de lui rendre justice ; c'est « à moi de dire que Soissons a sauvé Paris, et m'a donné les moyens de « sauver l'Assemblée Nationale. .. On a prétendu que l'Administration « y avoit pris une part dangereuse dans le commerce des grains ; qu'elle « les avoit accaparés Mais qu'est-ce que le monopole ? N'est-ce pas un « procédé mettant les acheteurs sous la main des vendeurs ? Ici, au « contraire, qu'a fait l'Administration ? Elle a arrêté les bleds qui se « trouvoient à Soissons, et a mis les vendeurs sous la main des ache- « teurs : elle ne mérite que des éloges ; et on l'a calomniée ! »

Enfin, tout en déclarant que le vœu d'une Province ne peut jamais être une injustice, M. Vauvilliers conclut à ce que le Chef-lieu du département du Vermandois et Soissonnois fût fixé définitivement à Soissons.

[Arch. nat.]

Un de nous répondit *à peu près* en ces termes : .....

Lecarlier — immodeste anonyme — reproduit alors tout au long sa réponse éloquente et précise, même tranchante ; mais peut-être y mit-il un supplément de verve, en la publiant après coup, par nécessité, revue et corrigée (1).

.....Il s'agit de savoir — dit l'avocat de Laon, maire de cette ville — où sera fixé le chef-lieu du 8e département ; c'est la position plus ou moins centrale qui doit déterminer la préférence. Or, Soissons ne la possède pas ; il ne faut pour s'en convaincre ni raisonnemens, ni calculs ; il suffit de jeter les yeux sur la carte (2) Cette ville l'a bien senti, lorsqu'elle a cherché à jeter sur celle de Laon une telle défaveur qu'il ne fût pas possible de la désigner ; mais les députés du département, en jugeant

---

(1) Nous dirons ci-après, *in fine*, comment Lecarlier fut obligé d'écrire son « Compte-rendu », par suite de certain expédient radical dont sut user Me Brocheton son collègue, député de Soissons, pour l'empêcher de *parler* en faveur de Laon, à Chauny.

(2) C'est-à-dire sur la division du plan n° 4 ; mais au 23 janvier, le Comité avait déjà décidé en principe que le département serait allongé vers le sud (V. sup. p 119) : cette carte n'était donc plus alors tout à fait de mise.

autrement, ont pensé que cette dernière devait être *provisoirement* chef-lieu, et que c'était à la Province elle-même à *fixer* ce qui lui conviendrait le mieux.....

Messieurs de Soissons soutiennent que le vœu de ces députés ne saurait avoir aucune influence sur la décision du Comité de Constitution. Mais, depuis qu'il a été émis, ce vœu leur cause trop d'inquiétude. ils ont fait trop de démarches pour en éluder l'effet et montré trop d'empressement à en attaquer la légitimité, pour n'être pas persuadés qu'il doit être adopté par l'Assemblée Nationale. La délibération a d'ailleurs été prise de la façon la plus régulière. Si les députés de Soissons n'ont pas voulu y concourir, ce n'est que parce qu'ils ont espéré trouver, dans leur absence, un motif de réclamation : prétendre pour cela la faire déclarer illégale, c'est vraiment une exagération de l'opiniâtreté ! Ces Messieurs ayant remis aux députés, le 14 janvier, leur « Mémoire pour conserver le chef-lieu », n'était-il pas nécessaire que les députés se réunissent pour délibérer sur cette demande ? C'est ce qu'on a fait le 16 janvier, dans une assemblée duement convoquée, où la question a été légitimement résolue par une décision qui permettra de connoitre d'une manière plus positive le vœu général des citoyens, à l'égard de laquelle on ne voit pas de motif pouvant s'opposer à ce qu'elle soit provisoirement adoptée.....

Laon n'aurait aucun titre pour devenir chef-lieu ? Comment l'admettre après le vote des députés du département en sa faveur. — Soissons seule aurait des droits, parce qu'elle possède une Intendance et des Archives ? Qu'importe qu'il y ait à Soissons un monument ruineux du faste oppresseur des anciens agens de l'Administration ! Faut-il donc des palais pour recevoir les administrateurs d'un peuple libre ? Et des Archives ! Sont-elles donc immuables ?

Non, ce n'est pas le désir d'épargner au département les frais imaginaires d'un nouvel établissement, qui dirige la ville de Soissons. Son but n'est plus un problème : elle ne recherche le département que pour l'utilité de son commerce de grains, qui a servi de prétexte à de multiples recommandations adressées au Comité de Constitution

Il en est une, entre autres, de M. Bailly, maire de Paris, qui établit comme principe de décision, qu'il vaut mieux, en admininistration, conserver que détruire, et qui, de ce que le département de Paris est restreint dans ses murs, en conclut qu'il faut placer le chef lieu à Soissons Certes lorsqu'on ne peut améliorer, il est préférable de laisser les choses dans leur état ; mais lorsqu'il y a intérêt à détruire, pourquoi conserverait-on ? Or, il s'agit ici de rapprocher l'administration des administrés et d'appliquer un des principes solennellement consacrés par l'Assemblée Nationale. Il est d'autre part étonnant qu'au moment où cette Assemblée n'a pas cru devoir accorder à la Commune de Paris une division analogue aux autres [quoique l'avantage de surveiller les approvisionnemens et d'assurer les subsistances, qui lui faisait désirer d'avoir dans son enclave les moulins de Pontoise et de Corbeil, ait été l'un des motifs les plus pressans qu'on ait fait valoir (1)], le Maire de cette Ville présume que sa recommandation puisse influer sur la fixation d'un chef-lieu de département. Quelle idée prendre de la nouvelle Administration, si déjà dans les Comités de l'Assemblée Nationale, on se permet des sollicitations ouvertes, comme jadis elles se pratiquoient dans les Bureaux ministériels ?

Par un postscriptum de sa main, M. Bailly a ajouté que la vie de la Capitale « dépendait de Soissons » et qu'en obtenant pour elle le chef-lieu, celle-ci resterait attachée à celle-là « comme municipalité obligée ». Mais si Soissons fournit à Paris une partie de ses subsistances, ce sont les productions de la Province qui alimentent le marché de Soissons ; c'est donc de la Province, plus que de Soissons, que dépend la vie des Parisiens. Si la surveillance de l'Administration est nécessaire pour un commerce auquel Paris attache tant d'importance, c'est un motif de plus pour la placer au centre du département, et ce centre n'est pas Soissons. Si le chef-lieu n'était plus à Soissons, sa rivière serait-elle moins navigable, ses courtiers moins actifs, ses spéculations moins libres ? Les propriétaires, les cultivateurs seraient-ils moins intéressés à vendre avantageusement leurs denrées ? — On veut que Soissons soit une *municipalité obligée*. Qu'en espère-t-on ? La municipalité obligée, parce qu'elle aurait une puissante amie, sacrifierait-elle les intérêts du département à ce qu'elle croirait devoir à la gratitude ? Il est agréable de faire des obligés, mais pour une municipalité obligée, il y en aura 600 de désobligées. Un moyen bien plus sûr d'obliger, c'est d'être équitable ; c'est d'être persuadé que rien ne sera plus avantageux à Paris qu'une parfaite harmonie avec les Provinces ; c'est de se reposer sur le corps législatif du soin de déterminer d'une manière convenable tout ce qui pourra concerner leur régime intérieur (2).

Après la lettre de M. Bailly, la mission de M. Vauvilliers, très extraordinaire en elle même, l'est devenue plus encore par la manière dont il l'a remplie. N'aurait-il pu s'acquitter envers Soissons, sans être injuste envers un département ? — Ne fût-il question que des deux villes

(1) Quel singulier mélange de préoccupations économiques spéciales et de larges considérations politiques ne rencontre-t-on pas dans cette question de la nouvelle division du royaume ? Comme si les limites, plus souvent conventionnelles cependant que naturelles, qui devaient distinguer les départements, allaient tout-à-coup les séparer, les isoler les uns des autres, créer entre eux des barrières infranchissables ! Ici, c'est Paris qui craignait de n'avoir pas assez de farines parce que les moulins de Corbeil seraient en dehors de sa circonscription, et qui prenait fait et cause pour Soissons afin de s'assurer du blé. Ailleurs, on voit, par exemple, le dép.ᵗ d'Amiens déclarer que la navigation *entiere* de la Somme » est « l'intérêt le plus majeur de la Province » et tenir en conséquence à posséder l'embouchure de ce fleuve, non sans « désirer essentiellement » aussi de comprendre le duché d'Aumale et le comté d'Eu, « à cause des bois qui s'y trouvent et qui sont de la plus grande importance pour la Picardie. parce qu'elle en manque absolument. » [*Arch. nat.* D ɪᴠ bis 1 (2)].

(2) Cette remontrance peu déguisée ne porta pas... ou porta trop. Quelques mois plus tard la Commune de Paris et Bailly devaient récidiver (V. sup. p. 204 note 1).

concurrentes, pourquoi chercher à favoriser l'une au préjudice de l'autre ? La ville de Laon s'est-elle jamais montrée moins patriote que celle de Soissons ? N'a-t-elle pas été une des premières à adhérer aux décrets de l'Assemblée Nationale ? N a-t elle pas même été plus empressée que celle de Soissons à féliciter la Capitale sur les évènemens du mois de juillet ? Pourquoi donc une recommandation dirigée contre elle ? (1)

M. Vauvilliers a dit : on a calomnié Soissons. A qui adresse-t-il ce reproche ? Est-ce a nous ? Nous nous sommes plaints de la manière dont l'Administration s'était conduite pour la revente des blés qu'elle avoit achetés en 1789 ; nous avons demandé pourquoi n'ayant acheté que pour la subsistance de la Province, elle a fait un gain immense sur ces grains? Nous demandons si c'est bien là mettre les vendeurs sous la main des acheteurs ? Nous demandons ce qu'est devenu l'excédent du prix C'est aux administrateurs eux-mêmes que nous l'avons demandé, et c'est à eux que nous le demandons encore Sans doute, ils sont au-dessus de la calomnie ; mais ce mot, nous ne sommes pas plus faits pour l'entendre qu'eux (2).

Si la reconnaissance est une vertu, nous serions tentés de croire qu'elle peut quelquefois se permettre des écarts et ce n'est qu'un écart de la vertu qui a pu porter M. Vauvilliers à articuler que la fixation du chef-lieu dans toute autre ville que Soissons, seroit une atteinte à la propriété: comme si les Provinces étoient le patrimoine des administrations !

---

(1) Dès la premiere seance de l'Ass. Nat. ou les trois ordres siegèrent reunis — le 30 juin 1789 — Lecarlier y avait lu une adresse de la municipalité de Laon, datée du 26 juin Les 14 et 20 juillet, de nouvelles adresses de cette ville furent encore lues ; celles provenant de Soissons ne figurent qu'aux proces-verbaux des 4 et 13 août.

(2) C'est pour ces mots que Lecarlier, selon nous — comme nous l'annoncions plus haut — doit être rendu responsable de l'imputation de concussion emise contre les administrateurs soissonnais. Nous avons donne nos raisons de croire qu'elle était aussi hazardee que malveillante : cela est doublement grave envers son auteur — Or, il se trouve qu'a propos de l'invasion de la Suisse, au début de 1798, et de sa mission dans ce pays, en qualité de Commissaire pres l'armée d'occupation, Lecarlier est au nombre des agents du Directoire, sur la mémoire desquels pese le lourd reproche, non seulement de s'être montres d'une rigueur extrême, mais encore d'avoir pécuniairement profité des exactions auxquels ils présiderent : a savoir, avec lui, les generaux Brune et Schauenbourg, et surtout son adjoint, qui devint son successeur, Rapinat, dont les actes et le nom provoquerent ce quatrain reste fameux :

> Les pauvres Suisses qu'on ruine
> Voudraient bien qu'on examinat
> Si Rapinat vient de rapine
> Ou rapine de Rapinat   (De Saint Albin.)

Au sujet de Lecarlier, cette accusation n'est vraisemblablement pas plus fondée que celle qu'il s'etait permise quelques annees plus tôt a l'egard des administrateurs soissonnais. Les *Memoires tires des papiers d'un homme d'Etat*, qui ne sont tendres pour aucun de ses associes, disent en effet de lui, par exception : « c'etait un homme *probe et integre*, d'un patriotisme eprouve, mais d'un caractere dur et brusque ; aussi pesa-t il rudement sur la malheureuse Helvétie... ». Pourquoi faut-il cependant que, devant l'Histoire, sa probite — comme, à vrai dire, la femme de Cesar — ait même pu être soupçonnee ? Revanche du sort, peut-être (Cf. Lavisse et Rambaud *Ht t Gen^{le}* viii, p. 821, et *Biog. univ.* de Michaud. Suppl^t.)

Comme si tous tant que nous sommes nous avions jamais appartenu à Soissons !

Mais nous n'insisterons pas davantage : la question est décidée. M. Vauvilliers l'a lui-même déclaré, peut-être sans s'en apercevoir ; nous demandons le vœu de notre Province, qui d'ailleurs ne prévoit qu'une détermination provisoire, et il nous a dit que *le vœu d'une Province ne peut jamais être une injustice.*

— M. de Vauvilliers répliqua des choses honnêtes pour la Ville de Laon, assura qu'il connoissoit son patriotisme, et qu'il n'avait jamais été dans l'intention de lui nuire (1).

Avec M. le Maire de Laon, M. le Lieutenant du maire de Paris venait d'avoir affaire à forte partie.

(1) Extrait du « Compte rendu aux electeurs du depart. de l'Aisne par quelques deputés du Vermandois » (Arch. nat. AD. xvi, 18) — brochure in 8, de *vingt-huit* pages ; chez Baudouin, imprimeur de l'Ass Nat. Paris, 1790 — parue en mai de cette année, dans les circonstances suivantes qui constituent un assez curieux episode de la querelle entre Soissons et Laon, dont la narration anticipee trouve utilement ici sa place :
Parmi les electeurs appeles à faire partie des assemblées locales chargées de nommer les premiers administrateurs departementaux, figurerent quelques membres de l'Assemblee Nationale, ainsi De Viefville des Essars avait été designe a Guise, et Lecarlier a Laon, pour la reunion fixee a Chauny (comme nous allons le voir), ou le chef lieu devait être choisi ; mais aucun des Constituants en exercice ne comptait, pour cette reunion, au nombre des electeurs de Soissons. Non sans raison, ces derniers jugèrent contestable la designation de leurs collegues députés, qui en participant dans deux assemblees à la solution du litige pendant, auraient le double rôle de juge et de partie. Le cas n'etant regle par aucun texte, ils en saisirent l'Ass Nat par une lettre à son president du 10 mai 1790 [*Arch. nat.* D iv, 11 (161)] On ne saurait douter, à ce propos, que les electeurs de Soissons étaient moins preoccupes d'un point de droit que d'une question de fait Bien plus que celle de De Viefville, la personnalité de Lecarlier etait visée La fougue, l'éloquence de ce dernier les inquietaient ; s'il etait là, la partie avait grande chance d'être gagnée par la ville de Laon ; il y avait donc un reel interet à l'empêcher de venir à Chauny. C'est ce que comprit Brocheton, depute direct de Soissons, qui, pour evincer Lecarlier, sut astucieusement profiter d'un minime incident provoque sans malice par le brave M des Essarts En fin de seance, le 13 mai, celui-ci crut devoir solliciter correctement un conge de quelques jours, « pour se rendre dans son departement, ou il avait ete nomme electeur » Un depute fit observer que l'Assemblee avait interdit à ses membres de se trouver dans les lieux ou se tiendraient les réunions locales et que la demande de M de Viefville etait contraire à cette defense ; un autre ajouta qu'il conviendrait de la confirmer par un decret ; et sans plus de deliberation, la séance fut levée sans qu'on eût statué sur le conge de M. de Viefville. A la faveur d'un conseil de la nuit, Brocheton, *à la seconde seance du lendemain, ou Lecarlier manquait*, demanda la parole « sur le proces-verbal de la veille » ; il fit remarquer que certains deputes absents pouvaient être partis afin d'assister aux assemblées primaires ou autres, « comme M Lecarlier, qui avait ete nomme electeur pour celle de Chauny » ; il proposa de les rappeler, « parce qu'il n'etait pas seant qu'ils abandonnassent leurs fonctions pour paraître dans ces assemblees » ; et... il deposa sur le champ le projet du decret, dont on avait vaguement parle le jour precedent, redige en ces termes : « Aucun membre de l'Assemblee ne pourra assister aux assemblees de district ou de départ¹ » Ce texte ayant semblé trop absolu, ce fut alors L'Eleu de la Ville-aux Bois, depute de Laon, qui, essayant de sauver le cas de son ami, le perdit tout à fait, en indiquant que « nul decret antérieur n'empêchait les deputes d'être électeurs ». Demeunier, membre du C¹ᵉ de C n, retint cette objection ; modifiant la redaction de Brocheton, il proposa à l'Assemblee de decreter qu' « aucun de ses membres

— 234 —

Ayant ainsi successivement sapé les arguments des députés soissonnais, disséqué la recommandation de M. Bailly et pris M. de Vauvilliers corps à corps, Lecarlier dut laisser aux Commissaires du Comité de Constitution présents à cet engagement impromptu, l'impression qu'il pourrait être un redoutable adversaire, au moment prochain où l'un d'eux, comme rapporteur, provoquerait le combat décisif, en séance publique, devant l'Assemblée Nationale. S'ils ne se retirèrent pas convaincus, du moins furent-ils obligés de reconnaître que l'opposition entre les deux villes était trop vive, pour qu'ils pussent eux-mêmes se prononcer désormais en faveur de l'une ou de l'autre.

Le décret du 26 janvier 1790

Consultation des électeurs pour le Chef-lieu ; leur réunion fixée à Chauny. — Adoption d'une subdivision en six districts.

C'est fort peu de temps après la rencontre à l'Hôtel des Comites, du 23 janvier 1790, qu'intervint enfin la première décision officielle, concernant le département de Soissons et Laon, dont on attendait dans la fièvre la publication, ici non moins que là.

Depuis une huitaine, grâce à l'activité de Gossin, les délibérations spéciales sur le partage du royaume, se succédaient rapidement. Il ne se passait pas de séance, où ce rapporteur infatigable

ne pourrait assister comme électeur dans les assemblées de district ou de départ¹ ». Cela fut immédiatement adopté à mains levées. Et voilà comme quoi, à l'occasion de la concurrence de Soissons et de Laon, une disposition générale entra tout de go dans la législation nouvelle, sans qu'on ait paru s'apercevoir qu'elle privait en somme les représentants de la Nation d'un exercice du droit de suffrage, d'un droit du citoyen (V. séances des 13 et 14 mai 1790, aux divers *Recueils parlementaires* de l'époque, ou aux *Arch. parl.* xv, p. 509 et 512). Au sortir de l'Assemblée, peut-être Brocheton triomphant glissa-t-il malicieusement à l'oreille de ses collègues L'Eleu et De Viefville des Essars : « Chacun à son tour — c'est la devise à M. de Guise » ; mais la chronique ne le dit pas. Le³ lendemain, 15 mai, d'assez mauvaise humeur, Lecarlier, envoyait à ses concitoyens une courte lettre demandant qu'on le remplaçât comme électeur, attendu « le décret rendu hier soir, d'après la motion d'un député de Soissons, pour « qu'il me fût fait expressément défense de me rendre à l'Assemblée de Chauny, « qui a été précédée et accompagnée de détails que je ne saurais vous rendre en « ce moment, et sur laquelle je n'ai pu m'expliquer, car j'étais occupé d'un autre « côté pour le service public.. » (*Arch mun. Laon*, doss 26). Il ne consentit pas cependant à s'avouer vaincu ; puisqu'il ne pourrait ni venir ni parler en personne, on aurait du moins de sa prose ! Sous un transparent anonymat, il écrivit donc, de sa meilleure plume, le : *Compte rendu...*, qu'il fit imprimer et répandre dans Chauny. Les exemplaires en sont aujourd'hui des plus rares.

ne fit régler la situation de trois à quatre des nouvelles divisions (1).
Les propositions émanées de l'assemblée des députés du Vermandois et du Soissonnais, aux dates des 16 et 18 janvier — quoique encore incomplètes — lui permirent de faire décréter, sans plus attendre, deux points principaux relatifs à leur circonscription : pour l'ensemble de l'opération cela devait toujours être autant d'avance.

Déjà quelques cas analogues au plus difficultueux de ces points avaient été solutionnés de manières diverses : soit en établissant l'alternat entre les localités concurrentes, sauf aux électeurs à y renoncer au profit de l'une d'elles, comme dans le département d'Anjou, à propos d'Angers et de Saumur ; soit en indiquant le choix provisoire d'un chef-lieu, auquel pourrait être substituée la désignation d'une autre ville ou l'admission de l'alternat : par exemple dans les départements de la Champagne septentrionale, du Mâconnais, de la Marche, et du Rouergue, au sujet de Mézières et de Charleville, de Mâcon et de Châlon-sur-Saône, de Guéret et d'Aubusson, de Rodez et de Villefranche.

Consciente du scrupuleux travail préparatoire de ses Commissaires, l'Assemblée Nationale se rangeait presque toujours à leur avis et votait les décrets tels qu'ils les lui présentaient, même lorsque le vœu des députés n'était pas absolument ratifié, par exception rare. Pourtant le 20 janvier, à propos du département du Mâconnais, dont Gossin proposait de fixer le chef-lieu à Mâcon plutôt qu'à Châlon-sur Saône, l'Assemblée avait adopté, après discussion, un amendement portant qu'à la suite d'une réunion toute provisoire à Mâcon, pour y nommer les administrateurs départementaux, les électeurs se retireraient dans un centre de district, *autre que Mâcon et Châlon*, afin de déterminer en laquelle de ces deux villes le chef-lieu serait invariablement établi à l'avenir. Cet amendement contenait une idée nouvelle : celle de grouper les électeurs *dans un endroit neutre*, pour leur permettre de choisir entre les localités rivales, avec plus de liberté, à l'abri

---

(1) Du 19 au 25 janvier, à l'exception de celui de Paris, dont les limites étroites furent fixées après un rapport de Dupont de Nemours, Gossin à lui seul soutint la discussion pour l'établissement de vingt départements, et continua ensuite avec le même zèle, au préjudice de sa santé. C'est, en particulier, à son labeur considérable que la réforme doit d'avoir été menée à bien aussi promptement qu'elle le fut ; il convient de rendre cet hommage à sa mémoire.

dé certaines influences ou séductions (1), et sans paraître indiquer aucune préférence pour l'une d'elles. Le rapporteur devait en faire ultérieurement son profit et, de son chef, la proposer à plusieurs reprises ; le département du Vermandois et du Soissonnais lui en fournit bientôt la première occasion, le 26 janvier.

La séance du matin de ce jour fut en grande partie occupée à délibérer sur la division du royaume ; Gossin y était venu avec un volumineux dossier se rapportant à huit ou neuf départements. Après avoir réglé une petite question de limites entre ceux du Velay et de Lyon, puis subdivisé celui d'Amiens en cinq districts, malgré l'avis unanime de sa députation pour quatre seulement, on en vint à celui de Laon et Soissons. La minute manuscrite du procès-verbal, établie — selon le procédé du temps — en forme de compte rendu analytique. jointe aux courtes relations des premières gazettes parlementaires, rédigées d'après les notes prises en séance par leurs *logographes*, dont la plume suivait assez péniblement la voix des orateurs, nous permettent tout au plus de retracer la discussion qui eut lieu (2) (3). comme voici :

« M. Gossin, arrivant aux contestations d'entre les députés du département dans lequel se trouvent les villes de Laon et de

(1) Qu'on se rappelle ici le conseil des députés laonnois à leurs concitoyens, après le vœu de l'assemblée du département pour la désignation provisoire de Laon : «... Il dépendra maintenant pour ainsi dire de vous de conserver le chef-lieu, *en traitant bien les électeurs* » (V. sup. p. 214).

(2) Cf *Arch nat.* C, 36 (300), et compte-rendu de la séance du 26 janv 1790 dans les publications suivantes · *Le Point du Jour*, tome VI ; *Journal de l'Ass nat.* par Le Hodey, tome VIII ; *Journal des débats et des décrets*, n° 156 ; *Décrets de l'Ass. Nat.* Coll. Baudouin, n° 184, tome VI : *Reimpr. Moniteur*, tome III, p, 234 ; *Arch. parl.* XI, p. 327 — Les *logographes* étaient des scribes rapides transcrivant la parole à tour de rôle, sans emploi des signes abréviatifs que comporte la sténographie ; on les utilisa dans l'Ass. Nat jusqu'au 10 août 1792, date à laquelle Louis XVI se réfugia dans leur loge, dont le nom est resté célèbre pour avoir ainsi servi de dernier abri a la royauté. Les logographes furent ensuite remplacés par des sténographes.

(3) Aucun des autres départements (d'Amiens, du Blaisois, de Nevers, de Tours, du Périgord et du Poitou occidental), dont la situation fut réglée ce même jour, ne paraît avoir soulevé de discussion aussi passionnée que celui de Laon et Soissons C'est donc surtout à ce dernier que se rapporte vraisemblablement cette appréciation de la feuille de Le Hodey, à propos de la séance du 26 janvier : «... Dans les querelles de division et de sous-division, on aperçoit avec peine qu'il ne règne pas, parmi les députés respectifs, cette impartialité qui doit caractériser l'homme de la Nation. L'esprit de bailliage, de province, de ville, semble diriger uniquement nos législateurs, dès qu'il s'agit du lieu qui les a vu naître. Ici un député, soit procureur, avocat ou juge, ou officier municipal d'un lieu, croit que tout est perdu, si son endroit est obligé de sacrifier un peu de ses anciennes prérogatives. L'égoïsme fait relever le mensonge. On entend à chaque instant démentir formellement des faits Il en résulte nécessairement une incer-

Soissons, dit qu'ils ont conféré pendant sept semaines sans s'accorder au sujet des districts ; après avoir d'abord décidé de soumettre à l'appréciation du Comité tous les projets dont ils s'étaient occupés, comprenant cinq, six, sept ou huit subdivisions, ces députés ont remis depuis peu une délibération s'arrêtant à six seulement ; le Comité propose en conséquence de l'adopter, bien que le fractionnement en huit lui eût semblé le meilleur (1). Pour ce qui est du chef-lieu, M. Gossin ajouta que les deux villes principales s'entredisputaient toujours à son propos, Laon invoquant surtout sa position plus centrale et Soissons sa possession du siège actuel de l'administration de la Province ; qu'il était nécessaire de recourir à un médiateur, c'est-à-dire de s'en rapporter au vœu qu'exprimera le département. Le Comité — conclut-il — propose donc de faire tenir la réunion des électeurs dans tout autre lieu que Soissons et Laon, à Anizy par exemple, qui se trouve entre elles deux, pour délibérer sur le plus ou moins de convenance qu'il peut y avoir à prendre l'une ou l'autre comme chef-lieu. »

Il était à prévoir qu'un débat se produirait, quelle que fût la combinaison présentée par le Comité. Lecarlier, ne voulant abandonner à personne l'honneur de soutenir la ville dont il était le premier magistrat, demanda aussitôt la parole. Fort peu de renseignements nous restent sur cette intervention inévitable de l'ardent champion de Laon. On rapporte seulement qu'en avocat attentif, il essaya de tirer argument d'une décision prise la veille, dans une question analogue que Gossin fit trancher d'autre façon. Il s'agissait du département du Rouergue, où Rodez, à cause de sa situation médiane, avait été provisoirement substituée à Villefranche, malgré que celle-ci fût le centre de l'administra-

titude perplexe dans l'esprit de l'homme qui ne connoit pas les localités et qui prend en lui-même la ferme résolution de s'en rapporter au jugement du Comité. J'avoue, de bonne foi, que souvent dans le conflit des opinions contradictoires, l'homme de sang froid peut plaindre la France de ce que l'esprit public ait fait aussi peu de progrès dans le temple de la liberté. Un legislateur doit tout voir en grand, et faire céder l'avantage des localités au bonheur et à l'harmonie de l'ensemble. » — Maintenant qu'il est question d'une nouvelle reforme administrative ou territoriale, cela, qui fut écrit il y a plus d'un siecle, ne retrouvera-t-il pas sa juste application ., si d'ici demain l'esprit public ne fait pas un tres grand progrès dans nos temples de la liberté et dans le pays. Certaines discussions parlementaires et diverses émeutes populaires, toutes recentes, auxquelles donna lieu la « delimitation » de quelques contrees de productions plus ou moins localisees, ne semblent guere rassurantes à cet egard.

(1) Déclaration aussi sincère que platonique, et seule satisfaction publiquement donnée par Gossin a son collègue Aubry-Dubochet, qui n'était pas parvenu à rallier le Comité à son opinion particulièrement personnelle.

Le Comte Casimir d'Egmont-Pignatelli

| Président de
l'Assemblée provinciale
du Soissonnais |  | Député de la Noblesse
du Bailliage de Soissons
aux États-Généraux |

Portrait d'après une peinture à l'huile, appartenant à M. Baudier
juge de paix du canton de Braine,
propriétaire actuel du domaine de « La Folie ».
Armes et signature, d'après des Mss. de la *Bibl. de Soissons* et des *Arch. départ.*

(V. supra, page 72, note biographique)

tion provinciale. Pourquoi donc ne pas agir de même envers Laon et proposer de réunir ailleurs les électeurs, sans motif apparent ? « M. le rapporteur du Comité n'aurait-il pas pris le temps de lire la délibération contenant le vœu positif des députés du département pour la désignation provisoire de cette ville » ? — avait ajouté son maire, dont le naturel agressif était revenu au galop (1).

Or Soissons ne pouvait non plus admettre, sans protester, qu'on ne reconnût pas d'emblée sa « prérogative », ni se dispenser de répliquer. Au Comte d'Egmont, l'un de ses députés directs, en même temps Président de l'Assemblée provinciale qui s'était tenue dans ses murs, appartenait de droit le devoir de défendre sa cause au moment suprême. C'est lui en effet qui s'y employa. Mais, tout comme pour le discours de Lecarlier, l'on ne connait presque rien de son plaidoyer. « Il représenta — a-t-on simplement retenu — que la ville de Soissons devait avoir la préférence et que les pertes qu'elle allait faire de l'Intendance, du bureau des finances et autres établissements étaient incalculables ». Si telle put être la raison principale qu'il développa, la vraisemblance indique qu'elle ne saurait avoir été la seule dont il entretint l'Assemblée Nationale ; en tous cas on ne sait que cela sur sa tentative de sauvetage immédiat. Elle échoua.

Après cette passe d'armes intéressée, à l'instant du vote, plusieurs députés du département sollicitèrent la priorité pour « l'avis de leur province », conformément à de nombreux précédents ; l'Assemblée y souscrivit aussitôt. Ainsi se trouvait adopté le principe du renvoi de la question au jugement des électeurs et Laon était sur le point de voir ses vœux entièrement comblés, quand un membre étranger à la circonscription, mais très au courant du règlement — M. Bouteville-Dumetz, du bailliage de Péronne — réclama « la division de l'opinion », obligatoire en cas de demande. Reprenant l'idée du Comité, dans laquelle il apercevait un moyen de satisfaire davantage tout le monde, il proposa de décider par amendement que la réunion des électeurs fût tenue dans un endroit neutre : toutefois, comme le bourg d'Anizy, indiqué par le rapporteur était, assurait-on, de trop peu d'importance pour pouvoir contenir un aussi nombreux groupe-

(1) « Compte rendu par quelques députés du Vermandois... » *in fine*.

Le dispositif original du PREMIER DÉCRET concernant le département
(26 janvier 1790) [Arch. nat.]

ment, il crut devoir conseiller de désigner plutôt La Fère ou Chauny

L'Assemblée partagea ce sentiment, porta son choix sur la seconde de ces villes et, nulle objection n'ayant été soulevée, au cours de la discussion, relativement aux districts, elle adopta en conséquence la disposition suivante — premier texte officiel qui ait trait à notre département (Voy. Pl. viii, ci-contre) :

« *L'Assemblée Nationale décrète : 1° Que le département de Soissons*
« *et de Laon est divisé en six districts, dont les chefs-lieux seront*
« *incessamment décrétés ; 2° Que la première assemblée des électeurs*
« *se tiendra à Chauny et que là les électeurs assemblés détermineront*
« *seulement, à la pluralité des suffrages, laquelle des deux villes de Laon*
« *et de Soissons sera le chef-lieu de département.* » (1).

En soi, cette décision n'impliquait aucun préjugé en faveur de l'une ou de l'autre des deux cités rivales ; après les avoir déçues tout autant, elle finit par agréer aux Soissonnais plus encore peut-être qu'aux Laonnois, qui depuis dix jours croyaient bien tenir le succès. Aussi ne voit-on pas que ces derniers aient avisé leurs concitoyens du décret du 26 janvier, avec le même empressement joyeux qu'ils avaient mis, le 16 de ce mois, à les prévenir de la délibération qui leur promettait le chef-lieu. Après avoir dit à Messieurs de Soissons : Adieu, paniers ! ces Messieurs de Laon craignaient un peu maintenant de s'entendre répondre : Adieu... couvée !

* *

Fixation des districts : leurs chefs-lieux
Décret du 6 Février 1790

Si la question du chef-lieu principal se trouvait ajournée jusqu'à plus ample informé, il n'y avait pas à revenir sur celle du

(1) A vrai dire, ce texte n'est pas tout à fait celui qui fut voté le 26 janvier. Sa fin résulte d'une rectification apportée à la teneur primitive, le lendemain, lors de l'approbation du procès-verbal, à la demande de L'Eleu de la Ville-aux Bois. Ce député de Laon fit observer que l'Ass. Nat. avait eu pour seule intention, en désignant un endroit neutre, d'y faire opter les électeurs entre Laon et Soissons, sans subir les influences locales, mais que l'ass^{ee} departementale devrait se tenir dans la ville choisie. M. Rabaut Saint-Etienne, membre du Cte de C^{on}, appuya cette réclamation, que l'Assemblee adopta. On modifia donc la dernière phrase du texte rédigé par Gossin (comme on le voit sur la planche ci-contre), et alors on commit un excès de précision L'adjonction du mot « seulement » nécessita plus tard un nouveau décret pour spécifier que les électeurs réunis à Chauny auraient également à nommer les membres du corps administratif, qui se rendraient ensuite au chef-lieu, lorsque celui-ci serait définitivement fixé (*Decret du 15 avril 1790*) [V. Recueils indiqués, p. 236, note 2 ; S^{ce} du 27 janv.].

nombre des districts. Mais, pour ces derniers aussi, tout n'était pas décidé, à beaucoup près ; il fallait encore déterminer leurs positions respectives, leurs propres chefs-lieux et finalement leurs limites. Ce fut la besogne à laquelle s'attelèrent aussitôt les députés du département, dans une série de conférences qu'ils tinrent, presque chaque jour, durant la semaine qui suivit le 26 janvier 1790. Les intérêts particuliers en présence n'ayant point désarmé, les compétitions se renouvelèrent et les discussions reprirent, malgré la prudence et la méthode remarquables avec lesquelles on procéda.

Dès le 27 — après avoir réglé un point qui, depuis pas mal de temps, attendait sa solution, en se mettant d'accord sur la reprise complète de la forêt de Villers-Cotterêts, dont le département de Beauvais consentit à céder sa portion contre un certain terrritoire déboisé et contigu (1) — on aborda le sujet des emplacements subdivisionnaires.

L'échange précédent donnait satisfaction aux députés ordinaires ou spéciaux qui, dans le conflit entre La Ferté-Milon et Villers-Cotterêts soutenaient cette seconde ville et réclamaient pour elle le chef-lieu du district que — comme sixième — on pouvait encore attribuer à leur région, si peu probable que cela fût devenu déjà. Les partisans de la première ne manquèrent donc pas de protester contre cette résolution favorable à leurs concurrents, sans se douter que la suite de la délibération allait les déconcerter autant qu'eux-mêmes.

La réunion était nombreuse ; outre beaucoup de délégués des villes, elle comptait dix huit représentants directs, dont treize seulement se prononcèrent au scrutin qui la clôtura. Par 9 voix contre 4, il fut en effet « arrêté que, des six districts qui devaient
« composer le huitième département, *quatre seraient au nord, à*
« *l'est et à l'ouest de Soissons, un à Soissons, et le sixième au midi de*
« *Soissons* — que chaque député pourra, en conséquence de cette
« base, présenter des projets de division entre lesquels l'Assem-
« blée choisirait celui qui serait le plus convenable à l'intérêt
« général du département ».

---

(1) Nous expliquerons plus loin (Chap. v, § 4, I) les origines et les conditions d'élaboration de cet échange.

Cette insinuante motion de principe, proposée par un député de Laon (M. Devisme vraisemblablement), ne passa pas sans un préalable débat assez agité. Elle fournit à Aubry-Dubochet, intraitable, une nouvelle occasion d'intervenir pour réclamer, à son habitude, et de ne pas se faire écouter, selon sa persistante mauvaise chance. Il conte la chose en ces termes, dans une protestation, rédigée et déposée par lui au Comité de Constitution, après la réunion :

... A cette motion, M. Aubry-Dubochet et d'autres députés, tant directs qu'extraordinaires, firent l'observation que c'était préjuger la question que La Ferté-Milon ne devait pas avoir de district et qu'une question de cette importance méritait d'être approfondie. Des vues d'intérêt personnel se manifestèrent alors de toutes parts. Il était de celui de la ville de Laon qu'on mît quatre districts au nord de Soissons ; elle s'assurait par là, un plus grand nombre de suffrages pour être chef-lieu de département. Château-Thierry qui n'avait d'autre pensée que d'agrandir son district, ne pouvait y parvenir qu'en s'opposant à ce que La Ferté-Milon en eût un..... Mais de toutes les vues qui pouvaient faire agir les députés qui voulaient se partager le district de La Ferté-Milon, celles manifestées par la ville de Soissons, paraissent un problème insoluble ; car si Soissons a quelque espoir d'être chef-lieu de département, elle ne peut le devenir s'il n'existe point de district à La Ferté-Milon, et dès lors on est obligé d'avouer (1) qu'il est impossible de rien concevoir au parti que les députés

(1) Ici une double phrase aigre qu'Aubry-Dubochet crut devoir raturer, lisible encore : 1° «... on est obligé d'avouer *qu'une opinion aussi extraordinaire donne bien à penser sur les motifs qui ont pu la déterminer...* » ; 2° « on est obligé d'avouer *qu'a moins d'un sentiment de haine ou de vengeance contre la ville de La Ferté Milon ou quelqu'un de ses habitants*, il est impossible de rien concevoir... ». [Les mots en italiques sont biffés au document]. — Aubry-Dubochet possédait, il est vrai, quelque motif d'être de désagréable humeur envers un certain nombre de ses collègues et surtout contre les députés de Soissons. Après avoir sans doute été l'un des quatre membres restés fidèles, le 16 janvier, au parti de cette dernière ville (V. sup. p. 212), il n'avait pu apprendre sans déplaisir la remise au C¹ᵉ de C⁰ⁿ de certaine note récente (s. d. mais du 20 au 25 janv. et très probablement de la main de M. Brayer), pour appuyer la délibération du surlendemain (18 janv.) et pour demander au C¹ᵉ de faire ordonner par l'Ass. Nat. la subdivision du départ¹ en 6 districts. Cette pièce porte en effet la signature des nombreux députés extraord⁽ᵉˢ⁾ de Ss — notre Pl. vii, p. 225, en est tirée — et de plus celle de treize députés directs, parmi lesquels figurent dix de ceux qui étaient présents à la séance du 18 janv. et trois absents, dont on connait ainsi l'opinion favorable aux circonscriptions peu nombreuses : Fouquier d'Hérouel (*St-Q.*), L'Evêque de *Laon* (de Sabran), et Graimberg de Belleau (*Ch. Th.*) — Or, dans cette requête, il est dit textuellement « que le district proposé pour La « Ferté-Milon (dont le local ne com- « porte pas un tel établissement « quand il serait nécessaire), devient « *absolument parasite et ridicule*, « puisqu'entre les 4 districts de Soissons, Crépy, Meaux et Château-Thierry, il ne « se trouve pas un point qui soit à une distance de 6 lieues d'un de ces chefs- « lieux » [*Arch. nat.* D iv bis 1 (1) ; annexe du procès verbal du 3 fév. 1790].

de Soissons ont paru vouloir prendre, puisqu'il est évidemment contraire à leurs intérêts....

M. Aubry-Dubochet qu'un désir de la paix animait *(?)*, a fait diverses propositions... mais le député de Laon qui avait fait la motion l'a remise encore sur le tapis et l'on ne s'occupa plus des propositions de M. Dubochet... Aussi ce dernier et beaucoup d'autres membres se sont-ils retirés, en déclarant qu'ils s'opposaient formellement à toute délibération et qu'ils protestaient contre tout ce qui avait été fait ou pourrait se faire. M. le Cte de Barbançon s'était également retiré quelque temps auparavant.

Au nom de tous ceux qui, en défendant la cause du bien public *(?)*, demandent que le 6e district soit à La Ferté-Milon et non à Chauny *(!)*, M. Aubry-Dubochet a l'honneur de supplier MM. du Comité de Constitution d'examiner la question et de la juger, les priant en outre d'en faire le rapport à l'Assemblée Nationale à l'effet de faire décréter leur décision (1).

Cet extrait rend assez bien la physionomie de la séance. On y voit les divers intérêts de localité qui se retrouvèrent aux prises, comment se répartirent de nouveau les opinions et quel résultat poursuivaient leurs défenseurs. Toujours divisés — car il est dit quelque part ailleurs que, contre la motion de Devisme, L'Eleu (cela était fatal) joignit son opposition à celle de Dubochet — les Laonnois, à qui la décision de l'Assemblée Nationale en faisait plus que jamais une obligation, concentraient encore par des moyens différents tous les efforts de leur tactique vers le but du chef-lieu départemental. Non moins préoccupés du même objectif, les Soissonnais n'agissaient pas aussi maladroitement que le prétend Dubochet, hypnotisé par le coq de son clocher, en se montrant plus favorables à la contrée de Chauny qu'à celle de La Ferté-Milon. La manœuvre des adversaires — intervertie par raison de latitude — était au fond toute pareille : ceux de la ville haute cherchaient du soutien dans la région inférieure du département, et ceux de la cité basse tâchaient de s'en procurer au-dessus d'elle.

Faute de connaître tous les noms des membres délibérants venus à cette réunion, nous ne pouvons juger de la manière dont se partagèrent apparemment les suffrages des treize votants, ni quels furent, avec MM. Dubochet, de Barbançon et sans doute L'Eleu, les deux autres députés qui s'étaient ou retirés ou abstenus. Il résulte, quoi qu'il en ait été, des clauses de la décision

---

(1) Longue note du 28 janv. 1790, anonyme, mais de la main d'Aubry-Dubochet. *Arch. nat.* D IV *bis* 3 (144).

prise et de la personnalité de son promoteur, qu'elle constituait des prémices plus profitables à Laon qu'à Soissons.

*

Le surlendemain, 29 janvier, nouvelle conférence et nouveau pas en avant.

Comme l'avant-veille, dix-huit députés directs prirent part à cette conférence, du moins au début. Etaient-ce les mêmes ? Sans non plus les connaître individuellement, on peut l'assurer pour presque tous. Elle compta cependant un membre différent, sinon plusieurs. Il est improbable, en effet, qu'Aubry-Dubochet — encore plus mécontent que battu, s'il était possible — ait reparu aux réunions de ses collègues du département ; sa protestation le donne à entendre et, dans les documents postérieurs, l'on ne rencontre plus trace de sa présence au milieu d'eux. Mais nous retrouverons M. le Commissaire. quelques jours plus tard, devant l'Assemblée Nationale, pour laquelle il s'était réservé et qui, elle-même, lui réservait — *horresco referens* — un échec suprême et public !

D'autres députés de Villers-Cotterêts, de ceux qui tenaient pour cette ville, étaient présents : M. Bourgeois ou M. de Barbançon,

[Bibl. Laon]

parmi les représentants du bailliage, avec quelques-uns des nombreux envoyés extraordinaires du lieu. A l'exemple de ce que leurs compétiteurs voisins avaient fait à la dernière réunion, ils crurent devoir « réclamer contre la délibération qui déterminait l'emplacement des six districts du département ». Cela ne pouvait être qu'une protestation pour la forme ; l'assemblée n'allait pas se déjuger, sans motif nouveau. à quarante-huit heures d'intervalle. Par 13 voix contre 5, on décida qu'il n'y avait pas lieu de revenir sur cette délibération. Sans les arrière-pensées que nous connaissons, il serait même inexplicable que deux ou trois suffrages se fussent joints à ceux des réclamants Dès ce scrutin, c'en était bien fini, à vrai dire, pour les deux petites villes de leurs chances d'avoir un district à elles ; car, de plus en plus, pour ne pas éterniser les discussions, le Comité de Constitution et l'Assemblée Nationale s'en tenaient aux propositions adoptées dans les conférences particulières.

A la suite de ce vote, dont l'effet ne pourrait plus être détruit qu'en séance publique, les délégués spéciaux de La Ferté-Milon, après un mois d'une absence employée en « sollicitations, démarches, soins, peines, mémoires, cartes et dépenses » (1), gardant malgré tout confiance dans la ténacité de leur représentant direct, rentrèrent donc tous au calme sur les bords de leur rivière, par la route de Meaux. De même, par la grande chaussée presque parallèle, aboutissant à Soissons, quelques uns des députés extraordinaires de Villers Cotterêts, lassés aussi, « ruinés en fiacres et en plans », regagnèrent le tranquille abri de leur haute futaie (2), laissant à leurs collègues habitant Paris et aux élus du bailliage qui les secondaient, le soin de régler les dernières affaires de la cité : celle de sa forêt, sur laquelle du moins la mission avait réussi, et celle toute secondaire de son canton. Au reste, bien sûrs qu'Aubry Dubochet ne manquerait pas de parler coûte que coûte, le jour où la question des districts serait soumise à l'Assemblée, les uns et les autres, de loin ou de près, ne se désintéressaient pas de savoir ce que produirait ce dernier effort de leur principal adversaire, défenseur obstiné de la circonscription. Mais que souhaitaient-ils le plus ?

.....Qu'il mourût ?
Ou que son désespoir alors les secourût ?

S'il succombait, il n'y aurait, dans la lutte engagée entre les deux villes voisines, que des vaincus. S'il réussissait par impossible, ce serait le chef-lieu acquis à La Ferté-Milon ; Villers-Cotterêts passerait au second plan. Un peu perplexes, les mandataires de celle-ci préféraient sans doute qu'il n'y eût pas de vainqueur : ainsi fut-il décidé huit jours plus tard.

Après sa décision, formellement opposée à la création d'un district dans la région sud-ouest du département, dont les députés semblent avoir quitté la séance, l'assemblée du 29 janvier paraît s'être poursuivie assez tranquillement. Par trois autres dispositions

---

(1) (2) *Arch. mun. de La Ferté-Milon, et de Villers-Cotterêts* ; *Arch de l'Inspection des forêts de V. C.* Registres des delib^{ns} et correspondance (fin janv. et début de fév. 1790), *passim*.

très nettes, la question de la répartition des districts se trouva vidée. En effet il fut « arrêté à *l'unanimité*, que les quatre villes de « Laon, Soissons, Saint-Quentin et Château-Thierry seraient « chacune le chef-lieu d'un district ; — qu'un cinquième district « renfermerait les trois villes de Chauny, Coucy et La Fère ; — « enfin, que les deux villes de Guise et de Vervins, seraient « comprises dans le même district, qui serait le sixième. »

Pour les quatre principales cités du département, il ne pouvait y avoir de contradiction ; la proposition admise s'imposait.

Les députés extraordinaires des trois villes

de Chauny   de La Fère

et de Coucy [*Arch. nat., départ. et loc.*]

En ce qui concerne Chauny, Coucy, et La Fère, la décision de leur attribuer une circonscription fut un succès qu'elles durent surtout à deux causes : à leur entente et à leur position.

A la différence de ceux de Villers-Cotterêts et de La Ferté-Milon, les représentants directs ou ad hoc de ces trois villes ne fatiguèrent point leurs collègues du spectacle d'une bataille continuelle et acharnée. Ils eurent le bon esprit de se borner à la demande d'un district commun, sans chercher outre mesure à en apprêter la constitution topographique, de manière à favoriser leur cité au détriment des deux autres. Tout en s'attachant respectivement à obtenir de préférence le siège de l'administration, auquel était attaché le titre de chef-lieu, ils se mirent de bonne heure d'accord pour admettre le principe du partage des divers établissements à créer, avec l'une au moins d'entre elles.

Le Vicomte Desfossés, député du Vermandois, notamment, que ses relations de famille et des raisons d'habitation attachaient plus spécialement à Coucy, ne commit pas, comme Aubry-Dubochet, l'erreur de se montrer uniquement préoccupé des intérêts de sa résidence et de vouloir mettre l'influence dont il pouvait disposer au service exclusif de cette localité.

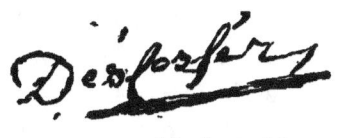

[Arch. nat.]

D'autre part l'emplacement de ces trois villes, situées par côté aux environs de Laon et de Soissons, fit que les partisans de celles-ci pour le chef-lieu départemental, aussi bien ceux de la première que ceux de la seconde, sentirent la nécessité de favoriser les desseins de ce groupement, afin de s'attirer la sympathie ou tout au moins de ne pas susciter l'opposition de ses mandataires tout d'abord et désormais de ses électeurs. Au-dessus de Laon, il était évident qu'on la préférerait à Soissons, comme au-dessous de Soissons il allait de soi qu'on lui serait acquis plutôt qu'à Laon ; de l'opinion de la région intermédiaire dépendait en grande partie le succès. De part et d'autre on fit donc assaut de complaisance envers Chauny, Coucy et La Fère, qui obtinrent ainsi une subdivision propre, sans que leurs envoyés particuliers eussent eu beaucoup de peine à se donner pour y parvenir.

La circonscription à établir au nord, dans la contrée de Guise et de Vervins, occasionna plus de difficultés, non pas quant à l'utilité de son existence que personne ne contestait, mais à propos de sa configuration. A l'inverse de Laon, dont l'important ressort devait être forcément échancré de divers côtés pour que les nouvelles subdivisions du département ne fussent plus trop inégales, trois autres chefs-lieux allaient avoir des districts d'une étendue supérieure aux cadres actuels de leurs bailliages ou élections : Château-Thierry et Soissons, en se partageant la portion enclavée de l'élection de Crépy-en-Valois, qui correspondait à peu près au bailliage de Villers-Cotterêts ; et Saint-Quentin, en s'élargissant à l'est d'une bande de terrain à détacher de Laon et plus encore de Guise. Avec le précédent, pour qui cela pouvait se faire sans dommage sérieux, ce dernier chef-lieu serait-il le seul au ressort duquel on toucherait pour le diminuer d'importance ?

En associant à De Viefville des Essars, membre de la représentation du Vermandois, deux députés extraordinaires, la municipalité de Guise leur avait donné comme mandat de s'opposer au démembrement de sa circonscription administrative et judiciaire. Tous trois s'y étaient activement employés au début ; mais en fin de compte, force leur avait été de reconnaître que ce vœu formel était impossible à réaliser. Pour ne point risquer de compromettre leur cause, par un excès d'intransigeance qui favoriserait les entreprises de Saint-Quentin, désireuse de s'agrandir le plus possible, et celles de Vervins que soutenaient énergiquement deux influents députés directs de Laon (MM. Lecarlier et L'Eleu), De Viefville et ses collègues se résignèrent à abandonner, vers l'ouest, une fraction du ressort de leur ville, moyennant, en contrepartie, l'adjonction d'un territoire entièrement prélevé, au sud, sur celui de Laon. De là vint qu'à la fin de la seance du 29 janvier, fut votée *à l'unanimité* la proposition de former le sixième district en y englobant Vervins et Guise. Pour celle-ci, avoir consenti de la sorte à l'annexion de sa concurrente, ce n'était pas seulement, comme elle le croyait, accepter par nécessité le rôle ingrat de tenir le loup par les oreilles, c'était courir plus de risques encore, en l'enfermant dans la bergerie : elle devait s'en apercevoir par la suite, et même déjà le lendemain.

Un dernier problème restait à résoudre ; ce n'était pas le moins embarrassant. On ne le solutionna qu'à demi.

Dans son district, chacune des villes de Saint-Quentin, de Laon, de Soissons et de Château Thierry, serait l'unique chef-lieu ; cela allait de soi et avait été décidé sans débat. Mais dans les deux autres subdivisions, ce chef-lieu quel serait-il ? — Chauny ? Coucy ? Ou bien La Fère ? — Guise ou Vervins ? Cette question avait été réservée.

La conférence du 30 janvier fut employée à sa discussion en ce qui concerne le district du nord.

Les délégués de Vervins, à l'inverse de leurs voisins, s'étant nettement montrés partisans de Laon pour le centre départemental et ayant toujours fait cause commune avec les députés du Vermandois qui soutenaient l'opinion des subdivisions nombreuses, s'étaient acquis parmi eux d'ardents défenseurs. Les démarches actives de ceux-ci donnaient d'autant plus d'inquiétude aux mandataires de Guise, que leur ville occuperait, dans l'enclave du district, une position un peu moins centrale que Vervins et que cet argument topographique, dont déjà l'on faisait état contre eux, leur était assurément défavorable. Il importait donc à Guise de s'assurer quelque puissant appui pour vaincre une opposition, grandissante depuis un mois, dégénérée maintenant en rivalité sérieuse. Alors elle pensa le trouver en M. Target, député de Paris, avocat des plus renommés, membre du Comité de Constitution, pour l'instant Président de l'Assemblée Nationale (1), dont les parents étaient nés dans ses murs et qui y conservait encore quelques lointaines relations. Une pétition des habitants lui fut donc adressée (2), afin de « réclamer sa justice et sa protection, dans la très grande difficulté et les très grands débats survenus entre

(1) D'apres le règlement de l'Ass. Nat. le Président n'était nommé que pour quinze jours ; il ne pouvait être immédiatement réélu. Target fut nommé le 18 janv. 1790 et remplacé le 2 fév. par Bureaux de Pusy.

(2) Voici quelques passages de cette supplique, déjà citée (V. sup. p. 132, note 1) : « Monseigneur,... M^r votre pere et M^r votre oncle avaient pris naissance « dans notre ville ; ils y avaient beaucoup d'amis ; ils ont toujours été attaches « à leur patrie ; dans toutes les occasions, ils ont donne des preuves de l'affec- « tion qu'ils portoient à la Ville de Guise. Vous même, Mgr, vous avez conservé « un souvenir favorable pour elle ; vous avez oblige plusieurs de ses citoyens et « nous nous flattons que vous ne rejetterez pas notre supplique... L'Ass. Nat. « vient de décréter, sous votre présidence, que le départ^t du Vermandois serait « composé de six districts.. ; les chefs-lieux ne sont pas nommés.. ; il y a une très « grande difficulté et de grands debats entre Guise et Vervins pour avoir l'avan- « tage du district... Guise a toujours été chef-lieu pour l'administration et la « jurisdiction, tout y est monté, etc... Vervins est une petite ville moitié de la « nôtre, etc.., cependant sous le prétexte qu'elle est un peu plus centrale que « Guise, cette ville veut avoir le district ; deux députés directs de Laon s'inte- « ressent fortement pour elle ; elle a trois deputés extraord^{res} à la suite de l'Ass « Nat. ; les députés directs de St-Quentin, qui ont des vues d'envahissement « sur Guise, inclinent aussi pour Vervins .. Nous avons deux députés extraord^{rs} « auprès de l'Ass. Nat. Ils se proposoient de vous présenter les respectueux « hommages des citoyens de la Ville de Guise en général et les leurs en parti- « culier. [N. B. Apres quinze jours de présence à Paris, voilà qu'ils s'en avisaient « à l'heure du besoin !] Nous réclamons dans ce moment cy votre puissante « protection, et nous le faisons avec d'autant plus de confiance que nous croyons « que notre demande est juste : votre nom nous etoit cher, il nous le deviendra « encore plus ; notre reconnaissance de vos bienfaits sera sans bornes, nous la « ferons passer à nos enfants. Nous bénirons votre présidence et votre personne. « Nous sommes, etc... Guise, le 29 janvier 1790. » (Suit une trentaine de signatures de notables) [Arch. nat.] — Nous verrons plus loin que M Target fut également sollicite d'intervenir en faveur de Villers-Cotterêts, contre La Ferté-Milon.

les villes de Guise et de Vervins pour avoir l'avantage du district ».

En transmettant cette requête à ses collègues du Comité, ce haut personnage la leur recommanda sans doute, plus ou moins chaudement ; mais en dépit de l'influence dont il jouissait, sa protection ne pouvait avoir qu'un effet relatif au regard de la délibération de l'assemblée des députés du département, à laquelle il était devenu de règle qu'on s'en rapportât. Or cette délibération venait d'être prise, le jour même où M. Target se voyait sollicité d'intervenir, et, en somme, elle n'était point de trop mauvais augure pour l'avenir, bien qu'elle ne remplît pas entièrement les vœux des suppliants : dans le moment l'on ne pouvait donc presque rien faire d'autre à leur intention, qu'attendre et espérer — tout comme eux. (1)

J.-B. TARGET
Avocat
Député de Paris
à l'Assemblée Nationale de 1789
L'un des Rapporteurs de la Première Constitution
[Dont les parents étaient originaires de Guise]
Portrait de la Collection LEVACHEZ.

Ainsi que pour les réunions des jours antérieurs, on sait peu de

---

(1) TARGET (Guy-Jean-Baptiste), né à Paris en 1733, fils d'un avocat, était avant la Révolution, l'une des gloires du barreau de Paris, auquel il appartenait depuis 1752, et l'un des Quarante de l'Académie française, depuis 1785. Elu député par le tiers état de la Prévôté de Paris « hors les murs », aux Etats Génx de 1789, il prit une part importante à la rédaction de l'Acte constitutionnel. Après avoir joui, pendant quelque temps, d'un assez grand crédit à l'Ass. Nat., dont il fut l'un des présidents, il n'y tint plus qu'un rôle secondaire et ne soutint pas à la tribune le renom qu'il s'était acquis au Palais ou dans son cabinet de consultations. On ne parla plus guère de lui jusqu'à ce qu'il refusât, en 1792, de défendre Louis XVI et que, sous la Terreur, il acceptât d'être simple secrétaire, du comité révolutionnaire de sa section. Mais nommé membre du Tribunal de Cassation, en 1798, il sut montrer là de nouveau le talent qui avait fait sa réputation, à propos de l'établissement du code civil et des codes criminels. Mort en S. et O. vers 1807.

chose de précis sur la tenue de celle du 30 janvier. Du fait qu'elle fut entièrement consacrée à la seule affaire du district de Guise et Vervins, on peut inférer cependant que les discussions y prirent une certaine ampleur ; leurs résultats connus permettent en outre de supposer que l'acrimonie les domina non moins que les précédentes, si ce n'est plus.

Toujours assidûment les mêmes ou à peu près, les députés directs des bailliages du département s'étaient retrouvés au nombre de dix sept ; les délégués spéciaux des villes en cause ne pouvaient manquer d'être aussi tous là.

Le « fondé de pouvoirs » des délégués de Vervins [*Arch. nat.*]

Le député direct et les deux délégués spéciaux, mandataires de Guise [*Arch. loc.*]

Après les premières vues échangées, il apparut que pour départager les deux localités désormais en lutte ouverte, qui avaient, l'une le bénéfice ancien de la possession du chef-lieu, et l'autre l'avantage aussi nouveau que fortuit d'une position plus médiane, le meilleur moyen consisterait à suivre le précédent adopté, au sujet du siège de l'administration départementale, envers les villes de Soissons et de Laon, dont les situations respectives offraient une complète analogie avec celles de Guise et de Vervins. On ne pouvait pas ne pas se mettre d'accord sur une proposition aussi juste à tous égards, quelle que fût la cité pour laquelle on en tint le plus. De Viefville des Essars, l'unique membre opinant personnellement engagé dans le débat, comprit que toute velléité de contradiction intéressée serait fâcheuse et inutile. L'assemblée arrêta donc d'abord, « *à l'unanimité*, que les électeurs

« du district statueraient définitivement sur le choix du chef-lieu,
« et sur la réunion ou la division des différents établissements ».

Cette dernière phrase visait une question qui, relativement aux futurs organes départementaux, avait été laissée de côté entre Laon et Soissons, mais dans laquelle on pensa trouver un utile contrepoids pour maintenir la balance plus égale dans l'affaire d'ordre moins important qu'était celle de Guise et de Vervins. Tout équitable qu'elle fût, cette proposition annexe tendant à faire décider par les électeurs s'il conviendrait de grouper ou de séparer les établissements de district, admettait l'éventualité de leur partage, et par suite il est vraisemblable que son insertion avait été due à l'influence des partisans de Vervins : elle devait être, en effet, la brèche par laquelle cette ville allait s'introduire dans la place que Guise occupait depuis au moins un siècle et demi.

Car il était impossible qu'on en restât là. Il fallait maintenant préciser l'endroit où s'assembleraient prochainement les electeurs, où se tiendrait la première réunion locale d'ordre administratif, où serait en un mot le chef-lieu provisoire. Tel était logiquement le seul et dernier point qu'il importât de régler. Cependant, avant d'y arriver, on crut devoir prendre un détour. Par le vote qui suivit, on arrêta en effet. « *à la pluralité de* NEUF « *voix contre* HUIT, que provisoirement et jusqu'à ce que le vœu du « district se fût manifesté, les établissements administratif et « judiciaire seraient divisés ». Le scrutin d'avant permettait simplement à Vervins d'espérer quelque établissement ; celui-ci lui en assurait un, encore indéterminé et seulement à titre provisoire, il est vrai ; mais c'était déjà un assez bon tiens, valant mieux que deux tu l'auras, qui, pour elle, constituait un premier succès véritable.

On peut considérer comme certain que cette seconde proposition fut mise aux voix à l'instigation des députés laonnois qui avaient pris en main la cause de la rivale de Guise, et que, dans l'assemblée de ce jour, la bataille se livra surtout à son sujet. Dans quelles conditions? En usant de quels arguments? Entre quels orateurs? On ne sait. Le vote n'ayant été acquis qu'à une voix d'écart, tout juste à la majorité, il s'ensuit qu'elle dut être vive ; et cela se conçoit aisément, puisque la nouvelle motion adoptée ne tendait rien moins qu'à préjuger, sans aucune utilité immédiate, une question que la décision précédente renvoyait à l'appréciation des électeurs. C'était donc en quelque sorte vouloir après coup dicter à ceux-ci leur conduite.

Comment se répartirent les suffrages et de quel côté, dans l'indubitable perplexité où il se trouva, De Viefville des Essars déposa-t-il son bulletin ? Ce double problème est insoluble faute de données suffisantes. Si nous connaissions seulement les noms des membres présents, nous aurions peut-être pu en tirer quelques conjectures ; mais cette indication même nous manque.

Pour la proposition finale, satisfaits de l'heureuse issue du scrutin qui venait d'avoir lieu, les soutiens de Vervins ne cherchèrent pas — semble-t-il — à abuser de leur victoire. D'accord avec leurs collègues, ils acceptèrent l'attribution du centre judiciaire et l'on décida, en conséquence, « *à l'unanimité*, que Guise « serait provisoirement le chef-lieu de l'administration. » Par là cette dernière ville se voyait appelée à recevoir sous peu les électeurs ; dans la circonstance, ce choix impliquait sinon une préférence marquée, du moins une sorte de consécration de sa prééminence, qui vint à souhait pallier ses mécomptes. Lorsque les députés spéciaux, de retour quelques jours plus tard, rendirent compte aux habitants assemblés de leur mission, de toutes les démarches faites, de tous les obstacles rencontrés, de tous les efforts déployés par eux, conjointement avec M. des Essars, on ne leur sut nul mauvais gré du résultat imparfait auquel ils étaient arrivés ; « les remerciements les plus flatteurs » furent votés à l'unanimité, et « malgré une masse de précautions à prendre » l'assistance ne mit point en doute que les suffrages des électeurs rendraient pour le moins définitive la situation provisoirement obtenue (1) : il n'en fut cependant pas tout à fait ainsi.

On peut supposer que les mandataires de la cité voisine ne manquèrent pas, en y rentrant, de recevoir un accueil aussi chaleureux, pour le succès qu'elle devait à leur zèle et à celui des protecteurs qu'ils avaient su se créer parmi les représentants du Vermandois. Grâce à la tactique audacieuse et habile de certains de ceux-ci, Vervins était en effet devenue capable de contrebalancer Guise, à dater de la conférence du 30 janvier.

(1) *Arch. mun. Guise*. Procès verbal de l'ass^{ee} générale de la commune, du 12 fév. 1790 (Registre des délib^{ons}, 1789-95).

*
* *

Le dernier jour de ce mois était un dimanche ; on fit relâche.

Mais on reprit dès le lundi, 1er février, à propos du district de Chauny, Coucy et La Fère, gardé pour la fin. Quoique la question à trancher fût analogue à la précédente, les conditions différaient beaucoup ; on la résolut donc assez rapidement, sans grave débat, et l'on put faire, au cours de cette séance, un peu plus d'ouvrage que l'avant-veille.

Des trois localités concurrentes, aucune ne se trouvait vraiment plus centrale que les autres ; l'argument topographique habituel ne pouvait par suite servir à les départager. La supériorité d'agglomération était par contre acquise à Chauny incontestablement. C'est d'ailleurs sans aucun doute en raison de ce fait, que par substitution au bourg d'Anizy, cette ville avait été choisie de préférence à La Fère, par l'Assemblée Nationale elle-même, quelques jours auparavant, comme lieu de la première assemblée électorale du département (V. supra p. 239-241). De la faveur insigne de cette désignation préalable, résultait pour Chauny une sorte de vocation au chef lieu ; aussi fut-il arrêté *à l'unanimité* qu'elle le détiendrait *provisoirement*. Tout aussi *unanimement*, l'on décida en outre : « que les électeurs du district détermineraient « définitivement, lors de leur prochaine réunion, les chefs-lieux « des divers établissements résultant de la Constitution, de « manière que ces établissements fussent partagés le plus également « possible entre les trois villes, si toutefois leur nombre le « permettait ».

Cette décision différait de celle du 29 janvier, relative au district de Guise et Vervins. Là, bien qu'on eût manifestement incité les électeurs à diviser les établissements, l'on avait cependant admis qu'ils pourraient les réunir dans le même endroit. Ici, au contraire, la séparation ne leur était pas seulement recommandée, elle serait pour eux obligatoire ; même on posait en principe que le bénéfice du partage devrait être étendu, *autant que faire se pourrait*. Malgré le désir de contenter immédiatement tout le monde de ce côté, il avait bien fallu s'en tenir à cette formule conditionnelle, puisqu'il n'y avait encore, dans la nouvelle organisation locale, que DEUX fonctions dont on se fût préoccupé : la justice et l'administration. S'il ne devait pas en exister quelque autre, à l'exercice de laquelle les circonscriptions de district auraient une certaine part, force serait à l'une des TROIS citées postulantes de se résigner à n'être qu'un chef-lieu de canton, selon le verdict des électeurs : jusqu'à ce moment du moins, pour leur gré commun, la délibération adoptée permettait à toutes de ne point quitter le long espoir ni les vastes pensées. Une solution aussi diplomatique valut à leurs envoyés extraordinaires d'unanimes félicitations. Ceux de Chauny, qui lui rapportaient le titre de chef-lieu provisoire et l'honneur d'être le premier centre d'opérations départementales, furent particulièrement acclamés (1). A La Fère et plus encore à Coucy — selon le vœu spécial qu'avait fait émettre son maire, M. Carlier, lieutenant général du bailliage (2) — les habitants ne se montrèrent pas moins satisfaits de pouvoir escompter desormais l'obtention du tribunal.

PROSPER-HYACINTHE CARLIER
Lieutenant général, Maire
L'un des députés extraordinaires
du Bᵍᵉ et de la Ville de Coucy-le-Château, en 1789-90.
[Futur Député de l'Aisne
et premier Secrétaire général de la Préfecture.]

Portrait au physionotrace (vers 1791) par QUENEDEY.

---

(1) *Arch. mun. Chauny.* Registre des délib⁰⁰ˢ, 1790-93. Séance des 18 et 19 fév. 1790. — On y voit de plus, entre autres détails, qu'il fut remboursé, au titre de dépenses occasionnées par leur députation à Paris, durant deux mois environ (10 déc.-15 fév.) : à M. Flamand, 425 livres 13 sols et à M. Hébert 168 livres 17 sols.

(2) Délibⁿ du 10 déc. 1789 [Registre D* 4 (1) *Arch. mun. Coucy-le Château*].

— CARLIER (P.-H.), né à Coucy en 1755. — Lieutenant général du bailliage depuis 1780. Membre de l'Assᵉᵉ Provinciale du Soissonnais en 1787. Maire de Coucy, 1788. Président du tribunal du district de Chauny, séant à Coucy (1790-91). *Député de l'Aisne à l'Assemblée Législative (1791-92)*. Président du tribunal du district à nouveau (1792-93). Conservateur des hypothèques (1795-1800). *Premier Secrétaire*

L'impartialité absolue et le complet accord dont les députés directs du département firent preuve en cette occasion, n'était que la conséquence de l'harmonie — déjà signalée — qui ne cessa de régner tout d'abord (1), entre les représentants particuliers des trois villes intéressées, lorsqu'aux uns comme aux autres il importait avant tout de se faire attribuer un district, et après cela de se maintenir seulement en ligne utile pour gagner un établissement de chef-lieu, sinon le chef-lieu proprement dit. Mais par la suite, quand il leur fallut prendre séparément position et chercher à se dépasser, cette belle entente du début devait fatalement disparaître. Bien qu'elle n'ait pas eu l'acuité de celle des Soissonnais et des Laonnois, ni surtout de celle des Vervinois et des Guisiens, la compétition des Chaunois, des Coucyciens et des Férois ne laissa pas alors que d'être également vive.

Autant que le Comité de Constitution pour l'ensemble du pays, l'assemblée des députés, pour sa circonscription, avait hâte maintenant de voir achevée la réforme territoriale. Dans cette réunion du 1er février, l'on adopta donc encore et l'on signa « le procès-« verbal de reconnaissance des limites ci-devant convenues entre « le département de Laon et Soissons et celui de Beauvais », qui solutionnait certain point délicat du bornage général que nous étudierons au chapitre suivant ; puis on termina par la « nomina-« tion de commissaires », chargés de préparer incontinent le travail de « démarcation des six districts, de désignation des chefs-« lieux de canton et d'établissement des circonscriptions canto-« nales ». Pour en finir avec la question du partage départemental. il restait en effet à préciser l'étendue de chacune des subdivisions arrêtées et à les fractionner elles mêmes. Après plus d'un mois de discussions sur ce sujet, cela put se faire assez vite; c'est ainsi que, dès le surlendemain, 3 février, le projet des commissaires relatif à la délimitation des districts fut ratifié d'emblée par leurs collègues. Avisé de cette décision confirmative de toutes celles des jours précédents, le Comité soumit, sans tarder, à la sanction

général de la Préfecture de l'Aisne (1800-1813). Maire de Coucy (1816-1848) ; révoqué le 3 avril 1848, par le Commissaire du Gouv' provisoire. Mort en 1849, à 93 ans. — Confondu dans plusieurs Biographies avec Le Carlier, maire de Laon, membre de la Constituante, de la Convention, etc. quoiqu'ils aient toujours été en opposition d'idées politiques et de sentiments privés.

(1) A quelques menus incidents près, inévitables entre concurrents si courtois soient-ils, dont il n'y a pas lieu de faire état.

officielle de l'Assemblée Nationale le second décret qui devait régir le huitième département et le classer enfin parmi les divisions établies. (1)

*
* *

Cela fut trois jours seulement plus tard, à la séance du 6 février au matin, par l'organe de M de Cernon, nommé depuis peu Commissaire-adjoint en remplacement de M. Bureaux de Pusy, élevé lui-même à la présidence de l'Assemblée, comme successeur de M. Target (2). La tenue de cette séance extraordinaire avait été ordonnée pour accélérer la discussion sur la division du royaume, qui encombrait l'ordre du jour. Tous les Commissaires y parurent; Gossin après avoir obtenu qu'on réunît le bourg de la Guillotière à la ville de Lyon, avec laquelle « il était en procès depuis trois cents ans », avait plus aisément fait régler la situation du département de Bordeaux ; Dupont de Nemours, non sans opposition, réussit ensuite à liquider celle du département de Saintonge et d'Aunis, dont les trois villes de Saintes, de La Rochelle et de Saint-Jean-d'Angély se disputaient le chef-lieu. Pressée d'aboutir, l'Assemblée n'avait pas caché son impatience à ceux de ses membres qui contrecarraient les rapporteurs, en écartant par la question préalable tous leurs amendements. C'est sur ces entrefaites — quand M. de Cernon fut à son tour venu proposer, pour la subdivision du département du Vermandois et du Soissonnais, de donner purement et simplement force de décret aux avis de ses députés — qu'Aubry Dubochet, quatrième Commissaire, non pas en cette qualité cependant, mais à titre individuel, gravit la tribune.

Les dispositions de l'assistance, comme nous venons de le voir, n'étaient guère favorables au succès d'une demande aussi secondaire et aussi personnelle que celle dont on allait l'entretenir.

(1) Les citations contenues dans ce paragraphe, sont tirées d'une pièce « certifiée conforme aux originaux », ecrite et signee par « Devisme, sec^{re} », intitulée : « Extrait des procès-verbaux du depart^t de Laon et Soissons », mais ne contenant que le dispositif des décisions adoptées les 27, 29, 30 janv. et 1er fév 1790. *Arch. nat.* D IV bis 1 (1).
(2) Séance des 2 et 3 février 1790. — A l'occasion de son élection à la présidence, Bureaux de Pusy reçut de la municipalité de Soissons une chaude lettre de félicitations et de « remerciements pour les soins qu'il a bien voulu donner à la fixation du chef-lieu du departement du Soissonnais ». *Arch. nat.* D IV bis 3 (148) : Lettre du 5 fév. datée de Soissons, et signée des « commissaires administrateurs et membres du comité permanent de cette ville », parmi lesquels MM. Boquet de Liancourt et Letellier père ; d'ou il résulte que les députés extraord^{es} de Ss venaient de rentrer et qu'ils avaient trouvé en M. de Pusy un Commissaire bienveillant, durant leur séjour à Paris.

Ayant annoncé qu'il « désirait être entendu avant d'être jugé », dans une affaire « qui était en petit une nouvelle Marseille contre une nouvelle Aix sous bien des rapports », Dubochet ne voulut pas d'abord se montrer trop égoïste ; il réclama donc à la fois pour La Ferté-Milon et pour Villers-Cotterêts, l'honneur d' « entrer en partage dans la distribution des établissements à créer par la Constitution » ; puis il exposa les raisons pour lesquelles « la première de ces villes avait le droit de prétendre à l'administration d'un district, comme la seconde au tribunal de justice à établir dans l'étendue dudit district », en s'élevant avec vivacité contre la façon dont on avait « détruit la centralité de La Ferté-Milon, afin d'avoir un motif apparent de lui refuser ce district », malgré que, pour être un chef-lieu, cette localité « très ancienne et de beaucoup de commerce » possédât non seulement « tous les établissements convenables », mais encore une situation des plus avantageuses et « de la plus grande importance pour l'approvisionnement de la Ville de Paris, dont elle pouvait être considérée comme un des principaux greniers ». Loin de captiver l'attention de l'Assemblée et de l'intéresser à sa cause, cet orateur maussade et prolixe ne tarda pas à l'impatienter de nouveau : elle le lui fit sentir bientôt. « Comme il parlait avec infiniment de longueurs, selon sa manière accoutumée » — écrivit à la municipalité de Villers-Cotterêts l'un de ses députés spéciaux — il fallut « le prier de se réduire », et peu après, la question préalable ayant été proposée par quelqu'un, « l'on décida qu'il n'y avait pas lieu de délibérer sur ses protestations ». Aubry-Dubochet avait décidément l'insuccès tenace ! Eclatant et sans appel, ce dernier échec lui fut probablement plus sensible que les autres. Bon gré, mal gré, M. le commissaire dut en effet regagner sa place Gros-Jean comme devant, pour entendre mettre aux voix et voir adopter à mains levées les conclusions de son collègue du Comité, qui se bornaient à grouper en forme de décret toutes les décisions récentes de ses compatriotes (1).

(1) Cf. le compte-rendu de la seance du 6 fev. 1790, au procès-verbal manuscrit [Arch. nat. C. 37 (310 et 312)] et aux divers *Recueils parlementaires* indiqués p 236, note 2, à cette date — Sur l'intervention d'Aubry-Dubochet, Cf. « Note pour les habitans du Bg⁰ de V.-C., etc... », citee p. 152, note 2 ; « Pétition de la C⁰ de Paris au C⁰ de C⁰ⁿ, du 8 janv. 1790 (en faveur de La F.-M) », et « Lettre de M. l'abbe Conseil à M. Lalitte, syndic de la municipalité de V.-C. du 8 fév. » [*Arch. Insp*ⁿ F*ts de V.-C.*] A l'instar de Soissons contre Laon, La Ferté-Milon avait obtenu contre Villers-Cotterêts, pour des raisons analogues, l'appui de Capitale, dont la recommandation porte notamment : « Du canton où se

Les voici telles que l'un d'eux les avait préparées : « *L'Assemblée Nationale, d'après l'avis du Comité de Constitution, décrète :*

« *Que le département du Vermandois et Soissonnois est divisé en six
« districts, dont les chefs-lieux sont Soissons, Laon, Saint-Quentin,
« Château-Thierry, et provisoirement Guise et Chauny ; — Que les
« établissemens du district de Guise pourront être partagés avec Vervins,
« et que les électeurs du district, lors de leur première assemblée,
« statueront définitivement sur le choix du chef-lieu et sur la réunion
« ou division des différents établissemens résultans de la Constitution ;
« — Que les electeurs du district de Chauny détermineront défini-
« tivement, lors de leur première assemblée, les chefs-lieux des
« différens établissemens résultans de la Constitution, de manière
« que ces etablissemens soient partagés le plus également possible entre
« les trois villes de Chauny, Coucy et La Fère, si toutefois le nombre
« de ces etablissemens le permet.* » (Voy. Pl. IX, ci-contre).

Par ce décret du 6 février 1790, joint à celui du 26 janvier précédent (V. supra, p. 241), le département légal « du Vermandois et du Soissonnois » ou « de Soissons et Laon » était créé. Certains détails restaient seuls à mettre au point pour parachever sa constitution physique, de laquelle se trouvait maintenant écartée toute possibilité immédiate d'établir un district autour de Villers-Cotterêts et de La Ferté-Milon. Aussi dépités que Dubochet, les trois autres représentants du bailliage de cette région, Warel, de Barbançon et Bourgeois s'abstinrent dès lors de prendre officiellement part aux opérations ultérieures et ne crurent pas devoir joindre leurs noms à ceux des députés de tout le reste du département, au bas des procès-verbaux de sa formation définitive. Ils ne risquaient rien pourtant à se montrer plus beaux joueurs et à signer, en s'appropriant le mot — célèbre, mais apocryphe — du souverain auquel leur contrée devait le domaine et le château dont elle s'enorgueillissait : tout est perdu, fors l'honneur.

---

trouve La Ferté-Milon, arrivent très promptement à Paris, par la rivière d'Ourcq, plus de 200.0 0 septiers de bled, annee commune, et une grande quantité de bois de chauffage et de charpente.. Il est donc bien interessant pour la Ville de Paris que le district soit a La Ferte-Milon, parce que dans le cas de nécessite elle pourra s'adresser directement a lui,"... tandis que s'il etait placé à Villers-Cotterêts qui le demande également, il en resulteroit dans l'administration des retards et des inconvéniens prejudiciables a l'approvisionnement de Paris [Signe :] Vauvilliers, lieut¹ de maire ». Aussi ce dernier « qui n'avait rien négligé de ce qui etait en son pouvoir pour contribuer a faire obtenir un district à la ville de La Ferté-Milon », avait-il reçu d'elle de vifs remerciements (Delib^{on} de l'ass. des hab^{ts}, du 3 fév. 1790. *Arch. mun. de La F.-M.*)

PLANCHE IX

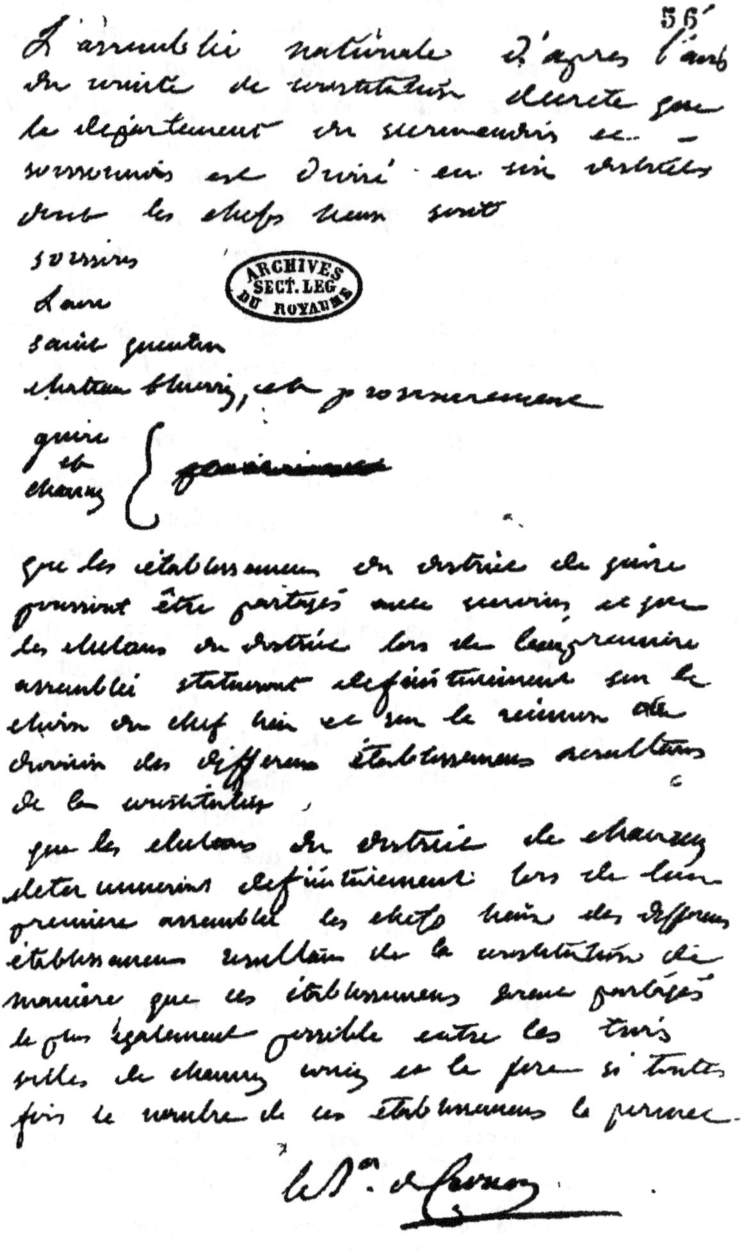

(E)

6 fév 1790

56

L'assemblée nationale d'après l'avis du comité de constitution décrète que le département du Vermandois et Soissonnais est divisé en six districts dont les chefs-lieux sont

Soissons

Laon

Saint Quentin

Chateau Thierry, et provisoirement

Guise et Chauny { ~~provisoirement~~

que les établissemens du district de Guise pourront être partagés avec Vervins, et que les électeurs du district lors de leur première assemblée statueront définitivement sur le choix du chef lieu et sur la réunion ou division des differens établissemens resultans de la constitution,

que les électeurs du district de Chauny détermineront définitivement lors de leur première assemblée les chefs lieux des differens établissemens resultans de la constitution de manière que ces établissemens seront partagés le plus également possible entre les trois villes de Chauny Coucy et la Fère si toutefois le nombre de ces établissemens le permet.

Le Bon de Cernon

N. B. *Sauf la signature de M. le Baron de Cernon, Commissaire adjoint au Comité de Constitution, Rapporteur, ce document est en entier de la main de M.* LECARLIER, *Deputé, Maire de Laon.*

Le dispositif original du décret relatif à la subdivision et aux chefs-lieux du département (6 fevrier 1790) [*Arch. nat.*]

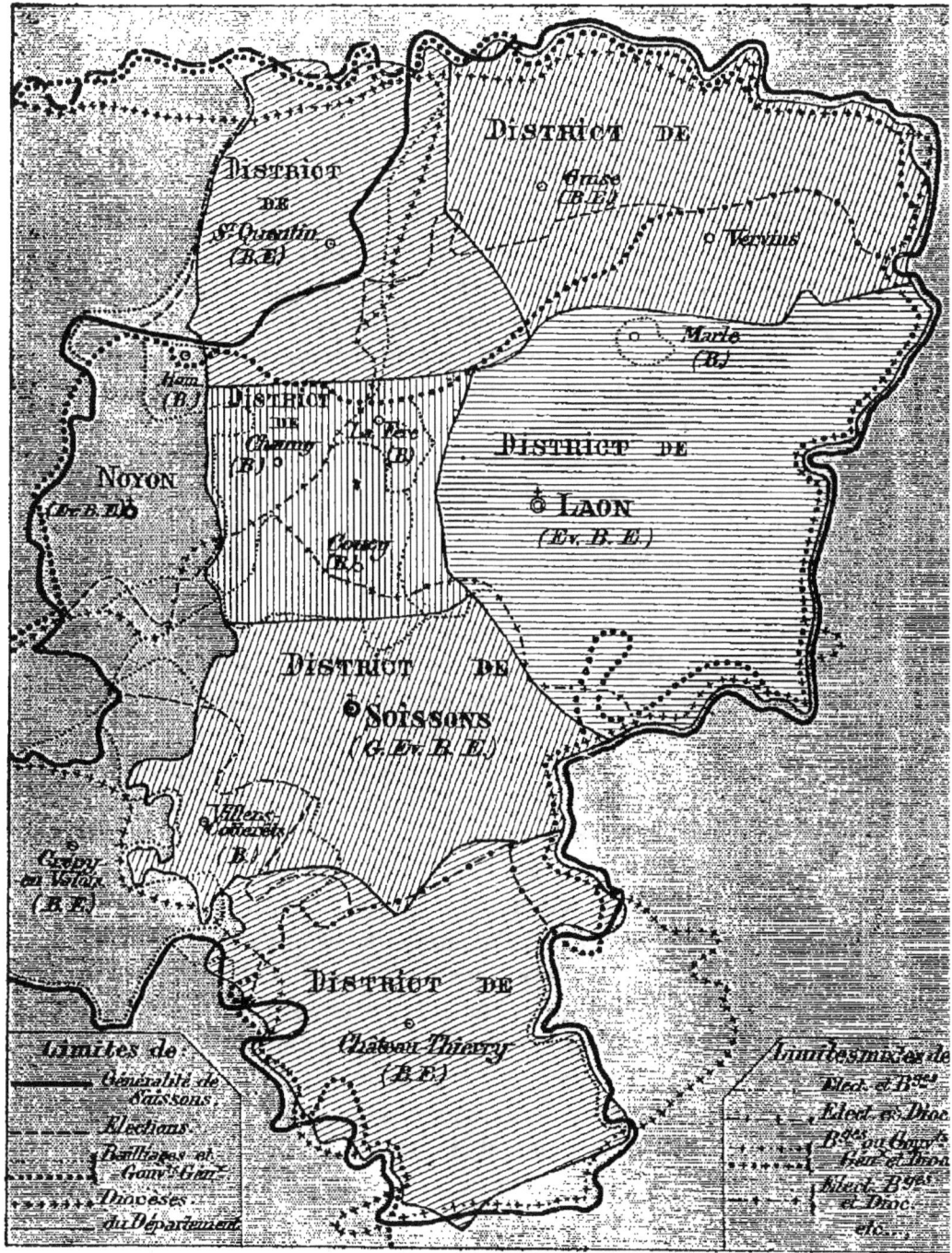

Fig. 8. Comparaison des limites nouvelles du département et de ses six districts avec celles des diverses circonscriptions antérieures de la région.

§. 4. — Démarcation des districts. — Etablissement des cantons
Les circonscriptions de districts

De la désignation des « commissaires » spécialement chargés, par les députés du département, de préparer la démarcation et la subdivision de ses districts, on sait seulement qu'elle fut faite à l'issue de la conférence du 1ᵉʳ février. Combien y en eut-il par district ou en tout ? Comment se fit leur choix et quels furent-ils personnellement ? Aucune pièce ne nous l'indique.

Connaissant, par le menu, les nombreux plans dressés et discutés naguère, lorsqu'on rompait des lances sur le meilleur mode de fractionnement, ces commissaires s'acquittèrent avec célérité et à la satisfaction générale, de la première partie de leur tâche Deux jours après qu'ils avaient été nommés, « le 3 février 1790, 6 heures du soir, en l'assemblée des députés ordinaires et extraordinaires du huitième département, duement convoqués dans la forme habituelle et réunis au bureau 17 », on y mettait le sceau, par la signature d'un procès-verbal descriptif de la « circonscription » des six districts, « projetée entre MM. les Commissaires nommés à cet effet, sans réclamation de la part d'aucun d'eux, ni de celle des députés extraordinaires présens à cette opération », ...et adoptée telle quelle « par Messieurs de l'assemblée, qui n'ont eu aucunes observations à faire sur icelle, après examen des différentes limites proposées ».

Cela dit, le procès verbal — que nous retrouverons plus loin incorporé dans les actes définitifs — traçait l'encadrement de ces subdivisions, en donnant la liste des villages qui s'y trouveraient respectivement *en bordure intérieure*. Le détail de la lisière départementale n'étant pas réglé sur toutes ses faces, ce procès-verbal n'indiquait cependant encore leurs limites vers ce côté, qu'en se référant à la ligne qui fixerait « la séparation du huitième département d'avec ceux du Hainaut et Cambrésis — de Champagne et pays y réunis — de Melun et Meaux — du Beauvaisis — et de l'Amiénois ». Un rapide examen de la carte ci-contre renseignera mieux qu'une fastidieuse énumération de localités ou que des explications analytiques, sur la forme assignée à chacun des six districts et sur les fragments des divers ressorts antérieurs qu'ils devaient enclaver désormais. On y verra clairement que leur périmètre fut arrêté suivant des lignes droites en général, sans se préoccuper de les modeler rigoureusement sur aucune précédente limite administrative, judiciaire ou ecclésiastique, et d'autre part aussi sans intention marquée d'égaliser — autant qu'il aurait peut-être convenu — les étendues des nouvelles circonscriptions (1). Il nous faut toutefois ajouter, pour terminer, que le cours de la Serre entre le district de Guise et celui de Laon, l'orée des bois de Saint-Gobain entre ce dernier et celui de Chauny, et le cours de l'Ourcq entre ceux de Soissons et de Château-Thierry, sont des directions naturelles sur lesquelles il semble qu'on se soit plus ou moins guidé, pour asseoir *ne varietur* la difficultueuse opération dont le terme approchait enfin. (2)

**

Les circonscriptions cantonales

Dans les conférences des députés du Vermandois et du Soissonnais, il fut sans doute parfois question des cantons, mais il n'apparaît pas que l'établissement de ces subdivisions inférieures ait fait l'objet de nombreuses demandes particulières, ni qu'il ait jamais donné lieu à un débat passionné. Cela tenait au rôle secondaire qui leur était dévolu dans la nouvelle organisation, encore mal connue d'ailleurs des populations rurales au début de 1790. Certaines rivalités et quelques ambitions de petites localités ne se manifestèrent qu'après la formation de ces circonscriptions et quand, un peu plus tard, l'on commença partout à s'intéresser aux opérations électorales qui devaient s'accomplir bientôt au chef-lieu de chacune d'elles.

Tout d'abord, en effet, les cantons n'avaient été institués qu'afin de servir de cadre aux *assemblées primaires*, aux réunions des

---

(1) La surface du district de Chauny, sensiblement inférieure à celle des districts de Saint-Quentin, de Soissons et de Château-Thierry, n'atteignait pas la moitié de celle des districts de Laon ou de Guise.

(2) Cf. « Procès-verbal de circonscription des 6 districts du 8ᵉ départ\`, de Soissons et Laon », du 3 fév 1790, signé : Du Plaquet, presid\`, Fouquier d'Hérouel. Marolle ; Viefville des Essars, Devisme, secʳᵉ, « sauf ma réclamation du Val Saint-Pierre pour le district de Laon » (*), le Vicᵗᵉ Desfossés, De Maquerel de Quémy ; Delabat ; Pinterel de Louverny, Harmand. *Arch. nat.* D ɪᴠ *bis* 1 (1). — Les « commissaires » doivent être parmi ces signataires peu nombreux du procès-verbal ; mais c'est tout ce que l'on peut dire. (*) Il y avait donc eu tout au moins cette petite réclamation, dont il ne fut d'ailleurs pas tenu compte ; la Chartreuse du Val Saint-Pierre demeura dans le district de Guise-Vervins.

citoyens actifs (c'est-à-dire des électeurs), appartenant aux communautés d'habitants comprises dans leur rayon, pour la désignation de ceux d'entre eux auxquels était réservé, à titre d'*électeurs* du second degré, le choix des membres des administrations de district ou de département, ainsi que du Corps législatif (1). Désireuse, par ces rassemblements hors de leurs villages, de soustraire les électeurs des campagnes aux influences de clocher, d'affaiblir en eux l'esprit de corporation, et par là de garantir à l'exercice du droit de vote une plus grande indépendance, l'Assemblée Nationale s'était toutefois préoccupée d'épargner aux citoyens de longs et coûteux déplacements, en même temps que de ne pas constituer des groupements trop considérables, toujours faciles à entraîner au désordre. Elle avait donc posé le principe de cantons nombreux et par suite peu étendus, de quatre lieues carrées seulement environ (2).

Comme pour les départements et les districts, l'Assemblée Nationale devait fixer elle-même ces subdivisions et leurs chefs-lieux, « après avoir entendu les députés du pays » ; mais en fait elle ne s'occupa point de la formation des cantons ; bien d'autres affaires plus importantes réclamaient son temps et son attention. Elle abandonna donc aux représentants de chaque département le soin de régler celle là selon leur gré ; le Comité de Constitution et ses Commissaires adjoints s'en désintéressèrent eux-mêmes à peu près complètement. Aucun des décrets spéciaux relatifs à la division du royaume n'y fait allusion, et nulle décision particulière n'indique qu'on ait tenu la main à l'observation approximative de la règle de surface édictée.

Un instant, à la fin de 1789, il avait été question d'établir dans chaque canton un tribunal inférieur, « composé d'un juge de paix et de prudhommes assesseurs » (3) ; le fait que les frais de cette organisation incomberaient vraisemblablement aux habitants des

---

(1) V. sup. p. 52. Il y a lieu de rectifier ainsi certaine phrase du § 2 de cette page précédente, que quelques mots omis ont rendue inexacte. — « Les cantons ne sont absolument rien dans notre organisation, sinon les indications des lieux de rassemblement », avait dit Thouret, le 11 novembre (*Arch. parl.* IX, p. 758).

(2) Séance du 16 nov. 1789 *Arch. parl.* X, p. 66 et suiv. — et *Instruction sur la formation des assemblées représentatives*, du 8 janv. 1790.

(3) Suivant l'idée émise en ces termes, dès le 17 août 1789, dans le *Rapport sur l'organisation du pouvoir judiciaire*, présenté par Bergasse, au nom du Cte de C[on]. *Arch. parl.* VIII, p. 440 et suiv.

cantons, fit alors songer à leur donner un ressort assez étendu pour que la charge se trouvât répartie sur un plus grand nombre de localités. Mais cette idée d'en faire des circonscriptions judiciaires — qui pourtant devait aboutir par la suite — ayant paru abandonnée au début de 1790, les députés revinrent, en général, à la conception fondamentale de cantons restreints, pour faciliter la réunion des assemblées primaires.

Le département du Vermandois et du Soissonnais atteignant en superficie près de 380 lieues carrées, aurait pu comprendre légalement jusqu'à 95 circonscriptions cantonales. Ses représentants s'en tinrent à *soixante-trois* (1), qui furent établies dans le courant de la première quinzaine de février, par leurs commissaires et par eux mêmes, sans préalable consultation des localités, suivant les connaissances personnelles qu'ils en avaient, au moyen des cartes et avec l'aide de quelques avis recueillis près des députés extraordinaires des villes. Achevée au 18 de ce mois, cette répartition fut consacrée par un procès-verbal définitif dressé à cette date.

C'est donc certainement de leur mieux, mais un peu au petit bonheur, que les seuls élus des bailliages fixèrent le nombre, le siège et surtout la composition des cantons. Aussi bien l'Assemblée Nationale avait-elle déclaré que leur constitution initiale serait « provisoire » et « suivie pour les premières assemblées primaires seulement »; les administrations locales une fois établies pourraient en revoir et en changer la composition selon les nécessités reconnues (2). Point n'était besoin de chercher, en cette matière, à faire d'emblée œuvre parfaite. Après avoir arrêté la liste des bourgs qui paraissaient devoir être des points « de rendez-vous » assez centraux, les députés adoptèrent par suite des circonscriptions arbitrairement découpées autour de ces points, suivant des formes géométriques diverses, aux contours presque tous rectilignes (Voy. *infra*. Pl. XI, la carte originale du département).

Le partage des districts et le choix des chefs lieux de leurs cantons furent ainsi fixés, d'après le procès-verbal du 18 février :

---

(1) Non compris le canton urbain exclusivement formé de la Ville de Saint-Quentin et de sa banlieue immédiate.

(2) *Instruction du 8 janvier 1790*, § 1, confirmée par celle des 12-20 août suivant, § 3.

1. District de Saint-Quentin, *huit cantons* : Saint-Quentin — Ribemont — Moy — Vermand — Saint-Simon — Fonsomme — Le Câtelet — Bohain.

2. District de Guise et Vervins, *onze cantons* : Guise — Puisieux (*a*) — Wassigny — Le Nouvion — La Capelle — Hirson — Aubenton — Plomion — Vervins — Marly — Sains.

3. District de Laon, *quatorze cantons* : Laon (*b*) — Crépy — Crécy-sur-Serre — Marle — Montcornet — Rozoy — Sissonne — Liesse — Bruyères — Chevregny — Beaurieux — Craonne — Roucy — Neufchâtel.

4. District de Chauny, La Fère et Coucy, *sept cantons* : Chauny — Coucy — La Fère — Saint-Gobain — Anizy (*c*) — Genlis (*d*) — Blérancourt.

5. District de Soissons, *onze cantons* : Soissons — Bucy-le-Long — Vailly — Braine — Bazoches — Acy — Buzancy — Oulchy-le-Château — Villers-Cotterêts — Cœuvres — Vic-sur-Aisne.

6. District de Chateau-Thierry, *treize cantons* : Château-Thierry — La Ferté-Milon — Neuilly Saint-Front — Gandelu — Coincy — Fère-en-Tardenois — Coulonges — Mont-Saint-Père — Condé — Orbais — Vieuxmaisons (*sic*) — Chézy l'Abbaye — Charly.

(*a*) Le canton de Puisieux, prévu au *Procès-verbal* du 18 fév. ne figure pas sur la carte officielle qui corrobora ce procès-verbal. Fut-ce en exécution d'une decision rectificative, ou (comme il semble plutôt) par simple oubli d'un employé du service des cartes, travaillant au Comité de Constitution sous la direction du topographe Hennequin (V. sup. p. 57, note 2) ? Nous ne savons. Toujours est il que ce canton mort ne se trouva reuni à celui de Guise. En fait il n'y eut donc à l'origine, que *dix cantons* dans le district de Guise ; le nombre total des cantons du département resta néanmoins de *soixante-trois*, mais alors y compris celui de Saint-Quentin-Ville.

(*b*) La Ville de Laon, avec ses faubourgs et sa banlieue, devait former un canton urbain distinct, à l'instar de Saint Quentin. On la designa cependant comme chef lieu d'un canton rural comprenant une vingtaine de villages : « leur proximite de cette ville qu'ils environnent de toutes parts, et leurs relations habituelles et journalieres ayant paru leur rendre à tous ce point de réunion plus commode et plus facile » (*Procès-verbal*).

(*c*) Il y eut probablement de l'hesitation pour le choix d'Anizy, car le 18 fevrier — jour où se signait à Paris le procès verbal qui lui attribuait un petit canton — le conseil général de sa commune protestait par une délibération longuement motivée contre son « rejet » dans le district de Chauny et contre « son oubli dans la distribution des etablissements publics qui doivent remplacer les anciens, en *n'en faisant pas même un chef-lieu de canton* ». Alors — ne manquait-on pas de rappeler — que « tout recemment dans l'Ass. Nat. le bourg d'Anizy fut proposé, par le Comité de Constitution, pour être le rendez-vous general de tous les électeurs de la Province ; qu'il balança, rivalisa avec la Ville de Chauny, pour être le théâtre de la solennelle assemblée où doit se décider la grande question du departement entre Soissons et Laon (V. sup. p. 239) ; n'était-il pas singulier que ce même bourg, un instant fameux, fût, après coup, retombe dans le néant, au point de n'avoir pas même été jugé propre à être le centre de quelques villages, le chef lieu d'un canton ! » Arch. nat. D iv bis 81 (2) et *Arch. départ.* Coll. Piette : doss. Anizy.

(*d*) La seigneurie de Genlis avait été érigée en duché sous le nom de *Villequier-Aumont*, en 1774. Genlis cessa de porter ce dernier nom de 1790 à 1814 ; il lui fut rendu sous la Restauration et cette commune le porte encore aujourd'hui, on ne sait pourquoi (Matton. *Dict. topog. Aisne*).

En dehors des villes véritables, la désignation de la plupart de ces localités s'explique d'elle-même, soit seulement par l'importance de leur agglomération, soit parcequ'elles étaient déjà de petits centres à quelque titre ou parcequ'elles possédaient au regard des villages d'alentour un certain renom d'antiquité historique, comme Vermand, ou de noblesse terrienne — encore fascinatrice — depuis la modeste châtellenie jusqu'au suprême duché-pairie, dont brillaient notamment les 56 feux en tout de Saint Simon (1). On retrouve ainsi dans leur nombre, tous les sièges de prévôtés judiciaires, presque tous ceux de doyennés ecclésiastiques (2), tous les chefs-lieux de subdélégation (3), de greniers à sel (4), de maîtrises des eaux et forêts (5), enfin, à une ou deux exceptions près, tous les endroits déjà choisis, en 1787, comme chefs-lieux d' « arrondissements » électoraux pour le renouvellement interrompu des « assemblées de Province et d'élections » (6). Dans tout le département en somme, si quatre ou cinq bourgades de moins de cent feux et sans distinction antérieure (7) durent à la commodité de leur position topographique de figurer parmi les chefs-lieux de canton, il n'y eut à l'inverse que sept ou huit gros bourgs (8), comptant plus de deux cents feux, auxquels le désavantage de cette même position ne permit pas d'accorder ce surcroît de relief.

Envisagés au point de vue de leur composition, les soixante-trois cantons créés variaient sensiblement : leur étendue moyenne de cinq lieues carrées dans les districts de Château Thierry, de Soissons et de Chauny, s'élevait à six dans celui de Laon, à plus de sept lieues dans le district de Guise et presque à huit dans celui de Saint-Quentin. Suivant la densité des agglomérations dans les diverses contrées, le nombre des communautés d'habitants qu'ils renfermaient était également assez différent : les moins compacts ne descendaient pas au dessous d'un groupe de huit paroisses ; la

---

(1) On sait qu'avant la Révolution, l'importance des agglomérations s'évaluait par *feux*, c'est-à dire par ménages ou familles, et non par habitants individuels.
(2) Sauf Vendeuil (dioc. de Noyon), Mons en-Laonnois et Montaigu (dioc. de Laon), Chacrise, Vivieres et Coyolles (dioc. de Ss.) : Voy. sup. p. 14 et suiv. — (3) p. 25 — (4) p. 21, note 1 *in fine* — (5) p. 28. — (6) p. 28. Sauf Roupy, dans l'élection de Saint-Quentin, et Origny-Sainte-Benoîte, dans celle de Guise.
(7) Telles entre autres, que Fonsomme, Buzancy, Coulonges,... — (8) Par exemple Vendeuil et Origny-Sainte Benoîte, gênés par le voisinage de Moy et de Ribemont ; Crouy et Essommes, plus encore par celui de Soissons et de Château-Thierry ; Tréloup, sur l'extrême lisière départementale ; Saulchery et Nogent-l'Artaud, trop proches de Charly.

majorité en réunissaient de douze à dix-huit et quelque uns seulement vingt ou un peu plus (1), sans qu'on aperçoive dans la formation de ces agrégats, l'influence d'aucune règle directrice bien précise (2).

*
* *

La surface d'ensemble du département étant déterminée, ses districts emplacés et ses cantons circonscrits, il n'y avait plus maintenant, pour mettre la dernière main à sa constitution territoriale, qu'à préciser de toutes parts sa séparation de ceux qui l'entouraient. C'est au détail de l'établissement de cette bordure externe que va être consacré le prochain chapitre, en la suivant vers les quatre points cardinaux, dans autant de paragraphes spéciaux ; au nord, de la source de l'Escaut à celle de l'Oise ; à l'est, de la source de l'Oise à la rencontre de la Marne ; au sud, de l'un à l'autre des passages de la Marne ; enfin à l'ouest, de la Marne à l'Escaut.

Remontant, pour ce voyage circulaire, aux premiers jours de 1790, nous ne l'aurons de nouveau terminé que passé le milieu de février, avec plus d'un mois de retard sur la date fixée par l'Assemblée Nationale, qui, par décret du 9 janvier, avait réclamé des députés de chaque département. pour le 13, « le tableau énonciatif de ses limites et deux exemplaires de sa topographie à l'appui, arrêtés et signés par eux. »

(1) Exceptionnellement, par l'absorption du canton de Puisieux (V. sup p. 267 note a), celui de Guise réunit plus de 30 villages et fut ainsi de beaucoup le plus important du département, sans inconvénient d'ailleurs en raison des grandes facilités d'accès qu'offraient les quatre routes aboutissant à cette ville.

(2) Cf. dans *Journal de l'Aisne* (mars 1879) un article anonyme ne manquant pas d'intérêt par endroits, intitulé « Projet de révision de la carte du depart^t de l'Aisne » (Bibl. Ss. Coll. Perin, n° 715 du Cat.) — Mentionnons également cet extrait d'un document du temps, dont la partie signalée mérite surtout d'être retenue : «... Il semble que les habitants des villes sont habitués à regarder les communes de nos campagnes comme une sorte de propriété. Des milliers de leurs envoyés se sont rendus auprès de l'Ass. Nat. avec les armes de l'intérêt personnel, pour conquérir le plus grand nombre possible des communes au profit de leur ressort. *C'est à Paris qu'a été faite, sans vous consulter, la circonscription de nos cantons : on a disposé de nous, sans nous,* .. De là le pays natal de tel député a un canton de 20 paroisses .. ; de là la terre d'un ci-devant grand seigneur en a un autre de 22 paroisses.. (v B. Canton de Braine et Cte d'Egmont, évidemment) ; de là deux villages limitrophes sont chefs-lieux de canton .. (Assertion inexacte) ; des villes dont la population forme déjà trois assemblées primaires, unissent encore dans leur enceinte 20 communes voisines. Calculés, MM. tous les inconveniens qui en résultent .. » [Adresse à l'Ass. Nat. sur la nécessité de multiplier les chefs-lieux de cantons., par l'abbé Nusse, curé-maire de Chavignon, s. d. mais du 15 sept 1790 environ *Arch. nat.* D iv bis 3 (148)].

CHAPITRE V

Délimitation du Département

Limite septentrionale contre le département des Flandres, du Hainaut et du Cambrésis réunis — Limite orientale contre les départements de Champagne — Limite méridionale contre le département de Meaux et Melun — Limite occidentale contre le département de Beauvais et celui d'Amiens : I. De la Marne à la Somme ; la question de la forêt de Retz ; le coup manqué d'Aubry-Dubochet. II. De la Somme à l'Escaut. (*)

§ 1. — LIMITE SEPTENTRIONALE
Contre le département
des « Flandres, Hainaut et Cambrésis réunis » (Nord).

L'analogie que les bornes des diverses circonscriptions anciennes, ecclésiastiques, administratives et judiciaires, présentaient par tradition historique, sur la frontière de la Haute Picardie, devaient permettre aux députés du Vermandois et du Laonnois d'une part, du Hainaut et du Cambrésis d'autre part, de s'entendre aisément pour établir la nouvelle démarcation de leurs prochains « départements », suivant ces mêmes bornes.

Ils y arrivèrent des premiers, en effet. Quelques simples concessions de villages, réciproquement consenties, permirent de corriger les sinuosités excessives qu'offrait par endroits la bordure des territoires antérieurs de ces pays contigus et de faire disparaître les incertitudes ou les dualités de juridiction que cette bordure imprécise avait laissé subsister sur divers points, pour certaines paroisses (1).

(*) *N.B.* Pour suivre avec plus de facilité ce chapitre, dont nombre de passages exigeront des énumérations de localités, nous croyons devoir engager le lecteur à s'aider d'une carte moderne assez détaillée du département de l'Aisne et de ses voisins, en même temps que des différentes planches ou figures de cet ouvrage, auxquelles nous renverrons chemin faisant.

(1) Parmi ces villages mi-partie, rappelons les suivants, dont la plupart vont être cités dans un instant et qui, pour la nomination des députés aux Etats Généraux de 1789, avaient pris part aux reunions électorales de *deux* bailliages différents : *Vendhuile, Villers-Outreau* et *Villers-Guislain* comparurent à la fois à Saint-Quentin et à Cambrai ; *le Sart (pres Landrecies)* comparut à Guies et à Cambrai ; *Roquigny-Montreuil*, à Guise et à Maubeuge ; *Fontenelle (près Le Nouvion)* et *Barzy-sur-France*, l'un et l'autre à Guise et à Avesnes (BRETTE. *Op. cit.* III).

Dès le 5 janvier 1790, voici ce qui se trouvait convenu :

Le Hainaut céderait au Laonnois, totalement : Wignehies et Moulins (aujourd'hui Molain), ainsi que sa moitié sur Fontenelle et sur Barzy ; en retour, le Laonnois remettrait au Cambrésis, pour la totalité : Honnechies et Escaufourt ; — plus loin, à l'ouest, Cambrai abandonnerait à Saint-Quentin : Prémont, Serain, Aubencheul-aux-Bois, et sa moitié sur Vendhuile, en échange de la moitié de Villers-Guislain et de Villers-Outréau, de Malincourt, Honnecourt, Gonnelieu et Banteux, que Saint-Quentin laisserait à Cambrai ; — ailleurs, les limites précédentes seraient conservées (1).

A quelque temps de là, le 13 février, il intervint toutefois une décision modifiant cette entente primitive, aux termes de laquelle on rendit au Hainaut la paroisse de Wignehies, reconnue comme en ayant été distraite par erreur, contre rétrocession au Vermandois du village d'Escaufourt et attribution au Laonnois de celui du Sart (2).

Ainsi en fut-il de tous points décidé, suivant les procès-verbaux officiels qu'on dressa et signa de part et d'autre un peu plus tard.

Redressée de la sorte, en 1790, cette démarcation septentrionale du département n'a pas subi de changement jusqu'à nos jours, du moins quant aux localités comprises de chaque côté de sa ligne. Faite d'office seulement entre représentants des bailliages limitrophes, sans avoir pris l'avis des communautés d'habitants intéressées, cette rectification donna lieu, dans l'instant, à diverses réclamations parfois assez vives. Molain et Prémont par exemple, se dirent « dans la plus grande consternation, à la nouvelle qu'on voulait les mettre par contrainte du district de Saint-Quentin-

---

(1) *Arch. nat.* D ɪᴠ *bis* 1 (2). Etat des « limites des déparⁱˢ du Vermandois et Picardie, avec le Hainaut, Cambrésis et Flandres », du 5 janv. 1790, signé : Mⁱˢ d'Estourmel et Vaillant (députés de la noblesse de Cambrai et du tiers-état d'Arras). Cf. *Idem* D ɪᴠ *bis* 2 (49) deux pièces analogues, l'une du 6 fév. 1790, l'autre s. d., portant également diverses signatures de représentants de ces provinces.

Dans l'échange fait des moitiés de villages, *peut être* avait-on d'avance appliqué le principe qui devait être décrété par l'Ass. Nat. le 20 janv., d'après lequel les paroisses mi-partie entre différentes provinces dépendraient désormais de celle où leur clocher était situé.

(2) *Arch. nat.* D ɪᴠ *bis* 2 (49. Convention du 13 fév. 1790 à Paris, signée de 6 députés du Hainaut et du Cambrésis et par de Viefville des Essars, député du Vermandois.

Vermandois » et, ne s'expliquant pas « qu'on ait cru devoir » les détacher de « leur Cambrésis », « supplièrent » qu'on les y laissât (1). L'antagonisme traditionnel entre maintes paroisses voisines de cette contrée, qui étaient autrefois tantôt en deci et tantôt en deça de la frontière mal déterminée de France, occasionna sans doute d'autres manifestations analogues ou inverses de sentiments, dont on pourrait également retrouver trace.

Des indications qui précèdent, certaines remarques sont à retenir. C'est d'abord qu'il ne fut tenu nul compte de l'ancienne limite ecclésiastique, puisque les paroisses échangées étaient toutes de l'évêché de Cambrai et que beaucoup de celles appartenant en outre à ce diocèse, dans les élections de Saint-Quentin et de Guise, continuèrent à faire partie du département dont allaient dépendre ces dernières subdivisions administratives d'auparavant (2). C'est en second lieu, que les limites judiciaires considérées au même point de vue, ne jouèrent le plus souvent qu'un rôle secondaire ; nous voyons en effet que presque tous les villages restés sur la lisière extrême et qui étaient mi-partie entre deux bailliages, ne sont point sortis de leur précédent ressort administratif : ainsi Vendhuile fut laissé à Saint-Quentin son chef-lieu d'élection ; pareillement Fontenelle et Roquigny demeurèrent unis à Guise (3).

Ici, au nord, la ligne qui séparait les Généralités d'Amiens et de Soissons de l'Intendance de Valenciennes, fut donc la base principale et pour ainsi dire exclusive de la nouvelle limite du département. Il apparaît assez bien — et ce sera notre dernière observation — qu'en l'établissant sur le vu de cartes, on eut tout à la fois le désir de la rendre aussi droite que possible et le souci de conserver aux territoires qu'elle devait distinguer leur équivalence superficielle, puisqu'en résumé à la perte de sept villages (4)

(1) *Arch. nat.* D ıv bıs 81 (6 et 9). Suppliques au Roi et à l'Ass. Nat. du 17 fev 1790 pour Prémont et s. d. pour Molain.

(2) Pour les paroisses du depart' qui étaient alors du diocèse de Cambrai, Cf. MATTON. *Dıct. topog. Aısne.* Introd. XII et LEDOUBLE. *Etat relıgıeux du dıocese de Ss*, p 11 et 41

(3) En sens contraire il n'y aurait peut-être que l'exemple du Sart, village dépendant en partie du baıllıage de Guise, et paraissant avoir eté détaché de l'Intendance du Hainaut, un peu à cause de cela.

(4) Banteux, Gonnelieu, Villers-Guislain, Honnecourt, Villers-Outréau, Malin_court (tous de l'élection de Saint-Quentin), et Honnechies (de l'élection de Guise)

correspondit, par compensation presque égale, le gain de cinq autres et du complément d'un sixième (1) (2).

Ce que nous venons de dire du défaut absolu d'influence des précédentes limites de diocèses, du peu d'importance de celles des bailliages, et au contraire de la prédominance accordée aux limites d'Intendance et d'élections, nous aurions l'occasion de pouvoir le répéter à propos des trois quarts au moins du contour départemental ; il aura suffi que nous démontrions avec quelque précision, en commençant, ce fait constant, pour n'avoir plus besoin par la suite de nous appesantir autant à son sujet.

§ 2. Limite orientale.

Contre le département « septentrional de Champagne » et la partie supérieure de celui « de Châlons » (Ardennes et Marne).

A l'est ce n'était plus seulement, comme vers le nord, une analogie qui existait entre les limites des diverses divisions antérieures ; c'était une véritable similitude, une concordance et une superposition presque absolues.

Il s'ensuivait que l'on n'aurait pu, sans soulever de sérieuses difficultés, modifier une démarcation aussi anciennement et aussi nettement établie ; la première carte du Comité de Constitution, de même qu'ensuite le plan n° 4 l'avaient par conséquent respectée avec intention.

Les députés de la Haute Picardie et de l'Ile de France n'eurent donc point à prendre contact avec leurs collègues de la Champagne. De chaque côté de la ligne séparative des Généralités de Châlons et de Soissons, ligne toute idéale pourtant, que ne ponctuait ni la moindre crête ni le plus petit ruisseau, on s'organisa — comme si l'on eût été sur les deux rives de quelque grand fleuve ou sur les versants opposés d'une longue montagne — sans avoir besoin de se parler. Aussi pour la région supérieure touchant au Vermandois, n'avons-nous rencontré dans les dossiers

---

(1) Aubencheul, Serain et Prémont (de la subdelegation de Cambrai, Intendance de Valenciennes) ; Moulins (Molain), Le Sart et Barzy pour sa portion antérieurement en Hainaut (de l'Intendance de Valenciennes, subdelegation du Quesnoy, quant au premier et subdelégation ou recette de Landrecies, quant aux deux autres).

(2) Pour la comparaison visuelle de la limite septentrionale du depart' avec les précédentes, V. sup. fig. 8, p. 262.

d'archives, aucun document qui fit allusion à une convention quelconque entre les représentants des deux provinces attenantes, avant l'établissement des procès-verbaux d'ensemble, concernant la délimitation complète de leurs départements respectifs.

Ainsi, de ce côté, l'opération fut des plus simples : *on ne changea rien à ce qui était*. Tout au plus, en y regardant de très près, trouve-t-on une petite exception — pour confirmer la règle — dans la transposition des villages de La Neuville-aux-Joûtes et de Logny-les-Aubenton.

La Neuville-aux Joûtes, modeste bourgade, au milieu des bois à proximité de la Belgique, dépendait administrativement de l'Intendance de Soissons et, comme paroisse, du diocèse de Laon ; mais elle relevait judiciairement du bailliage de Sainte-Menehould. Quant à Logny-les-Aubenton, communauté des environs, plus petite encore que la précédente, elle appartenait à la fois à l'Intendance de Châlons, au bailliage de Sainte-Menehould et au diocèse de Reims. Toutes

JEAN F.ois CH.les ALPHONSE
COMTE de MIREMONT.
Né à Rheims le 17 Dec.bre 1755.
C.te au Reg.t des Chasseurs du Languedoc.
Député du Bail.t du Vermandois.
à l'Assemblée Nationale de 1789.

Labadye del. Courbe sculp.

Portrait de la Collection DEJABIN
(V. supra p. 68, note biographique).

deux se trouvaient, au surplus, sur les confins de la Thiérache, dans le ressort du grenier à sel d'Aubenton. Bien que les références manquent, il est vraisemblable, d'après la position topographique de ces villages, que les députés du département septentrional de Champagne, pour arrondir la circonscription des cantons contigus de Signy-le-Petit et d'Aubenton, en firent un échange, auquel leurs collègues du Vermandois, qui d'ailleurs n'étaient pas plus les mandataires de l'un que de l'autre, souscrivirent sans observations (1).

Sauf cette mutation d'un minime intérêt, depuis la frontière étrangère jusqu'au passage de la Marne, sur une longueur d'environ trente lieues, notre département conserva — de plano — *toutes les localités qui etaient de la Généralité de Soissons, de quelque bailliage, diocèse, ou autre circonscription qu'elles dépendissent* ; il en fut de même par conséquent à l'égard des départements de Champagne, pour toutes celles de la Généralité de Châlons. Le long de cette bordure, en outre des trois enclaves assez importantes du bailliage de Châtillon sur-Marne (2), on garda donc Any (Martin-Rieux), Lor, Muscourt et Perles (3) malgré qu'elles ressortissaient aux bailliages de Sainte Menehould. de Reims et de Fismes ; mais sans acquérir ni Brienne (4), quoiqu'elle fût du diocèse de Laon et en partie du bailliage de cette ville, ni Sainte-Gemme (4) qui appartenait pourtant au diocèse et au bailliage de Soissons. On ne saurait trouver d'exemple plus topique pour confirmer ce que nous disions à la fin du paragraphe précédent. (5) (6).

§ 3. Limite méridionale

Contre la partie inférieure du département « de Châlons » et contre celui « de Meaux et Melun » (Marne et Seine-et-Marne).

Les efforts que fit Château-Thierry, aidée par Soissons, pour récupérer l'intégralité de son ancienne circonscription, ont été précédemment relatés à grands traits. L'étude de l'établissement définitif de la limite méridionale du département, entre les deux points opposés où la rivière de Marne coupe cette limite, nous amène à compléter l'historique de ces démarches, en nécessitant

---

(1) D. Noel. *Notice historique sur le canton de Signy-le-Petit.* Reims, 1881.

(2) Comprenant : Berry-au-Bac, Gernicourt, Bouffignereux, Roucy ; Oulches, Vassogne, Pargnan, Maizy, Revillon, Morval et Serval ; Vezilly, Villers Agron, Aiguisy, des élections de Laon et de Soissons. A propos d'Aiguizy (d'abord commune distincte, aujourd'hui reunie à Villers-Agron), rappelons, pour être complet, que la première nomenclature des municipalités du départ[t] de Châlons (26 fevrier-16 mars 1790) l'attribuait au canton de Ville-en-Tardenois, district de Reims ; c'était une erreur (de cause inconnue) qui ne tarda pas à être rectifiée. Cf. Longnon *Dict. topog. Marne* — (3) Elections de Guise et de Laon, — (4) Elections de Rethel et d'Epernay

(5) (6) Cf. Jadart. *La limite occid[ale] du depart[t] des Ardennes* (Bull. de Geographie historique et descriptive, 1901, n° 2). — Pour la comparaison visuelle de la limite orientale du départ[t] avec les precédentes, V. sup. fig. 8 p. 262.

un exposé plus détaillé des opérations et des conventions successives grâce auxquelles les deux villes associées parvinrent à leurs fins (V. supra p. 114 et suiv.).

Revenons d'abord un peu en arrière, au plan n° 4 du 10 décembre. Vers l'est, au-dessous de la Marne, comme au-dessus d'elle, ce plan avait continué de borner les départements d'Ile de-France, exactement à la démarcation des trois Généralités : de Châlons d'un côté, de Soissons et de Paris de l'autre. Mais, contre cette bordure orientale d'ensemble, c'est à une faible distance du passage de la rivière qu'il faisait aboutir la lisière inférieure du département « de Soissons et Laon ». Le point d'intersection se trouvait environ à la hauteur de La Chapelle-Monthodon (en Province du Soissonnais) et de Comblizy (en Champagne) ; de ce point la séparation projetée tournait vers l'ouest, suivant une ligne légèrement concave, passant au-dessous de Condé-en-Brie et venant traverser de nouveau la Marne en amont de Charly, pour rattraper ensuite, non loin de là, l'ancienne limite de l'Intendance de Soissons. Cette ligne partageait donc le territoire qui dépendait antérieurement de Château-Thierry, en deux parties, dont une seulement avait été restituée en même temps que cette ville au département de Soissons, le 10 décembre : passé cette date, il s'était agi de recouvrer aussi l'autre, laissée dans le département de Brie.

Celui d'entre eux que les quatre députés du bailliage de Château-Thierry choisirent pour soutenir en leur nom les intérêts de son chef-lieu, fut M. Harmand, représentant du Tiers, plus facile écrivain qu'avocat disert, semble-t-il (1).

Dans les mémoires par lui rédigés à l'adresse du Comité de Constitution et de l'Assemblée Nationale (2), aussitôt le vote des députés d'Ile de France et de Picardie en faveur du plan n° 4, il fit d'abord remarquer que ses lignes divisionnaires, tracées d'après

---

(1) Il ne prit presque point la parole à la tribune de l'Ass. Nat. d'apres les proces verbaux.

(2) « Quelques questions soumises à MM. du Comité de Constitution et à l'Ass Nat » 6 p in 8 s d. (mais du 15 dec. environ) signées Harmand — «Observations sur la circonscription des districts et depart[ts] en général et particulièrement sur les limites du district de Château-Thierry, soumises au Comite de Constitution et à l'Ass Nat par M. Harmand, député de Château-Thierry et Comm[re] nomme pour la fixation des limites du 8e depart[t] » Paris Impr. nat. 1790 (debut de janv) 25 p. in-8 [*Arch. nat.* D iv bis 3 (146)].

« un aperçu de convenance générale », sans préoccupation et sans connaissance des « commodités particulières aux localités », ne sauraient être prises pour « un mur d'airain que rien ne peut déplacer ». Château-Thierry, par son importance, méritait évidemment de rester au moins un centre administratif de second ordre; la ligne appelée à isoler son district de ceux des départements voisins ne pouvait donc « raisonnablement demeurer fixée à peu près à ses faubourgs ». En prenant sur un aussi faible parcours la rivière de Marne presque comme limite, certains bourgs et villages, tels que Nogent-l'Artaud, Essises et Montfaucon, « se trouveraient séparés du chef-lieu, à peine éloigné de 5.000 toises, avec lequel ils ont eu de tout temps leurs relations d'affaires, d'intérêts et d'habitudes, pour se voir rattachés à quelque autre ville distante de 12 à 15.000 toises ». (V. infra fig. 9, p. 280).

Portrait de la Collection DEJABIN
tiré des *dessins non gravés* [Bibl. Nat.]
(V. supra p. 73, note biographique)

Les circonstances ayant permis de prendre en considération ces raisons sérieuses, le Comité de Constitution reconnut l'utilité d'admettre comme point d'appui d'une limite plus convenable, au lieu de la Marne, la grande route conduisant de La Ferté-sous-Jouarre à Montmirail (V. supra p. 119). Mais tout importante et favorable à Château-Thierry qu'elle était, cette décision ne pouvait suffire ; il fallait traduire effectivement sur la carte l'avantage territorial dont elle contenait le principe ; Harmand reprit donc la plume. « Afin de ne pas rompre tous les liens, tous les rapports des habitants » et de ne pas « les envoyer à une plus grande distance former de nouvelles habitudes, en les retranchant, sans nécessité, de la province à laquelle ils sont attachés, conformément aux principes de l'Assemblée, qui sont ceux de la raison », il exposa qu'au dessus et près de la route de La Ferté sous-Jouarre à Montmirail, il y avait notamment trois gros bourgs, dépendant à l'heure actuelle de Château-Thierry, qui devaient en conséquence lui rester attachés, *ainsi que les communes dans leur rayon immédiat*, car ces bourgs se trouvaient tout désignés pour devenir des chefs-lieux de cantons. Aussi bien n'y avait-il pas lieu de songer à les écarter, car leur distance de Château-Thierry était moindre ou au plus égale à celle qui les séparait de tout autre centre probable de district aux environs, Sézanne dans un des départements de Champagne, ou Coulommiers, dans celui de Brie.

De l'est à l'ouest, ces trois bourgs étaient : *Orbais*, ayant dans sa banlieue Suizy-le Franc (1), Mareuil (1) et Corribert ; *Montmirail*, avec Mécringes (1), Vendières, Marchais et l'Echelle-le-Franc ; enfin « *Vieux-Maisons* », (comme on prononce encore aujourd'hui dans le pays, malgré le changement d'orthographe) (2), dont l'entourage finissait, au sud, à Verdelot.

Encouragé par le succès, Harmand n'avait plus craint de se montrer trop exigeant ; il dépassait en effet le terme extrême fixé par le Comité de Constitution en demandant de la sorte à franchir le grand chemin pour arriver jusque contre la rivière du Petit Morin (« limite indiquée par la nature », disait-il en manière de justification), parallèle à la route un peu au dessous et qui servait de borne, au midi, à la circonscription actuelle de Château-Thierry. Cette revendication complémentaire n'était pas excessive et l'évènement donna raison à son auteur ; il finit ainsi par obtenir satisfaction complète : du côté de la Champagne ce fut, en vertu d'une décision de l'Assemblée Nationale, et vers la Brie Française ce fut par une entente avec ses députés.

Le rattachement d'Orbais et des villages voisins ne souffrit aucune difficulté ; à cause de son éloignement, les représentants

---

(1) Ces trois villages etant de Champagne, Harmand laissait en compensation ceux de Janvilliers et de Vauchamps, moins bien placés.

(2) V carte de Cassini et autres. Actuellement « Viels-Maisons », depuis le debut du xix⁰ siecle, probablement afin d'éviter, au point de vue postal, la confusion avec une autre localité peu éloignée, du même nom de Vieux Maisons (près La Ferté-Gaucher, arrd' de Provins, S.-et-M.)

de Meaux en avaient eux-mêmes proposé l'abandon, dès les premiers jours, contre remise de quelques unes de leurs communes qui paraissaient appelées à faire partie du département de Soissons (1). Il en alla de même ensuite, semble t-il, pour tout le territoire qui se trouvait à l'est de la route de Château-Thierry à Montmirail.

Pour cette dernière localité — Montmirail — la question fut toutefois fort discutée. Naturellement Château-Thierry tenait à la conserver ; mais Sézanne désirait l'obtenir en compensation de Villenauxe cédée par elle à Nogent-sur-Seine pour arrondir sa circonscription (2); tandis que, se basant sur une délibération plus ou moins explicite de sa municipalité, le département de Meaux la réclamait également en faveur du district de Coulommiers. On ne put se mettre d'accord ; il fallut l'intervention de l'Assemblée Nationale. Par un décret du 21 janvier 1790, relatif à la formation du département de Châlons, elle arrêta — sur la proposition du rapporteur Gossin — que « la ville de Montmirail, « ainsi que les villages de Vauchamps, L'Echelle-le-Franc, et « Janvilliers seraient réunis au district de Sézanne (dépt de « Châlons), lequel abandonnerait au département de Melun et Meaux, les paroisses « de Mécringes, La Celle, Montenil, Montolivet et Mont Dauphin ». C'est ainsi que le bourg de Montmirail, joliment situé sur une hauteur (*Mons mirabilis*), après avoir été pendant deux siècles dans la dépendance administrative et judiciaire de ChâteauThierry, en sortit alors pour relever d'abord de Sézanne et, depuis l'an VIII, d'Epernay.

En ce qui concerne certaines autres communes dont l'énumération précède, les dispositions du décret du 21 janvier ne reçurent pas une complète exécution ; quelques jours plus tard, par une convention particulière, Mécringes fut rendu à Sézanne, et La Celle passa à Château-Thierry. D'autre part en compensation de la perte de Montmirail et de ses environs, Suizy-le-Franc finit — selon le désir de M. Harmand — par être ajouté à Orbais, afin d'arrondir son canton : telle est du moins l'explication vraisemblable d'une

---

(1) *Arch. nat.* D IV bis 17 (285). Note s. d. signée : Daguesseau et Houdet (députés du Bgᵉ de Meaux).

(2) *Arch. nat.* D IV bis 1 (3) Note s. d. signée . Hurault, de Pleurre, Montier (députés du Bgᵉ de Sézanne).

constatation de fait au procès-verbal final, sur laquelle toute autre indication documentaire manque.

Fig. 9. Fixation de la limite méridionale

A. Territoire restitué à Château-Thierry sans compensation.
B. Territoire attribué au département de Châlons.
C et D. Territoires échangés entre Château-Thierry, qui regagne la partie c, et Meaux qui reprend la partie d.

Si, au moment de la formation de leur département, les députés du département de Brie paraissent s'être désintéressés de la région écartée que le plan n° 4 lui avait attribuée au sud-est de Château-Thierry, de l'autre côté du chemin conduisant de cette ville à Montmirail, et en avoir consenti la remise sans compensation, leur attitude fut différente à l'égard de tout le pays plus voisin, dont ils devaient profiter au détriment de Château-Thierry, à l'ouest de ce même chemin ; cela se conçoit du reste, car par la route de La Ferté sous-Jouarre à Montmirail, Meaux spécialement se trouvait en communication facile avec ce pays : par ici, on ne parvint donc à s'entendre que donnant donnant.

Dès à présent nous ne saurions indiquer davantage pour quelles raisons et de quelle manière la chose se fit, sans anticiper sur le paragraphe suivant ni risquer de compliquer nos explications. Disons donc seulement, sauf à revenir sur ce point plus à propos par la suite, qu'en vertu d'une série d'échanges, consignés dans une convention finale intervenue le 9 février 1790, entre les députés de divers districts du département de Brie et ceux du district de Château-Thierry, on rendit à ce dernier presque toutes ses anciennes paroisses situées au dessus du Petit Morin : Pavant, Nogent-L'Artaud, La Chapelle-sur-Chézy, Essises, Montfaucon, Rozoy-Gatebled (aujourd'hui Rozoy-Bellevalle), Fontenelle, Vieux-Maisons (Viels-Maisons), L'Epine-aux Bois, Marchais et Vendières ; on lui en attribua même une nouvelle, probablement à cause de sa position sur cette rivière : La Celle (1) ; il rentrait ainsi à peu près dans ses bornes traditionnelles et communes d'élection, de bailliage et de diocèse.

Château Thierry comme Soissons ne pouvaient s'attendre à mieux. Après deux mois de démarches persévérantes, la tactique habile et la souple diplomatie de leurs représentants aboutissaient au succès quasiment intégral des revendications dont ils avaient pris l'initiative et soutenu la défense. Au sud de la Marne en effet — pour nous résumer — si la vieille Intendance devait perdre d'un côté les localités de Janvilliers, L'Echelle-le-Franc, Vauchamps, Montmirail (2), ainsi que celles de Verdelot, Bassevelle et Citry-Ponce (3) de l'autre, par contre le nouveau département allait gagner Suizy-le-Franc et La Celle (4), soit en tout et pour tout le

(1) « Convention des districts du départ^t de Brie et du district de Château Thierry..., », arrêtée au Comité de Constitution le 9 février 1790, signée par tous les députés de Meaux, par ceux de Château-Thierry (Harmand et Pinterel de Louverny), par un de Melun et un de Provins, eufin par M. de Cernon, membre du Comité de Constitution. Arch. nat. D IV bis 1 (1). Vers l'ouest — en retour — Château-Thierry, rétrocédait à Meaux ses propres dépendances antérieures de : Gesvres, Crouy-sur Ourcq, Coulombs, Germigny. C'est aussi suivant cette convention que Mecringes fut restitué à la Champagne (Départ^t de Châlons, district de Sézanne).

(2) Toutes quatre de l'élection de Château-Thierry (Subdelégation de Montmirail).

(3) De ces trois dernieres, Verdelot et Citry-Ponce étaient des élection et subdélégation de Château-Thierry. Quant à Bassevelle, elle était (comme Pavant citée plus haut et comme Nanteuil-sur-Marne dont il sera question plus loin) de l'élection de Soissons, subdélégation d'Oulchy.

(4) Toutes deux de la Généralité de Châlons ; la première de l'élection d'Epernay et du diocèse de Soissons ; la seconde de l'élection de Sézanne et du diocèse de Troyes.

déchet net de quatre unités seulement, qui mériterait peu qu'on s'y arrêtât, s'il n'eût pas compris Montmirail. Mais il faut reconnaître que l'exclusion de ce bourg et de son entourage se justifiait ; ses habitudes, ses relations commerciales le rattachaient bien plus à la Champagne qu'au Soissonnais. C'est d'ailleurs pour la même raison que, dans le voisinage, le canton d'Orbais devait demander et obtenir, quelques années plus tard, son rattachement au département de la Marne dont nous reparlerons.

Ajoutons enfin, pour terminer le présent paragraphe, que vers le sud l'ancienne démarcation judiciaire et ecclésiastique ne nous fournit l'occasion d'aucune remarque spéciale ; elle suivit simplement le sort de la limite administrative, avec laquelle elle se confondait presque tout du long. A peine peut on constater que sur moins de deux lieues, entre Montmirail et Corribert, la bordure départementale se trouva détachée de la lisière mixte du bailliage et de l'élection de Château-Thierry, pour être ramenée, par accident, contre l'extrême pointe de celle du diocèse de Soissons en cet endroit ; et d'autre part, que le bourg de Charly-sur-Marne, dépendant de Château-Thierry pour l'administration, fut maintenu dans le ressort de cette ville, bien qu'il ne relevât pas d'elle antérieurement pour la justice, selon la règle ordinaire (1).

J.ⁿ FR.^{ois} THIRIAL
Docteur de Sorbonne Curé de Ch^{au} Thierry
Né à Compiègne le 28 Mars 1755
Député du Clergé de Ch^{au} Thierry
Aux Etats Généraux de 1789

Labadye del.   Le Tellier sculp
Portrait de la Collection DEJABIN
(V. supra p. 72, note biographique)

(1) Cf. LHUILLIER. *La formation du depart^t de Seine-et-Marne en 1790* (Bull. Soc. Arch. de S. et M. — 1874.)

§ 4. LIMITE OCCIDENTALE

Contre la suite du département « de Meaux et Melun », et contre ceux « de Beauvais » et « d'Amiens » (Seine-et-Marne, Oise et Somme).

Autant que permet d'en juger la carte sommaire et réduite qu'est le plan n° 4 — car, coupant au travers de l'Intendance de Soissons, nous ne sommes plus désormais guidés par ses propres limites — on voit que la lisière du département, après avoir franchi la Marne, pour la seconde fois, à une faible distance en aval de Château-Thierry, devait d'abord se poursuivre au sud-ouest vers l'Ourcq, qu'elle semblait atteindre un peu au-dessus de Crouy, puis se redresser à partir de là dans la direction du nord, en passant : non loin de La Ferté-Milon et de Villers-Cotterêts, ensuite — après avoir à deux reprises coupé la forêt de cette dernière ville — contre Vic-sur-Aisne, entre Chauny et Noyon, près de Saint Quentin, pour venir se terminer à l'est du Câtelet.

Cette bordure occidentale n'est pas devenue définitive absolument telle qu'elle avait été projetée de la sorte au début. Tout en conservant sa ligne générale, elle a subi deux modifications sensibles, l'une à son sommet, l'autre à sa base. Ce dernier changement faillit être beaucoup plus important et donna lieu aux contestations les plus sérieuses qui se soient produites sur l'ensemble de la périphérie. Pour la clarté de nos développements nous allons donc diviser ce paragraphe en deux parties : la première nous conduira de la Marne à la Somme, c'est à dire jusqu'à l'endroit où la limite départementale sortait de l'Intendance de Soissons pour pénétrer dans celle d'Amiens ; elle nous fera passer l'Ourcq, l'Aisne et l'Oise, repères approximatifs d'autant de sous-divisions ; — la seconde, allant de la Somme à l'Escaut, nous amènera contre la limite septentrionale que nous avons étudiée tout d'abord : alors le cercle sera fermé.

* * *

I. — De la Marne à la Somme

Avant de continuer, par fractions successives, l'examen des conditions d'établissement définitif de la lisière occidentale, il est indispensable que nous revenions sur les difficultés qu'occasionna la demande de création d'un district au sud-ouest du département, dans la région de La Ferté-Milon et de Villers-Cotterêts, en raison de la concurrence de ces deux petites villes et à propos de la forêt qui leur est adjacente. Les incidents de ce conflit influèrent en effet de façon très marquée sur la fixation de la limite en cet endroit boisé, qu'elle devait primitivement traverser — comme nous l'indiquions plus haut — *à deux reprises*, parce que les contours très particuliers de la forêt de Retz affectent à peu près la forme d'un « fer à cheval », suivant une expression imaginée dont, à son sujet, l'usage a consacré l'emploi (1).

Or, c'est cette forme spéciale qui fut l'une des causes principales des incidents auxquels nous venons de faire allusion et dans le détail desquels nous allons entrer. L'autre résulte de certain agissement, fâcheux et risqué, d'Aubry-Dubochet, que nous expliquerons ensuite.

Dissensions entre Villers-Cotterêts et La Ferté-Milon. — La question de la Forêt de Retz : Serait-elle divisée ou non ?

Comme ceux du bailliage de Crépy-en-Valois les élus du bailliage de Villers Cotterêts s'étaient immédiatement rendus compte que la démarcation du plan n° 4 mettait leurs principales localités — Crépy, dans le département de Beauvais ; Villers-Cotterêts et La Ferté-Milon dans celui du Soissonnais — en situation peu avantageuse pour devenir le chef-lieu d'un district, auquel toutes trois prétendaient. Chacune de ces localités, agissant à sa manière, s'efforça donc d'obtenir en face d'elle une modification de la limite projetée, afin d'améliorer sa position topographique en la rendant plus centrale et d'accroître ainsi ses chances de participer aux avantages de la nouvelle organisation.

Pour veiller sur ses intérêts propres et pour formuler ou soutenir ses desiderata, la commune de Villers Cotterêts — à l'instar des autres villes postulantes — désigna d'abord deux députés extraordinaires, par délibération de sa municipalité du 24 décembre 1789 : MM. l'abbé Conseil, instituteur des pages du duc d'Orléans, et Guilliot, procureur du Roi au bailliage. Ces

---

(1) « ... La forest de Retz, autrement et vulgairement apelée de Villers-Cotterêts, est la plus noble et la mieux plantée du royaume. Elle est aussy la plus spacieuse à l'exception de celle d'Orléans, estimé toutes fois moins considé-

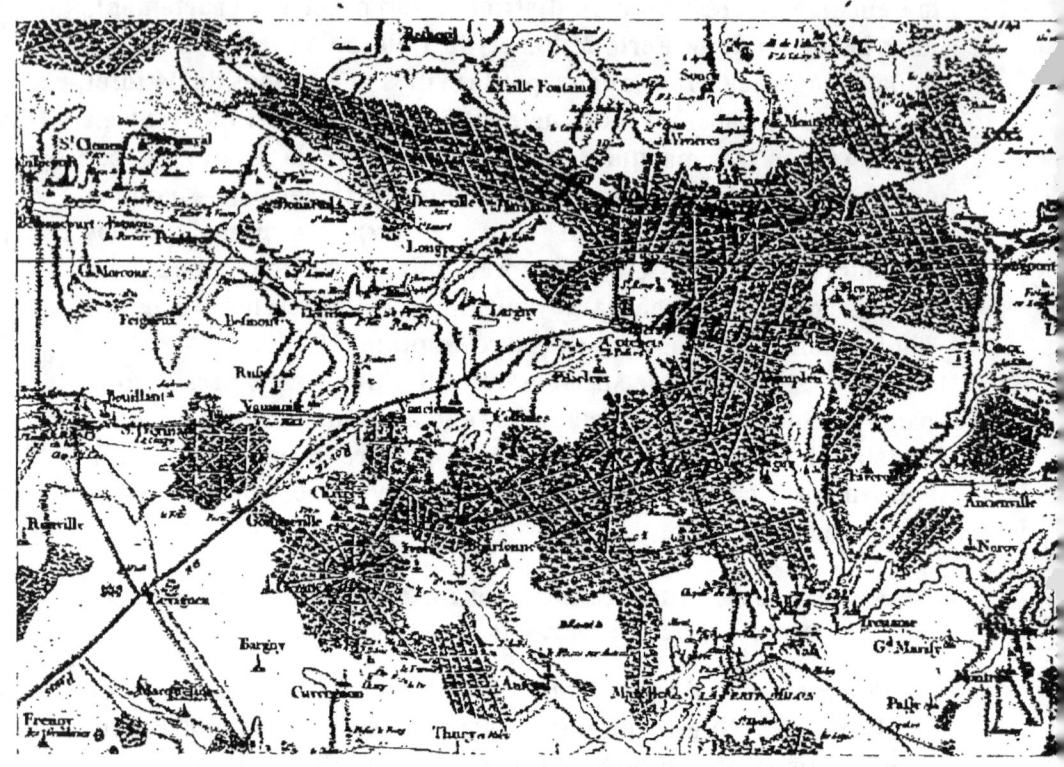

Le « Fer à cheval » de la Forêt de Villers-Cotterêts.
D'après l'Atlas de M. de Cassini *dit* de l'Académie (seconde moitié du XVIII siècle),
qui fut employé pour les *cartes originales* des départements [Feuille 44 — Réduction à 3/8 environ]

rable par son assiette et par l'estat et moindre valleur de ses bois. Sa figure est irreguliere et aprochant de l'ovale dont l'extremité du costé de Soissons est entierement fermée, et l'autre vers Paris separée en deux pointes qui forment un demy cercle nommé communément *le fer a cheval*, ayant a la pointe du midy la garde du Tillet, et au septentrion la garenne de Montaigu. Elle comprend dans le circuit du fer a cheval le chasteau et bourg royal de Villers-Cotterets, l'abbaye de Saint Remy, et les paroisses, fermes et maisons d'Haramond, Demeville, etc.... Sa concistance est de 23.538 arpens de bois en chesnes et hestres de bon debit et belle venue, meslez de quelques charmes, tranbles et boulleaux, sans compter les buissons de Borny, Cresme et Hautwisson, qui contiennent ensemble 1311 arpens, mais y compris la garenne de Montaigu, celle de la Tour du Grain, et ce qu'on appelle abusivement les buissons du Tillet, Walgny, la Genevroye et la Queue de Han, qui sont a proprement dire triages joins au corps de la forest, dont ils font une veritable et continente partie.

« Elle... seroit renfermée dans son ancienne concistance, si on y comprenoit aussy 578 arpens qui en ont esté distraits en l'année 1598 en faveur du seigneur d'Yvor par forme de partage... En l'année 1662, le S' Foulé, président au parlement de Bretagne et maistre des requestes de l'hostel de la reine Catherine, duchesse de Valois, la regla en 19 gardes qui sont percées de toutes parts par 11 routtes ou lays expressement faites tant pour la facilité des charois ou le debit des ventes, que pour le plaisir de la chasse et l'ornement de la forest... » (*Règlement de réformation de 1672*). Cf. l'importante « Etude sur la forêt de Villers-Cotterêts », par M. le Baron Louis Le Pelletier, Archiviste à la Bibl. de l'Arsenal. *Bull. Soc. Arch. et Hist. de Ss.* XI, 1901-02.

délégués remplirent avec zèle leur mandat dès les premières conférences auxquelles ils assistèrent à Paris. (1) Le 29 décembre, ils écrivaient en conséquence à leurs commettants :

« On n'a rien terminé hier au Comité de Constitution d'où nous ne sommes sortis qu'à 10 heures du soir M. Dupont (de Nemours) membre de ce Comité, qui est chargé de la division de cette contrée, a fini par engager tous les députés ordinaires et extraordinaires de notre département à remettre incessamment une carte de ce qu'ils demandent pour notre arrondissement de district, avec un mémoire instructif très laconique L'intention de M Dupont a été que nous y missions toute la forest et les paroisses qu'elle renferme et celles qui l'entourent ; il a dit à M. de Barbançon et à nous qu'il n'était pas possible de diviser un objet de cette nature Aussi en partant de Jaulzy, nous avons pris pour limite la ligne qu'indiquent naturellement les deux bouts du fer à cheval, en y comprenant Pierrefonds, Russy, Ormoy-le-Davien, Cuvergnon, Neufchelles, Vaux sous-Coulomb, Chézy-en Orxois, Damard, Neuilly (Saint-Front), Chouy, Villers-Hélon, Domiers, Cutry, Laversinne, et le Chatelet. Nous nous sommes bien au centre et nous désirons qu'on nous accorde tout cela. Nous avons travaillé jusqu'à trois heures à cette besogne ; nous ferons bientôt le mémoire ; on fait la carte préalable,...... Voilà la position où nous sommes, position faite pour nous donner de l'espérance ; puisse cette lueur augmenter. [Signé] Conseil—Guilliot. »

On comprend la satisfaction des auteurs de cette lettre. Avoir obtenu au profit de leur localité le principe de la reprise de toute la forêt ; avoir acquis, sur ce point important, l'adhésion d'un homme tel que M. Dupont de Nemours, dont l'influence contre balancerait près du Comité de Constitution celle que son collègue Aubry-Dubochet réservait pour La Ferté-Milon, c'était là, en effet, un premier résultat saillant et l'œuvre de gens avisés.

A Villers-Cotterêts, on n'attendait peut-être pas autant de leur habileté. A peine venaient-ils de donner ainsi bon espoir à la municipalité, qu'ils reçurent d'elle (le 30 décembre) avis du choix de deux autres députés spéciaux — nommés la veille — pour agir conjointement avec eux : M. de Limon, Intendant-contrôleur général des finances et domaines du duc d'Orléans, « qui avait le département de Villers-Cotterêts en particulier dans les attributions de son emploi » (2), et M. le Comte de la Touche, chancelier

---

(1) V. sup. p. 130 pour quelques indications complémentaires à leur sujet.
(2) V. sup. p. 74, note 2, et pour renseignements complémentaires relativement à ce personnage qui joua un certain rôle politique dans la Province du Soissonnais en 1789, les intéressants *Détails sur Limon*, publiés par M. F. Mège, en *Appendice* à ses *Notes biographiques sur les députés de la Basse-Auver-*

de S. A. La commune les leur adjoignait, sans autre motif apparent que celui d'obtenir le concours supplémentaire et probablement plus efficace de personnalités d'un rang supérieur, choisies parmi les membres du Conseil privé du Duc. Il n'y avait pas à paraître s'en formaliser. Les deux nouveaux mandataires de Villers-Cotterêts et les deux anciens assistèrent donc à la réunion de tous les députés tant ordinaires qu'extraordinaires des bailliages de Meaux, Crépy, Château-Thierry et Villers-Cotterêts, tenue le lendemain soir (31 décembre) en vue d'arrêter les limites du district à établir dans la région de cette dernière ville. On pensait, au cours de cette conférence, solutionner l'affaire en achevant l'année ; l'obstruction de La Ferté Milon, par l'organe exigeant et revêche d'Aubry Dubochet, empêcha qu'il n'en fût ainsi (1).

Au commencement de janvier 1790, les conciliabules et les réunions reprirent, sans plus de succès. Parmi les divers représentants de la contrée, deux groupes s'étaient formés à propos de la forêt. Avec M. de Limon, les uns estimaient que sa division n'offrirait aucun inconvénient sérieux. Les autres, à la suite de M. de Barbançon, jugeaient son partage aussi préjudiciable à l'aménagement et à l'exploitation qu'incommode pour la surveillance et la répression des délits, pour l'exercice des droits des usagers et pour la perception des impositions. Les partisans de cette seconde opinion étaient les plus nombreux ; ils s'appuyaient sur l'exemple de la forêt de Compiègne que le département de Beauvais venait lui-même de se refuser à fractionner entre deux

gne (Bibl. nat. Ln 20/145, in-8). On y verra comment De Limon dut ses débuts de carrière à la protection de *M. de Blossac père*, Intendant de Poitiers. Après avoir été intendant des finances du Comte d'Artois, il était devenu contrôleur général de celles du duc d'Orléans, en sous-ordre de M. du Crest, puis de M. *de la Touche*, chanceliers de la Maison de ce dernier. A la différence de son maître, pour l'élection duquel il s'était activement employé dans différents bailliages en 1789, De Limon resta attaché au parti de la noblesse, comme M de Barbançon, Gouverneur du Valois ; affichant des sentiments ultra royalistes, il émigra aussi dès 1791, et c'est même lui, paraît-il, qui aurait été le rédacteur de la fameuse Déclaration, adressée aux Français par le Duc de Brunswick, en 1792.

(1) « Apres bien des débats avec le Sr Dubochet — écrivit Guilliot — nous n'avons encore rien fini ; la manière honnête avec laquelle se présentent nos voisins (de Crépy) pour prendre des arrangemens raisonnables contrarie son projet au point qu'il ne peut cacher son humeur. . Nous continuons à flotter entre la crainte et l'espérance ; la balance paraît toujours cependant pencher de notre côté. Nous nous ruinons en fiacres et en plans (*). Combien nous regretterons toute cette dépense et ces peines si nous ne réussissons pas ; mais combien la reussite fera de bien à notre ville ». — (*). Il venait de payer au Sr Hennequin, topographe du Roy, la somme de vingt-neuf livres pour « dessins, fournitures de cartes et calculs faits sur lesdites cartes » (1er janv. 1790). [*Arch. Forêts V.-C.*].

de ses districts ; à fortiori devait-il en être ainsi décidé pour celle d'à côté, afin qu'elle ne s'étendît pas sur deux départements différents. Ceux qui admettaient la division étaient plus ou moins favorables à La Ferté-Milon ; tandis que ceux qui tenaient pour l'indivisibilité désiraient surtout avantager Villers-Cotterêts.

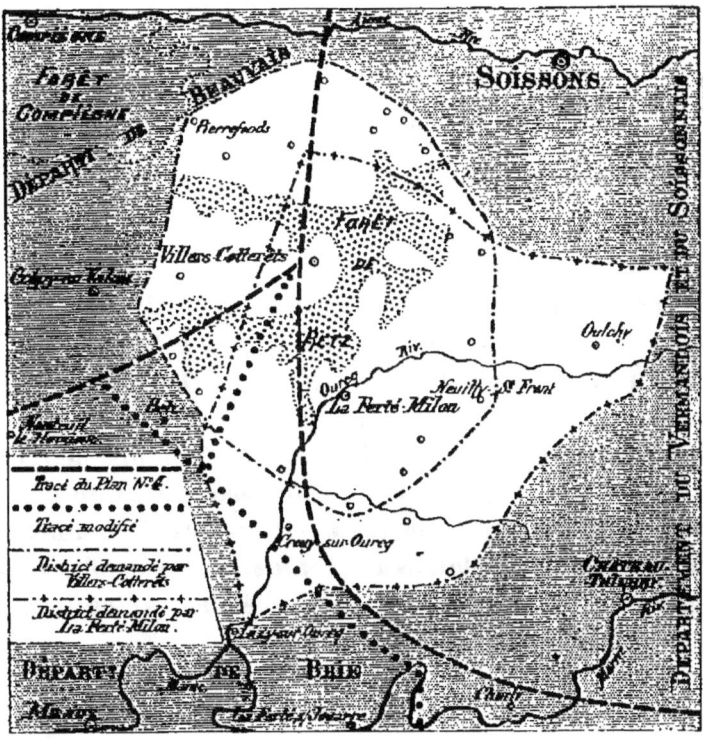

Fig. 10. Plan du district demandé par Villers-Cotterêts (V. sup. p. 286), et de celui « qu'il convient d'établir à La Ferté-Milon » (d'après le croquis annexé à la *Note pour les hab^{ts} du B$^{g^t}$ de V.-C....* par Aubry-Dubochet. 1790. *Bibl. nat.*)

Les combinaisons les plus diverses, parfois contradictoires, se succédaient. Tantôt on proposait, non seulement de ne laisser dans le district de Crépy aucune portion de la forêt, mais même de lui retirer, sans compensation, toutes les paroisses riveraines qui y avaient des droits d'usage. Tantôt on admettait l'incorporation, dans le même district, de la forêt et des deux villes de Crépy et de Villers-Cotterêts, en attribuant à l'une le siège de justice, sauf à réserver pour l'autre celui de l'administration. Puis on changeait encore d'idée. A piétiner ainsi, l'énervement commençait à se manifester et la discorde s'annonçait prochaine. Un moment, Guilliot voulut démissionner ; peu après ce fut De Limon qui parla d'abandonner la partie, « certains délégués prétendant qu'il sacrifiait Villers-Cotterêts à La Ferté-Milon, et d'autres se plaignant qu'il sacrifiait Crépy à Villers-Cotterêts » (5 et 8 janvier). Pourtant le 10 janvier, ce dernier fit au Conseil du duc d'Orléans le rapport que l'on sait (1), tendant au partage de la Province du Valois en deux districts, *avec division de la forêt* : rapport dont les conclusions furent approuvées et de suite transmises officiellement aux trois villes en cause, « avec l'espoir qu'elles y reconnaîtraient la sagesse ordinaire du Conseil du Prince et le souci particulier qu'il prenait de leur succès et de leur prospérité », ainsi qu'à M. de Barbançon, Gouverneur de la Province, lequel reçut probablement sans enthousiasme cette décision contraire à son opinion personnelle, relativement à la question de la forêt.

Si, sur M. le Contrôleur général, M. le Gouverneur prit bientôt sa revanche — tout le monde, même le Prince, s'étant ensuite rangé à son avis en ce qui concernait l'indivision du « fer à cheval » — M le Gouverneur devait reconnaître un peu plus tard que M. le Contrôleur général avait vu juste, en annonçant que cette dérogation au plan n° 4 accentuerait un conflit, dont le seul résultat serait de favoriser « les vues et les prétentions des plus grandes villes circonvoisines ».

Dès avant que le Conseil du Duc en eût délibéré au Palais-Royal, Crépy-en-Valois — nous l'avons dit — avait pris le parti d'admettre les propositions du rapport connu de M. de Limon et de rester dans le département de Beauvais, en dehors de la bagarre d'où Villers-Cotterêts et La Ferté-Milon sortirent toutes deux déconfites. Ces dernières au contraire ne tinrent en effet qu'un compte relatif de la décision conforme du Conseil, qui n'apporta ni plus de méthode ni moins de tension dans les discussions entre leurs représentants ; même, pendant quelques jours, elle fut cause que l'incohérence augmenta.

Croyant sans doute que cette décision reflétait l'opinion de la majorité des intéressés, la commune de Villers-Cotterêts s'empressa d'y souscrire, aussitôt qu'elle la reçut. Par une délibération du

---

(1) V. sup p 146 et suiv. pour le complément de ce qui va être dit ici en résumé.

12 janvier, elle déclara donc juger le partage du Valois en deux districts « indispensable pour le bien et l'avantage de tous les citoyens du Duché » et reconnut que « pour ne pas nuire à celui de Crépy, il était *de nécessité absolue* de laisser à ce premier district les deux bouts de la forêt de Retz coupés par la ligne de démarcation adoptée par MM. les Commissaires du Comité de Constitution » ; toutefois elle demandait expressément que Villers-Cotterêts fût le chef-lieu du second, « comme ayant déjà deux juridictions » (le bailliage et la maîtrise), et non pas La Ferté-Milon, dont la population était bien d'un tiers environ moindre que la sienne. En vue de quoi la dite « commune assemblée avait cru bon d'adjoindre encore deux députés extraordinaires et ad hoc à ceux qui étaient déjà à Paris : MM. Lalitte, syndic municipal, et Niguet, membre de la municipalité », ainsi qu'elle en informait immédiatement M. de Limon, en lui demandant de bien vouloir, pour continuer ses bons offices, éclairer de ses lumières les démarches de ces délégués, qui devaient se rendre le soir même dans la Capitale.

Les députés de La Ferté-Milon (1)
[Arch. loc.]

Durant la journée, M. Lalitte faisait ses préparatifs de départ, quand on lui remit une lettre écrite de Paris, la veille, par M. l'abbé Conseil qui ne s'attendait pas à l'avoir sitôt pour collègue. En sa qualité de syndic, il s'y voyait prié de faire connaître à la municipalité le parti auquel MM. de Barbançon, Conseil et Guilliot venaient de s'arrêter à la suite d'une récente réunion (du 10 janvier)

---

(1) V sup p. 130, leurs noms et qualités, et date de nomination. — L'un d'eux, Dom Lamy, prieur de St-Lazare de La F.-M, avait été élu député-suppléant par le clergé du Bg^e de V-C. mais il ne fut pas appelé à siéger à l'Ass. Nat.

avec les députés spéciaux de La Ferté-Milon, qui n'avait pu aboutir faute par ces derniers de s'être montrés suffisamment catégoriques. Au rebours du système de M. de Limon et du Conseil privé du Duc, ces messieurs s'étaient déterminés à ne plus réclamer — dans une dernière Note qu'ils allaient remettre au Comité de Constitution — que deux choses : « l'indivisibilité de la forêt et l'attribution du tribunal de justice à Villers-Cotterêts..... sans spécifier, entre les départements de Beauvais et du Vermandois, celui qui devrait renfermer la forêt, s'en rapportant à la sagesse et à la prudence des membres du Comité sur ce point, ainsi que sur le partage, avec les différentes villes qui se trouveraient comprises dans le même district que Villers-Cotterêts, des avantages dont elles pouvaient espérer jouir réciproquement ». Ils invitaient donc la municipalité à leur adresser d'urgence un Mémoire en ce sens, « pour répondre à l'Adresse que La Ferté-Milon avait faite afin d'obtenir un district et un bailliage qui dépouillerait Villers-Cotterêts du sien »..... « *Il n'y a pas un moment à perdre* », concluait cette lettre, ajoutant comme avis utile : « votre mémoire sera bref, sans quoi il ne serait pas lu » (1).

En cours de route MM Lalitte et Niguet furent assez embarrassés M. l'abbé Conseil, député spécial, demandait à la commune de se prononcer nettement contre la division de la forêt, et, sur les indications de M. de Limon, autre député spécial, ils apportaient une délibération où cette division était reconnue « de nécessité absolue » ! Que faire en arrivant à Paris ? Se rendraient-ils d'abord chez M. de Limon, auprès duquel ils étaient annoncés, ou bien chez M. Conseil, dont ils avaient en mains la pressante lettre ? Celui-ci était un personnage de moindre envergure, près de qui

---

(1) Lettre du 11 janv. de l'abbé Conseil à M. Lalitte, syndic de la mun^{té} de V.-C., et Note subséquente au Comité de Constitution, concernant l'indivisibilité de la forêt, s. d. signée Conseil, dép. extraord. de V.-C. — « Nous étions décidés à céder le district à La Ferté-Milon, qui, de son côté, nous accordait l'administration des bois et la juridiction. Mais comme en nous résumant il a fallu être clair et méthodique, je leur ai dit que nous avions trois pretentions que nous réclamions en échange du district, l'indivisibilité de la forêt, l'administration de la forêt et la juridiction, c'est-à-dire le tribunal de justice contentieuse à établir à Villers-Cotterêts sous une denomination quelconque. *Alors le masque est tombe*, et sur cette explication, la deputation (de La Ferte-Milon) s'est récriée qu'elle n'avait entendu parler que de la juridiction des bois, que du reste sur l'autre elle n'avait point de concession à faire, parce que personne d'eux n'en avait le pouvoir ; qu'il était vraisemblable que nous l'aurions, mais qu'ils ne pouvaient nous en donner aucune assurance.. » (Extrait de la lettre du 11 janv. précitée, concernant la reunion de la veille).

l'accès serait plus rapide et, dans la circonstance, la conversation plus facile ; ils se décidèrent donc pour le second, et le 13 janvier, dans la matinée, ils frappaient à la demeure de l'abbé (1).

Documenté par trois semaines de négociations, très au courant des derniers incidents. celui-ci n'eut pas de peine à faire partager entièrement son opinion aux nouveaux venus. Séance tenante, sous son inspiration, sinon sous sa dictée, ils envoyèrent à Villers-Cotterêts une courte missive pour obtenir immédiatement de la municipalité un nouveau mandat, voir : un blanc-seing qui leur permette de s'associer aux efforts de leurs collègues, attendu que le pouvoir dont ils étaient porteurs contrarierait le plan de soutenir l'indivisibilité de la forêt, plan définitivement adopté — conformément à la Note jointe en copie — sous les auspices de M. de Barbançon, auquel M. le Comte de la Touche venait aussi de se rallier, « quelque contradictoire qu'il fût à la décision du Conseil privé. » (2)

Au reçu de ces nouvelles indications, les officiers municipaux de Villers-Cotterêts se trouvèrent à leur tour un peu désorientés : « Afin de ne plus rien faire de contraire à ce que les mandataires spéciaux de la commune avaient déjà fait eux mêmes, comme cela venait d'arriver », ils ne crurent pouvoir mieux agir qu'en renvoyant aux nouveaux députés, par le retour du courrier, le blanc-seing que ceux-ci demandaient, leur laissant le soin d'établir, de concert avec les anciens, le texte des pouvoirs qui conviendraient et d'en faire parvenir aussitôt le double pour le porter au registre de la municipalité. De Paris revint donc *toute préparée* la délibération suivante, inscrite à la date du 14 janvier :

« ..... La commune des habitans de Villers-Cotterêts, d'une voix
« unanime. (?!), ayant annulé et révoqué les pouvoirs donnés par erreur,
« le 12 de ce mois, à MM. Lalitte et Niguet, pour consentir au détache-
« ment d'une partie de la forêt de Retz, au profit du district à établir à
« Crépy, leur donne désormais mandat général et spécial de se joindre
« et réunir à MM. les autres députés de Villers-Cotterêts, tant directs

(1) Dans une lettre du lendemain soir 14 janv., De Limon disait en effet aux officiers municipaux de V.-C , en leur transmettant une pièce dont nous allons parler : « ... Vos anciens, *ni vos nouveaux députés*, ne s'étant donné la peine de passer chés moi et ne sachant pas même leur adresse, je n'ai pu leur communiquer cet écrit . »

(2) Lettre de MM. Lalitte et Niguet a la mun^{te} de V.-C , de Paris le 13 janvier, 10 heures du matin, dont la rédaction et plus encore l'écriture trahissent une précipitation évidente et digne de remarque.

« qu'extraordinaires, notamment tant à M. le Comte de la Touche qu'à
« M. le Comte de Barbançon et à MM Guilliot et l'abbé Conseil, pour
« soutenir l'indivisibilité de ladite forêt, confirmant au surplus tous les
« autres pouvoirs qui tendaient à solliciter un district et la conservation
« du bailliage existant à Villers-Cotterêts depuis près d'un siècle »…. Et

Portrait par Pajou Fils, gravé par Max. Tardieu [*Musée de Villers-Cotterêts*].

« comme il paraît intéressant de réunir autant de citoyens honnêtes
« que faire se pourra pour le soutien des réclamations de Villers-Cotte-
« rêts, la commune décide d'adjoindre encore M. Demoutier, avocat
« au Parlement, comme nouveau député extraordinaire à ceux déjà
« nommés et avec les mêmes pouvoirs…. »

Demoustier venait de débuter brillamment dans la littérature et possédait de nombreuses relations à Paris ; ses compatriotes en mission « avaient pensé qu'il était essentiel de se l'associer », et lui-même accepta sa nomination « de la meilleure grâce, avec tout le plaisir possible, se mettant aussitôt en activité pour intéresser M. Target, avocat, député à l'Assemblée Nationale, dont il avait la connaissance » (1).

Par l'attitude indécise et fuyante qu'ils eurent dans la conférence du 10 janvier avec ceux de Villers-Cotterêts, les députés spéciaux de La Ferté-Milon avaient compromis la cause de cette ville. Leurs voisins, en se séparant d'eux complètement et en se retournant vers Crépy, les laissaient isolés aux prises avec Château-Thierry ; cela était fort dangereux. Vite ils le comprirent et, sur le conseil de M. de Limon, ils essayèrent d'atténuer l'effet de cette fausse manœuvre. Malheureusement ni leur inspirateur Aubry-Dubochet, ni leur chef, le général de Montholon, n'étaient des diplomates : le rapprochement qu'ils tentèrent ne fut pas heureux, d'abord dans sa forme, ensuite dans son résultat.

A la date du 14 janvier, ces députés signèrent bien en effet « un engagement d'honneur de consentir à ce que le bailliage et la maî-

---

(1) DEMOUSTIER (Charles-Albert), ne en 1760 à Villers-Cotterêts, écrivain et poète, avait de qui tenir, descendant par son père, de Racine et par sa mère de La Fontaine D'abord avocat à Paris, où il prit le cabinet de Danton (quel contraste entre ces deux figures !), Demoustier se consacra bientôt uniquement à la littérature. Ses *Lettres a Emilie* * *sur la mythologie* — publiées en 1786 et 1788, écrites en prose et en vers, avec une grâce mignarde, des idées ingénieuses et des tableaux piquants — eurent une vogue énorme, surtout auprès des femmes. Cette première œuvre fit sa réputation. Les suivantes, presque toutes en pièces de théâtre, dont quelques-unes obtinrent un certain succès, sont moins connues. Doué d'un caractère affable, Demoustier était d'un commerce très séduisant. Il fut membre de l'Institut et compta au nombre des tout premiers conseillers généraux du département, en l'an VIII. Mort jeune, de phtisie pulmonaire, au début de 1801, à Villers-Cotterêts, il y est inhumé. Cf. à son sujet toutes les grandes Biographies ou Encyclopédies, et spécialement la *Notice* très documentée de M. E. ROCH, dans *Bull. de la Soc Hist regionale de V.-C.* 1907, p. 16-57.

(*) *Emilie*, que Demoustier « adora d'amitié » jusqu'à son dernier souffle, n'était pas un mythe. Femme d'une grande beauté et artiste-peintre d'un reel talent, elle existait sous le nom de (Marie, Guilhelmine) Leroux-Delaville. Vers l'an VI (3 ou 4 ans avant la mort de son poète) elle avait epousé M. Benoist, auteur de quelques publications traduites de l'anglais, qui, après avoir occupé de hauts emplois administratifs, fut député de Maine-et-Loire de 1815 à 1827. Le Comte Benoist d'Azy — député de la Nievre de 1841 à 1848, de 1849 à 1851 et de 1871 a 1875, vice-président des assemblées parlementaires de 1849-51 et de 1871-75, qui, en 1871, présida même les premières séances de l'Assemblée Nationale à Bordeaux comme doyen d'âge, et auquel on aurait songé, paraît-il, pour remplacer M. Thiers à la Présidence de la République en 1873, s'il n'avait pas cru devoir s'effacer devant le M^{al} de Mac-Mahon — était leur fils. Mme Benoist nee en 1768, mourut en 1826 et fut inhumée sur le Mont-Valérien, pres de Paris (*Intermédr^{re} des ch^{rs} et cur^x*, 1903 ; *Notice* precitée et Renseign^{ts} particuliers).

trise ou les tribunaux de justice qui les remplaceraient fussent à Villers-Cotterêts, mais à la condition que La Ferté-Milon aurait le siège du district et que la forêt serait divisée entre leur district et celui de Crépy, comme cela avait déjà été décidé par le Comité de Constitution », ajoutant que dans le cas où — sous trois jours — la communauté de Villers-Cotterêts ne donnerait pas à ses députés le mandat formel d'adopter cette combinaison, « ils ne consentiraient jamais à ce que le bailliage restât à Villers-Cotterêts et réclameraient leur ancien siège » (1). M. de Limon, par une lettre autographe, se chargea de communiquer cette proposition — conforme à son propre plan — le jour même et directement aux officiers municipaux de Villers-Cotterêts, en « les invitant à faire de promptes mais sérieuses réflexions pour juger s'ils avaient intérêt à l'accepter ou s'ils préféraient risquer de tout perdre pour risquer de tout avoir » ; il ne leur cachait point au surplus que « s'ils ne l'acceptaient pas et si des contestations s'élevaient entre leur ville et celles de La Ferté-Milon et de Crépy, il ne s'occuperait plus des districts du Valois, ne voulant blesser les intérêts de personne après avoir désiré les concilier tous ».

Rédigé de la sorte, avec une raideur toute militaire à laquelle le général de Montholon n'était peut-être pas étranger, l'engagement transmis ressemblait moins à une offre d'entente qu'à un ultimatum. Il arriva trop tard ; M. de Limon qui menaçait de sa défection, depuis deux jours était abandonné. Les officiers municipaux de Villers Cotterêts lui répondirent brièvement qu' « après les plus mûres réflexions, ils ne croyaient pouvoir mieux faire que de s'en rapporter à tout ce que M. le Comte de Barbançon et tous leurs députés extraordinaires décideraient à la pluralité pour le plus grand avantage de la ville, la commune leur ayant donné à cet effet les pouvoirs les plus étendus ». Par le même courrier, ils firent part de cette réponse à leurs autres mandataires spéciaux, en même temps que de la lettre de M. de Limon et de la « soumission » de MM. les députés de La Ferté Milon, dont « les plans

(1) Pièce signée : De Montholon, maire, Lamy, Lebeigue et Hautefeuille. Sans l'avoir signé, Aubry Dubochet avait également promis de souscrire à cet engagement (Indication extraite de la lettre d'envoi de M. de Limon). — Simple siège de prévôté en 1789, La Ferté-Milon avait été celui d'un petit bailliage de même étendue, entre 1638 et 1703 ; en 1788, elle en avait déjà réclamé le rétablissement (V. Arch. départ. C, 644).

combinés étaient entièrement contraires à la marche qu'ils croyaient et à la véritable à tenir..., l'exemple de Compiègne faisant espérer la réussite ». Forts de l'appui de la commune, les représentants de Villers Cotterêts, réunis sous la présidence de Demoustier, décidèrent en conséquence (par quatre voix contre une) « que l'on irait point chez M. de Limon pour prendre aucun arrangement avant que l'indivisibilité de la forêt n'eût été prononcée par le comité des commissaires des deux départements voisins, qui devait se réunir incessamment. »

Ainsi la partie était perdue pour M. le Contrôleur général ; la thèse de *l'indivisibilité nécessaire* de la forêt l'emportait sur celle de sa *division possible* ; cette dernière opinion, jointe à l'idée d'un partage acceptable des établissements entre les deux villes concurrentes du second district, en le rendant suspect d'un excès de sympathie pour La Ferté-Milon, ne l'avaient pas seulement séparé de tous ses collègues, elles lui avaient aussi enlevé la confiance de ses commettants.

Comme il était à prévoir et comme d'ailleurs il l'avait annoncé, M. de Limon déclara donc que « l'injustice qu'il avait éprouvée de la part de Crépy et de Villers-Cotterêts ne lui permettait plus d'intervenir dans l'affaire des districts », et, passé le 20 janvier, il ne consentit plus en effet à s'y intéresser, malgré les tentatives faites de divers côtés, autant par intérêt que selon les convenances, pour « se remettre dans les bonnes grâces » d'une personne de sa qualité et de son influence.

La dernière lettre qu'il écrivit à cette occasion, le 19 janvier, aux officiers municipaux de Villers-Cotterêts ne pouvait manquer de contenir à l'adresse de cette ville le vœu que ses députés réussissent dans leur projet personnel d'y réunir le district et le bailliage, sans diviser la forêt ; mais à la fin — *in cauda venenum* — il ne put davantage s'empêcher de jeter quelque trouble sur cet espoir et de rééditer sa crainte que « les demandes opposées de Villers-Cotterêts et de la Ferté-Milon n'exposent ces deux villes, comme il le prédisait dans son rapport, à n'avoir ni l'une ni l'autre le district, en excitant les prétentions bien plus dangereuses des villes voisines ». Quoique de mauvais augure, il se montrait là bon prophète, puisque l'on sait déjà que si la forêt passa toute entière dans le département du Vermandois, Villers-Cotterêts ne devint en fin de compte qu'un chef-lieu de canton du district de Soissons, et La Ferté-Milon qu'un autre chef-lieu de canton du district de Château-Thierry. Suivant le projet de M. de Limon, le résultat suprême n'aurait peut-être pas été différent ; on doit néanmoins lui rendre cette justice qu'il avait eu l'exact pressentiment de ce qui arriva. (1)

Les députés de Villers-Cotterêts [*Arch. Insp^{on} des Forêts.*[

Par suite de quelle circonstance les mandataires de Villers-Cotterêts purent ils arriver à leur but, sur la question de la forêt ? C'est ce que nous allons brièvement expliquer, sauf à développer plus loin les conventions par lesquelles ce but fut atteint.

(1) Les citations et indications qui précèdent sont extraites pour la plupart des *Arch. de l'Inspection des Forêts de Villers-Cotterêts* : Dossier de la répartition territoriale de la forêt de Retz (1789 à 1810) 49 pièces, presque toutes cotées comme ayant appartenu a la « liasse justificative du procès-verbal de MM. les députés extraordinaires » de Villers-Cotterêts Malheureusement ce procès-verbal lui-même et quelques documents annexes manquent à ce dossier ; nous les avons vainement recherchés aux *Arch. municipales* de cette ville, qui nous ont toutefois fourni le texte des délibérations signalées (Registre 1788-90).

— 298 —

Le coup manqué de M. le Commissaire Aubry-Dubochet

Si l'on observe d'un peu près l'original du plan n° 4, on remarque — aussitôt après le passage de l'Ourcq — certaines petites lignes en pointillé, dans l'angle aigu que formait le tracé du département de Meaux, en face de Crépy-en-Valois et de La Ferté-Milon. Qu'est-ce que cela ? Une sorte de correction, destinée à supprimer cet angle aigu en répartissant sa surface entre les départements de Beauvais et de Soissons.

Bien qu'aucun amendement au plan dont il s'agit, n'ait été proposé, discuté, ni admis, dans la séance du 10 décembre où les députés d'Ile de France et de Picardie s'étaient décidés en sa faveur, par voie de scrutin, on fit figurer cette mutation de peu d'importance apparente — sans délai et comme une chose entendue — sur les cartes usuelles, dressées sous la direction du Topographe attaché au Comité de Constitution (1) et sous le contrôle des quatre Commissaires adjoints, du nombre desquels était, on le sait, Aubry-Dubochet.

Ces reproductions à une plus grande échelle, établies sur les planches des atlas de Robert de Hesseln ou de M. de Cassini, facilitaient aux députés l'étude isolée et collective des projets de délimitation ou de fractionnement de leurs nouvelles circonscriptions ; en raison du caractère semi officiel qu'elles présentaient, on travaillait de confiance d'après ces cartes. Or, la bordure des départements « de Beauvais » et « de Meaux » contre celui de « Soissons et Laon », y avait été portée de la manière suivante, vue de ce dernier : au-dessous de l'Aisne, au lieu de suivre vers le sud une ligne à peine incurvée entre Vivières et Crouy-sur-Ourcq seulement, puis de là fortement inclinée vers la Marne de façon à la rejoindre en amont de Charly, cette limite accusait une courbe accentuée légèrement devant Villers-Cotterêts et beaucoup plus au droit de la Ferté-Milon, qui se prolongeait ensuite jusqu'à Lizy-sur-Ourcq, d'où elle tournait alors assez brusquement pour atteindre la Marne bien en aval de Charly, au sommet de la dernière grande boucle que forme cette rivière avant de descendre à La Ferté-sous-Jouarre. C'était, comme on le voit, lui imprimer — en s'inspirant de la rectification pointillée — une direction sensi-

(1) V. supra p. 57, note 2.

blement différente de celle indiquée par le trait épais de la demarcation originelle (Voy. Pl. et Fig. des p. 112 *bis*, 288 et 305).

On ne s'en douta pas durant quelque temps. Tout d'abord, les représentants de Crépy-en-Valois, De Verdonne notamment, ne manquèrent pas sans doute de protester vivement contre ce « coude déplacé », formant « un angle rentrant et choquant à l'œil » dirigé vers leur ville, qui lui retirait un certain nombre de paroisses assez bien à sa portée, pour les rattacher à La Ferté-Milon ; ils ne se dissimulèrent pas non plus et ne se firent pas faute de signaler que, pour tracer cette limite « bizarre », la ligne droite avait été « dérangée » dans le visible dessein de procurer un district au pays de M. Dubochet. Cependant après une quinzaine de jours d'opposition, sans penser avoir touché aussi juste en parlant de « coude déplacé » et de « ligne dérangée », les députés de Crépy et leurs collègues du département de Beauvais consentirent, dès le 22 décembre 1789 — nous avons précédemment expliqué comment et pourquoi — à se conformer au plan n° 4 et à accepter la bordure que l'un des Commissaires-adjoints leur avait soumise par application de ce plan, contre le département de Soissons (1).

De Verdonne lui-même contresigna cette acceptation ; mais peu après, soit par occasion fortuite, soit pour les besoins de quelque mémoire complémentaire à rédiger, c'est à lui probablement qu'il arriva, en se reportant au plan original, de constater — non sans surprise — un manque absolu de similitude, aux environs de Crépy, entre le tracé authentique et sa copie soi-disant conforme. La différence observée était trop importante pour n'être pas autre chose qu'une méprise ; elle avait été voulue. On peut penser que cette remarque fut aussitôt portée par son auteur à la connaissance des représentants de la région. De suite tous comprirent d'où, plutôt de qui provenait cette transposition de limites : *Is fecit cui prodest*, murmura-t-on en chœur. M. Dubochet était évidemment, sinon l'exécuteur matériel du changement effectué, du moins son instigateur responsable ; membre adjoint au Comité de Constitution, il avait profité de sa situation officielle pour avantager d'autorité sa ville natale et la doter d'un emplacement plus favorable à

---

(1) V. sup. p. 148 ; voy. aussi les précédentes pour le complément de ce qui vient d'être dit ici en résumé.

l'obtention du district dont il convoitait pour elle le chef-lieu. Cette découverte lui enleva la confiance de presque tous ses collègues de la contrée et du département, qui de ce jour ne l'écoutèrent plus avec attention ; cela n'est pas sans expliquer pour une forte part la série des insuccès qu'éprouvèrent, dans les réunions subséquentes, comme nous l'avons montré, ses diverses propositions.

En reprenant maintenant l'examen détaillé de la lisière départementale coupée à l'ouest, par l'Ourcq, l'Aisne, l'Oise et la Somme, nous allons voir de suite que l'« erreur », que la faute commise par Aubry-Dubochet eut d'autres résultats plus tangibles. Elle provoqua une coalition de tous les députés des bailliages voisins du territoire détourné de sa destination primitive, qui aboutit à son partage : Crépy en recouvra une fraction d'entente avec Villers Cotterêts ; Meaux rentra en possession du reste par un accord avec Château-Thierry ; et La Ferté-Milon complètement délaissée se retrouva sur la bordure de la ligne séparative, selon la prévision du début, avec un chef-lieu de canton pour tout potage, de même que Villers-Cotterêts atteinte par ricochet.

Le coup de force de M. le Commissaire avait été un coup manqué ; n'était-ce pas justice ?

De la Marne à l'Ourcq

De Charly-sur-Marne à Crouy-sur-Ourcq, le tracé du plan n° 4 original se conformait à la ligne à peu près mixte qui séparait les ressorts administratifs et judiciaires de Château-Thierry, Villers Cotterêts et Crépy, en Intendance du Soissonnais, de ceux de Meaux en Généralité de Paris ; tandis que la limite contrefaite détachait de Meaux certaine pointe que ses ressorts formaient en cet endroit, (dans laquelle se trouvaient le bourg de Crouy, le château et le domaine de Gesvres, et quelques autres villages), pour la placer dans le rayon de La Ferté-Milon. Par contre, nous savons que — toujours d'après ce plan — le département de Meaux devait bénéficier, entre la Marne et le Petit Morin, d'une importante étendue de terrain distraite du ressort de Château Thierry, dont seule la partie occidentale lui paraissait intéressante à conserver (V. sup. p. 280). Or Château-Thierry tenait fort à ravoir cette portion de son enclave, de même que Meaux désirait vivement rentrer en possession de sa pointe de Crouy. L'idée d'un échange ne pouvait manquer de surgir ; elle prit bientôt corps et finalement aboutit (V infra Fig. 12, p. 305).

Les documents d'archives ne contiennent pas, sur les négociations préparatoires de cette opération, des renseignements aussi complets que pour celle d'un genre semblable qui intervint entre Crépy-en-Valois et Villers-Cotterêts, dont nous aurons à parler au prochain paragraphe. Ce second échange fut approuvé par les députés du Vermandois et du Soissonnais, dans leur assemblée du 27 janvier, au cours de laquelle ils semblent avoir également admis le principe du précédent (1), en autorisant les députés de Château-Thierry à régler eux-mêmes, de concert avec ceux de la Brie, la lisière de leurs circonscriptions propres. Le procès verbal de démarcation des six districts du département de Soissons et Laon, adopté le 3 février suivant, mentionne seulement en effet que celui de Château-Thierry aurait pour bornes « au midi et au couchant, les limites du département de Melun et Meaux et de celui du Beauvaisis », indiquant ainsi qu'on ratifierait de même ce qui serait décidé entre voisins, pour en finir de ce côté.

L'Assemblée Nationale, le 6 février, n'ayant pas admis la création d'un district supplémentaire dans la région de La Ferté-Milon et de Villers-Cotterêts, rien ne pouvait plus s'opposer à l'établissement de la limite départementale, conformément à l'échange arrêté avec le département de Beauvais et à celui qui était en projet entre le district de Château Thierry et le département de Meaux. Les conditions de ce dernier furent donc fixées par une convention du 9 février — la plus tardive de toutes — dont nous savons déjà ce qu'elle rendit au district de Château Thierry (2). Quant à ce que celui de Meaux reprit ou reçut en compensation, ce fut : Gesvres, Crouy, Vaux-sous Coulombs, Coulombs, Germigny, Nanteuil et Méry. Les villages de Coulombs et de Vaux sous-Coulombs, à gauche du Clignon, et plus bas, sur la Marne, ceux de Nanteuil et de Méry, ne dépendant pas de la circonscription de Meaux (3), celle-ci avait consenti en retour la cession de Montigny-

---

(1) V. la protestation d'Aubry-Dubochet au 28 janv. 1790 (citée sup. p. 244, note 1) dans laquelle il fait allusion à « un abandon gratuit au district de Meaux du bourg de Crouy-sur-Ourcq et de plusieurs autres villages », par MM. les députés de Ss et de Ch.-Th. « qui veulent se partager le district de La Ferte-Milon ».

(2) V. sup. p. 281 — (3) Vaux et Méry étaient de l'election et de la subdélég^{on} de Château-Thierry ; Nanteuil était de l'élection de Ss, subdélég^{on} d'Oulchy ; Coulombs était de l'élection de Crepy, subdélég^{on} de Neuilly-St-Front.

l'Allier et de Brumetz, sur la rive droite du Clignon, dont le cours inférieur devait ainsi servir un moment de limite naturelle.

Par l'ensemble de ce qu'il obtenait, le district de Château-Thierry se trouvait aussi bien servi qu'il pouvait le souhaiter, puisque de la Marne à l'Ourcq, comme plus bas depuis le Petit Morin, il recouvrait ses anciennes bornes administratives et judiciaires, voire diocésaines, presque exactement. Cela répondait également au désir particulier de Soissons qui, sauf la distraction de Montmirail, n'avait rien perdu jusqu'à présent du ressort territorial de son Intendance.

Au delà de l'Ourcq désormais, en remontant vers le nord à travers cette Intendance, il n'en pourra plus être de même nécessairement. Désormais privée de son support habituel, la lisière du département va suivre une ligne nouvelle, qui lui deviendra toute propre. Elle n'ira pas cependant tout à fait à l'aveuglette ; à l'occasion, nous la verrons de nouveau chercher à s'appuyer sur quelque limite précédente de bailliage ou d'élection et, pour cela, infléchir au besoin sa direction générale.

De l'Ourcq à l'Aisne

Par le plan n° 4, Beauvais avait acquis un département un peu moindre que les autres ; ses députés s'étaient en conséquence efforcés d'obtenir ça et là quelque accroissement de terrain, sans grand succès jusqu'alors. La substitution de limite tentée entre Crépy et La Ferté-Milon, vint leur fournir un argument nouveau, dont ils s'empressèrent de profiter, en s'appuyant sur le tracé officiel et en invoquant leur droit à une certaine part dans l'augmentation de superficie, dont allait bénéficier la division de Meaux et Melun par l'annexion de la région de Provins. Vers le milieu de janvier, assurés de l'adhésion de leurs collègues des circonscriptions voisines, ils saisirent donc le Comité de Constitution d'une pétition précise et documentée, pour « réclamer avec confiance de sa justice la réformation de l'erreur commise, très dommageable à leur département », attendu que « le plan n° 4, dont l'observation s'imposait tel qu'il avait été adopté, n'avait pas été suivi avec exactitude dans son application sur les cartes plus en grand exécutées par le Comité, où il était visible que l'on avait fait fléchir mal à propos la ligne de séparation des départements du Soissonnais et du Bauvaisis, au profit du premier », en face de La Ferté-Milon ;... « pour quoi ils demandaient le redressement de cette limite et *au moins* la restitution des paroisses..... proches de Crépy, toutes de son élection, de sa coutume et la plupart de son bailliage, qui devaient, en conformité dudit plan, appartenir au département de Beauvais » ; car, précisaient-ils utilement, « on ne saurait arguer contre eux de quelques signatures que deux de ses commissaires, confiants dans l'exactitude de la carte exécutée par le Comité, avaient données pour reconnaître la ligne de séparation vis à-vis du Soissonnais, avant qu'un examen scrupuleux les eût convaincus qu'il y avait eu de la part même du Comité une erreur de fait facile à vérifier ».

La question étant ainsi posée, le Comité de Constitution ne pouvait sans partialité, se refuser à donner satisfaction aux demandeurs. Persévérer dans l'erreur qu'on lui signalait, aurait été de sa part vouloir imposer arbitrairement sa volonté personnelle, contrairement à un vote acquis et au vœu de presque tous les intéressés, par faveur spéciale envers un de ses membres et pour le seul avantage d'une très petite ville ; c'eût été se mettre en opposition avec les intentions de l'Assemblée Nationale et avec ses propres principes. Les députés du département de Beauvais avaient cette fois la partie belle.

L'application intégrale du plan n° 4, réclamée par ces députés, comportait le maintien dans l'enclave du Beauvaisis des pointes du fer à cheval de la Forêt de Retz. Sachant bien que, suivant une opinion généralement accreditée désormais — soutenue non seulement par les mandataires particuliers de Villers Cotterêts, mais encore par les représentants des divers bailliages du Vermandois et du Soissonnais ; préconisée par M. Dupont de Nemours, Commissaire du Comité pour la division de la contrée ; finalement renforcée d'une adhésion écrite du Duc d'Orléans lui-même — cette forêt devrait appartenir tout entière au même département, qui ne pouvait guère être le leur, ils ne revendiquaient toutefois avec force, en dernière analyse, que la portion du pays situé au sud de cette forêt et sur la rive droite de l'Ourcq. C'était habilement entraver toute prétention nouvelle de La Ferté-Milon du côté de Crépy et, en faveur de celle-ci, rendre des négociations possibles et acceptables avec toute autre ville. Cela ne tarda pas à se produire par la force même des choses.

— 304 —

Indépendamment des considérations générales relatives à l'administration, à l'exploitation et à la surveillance de la forêt, qu'on pouvait invoquer contre son partage, la plupart des élus du bailliage et des députés spéciaux de Villers-Cotterêts — considérant définitivement que l'obtention de son indivision était essentielle pour constituer au profit de ce centre « l'arrondissement » le plus favorable à l'attribution d'un district et d'un chef-lieu — portaient leurs efforts et dirigeaient leurs démarches principalement vers ce résultat. Comme en fin de compte Crépy, de son côté, paraissait ne tenir absolument qu'à la reprise d'un territoire extérieur à la forêt, on se rapprocha de part et d'autre, et l'on parla de s'entendre. S'étant donc abouchés, les mandataires de ces villes rédigèrent des propositions qu'ils offrirent de soumettre à l'acceptation d'une commission, composée de membres pris parmi les députés des deux départements limitrophes ; on ne pouvait opérer de manière plus régulière Suivant cette procédure, quatre commissaires du Beauvaisis et sept de leurs collègues pour le Vermandois et le Soissonnais se réunirent dans la matinée du 27 janvier ; ils se mirent aussitôt d'accord sur le projet suivant : « Beauvais céderait, 1º : *toute la partie de forest qui est de son département*, appartenant à M. le Duc d'Orléans, à l'exception toutefois du Buisson du Tillet et du Bois du Roi ; 2º : (les paroisses de) Mortefontaine, Retheuil, Taillefontaine, Haramont, Largny et Collioles (*sic*). En contre échange, le huitième département (de Laon et Soissons) céderait : (les communautés de) Boursonne, Autheuil, Marolles, Thury, Villeneuve-sous-Thury, Mareuil. Fulaines (pour la réunion de la cure), Neufchelles, Rouvres, Varinfroy, Echampeu, et la ferme de Chénevière » (1).

Fort « honnestement » à leur tour, les commissaires n'avaient arrêté cette convention que « sous le bon plaisir des députés du huitième département ». Ceux-ci l'examinèrent en assemblée, le

---

(1) *Arch. nat.* D ıv *bis* 1 (2) — Copie certifiée par Devisme, indiquant que ce projet d'échange était signé par : (Duc de) Liancourt et + F- J. Ev.-Cte de Beauvais (du Bgᶜ de *Clermont*) ; Lemoyne de Bellisle (*Chaumont-en-Vexin*) ; Brocheton (*Ss*) ; de Verdonne (*Crépy*) ; Harmand (*Ch -Th.*) ; de Viefville des Essars et Lecarlier (*Vmds*) ; Du Plaquet (*St-Q.*) ; de Barbançon et Bourgeois (*V.-C.*) — Des six villages rendus à Villers-Cotterêts, les trois premiers provenaient d'un abandon de Compiègne ; les trois autres résultaient d'une concession de Crépy, à laquelle sa voisine tenait beaucoup, car les paroisses de Haramont, Largny et Coyolles étant tout proches d'elle, « leurs terroirs étaient cultivés en commun par les fermiers de Villers-Cotterêts et ceux de ces paroisses » (Délibᵒⁿ 12 janv. 1790 *Arch. mun. V. C.*) — Par l'annexion des villages qui

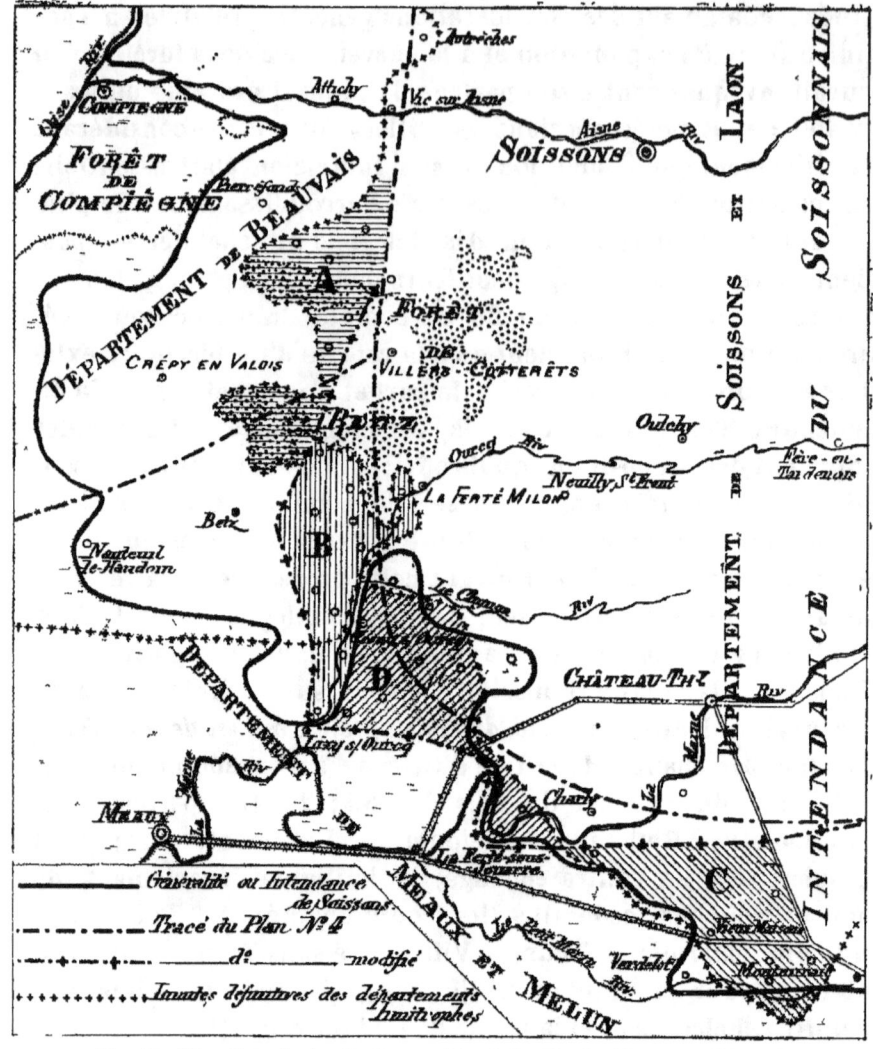

Fig. 11. Fixation de la limite occidentale (de la Marne à l'Aisne)

A et B. Territoires échangés entre le département de Soissons et Laon, qui acquiert la partie A, et celui de Beauvais qui reprend la partie B.

C et D. Territoires échangés entre le département de Meaux, qui reprend la partie D, et celui de Soissons et Laon qui regagne la partie C.

lui revenaient en retour des précédents, le depart[t] de Beauvais arrivait à redresser sa limite méridionale en l'abaissant jusqu'au droit de Crouy-sur-Ourcq. Le départ[t] de Meaux, auquel tous ces villages étaient primitivement attribués, n'insista pas pour les conserver ; son voisin acceptait d'ailleurs de lui laisser la pointe du ressort de Crepy qui s'avançait au-dessous de cette ligne jusque contre Lizy-sur-Ourcq, dans le ressort de Meaux : transaction grâce a laquelle le district de cette dernière ville pourrait arrondir normalement sa circonscription. La Ferté-Milon étant tenue en quarantaine, tout le monde allait s'arranger petit à petit, plus ou moins à ses dépens.

soir même de ce jour (27 janvier). La séance fut tumultueuse et confuse. Aubry-Dubochet — appuyé par L'Eleu de la Ville-aux-Bois, et, paraît-il, (sans qu'on puisse s'expliquer au juste pourquoi), par de Barbançon — soutint que l'Assemblée Nationale pouvait seule régler la question de l'indivisibilité de la forêt, après avoir tranché celle des districts. Cette thèse souleva de vives protestations et engendra « de longues discussions ». Finalement, à la demande surtout des députés de Château-Thierry et de la plupart de ceux de Laon, on adopta l'échange proposé, « *à l'unanimité* » des membres présents à la fin de la réunion ; car Aubry-Dubochet, dont les observations n'avaient pas été prises en considération et qui peut-être s'était fait dire quelque vérité désagréable à entendre sur son rôle en cette affaire, avait cru devoir quitter la salle avec quelques uns de ses collègues. La Ferté-Milon était battue. Villers-Cotterêts, recouvrant selon son désir la totalité de sa forêt, ne remportait cependant qu'une victoire de Pyrrhus, car c'est dans la suite de cette même séance que la majorité s'arrêta au nombre de six districts, parmi lesquels aucun autre que celui de Château-Thierry ne devait se trouver au dessous de Soissons. Les deux petites villes voisines succombaient ensemble sous le choc de leurs rivalités : M. de Limon dut apprendre cette nouvelle avec regret, mais avec quelque satisfaction d'amour-propre aussi (1).

Après l'acceptation de l'échange du 27 janvier, qui solutionnait l'unique mais importante difficulté qu'avait présentée la fixation de la limite départementale entre Villers-Cotterêts et La Ferté-Milon d'une part et Crépy-en-Valois de l'autre, les commissaires du Beauvaisis réunis à ceux du Vermandois et du Soissonnais,

(1) Pour les citations et indications qui précèdent, Cf. *Arch. nat.* D IV bis 1 (2) « Procès-verbal du comité des députés du Beauvaisis 13 janvier 1790 » (18 signatures) — « Réclamation du départ' de Beauvais contre celui de Soissons », s. d., signée Hanoteau et de Verdonne — Extrait du procès-verbal de la réunion, du 27 janv. 1790, des députés du 8ᵉ depart' (échange avec le départ' de Beauvais) signé : Devisme, secʳᵉ — *Idem*, 3 (144) : Note anonyme (sur la réunion précédente) adressée au Cᵗᵉ du Cᵒⁿ, le 28 janv. (en brouillon, de la rédaction et de l'écriture d'Aubry-Dubochet) — *Idem*, 3 (145) : « Question soumise à la décision de MM. les Commissaires : la forêt de Villers-Cotterêts peut-elle et doit-elle être divisée ou non ? » s. d., signée : « abbé Conseil, Lalitte, Guilliot, Niguet, Demoustier, tous députés de la commune de V.-C. » — *Idem*, 12 (248) : « Courtes observations pour le départ' du Beauvaisis » s. d signées : de Verdone — *Bibl. Ss* et *Bibl. Nat.* (Lk7 3297) : « Note pour les habitants du Bg' de Vill.-Cottˢ contre différentes délib°ⁿˢ du département du Vermandois préjudiciables à leurs intérêts, par MM. les députes de ce Bgᵉ », impr. 4 p. in-8, avec une carte-croquis,

n'eurent plus pour consommer la démarcation de leurs circonscriptions respectives, qu'à rectifier en partie conformément aux conditions de cette convention, celle qu'ils avaient admise de concert dès le courant du mois de décembre précédent, par application du plan n° 4 apocryphe. C'est ce qu'ils firent, à la date du 1er février, en arrêtant du nord au sud, depuis le coude de la Somme entre St-Simon et Ham, jusqu'au confluent du Clignon au-dessus de Crouy-sur Ourcq, une nouvelle liste des villages et hameaux qui se trouveraient en bordure intérieure de chaque côté de la ligne séparative, y compris, à droite, la forêt de Villers-Cotterêts « suivant ses différentes sinuosités » (1).

De cette forêt, le département du Soissonnais ne devait cependant englober que le massif principal d'un seul tenant, et pour la majeure partie seulement dont le duc d'Orléans était propriétaire. Le taillis d'Yvors immédiatement contigu, mais qui n'appartenait pas au Duc (2), restait donc de droit dans le département de Beauvais au même titre que le bois du Roi et le buisson du Tillet, réservés par la convention du 27 janvier en termes exprès. Pour ces derniers, si peut-être l'on n'aurait pas eu besoin de préciser autant à l'égard du premier bois, assez éloigné et tout à fait isolé, cela du moins s'imposait relativement au second buisson, situé à l'une des extrémités de la branche inférieure du fer à cheval, où il était « à proprement dire triage joint au corps de la forest, dont « il faisait une véritable et continente partie ». Ces termes du vieux règlement de 1672 étaient tellement vrais, qu'il n'y a même plus aujourd'hui, entre elle et lui, la petite trouée d'alors, que traversait la large chaussée par laquelle on allait de Paris à Soissons, sur le pavé du roi, délices des carrosses du temps, dont les restes font le désespoir de nos modernes automobiles. On n'avait pas cru devoir refuser à Crépy l'attribution de ce bosquet, probablement pour qu'elle ne vît point la limite passer à sa porte, ainsi qu'il fut fait envers La Ferté Milon, comme en manière de repré-

(1) *Arch. Nat.* D iv bis 1 (2) : « Ligne de démarquation *(sic)* entre les départ^{ts} de Soissonnais ou Vermandois et du Beauvaisis... arrêtée entre les commissaires respectifs de ces deux départ^{ts}, à Paris ce 1er fév. 1790 », signé : Duplaquet, présid^t, Gibert et de Verdonne C^{res} du Beauvaisis, Harmand, Leleu de la Ville-aux-Bois, Devisme.

(2) Le bois d'Yvors appartenait dès alors à la famille de Nicolay, dont plusieurs membres ont joué un rôle administratif et politique dans le départ^t de l'Aisne sous la Restauration; notamment le Marquis (Scipion-Cyprien, etc.) de Nicolay, Préfet (le 6e), de 1815 à 1820, et Député, de 1820 a 1827.

sailles contre le coup de force malencontreusement tenté, dans l'intérêt de cette ville, par M. le Commissaire Aubry Dubochet, son enfant terrible. Il est assez vraisemblable en effet que pour cette concession forestière, comme généralement sur la fixation de la bordure départementale dans ces parages, la psychologie eut autant de part que la topographie. *Sic vos non vobis...!* (1).

Cette raison spéciale probable, d'après laquelle on se détermina pour établir la ligne séparative entre l'Ourcq et l'Aisne, et les conditions particulières de l'échange intervenu avec le département de Beauvais, firent laisser de côté toute préocupation de calquer cette nouvelle démarcation sur quelque limite antérieure. L'élection de Crépy fut traversée de part en part, en laissant dans le département du Soissonnais plus d'un tiers de son étendue pris sur sa moitié qui était du bailliage de Villers-Cotterêts, lequel néanmoins se trouva lui-même assez fortement écorné à son sommet. Au-dessus d'eux, le baillage et l'élection de Soissons perdirent pareillement toute la fraction nord-ouest de leurs ressorts. Ces indications d'ensemble expliquent suffisamment le résultat de l'opération effectuée, sans qu'il soit utile de les compléter par l'énumération des villages dépendant alors de ces circonscriptions administratives ou judiciaires, que chacun des deux départements limitrophes conserva de son côté, en dehors de toute permutation (2).

(1) V. pour exemple, supra p. 243 note 1, au début. Malgré qu'alors on ne se soit guère occupé des terroirs communaux — le cadastre n'étant qu'à l'état embryonnaire, même dans l'esprit d'Aubry-Dubochet, qui, il faut lui rendre cette justice, contribua beaucoup à en vulgariser l'idée — citons toutefois l'explication suivante, qui n'enlève rien à la probabilité de notre hypothèse personnelle :

« En 1790, *pour ne pas porter atteinte à des droits acquis*, le buisson du Tillet, de 400 hectares environ, abandonné à une époque reculée par les habitants ou le seigneur de Gondreville au souverain représentant l'Etat, *aurait été maintenu dans le périmètre de cette commune parce qu'il en faisait partie, quoiqu'incorporé dans le domaine forestier.* » — Au surplus, l'auteur ajoute : « Cette anomalie n'en est pas moins regrettable au point de vue des intérêts du Trésor et de la bonne gestion du domaine ; aussi les divers agents de l'administration forestière n'ont-ils jamais cessé de signaler les inconvénients que présente cet état des choses pour le service et la surveillance dont ils doublent la difficulté. » Ce fut la thèse déjà soutenue, en 1790, en faveur de l'indivisibilité de la forêt. (SÉNART, notaire honoraire à Villers-Cotterêts. *Rapport, en qualité de commissaire-enquêteur, sur une demande de diverses communes de l'Oise, tendant à ce qu'il leur soit attribué, par une délimitation nouvelle, des portions de la forêt domaniale de Retz.* 31 mars 1892 Impr. 15 p. in-4 Ss. 1892.

— N. B. V. sup. Pl X, p. 285. Le buisson du Tillet est à gauche, près de Crépy, entre Saint-Germain et Gondreville. Le bois du Roi ne s'y trouve pas compris.

(2) Pour cela, Cf. MATTON: *Topog^{ie} administrative et fin^{re} et Organis^{on} judic^{re} de la Généralité de Ss.* (Ann. du départ^t, 1851 et 1852) où, sur la liste des paroisses comprises dans les diverses subdivisions de cette Généralité, les villages et hameaux qui ne font pas partie de l'Aisne sont marqués d'un astérique — Voy. également (du même) *Dict. topog.* Aisne Introd. XVIII — Et, pour un aperçu d'ensemble, voy. enfin les précédentes fig. 8 et 11, p. 262 et 305.

Après avoir contourné au passage la forêt de Villers-Cotterêts, en épousant les contours de ses pointes, la lisière adoptée se courbait légèrement vers l'orient, pour rencontrer l'Aisne près du bourg de Vic et de là reprendre son aplomb dans la direction du nord.

De l'Aisne à la Somme

Passé l'Aisne, on quitte bientôt la zone d'influence de Soissons et l'on entre dans celle de Laon. Nous allons donc maintenant assister aux efforts tentés et voir les résultats obtenus par cette dernière ville pour écarter la limite départementale le plus possible par côté, dans l'intérêt de sa centralité et en vue du Chef-lieu. Elle essayait toujours ainsi de contrebalancer l'accroissement territorial que sa concurrente recherchait et devait acquérir au midi, par une augmentation d'étendue à peu près égale vers l'ouest, car à l'est — en Champagne proprement dite — il n'y fallait pas songer : c'était logique et de bonne guerre.

Au delà des environs de Vic-sur-Aisne, la limite prévue au plan n° 4 pénétrait dans l'élection de Noyon en franchissant l'Oise au dessous de Chauny (vers Manicamp, au confluent de l'Ailette), pour atteindre plus haut la Somme, au coude que forme cette rivière près de Saint-Simon. Sans prétendre faire reculer cette ligne aussi loin qu'il était indiqué sur la carte primitive du Comité de Constitution (V. supra fig. 7, p. 122), les députés du Laonnois demandèrent cependant qu'on la repoussât sensiblement vers la gauche, pour lui voir traverser l'Oise contre Noyon et ensuite la Somme aux portes de Ham (1).

Dans l'intervalle de ces deux directions — celle de cette requête et celle du plan — certaines divisions actuelles avaient quelques parties de leurs limites : notamment entre Autrèches et Quierzy, encore sur l'étendue de l'élection de Soissons, les bailliages de Coucy et de Chauny. C'était là un moyen terme de démarcation qui s'offrait tout naturellement. Après quelques tâtonnements, dont les pièces d'archives conservent la trace, on s'y rallia. Tout d'abord

---

(1) *Arch. Nat.* D ɪᴠ bis 1 (2) « Allignement demandé par le depart' de Laon, St-Quentin et Soissons contre le départ' d'Amiens », note anonyme et s d. — Voy. également : listes de démarcation arrêtées entre Soissons et Beauvais, les 14 et 22 décembre 1789, citées sup. p. 148 et 149, note 1.

on admit comme principe que cette contrée serait divisée suivant « la ligne équidistante entre Chauny et Noyon »; dans les premiers projets d'abornement, on voit donc observée la rigueur de la verticale. Bientôt cependant on se départit de cette règle absolue et, par de légères modifications, les projets suivants en arrivèrent à prendre, pour lisière, la séparation des bailliages de Coucy et de Chauny contre celui de Noyon, là où elle ne s'écartait guère de la ligne droite, c'est-à-dire jusqu'au village de Caillouël (1). Mais par de là, ses contours devenant trop sinueux, on continua de respecter la sortie directe primitivement adoptée, pour passer de l'Intendance de Soissons dans celle d'Amiens, dont la région de Saint-Quentin se trouvait distraite, au profit de la division de Laon et Soissons.

Entre Autrèches et Caillouël, nous venons ainsi de constater le seul et court exemple du cas où la limite départementale se modèle sur une ancienne bordure exclusivement judiciaire; il n'y en avait d'ailleurs aucune autre dans le voisinage, ni administrative, ni diocésaine, qui, au moins en partie comme celle-là, se rapprochât de la direction voulue (2).

De l'Aisne à la Somme — avons nous vu au précédent paragraphe — la démarcation du Beauvaisis contre le Soissonnais et le Vermandois fut arrêtée par leurs députés le 1er février 1790. Sauf sur un point, elle est demeurée telle qu'ils la fixèrent ce jour-là. Comme déjà au mois de décembre, ils avaient prévu à cette date que la ligne séparative passerait à droite de Vic-sur-Aisne et à gauche d'Autrèches, c'est-à-dire que le premier de ces bourgs se trouvait incorporé dans le département de Beauvais et que le second devait continuer d'appartenir à celui de Soissons. Or, aux deux procès-verbaux complets, définitivement établis de part et d'autre quelques jours plus tard (3), nous constatons une substitution : Vic-sur-Aisne est rendu au Soissonnais tandis qu'Autrèches

---

(1) Voy. et comparez les diverses listes de démarcation figurant aux dossiers et registres des *Arch. nat.* D iv bis 1 (2) et N N* 10, II (Aisne), N N* 13, V (Oise) On y remarque la restitution au départ¹ de Beauvais des villages de Mondescourt et d'Appilly (du B⁾ᵉ de Noyon), d'abord attribués au départ¹ de Laon et Ss.

(2) M. Matton nous paraît donc avoir commis une petite erreur en disant : «... A partir du terroir de Quierzy, on n'a point eu égard aux anciennes circonscriptions territoriales pour régler l'étendue des départements de l'Aisne et de l'Oise » (*Topogⁱᵉ administrative et finᵣᵉ de la Genᵗᵉ de Ss.* — Op. cit) ; vrai pour les circonscriptions d'élections, cela ne l'est plus pour celle des bailliages, considérés comme ressorts électoraux tout au moins.

(3) Cf les listes de démarcation citées à la note 1 ci-dessus.

est réuni au Beauvaisis. Pourquoi ce changement ? Aucune pièce d'archives publiques ne nous a fourni les éléments d'une réponse (1). Nous en sommes réduits aux conjectures. Les bourgs très voisins d'Attichy et de Vic sur Aisne (2), qui d'abord devaient appartenir au département de Beauvais et que la limite rectifiée sépara bientôt, furent choisis pour chefs-lieux de canton, celui-là dans le district de Noyon, celui-ci dans le district de Soissons. Peut être entrèrent-ils en concurrence, l'un (Attichy) à cause de son importante agglomération dépassant deux cents feux et, l'autre (Vic) parce que siège d'une châtellenie et d'un doyenné ecclésiastique, en dépit de ses soixante-sept feux seulement? On les aurait isolés pour mettre fin à leur conflit, en les satisfaisant tous deux. Ou bien encore, au moment d'établir les cantons, peut être ne vit-on sur la bordure, du côté de Soissons, aucun centre digne ou capable de devenir l'un des nouveaux petits chefs lieux (3) ? On aurait alors songé à reprendre Vic-sur-Aisne qui d'ancienneté en était un déjà, troquant, pour le bon ordre et comme pour égaliser la balance, ce lieu chétif mais de « qualité », contre la forte roture des cent quatre-vingt feux d'Autrèches (4). Quelle qu'ait pu être la raison déterminante de cet échange, il est de fait certain qu'on le fit après coup, entre le 1er et le 18 février 1790 : sans supposer qu'un jour — au point de vue de la rectitude de la limite en face

(1) Relevons cependant, a cette occasion, l'indication suivante: «... L'operation qui suivit (l'attribution d'un district à Compiègne), fut la démarcation des limites et la détermination des arrondissements respectifs que les députés signèrent. On pourrait dire ici qu'en faisant ainsi ces démarcations, c'était un peu vendre la peau de l'ours : car, *pendant que ces arrangements se réglaient dans la Capitale*, plusieurs bourgs et villages délibéraient sur leurs convenances particulières. Verberie, *Attichy*, *Vissuraine* (sic), *Ressons (le Long)*, Elincourt, et autres au nombre de plus de vingt, réclamèrent par des dellibérations expresses leur union au district de Compiègne... » [Mémoire sur les débats élevés au sujet de quelques districts du départ' présumé devoir être a Beauvais], anonyme et s d. mais du début de fév 1790. *Arch. nat.* D ɪv bis 12 (248).

(2) Sur Attichy, qui faisait partie du bailliage de V.-C., de l'election de Ss. et du doyenné de Vic s-A. (dioc. de Ss), Cf. J -E MERMET. *Essais historiques sur certains cantons de l'arrondissement de Compiègne*, p 1-11 — Quant à Vic-sur-Aisne, Soissons était le chef-lieu de tous les ressorts dont ce bourg dépendait.

(3) Il y avait cependant Fontenoy, qui commença par être du canton de Vic-sur-Aisne et qui devint probablement le chef-lieu de ce canton un peu plus tard. Certaines cartes anciennes le portent en effet comme tel et il est parle du « canton de Fontenoy », dans le projet de Rœderer pour la réduction des cantons en l'an vɪɪɪ (V. *Arch. parl.* 2ᵉ série, I, p. 150*).

(4) D'après une croyance locale, cette mutation aurait ete faite à l'instigation du Sʳ Rigeasse, arpenteur à Autrèches, qui venait d'y fonder une etude de notaire, afin de n'avoir plus — en changeant de departement et par suite de ressort judiciaire — à subir la concurrence de son confrère Roguin, notaire à Vic-sur Aisne (Renseigᵗˢ de M. E. Gailliard).

d'elles — la détermination des terroirs de ces deux communes accuserait aussi profondément sur les cartes cette simple opération de plume (1). (2).

*
* *

II. — De la Somme à l'Escaut

Dans l'Intendance d'Amiens, à travers l'élection et le bailliage de Saint-Quentin, la ligne du plan n° 4 ayant coupé la Somme à hauteur de Saint-Simon, se poursuivait vers le nord en revenant un peu sur la droite, pour laisser au département voisin : Ham, Vermand et Le Catelet. L'ancienne juridiction de Saint-Quentin aurait été de la sorte divisée en deux parties à-peu près égales et il n'en serait resté qu'une dans la nouvelle circonscription dont cette ville importante ne pouvait manquer de conserver les sièges de justice et d'administration : sort analogue à celui que ce même plan réservait à Château-Thierry. Comme leurs collègues du sud — qu'avaient appuyés les députés de Soissons — les représentants de Saint-Quentin, soutenus bien entendu par ceux de Laon, protestèrent sans tarder contre la situation ainsi faite à leur chef-lieu, par suite de laquelle un grand nombre de villages se verraient dans l'obligation de rompre avec lui leurs habitudes et leurs

M. MAROLLES.
Né à St Quentin en 1753.
Curé de St Jean de la dite Ville,
Député du Baillage du dit St Quentin
à l'Assemblée Nationale de 1789.

Moreau del.   et sculp

(2e Portrait) De la Coll. DEJABIN (V. sup. p. 210 le 1er)

---

(1) Voy. sur quelque carte moderne l'« anévrisme » d'Autrêches.
(2) Sur la formation générale de la division de Beauvais, Cf. H. BAUMONT. *Le département de l'Oise* (Bull. de la Soc. d'études hist. et sc. de l'Oise I. 1905).

relations antérieures. Afin de remédier à cet inconvénient et de prévenir des réclamations nombreuses, ils insistèrent donc pour obtenir « l'allignement contre le département d'Amiens, de telle sorte que Saint-Quentin eût dans son arrondissement (sic) : le Castelet, Jeancourt, Vermand, Germaine qui étaient de ses ressorts, ainsi que la ville de Ham dont le faubourg dépendait de son élection » (1), en faisant d'ailleurs énergiquement observer qu'il était « impraticable » que le département d'Amiens s'étendît jusque contre St-Simon, selon son envie.

Malgré la diminution d'étendue qui devait en résulter pour lui, ce dernier département ne semble pas s'être opposé beaucoup à la revendication de celui du Vermandois. Le vœu des députés de St-Quentin, tendant à ce qu'en face de cette ville la limite nouvelle vînt se confondre autant que possible avec la lisière commune de son bailliage et de son élection, était trop légitime, trop conforme au désir des populations et aux intentions générales de l'Assemblée Nationale, pour ne pas recevoir finalement satisfaction. Entre commissaires voisins on admit donc, par transaction, que Vermand, le Câtelet et tous les villages des environs qui, comme ces deux bourgs, étaient du ressort de St-Quentin, seraient restitués à « l'arrondissement » de cette ville, mais que la pointe avancée de sa circonscription actuelle, à l'extrême sud-ouest, resterait dans le département d'Amiens — y compris Ham et son faubourg, sans doute par application de la décision de principe du Comité de Constitution que nous avons eu l'occasion de rappeler plusieurs fois, touchant le maintien définitif de toutes les villes d'une certaine importance dans la division à laquelle le plan n° 4 les avait attribuées (2).

(1) La ville de Ham, siege d'un bailliage propre a elle seule, appartenait à l'election de Noyon et par conséquent à l'Intendance de Ss. Son soi-disant faubourg, uniquement separé d'elle par la Somme, était la bourgade de St-Sulpice, qui avait une municipalité particulière et qui dépendait en effet de l'election de St-Quentin. Ham, desirant se l'annexer, prétendait toujours qu'elle n'était qu'un prolongement de son agglomération ; mais elle ne cessa jamais de résister à tous projets de réunion et actuellement encore elle forme une commune séparée. (V. sup. p 25, 32 et 38, note 3)

(2) Dans l'espoir d'y obtenir plus sûrement un district, il semble bien d'ailleurs que Ham ait personnellement préféré rester dans le départ^t d'Amiens. [Requête s d. Arch. Nat D iv bis 17 (290)] ; mais de même que Roye et Nesle, autres petites villes du voisinage qui avaient la même prétention, elle fut déçue. Le départ^t d'Amiens ne créa que 5 districts, dont les chefs-lieux furent : Amiens, Abbeville, Doullens, Péronne et Montdidier, comme encore aujourd'hui.

Après sa traversée dans l'élection de Noyon et son passage de la Somme avant Ham, on poursuivit donc la limite départementale à peu près suivant la ligne droite, jusqu'à sa rencontre avec la bordure occidentale de l'élection et du bailliage de St-Quentin, au village de Lanchy (1) ; de là on la superposa purement et simplement à cette bordure mixte jusqu'à Vendhuile, où elle rencontra sa propre ligne septentrionale, déjà fixée suivant une méthode semblable dont nous avons commencé par donner le détail (V supra § 1).

Il est à remarquer que la dernière paroisse enclavée par la portion toute nouvelle de cette limite, fut Hérouël, pays natal et résidence de Fouquier, l'un des députés du tiers-état, qui paraît avoir été le « commissaire » choisi par ses collègues du bailliage pour arrêter, de concert avec ceux du département d'Amiens, la liste définitive des communes désormais limitrophes entre la Picardie et le Vermandois. Il tint sans doute à ce que son village n'eût point à changer de chef-lieu et, pour lui-même, à ne pas abandonner son centre électoral. Ces considérations légitimement intéressées durent influer sur la direction légèrement oblique imprimée à la limite en cet endroit ; ce n'est là cependant qu'une simple hypothèse, mais combien probable. (2)

Sur le parcours restreint qu'elle eut à faire dans l'Intendance d'Amiens, tout comme précédemment dans son long circuit autour de celle de Soissons, nous voyons donc la limite départementale achever sa courbe, en épousant à nouveau une double démarcation administrative et judiciaire, établie de vieille date. (3)

(1) Les paroisses *de l'election* de St-Quentin qui passerent de ce fait au depart^t d'Amiens furent : Douilly, Estouilly (« avec un cuisant chagrin »*), Offoy, St-Sulpice, Sancourt et Ugny-l'Equipée — celles *de son bailliage* furent un peu plus nombreuses, car il comprenait sur le territoire de l'élection de Noyon, quelques villages autour de Nesle et cette petite ville elle-même. Les députés de St-Quentin ne se désintéressèrent pas de cette dernière ; ils demandèrent pour elle un district dans le depart^t d'Amiens, qui ne jugea pas à propos de le lui donner. [*Arch. nat.* D IV bis 17 (290) : Note du 15 janv. 1790, signée Duplaquet, Cte de Pardieu, Marolle ; et lettre de ses députés extraord^{res}, reçue au Cte de C^{on} le 29 janv. 1790]. — (*) Requête de la municipalité et des habitants d'Estouilly, pour réclamer son rattachement au district de St-Quentin. 18 fév. 1790. *Arch. nat.* D IV bis, 3 (145).

(2) Par ordonnance du 25 mai 1843, Hérouel a été réuni à Auroir (qui précédemment était joint à Aubigny), pour former une nouvelle commune à laquelle on donna le nom de Foreste, qu'elle porte encore actuellement.

(3) Faute d'indications aux documents d'archives, nous ne pouvons, même approximativement, dire à quel moment cette portion de la limite occidentale fut prête à être insérée au procès-verbal définitif. — Cf *Arch. nat.* D IV bis 1, deux

Suivant l'intention première de l'Assemblée Nationale, chaque département devait avoir une superficie d'environ 320 lieues carrées. Déjà le plan n° 4 avait attribué à celui « de Laon et Soissons » une étendue un peu plus grande, contre laquelle les divisions voisines s'étaient élevées quelque peu. Les décisions et les conventions intervenues ensuite, comme nous venons de le voir, pour régler le détail de ses contours, loin de lui faire perdre du terrain, accrurent au contraire sa circonscription, vers le nord-ouest et surtout au sud ; si bien que sa surface finit par dépasser de beaucoup le chiffre moyen qu'on avait décidé d'adopter et qu'elle devint très supérieure à celle de tous les départements d'alentour, avec une contenance totale évaluée — d'après les cartes de Cassini apparemment — à 378 lieues 4/5, ainsi réparties : District de Château-Thierry, 64 lieues 3/5 — District de Soissons, 56 lieues 4/5 — District de Chauny, 37 lieues 3/5 — District de

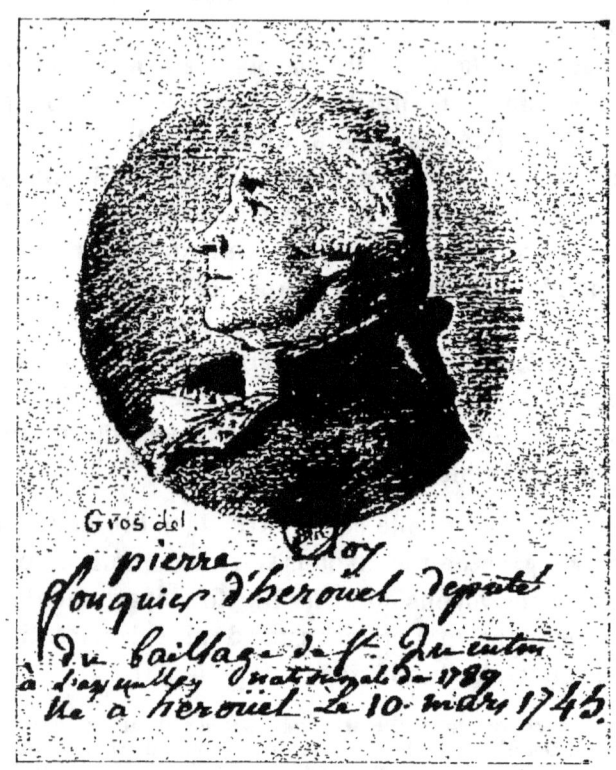

Portrait de la Coll. DEJABIN, tiré des *dessins non gravés* [Bibl. Nat.]

(V. supra p. 66, note biographique)

notes s. d. dont l'une signée Cte de Pardieu et Lecarlier, et l'autre anonyme. — « Limites arrêtées entre Picardie, Ile de France, Artois et Vermandois », pièce s. d. signée, pour la partie concernant la Picardie et le Vermandois, par Fouquier d'Hérouël (du B^{gc} de St-Quentin), Alex. De Lameth (*Péronne*), le duc d'Havré, de Croy et Laurendeau (*Amiens*). — *Idem*, 3 (146): « Limites convenues entre St-Quentin vis à vis le Cambrésis et en face de Péronne », pièce s. d. mais écrite par l'abbé Duplaquet. — Pour un aperçu d'ensemble, voy. enfin la fig. 8, p. 262.

Laon. 84 lieues 3/5 — District de Vervins, 80 lieues 2/5 — District de Saint-Quentin, 54 lieues 4/5 (Voy. Fig. 8, p. 262) (1).

**

Après avoir fait le tour entier de cette démarcation et avoir ainsi vu, sur toutes ses faces, de quelle manière on l'établit à l'origine, la conclusion qui s'impose à l'esprit n'est-elle pas, qu'en dépit des apparences — résultant de la diversité géographique, historique et économique des territoires circonscrits — ce ne fut point là une œuvre « arbitraire », à laquelle le hazard aurait en grande partie présidé, mais une entreprise méthodiquement conduite durant plus de deux mois, solidement basée sur la tradition et le plus souvent sur un état de choses préexistant, en tenant compte des convenances locales du moment, exprimées et discutées par les représentants des populations intéressées, choisis selon les formes de l'époque ?

Quod erat demonstrandum.

**

Issu de la Généralité de Soissons, ayant avec sa mère beaucoup de ressemblance, le département physique « du Vermandois et du Soissonnais » était né. Cela n'avait pas été sans de préalables ressauts d'humeur et sans quelques grincements de dents de la part de ses auteurs ; mais l'opération étant enfin accomplie, tous éprouvaient du soulagement.

Pour ouvrir à cette personnalité nouvelle l'accès de la vie publique, il fallait cependant remplir encore certaines formalités immédiates et indispensables : faire reconnaître officiellement sa naissance et sa conformation, puis lui donner un nom ; en un mot, constituer son « état civil ».

(1) Extrait d'un Registre statistique de tous les départements (s. d. mais probablement de la fin de 1790). *Arch. nat.* D IV bis * 1.
— La surface exacte des départements ne put être connue qu'après la confection du cadastre ; voici, en kilomètres carrés, celle qu'indiquent les dernières statistiques : Aisne, 7427 kq. (*a*) ; Ardennes, 5252 kq. ; Marne, 8204 kq. (*b*), Seine-et-Marne, 5888 kq. ; Seine-et-Oise, 5658 kq. ; Oise, 5885 kq. ; Somme; 6276 kq. ; Pas-de-Calais, 6750 kq. ; Nord, 5773 kq. Le département du Pas-de-Calais dont la superficie est la plus approchante, se trouve cependant encore inférieur d'environ 680 kq. L'Aisne fut en résumé, dès l'origine, le département le plus étendu de la région du Nord ; à cet égard il n'a pas changé, et parmi tous ceux de France, il occupe aujourd'hui le 13e rang, c.-à-d. que 12 seulement sont un peu plus vastes que lui.
(*a*) (*b*). Non compris dans l'Aisne le territoire des 8 communes du canton d'Orbais, qui en fit partie de 1790 à l'an VII, et maintenant y compris au contraire ce territoire en ce qui concerne le départ^t de la Marne, auquel il fut rattaché.

CHAPITRE VI

Etat-civil du Département

Procès-verbaux et cartes — Dénomination

§ 1. LES PROCÈS-VERBAUX OFFICIELS ET LES CARTES ORIGINALES.

Telle que les députés de Picardie et d'Ile de France l'adoptèrent le 10 décembre 1789, la figure approximative du département fut d'abord acceptée en principe par l'Assemblée Nationale, le 15 janvier 1790, aux termes de la décision de ce jour qui le comprenait parmi les six divisions à créer sur l'étendue de ces deux anciennes Provinces. A la demande des élus de la contrée renfermée dans cette division, son partage en six districts avait ensuite été admis par l'Assemblée le 26 janvier, préparé par eux le 3 février, et décrété le 6 du même mois. Commencée entre temps, sa délimitation était achevée trois jours plus tard (le 9 février) par un dernier échange que les députés de Château-Thierry conclurent avec ceux de Meaux, et bientôt après l'on aboutissait au fractionnement des six districts en soixante-trois cantons. Sauf la fixation ultérieure du chef-lieu départemental et de deux chefs-lieux secondaires, qui n'entraînerait aucune modification terrritoriale, tout était réglé vers le 15 février. Le surlendemain, le département de « Soissons et Laon » figurait en conséquence dans le projet du décret d'ensemble relatif à la division du royaume, dont De Cernon (remplaçant Gossin, malade de fatigue) donna la première lecture à l'Assemblée.

Il ne restait donc plus qu'à soumettre à la ratification du Comité de Constitution, selon les prescriptions du décret du 9 janvier, le « tableau énonciatif » de ses limites et de celles de ses subdivisions, « arrêté et signé par *tous* les députés » des bailliages enclavés, ainsi que « sa topographie » — produite en double exemplaire sur feuilles de la carte de l'Académie — indiquant semblablement ces limites et portant les mêmes signatures.

Le procès-verbal officiel de circonscription définitive et ses cartes annexes, tels sont les deux sortes d'*actes authentiques*, qui, pour chacune des 83 nouvelles divisions du territoire, fixèrent, en 1790, les éléments primordiaux de leur constitution organique, dont les plus importants sont demeurés — pour la plupart d'entre elles et en particulier pour la nôtre — presque intacts jusqu'à nos jours.

Par différence avec quantité d'autres et spécialement avec tous ceux de la région environnante, le département du Vermandois et du Soissonnais fit l'objet de deux procès-verbaux distincts de délimitation générale.

Le premier concerne uniquement sa périphérie. Après une courte énumération des départements d'alentour, vient une liste — en deux parties — des différents « lieux » appelés à se trouver, les uns en bordure intérieure, les autres en bordure extérieure, entre lesquels devait parconséquent passer la ligne séparative, entièrement conventionnelle.

Il est en effet à remarquer que cette double liste ne fait allusion à aucune limite naturelle véritable, rivière ou ruisseau, montagne ou colline. On y voit seulement mentionnée, vers le dedans, la forêt de Villers-Cotterêts « suivant ses différentes sinuosités », à l'exclusion du buisson du Tillet et du bois du Roy, inscrits en dehors (1). Du côté opposé, vers l'est, une indication analogue porte qu'entre Ronchères et Tréloup, la forêt de Ris appartiendrait au Soissonnais, tandis qu'un peu plus bas, entre Igny-le-Jard et Mareuil-en-Brie, celle de Vassy demeurerait en Champagne. Tout le reste n'est qu'une simple et longue énumération de villages et de hameaux.

Une formule de style termine cet « état des bornes intérieures et extérieures », pour affirmer notamment qu'il est bien conforme aux démarcations convenues tant entre les commissaires du département et ceux des divisions adjacentes, qu'entre les députés des districts limitrophes de part et d'autre.

Le procès-verbal énonce enfin qu'on l'arrêta et signa en assemblée de département, le 17 février 1790.

---

(1) Le procès-verbal du départ[t] de Beauvais, plus explicite, prévoit nominativement comme devant lui rester également le bois d'Yvors. (V. sup. page 307).

Cetté assemblée ne fut pas une réunion de pure forme, exclusivement consacrée à l'examen des dispositions dudit procès-verbal et à sa signature. Les contestations y reprirent et l'on faillit remettre en question tout le travail de subdivision intérieure, à propos de l'échange que Château-Thierry et Meaux avaient conclu quelques jours auparavant, et sous le prétexte que les résultats de cette convention modifiaient sensiblement les conditions dans lesquelles la répartition de l'étendue départementale avait été antérieurement effectuée entre les six districts. A la vérité l'accroissement de terrain recouvré au sud par les députés de Château-Thierry ne faisait point l'affaire de leurs collègues laonnois, en abaissant le centre géométrique du département et en le plaçant désormais presque à la même distance de leur ville que de celle de Soissons (1). Après une discussion probable, sur laquelle nous manquons de renseignements, les élus du Vermandois ne consentirent à signer le procès-verbal préparé que sous la condition d'y ajouter une sorte de post-scriptum, portant qu'ils entendaient « conserver à leurs commettants tous droits et actions pour participer au bénéfice de l'accroissement de surface et de population résultant de la nouvelle demarcation ». Sur quoi les députés de Château-Thierry et de Soissons signèrent aussi, mais en spécifiant que c'était « sans approbation de la réserve apposée par MM. les députés de Laon » ; puis la plume fut passée à ceux de Saint-Quentin qui inscrivirent leurs noms sans dire mot, ni dans un sens ni dans l'autre. Et l'on en resta là ce jour.

Le lendemain 18 février, paraît avoir eu lieu la dernière assemblée des députés du département, pour la vérification et la signature d'un procès-verbal complémentaire, concernant la délimitation des districts et des cantons.

Comme dans celui du 3 février, dont il n'est à leur égard qu'une reproduction mise entièrement au point, les six districts y sont d'abord circonscrits par l'indication des lieux *en bordure intérieure* de chacun d'eux ; nulle colline, nulle rivière ne se trouve non plus citée au cours de ces listes.

A la suite de chaque district ainsi encadré, est alors donnée la composition de ses divers cantons, par une énumération détaillée

(1) V. à ce sujet la mention explicative d'un croquis manuscrit du district de Château-Thierry. *Arch. nat.* NN 216 (2).

— sous le titre de leur chef-lieu, mais sans mention spéciale relative à leurs contours — de tous les « villages, lieux et paroisses » en dépendant : cela forme, pour l'ensemble du département, un total de 867 endroits, parmi lesquels il y a quelques omissions, provenant sans doute de ce que cette nomenclature fut dressée *simplement à vue d'œil*, d'après les planches du grand atlas de Cassini.

Avant de signer ce second et suprême procès-verbal, les députés de Laon, de Soissons et de Château-Thierry, crurent devoir rappeler en résumé leurs dires de la veille, qui, au demeurant, s'appliquaient plus justement aux énonciations de celui-ci qu'à celles du précédent (1).

On ne rencontre pas à la fin des deux procès-verbaux dont il vient d'être parlé, *toutes* les signatures des élus des cinq bailliages principaux compris dans la circonscription du département. Il aurait pu et même dû y en avoir vingt-huit ; sur les « minutes » elles sont seulement au nombre de dix-huit pour le premier et de vingt-un pour le second, dont *aucune des représentants du bailliage de Villers-Cotterêts*. Si l'abstention de ces derniers élus fut, on le sait, systématique et voulue (V. sup. p. 260), le défaut des autres n'est au contraire imputable qu'à quelque empêchement occasionnel (2).

Les refus de signature et les réserves *in extremis*, que motiva parfois une espérance inavouée de pouvoir attaquer plus tard la délimitation primitive, comme incomplète ou irrégulière, restèrent sans effet utile. Il y en eut d'assez nombreux cas de ce genre pour que le Comité de Constitution s'émut. Craignant qu'ils ne

(1) V. infra p. 323 et 325 leur texte intégral.

(2) Ferté (de Ss), Fouquier d'Hérouël (de St-Q.) et Leclercq de Lannoy (du Vd^{ois}) sont, avec les députés de Vill.-Cott^{ts}, les seuls qui ne signèrent aucun des deux procès-verbaux. Les cartes furent toutefois signées des deux premiers, mais pas du troisième, dont la résidence (Lannoy) devait d'ailleurs dépendre désormais du départ^t de Beauvais. — Certains procès-verbaux analogues portent aussi parfois des signatures de députés des bailliages voisins de la division qu'ils concernent. Sur celui du départ^t de Beauvais (comme sur celui de « Soissons et Laon », figure celle de l'abbé Gibert, curé de *Noyon*, qui appartenait au clergé du Vermandois, ce qui justifie le fait de sa double intervention ; mais sur celui du départ^t de la Brie et du Gâtinais ou « de Meaux et Melun », à côté des noms de ses propres mandataires, se trouvent, par exemple, ceux d'Harmand, député de Château-Thierry, chose à la rigueur compréhensible, et de Brocheton, député de Soissons, sans qu'on s'explique bien pourquoi.

fournissent l'occasion de revenir constamment sur la réforme territoriale et qu'ils n'en compromissent le caractère définitif, ce Comité obtint de l'Assemblée Nationale, presque à l'unanimité, le 21 mars, un décret déclarant « nulles et non avenues, toutes les protestations et réclamations insérées aux procès-verbaux de division ou sur les cartes y annexées » (1) : celles des députés de Laon, entre autres, devinrent ainsi lettre morte.

Il serait — croyons-nous — sans grande utilité pratique et d'un médiocre intérêt seulement, de reproduire ici, dans leur entier, les deux longs documents que sont les procès-verbaux des 17 et 18 février 1790. Cependant, comme ils constituent la toute première description géographique et administrative du département, en voici certains extraits qui suffiront pour juger de leur forme et teneur, et qui permettront de mieux comprendre notre analyse de leurs principales dispositions :

Portrait de la Collection Dejabin
(V. supra p. 66, note biographique)

(1) « Plusieurs membres font des réserves sur les procès-verbaux de division; quelques-uns refusent de signer ces mêmes procès-verbaux. Toutes protestations et reserves sont contraires a la majorité et aux principes adoptes par l'Assemblee ; *tout refus de signature est egalement coupable,* parce que les députés qui signent n'expriment pas leur avis, mais affirment comme témoins que la division décrétée est le résultat de la majorité des suffrages. Le Comité pense que nul ne peut refuser sa signature, et demande a être autorisé à s'opposer a toutes protestations ou reserves ajoutées aux procès verbaux et à rayer toutes celles qui pourraient avoir été faites ». (Déclaration de M. de Cernon, rapporteur du Cte de C^{on}. Séance du 21 mars 1790. *Arch. parl.* xii, p. 288). — De ces justes remontrances du Rapporteur, les députés de Villers-Cotterêts et son collègue Aubry-Dubochet lui-même, purent prendre leur part.

Département du Vermandois et du Soissonnois (1)

Limites et circonscription générale de ce département

Ce département a pour limites, du nord au nord est : le Cambrésis, le Haynaut françois et autrichien ; du levant au midi, les deux départements entre lesquels une partie de la Champagne et le pays de Luxembourg et autres y adjacents se trouvent divisés ; du midi au couchant, l extrémité du département méridional de la Champagne et celui de Meaux et Melun ; du couchant au nord, les départements du Beauvoisis et de l'Amiénois.

Les limites intérieures de ce département, du nord au nord-est, sont les lieux ci-après déclarés :	Les limites extérieures de ce département, du nord au nord-est, sont les lieux ci-après déclarés :
Vendhuile	Villers Guilain
Le Catelet	Honnecourt
La Terriere	Villers-Outreaux
Aubencheul	Malincourt
Serain	Elincourt
Premont	Maretz
Bequignies	Busigny
Escaufours	Honnechies
Vaux-en Arrouaise	Saint-Souplet
Moulins	Marniquet
. . . .	. . . .
. . . .	. . . .
Hirson	
Saint-Michel	Anor
Watigny	Le Haynaut autrichien
Clairefontaine	La Neuville aux Joûtes
Du levant au midi	*Du levant au midi*
Anis	Fligny
Logny	Auge
Mont Saint Jean	Bossus
Brunchamel	Hanappe
. . . .	. . . .

(1) Il importe de remarquer, au point de vue de sa valeur documentaire, que la description suivante est surtout géographique, ayant été faite — en apparence, comme nous le disions plus haut — au vu de la carte de Cassini et non pas d'après quelque document d'origine administrative On ne saurait donc lui attribuer qu'un mérite relatif, sans prétendre y voir un véritable *etat officiel* des communautés municipales comprises dans les limites du département au moment de sa formation Cet « état officiel » ne fut dressé qu'après l'organisation des *nouvelles municipalités*, par les soins de l'administration départementale Rectifié par elle vers la fin de 1791 ou le commencement de 1792, il fut alors envoyé au Ministère de l'Intérieur (Voy l'exemplaire imprimé de la *Bibl de S*, Coll Pe1in, n° 2084) et servit ensuite pour la confection du premier « Etat général (officiel) des depart^{ts}, districts, cantons et communes de la République », paru en l'an II, Etat contenant une nomenclature nominative et complète des municipalités de tous les depart^{ts}. En 1791, il avait été publié (a Paris, chez Desenne, in 8) un « Denombrement constitutionnel de la France », donnant par depart^{ts}, le nombre seulement des municipalités (supposées) de chaque canton, puis, en 1792, par l'Imprimerie Nationale, le premier « Nouveau Dictionnaire géographique de la France », de M. P^{ville} De Cernon, établi au complet d'après les procès verbaux officiels de formation des départements (Paris, fort in-16).

[*Suite des limites intérieures et extérieures*]
[*Du levant au midi*]

La forêt de Ris	
....	La forêt de Vassy
Orbais	
Suizy-le-Franc	Montmaur
Corribert	La Chapelle sur-Orbais
Du midi au couchant	*Du midi au couchant*
Margny	Fromentières
Corrobert	Jauvilliers
Marchais	Vauchamps
La Celle	
	....
	Montmirail
Vieux-Maisons	
....	....
Montreuil aux Lions	Verdelot
....	....
	Crouy
....	....
	Yvors
La Ferté Milon	Le Buisson du Tillet
Silly	Le Buisson du Roy
La forêt de Villers-Cotterts, suivant ses différentes sinuosités	Gondreville
	Chavres
Du couchant au nord	*Du couchant au nord*
Collioles	Vauciennes
Pisseleux	Vez
....	....
La forêt de Villers-Cotterêts	Moulin-sous-Touvent
Retheuil	
....	Babœuf
Vic-sur-Aisne	
....	Flavy le-Meldeux
Herouel	
....	Espechy
Le Catelet	Villers Guilain
et Vendhuile	et Honnecourt

Le présent état des limites intérieures et extérieures du département du Vermandois et du Soissonnois..... a été arrêté et signé cejourd'hui dix-sept février mil sept cent quatre-vingt dix. ...

.... A été annexée audit état une carte topographique de ce département, indicative des limites d'icelui, et de sa division en districts, qui a été signée des députés de ce département, après avoir été trouvée conforme à icelui, et au procès-verbal ci-joint de la division de ce département en six districts ....

SIGNATURES DES DÉPUTÉS. — du VERMANDOIS :

Attendu que la nouvelle démarcation des limites faite entre les députés de Château-Thierry et ceux de Meaux, par forme d'échange, le 9 février dernier, a donné au département une augmentation de terrain et de population, et n'a eu lieu que depuis la division des districts convenue et arrêtée le 3 du même mois entre les députés du département; les députés du Bailliage du Vermandois ont déclaré conserver à leurs Commettants tels droits et actions qui pourraient en résulter, pour participer au bénéfice de l'accroissement.

Signé, [Comme au suivant, moins les trois derniers noms].
— de CHATEAU-THIERRY : *Signé*, [Comme au suivant].
Sans approbation de la réserve ci-devant.
— de SOISSONS : *Signé*, [Comme au suivant].
Sans approbation de la réserve apposée par MM. les députés de Laon.
— de SAINT-QUENTIN et de VILLERS-COTTERÊTS : *Signé*, [Comme au suivant].

*
* *

Division du département du Vermandois et du Soissonnois en six districts

Cejourd'hui dix-huit février mil sept cent quatre-vingt-dix, les députés du département du Vermandois et du Soissonnois, assemblés... suivant la forme ordinaire, ont divisé, en conformité du décret du 26 janvier dernier, leur département en *six districts*, dont les chefs-lieux sont *Soissons, Laon, Saint-Quentin, Château-Thierry* et provisoirement *Guise* et *Chauny* ; la désignation definitive des chefs-lieux des deux districts où doivent se trouver ces deux villes, devant être proposée, ainsi qu'il résulte du décret du jour d'hier (*sic*) (1), à l'Assemblée Nationale par les électeurs de chacun de ces deux districts, lors de leur première assemblée.

DISTRICT DE SAINT-QUENTIN

Le district de Saint-Quentin aura pour limites intérieures, au nord, les lieux ci-après désignés, savoir : Vendhuille, Le Catelet, La Terrière, Aubencheul, Serain, Prémont, Béquignies et Escaufours ; il sera séparé, au levant, du district ci-après, qui comprend les villes de Guise et de Vervins, par les paroisses d'Escaufours, Béquignies, Béquignettes, Seboncourt, Bohain, Etaves, Montigny en-Arrouaize, Neufvillette, Origny-Sainte-Benoîte, Mont-Origny, Pleineselve, Parpeville et Montceau-le-Viel ; et vers le midi, du district de Laon, et de celui qui comprend les villes de Chauny, Coucy et La Fère, par ledit Monceau-le-Viel, Chevresis-le-Meldeux, La Ferté-sur-Péron, Chevresis-les-Dames, Vandeuil, Rumigny, Jussy, Flavy le-Martel et Cugny ; il aura pour limites, au couchant, ledit village de Cugny, Eaucourt, Sommettes, Pithon, Dury, Aubigny, Villers-Saint-Christophe, Ozoir, Hérouel, Tombes, Lanchy, Trevecon, Beauvoir, Saint-Martin-des-Prés, Cauvigny, Caulaincourt, Ville l'Evêque, Vermand,

---

(1) Cette erreur — car il s'agit du décret du 6 février — indique que la rédaction de ce procès-verbal avait été préparée dès le lendemain 7. Il fallut une dizaine de jours encore pour qu'elle pût être mise tout à fait au point ; la convention entre Château-Thierry et Meaux, intervenue le 9 seulement, retarda tout le travail.

Soyecourt, Senave, Vendelles, Jeancourt Le Verguier, Grandpriets, Villerets, Hargicourt, Bouy, Le Castelet et Vendhuille.

Ce district sera divisé en *huit cantons* dont les chefs-lieux seront *Saint-Quentin*, *Ribemont*, *Moy*, *Vermand*, *Saint-Simon*, *Fonsomme*, *Le Castelet* et *Bohain*

La ville de Saint-Quentin et sa banlieue formeront le premier.

Les autres seront composés ainsi qu'il suit :

RIBEMONT

Neufvillette	Sery-Maizières	La Ferté-sur-Péron
Le Mont d'Origny	Villers le-Sec	Chevresis-les-Dames
Origny-Sainte-Benoite	Pleineselve	Renansart
Tenelles	Parpeville	Surfontaine
Regny	Montceau-le Vieil	Fay-le-Noyer
Sissy	Chevresis-le-Meldeux	

... ...

BOHAIN

Serain	Béquignettes	Monbrehain
Prémont	Escaufours	Seboncourt
Béquignies	Brancourt	Fresnoy-le-Grand

(Et ainsi de suite pour les districts de Guise et Vervins — de Laon — de Chauny, La Fère et Coucy — de Soissons — et de Chateau-Thierry).

A été arrêté que les hameaux, écarts, censes, fermes et territoires dépendants des villages, lieux ou paroisses ci-dessus dénommés, et qui en ont fait partie jusqu'à ce moment, continueront à en faire partie, soit qu'ils aient été ou non dénommés, conformément au décret de l'Assemblée Nationale, du 16 de ce mois ;.....

Fait et arrêté, et signé les jour et an que dessus.

SIGNATURES DES DÉPUTÉS. — du Vermandois :

Sous les réserves et protestations insérées dans le procès-verbal de démarcation générale des limites du département, en date du jour d'hier.

Signé, Gibert, Devisme, De Viefville des Essars, De Maquerel de Quémy, L'Eleu de la Ville-aux-Bois, Miremont, Le Carlier, Le Vicomte des Fossés. Ogé. L'Evèque de Laon, Bailly.

— de Chateau-Thierry: *Signé*, Thirial, Docteur en Sorbonne, Graimberg de Belleau, Pinterel de Louverny, Harmand.

Sans approbation de la réserve ci devant.

— de Soissons : *Signé*, Delabat, Le Comte d'Egmont, Brocheton

Sans approbation de la réserve apposée par MM. les députés de Laon.

— de Saint-Quentin : *Signé*, Comte de Pardieu, Du Plaquet, Marolle.

— de Villers-Cotterêts : *Signé*,..... (Néant)

A l'appui des procès verbaux précédents, — ainsi qu'il avait été exigé par le décret du 9 janvier — les députés du département firent faire, en double, sa topographie conforme sur les feuilles correspondantes et réunies de l'Atlas de Cassini, c'est-à dire de la grande *Carte Géométrique de la France* dite *de l'Académie* (Voy. Pl. XI ci-contre) (1).

Il va de soi que le géographe du Comité de Constitution qui se chargea d'établir à main levée cette première carte déparmentale, ne prétendit suivre ni fixer aucune lisière de finages ou terroirs, puisqu'alors, faute d'un cadastre général, on ne connaissait pas leurs bornes réelles. Son unique préoccupation fut de comprendre avec exactitude à l'intérieur des lignes tracées, toutes les localités, « paroisses à clocher » ou autres agglomérations moindres, nominativement énumérées aux procès-verbaux comme devant rentrer dans la division d'ensemble et dans les subdivisions intérieures (2). Il est d'ailleurs probable que la confection des brouillons partiels

---

(1) Pour établir cette carte du département, il fallut grouper et coller sur toile sept de ces feuilles, portant les numeros 77, *78* et *79*, *42*, *43*, *44* et *45* ; les parties les plus importantes de la surface départementale etaient comprises aux numeros en italiques. Pour achever le rectangle, on ajouta dans le coin inférieur de droite, une feuille blanche, sur laquelle figurent les signatures des députés et les mentions annexes (Voyez comme exemple fragmentaire de la carte de Cassini, la Pl. X, tirée de la feuille 44). — L'atlas de Cassini ou plutôt des Cassini, car c'est un véritable monument de famille, a fait époque dans l'histoire de la topographie; son exécution n'a pas demandé moins de 45 années ; il comprend 184 feuilles. Les premières operations de triangulation — pour lesquelles, dans le futur département de l'Aisne, le « tertre de Laon » et le « moulin de Laffaux » servirent notamment comme points de station — furent exécutés par Jacques Cassini ; les cartes subséquentes furent commencées par son fils, Cassini de Thury, en 1756 et continuées par le fils de ce dernier, Dominique Cassini ; elles etaient presque toutes terminees en 1790. Le Comité de salut public arrêta en 1793, que les planches de cet Atlas deviendraient propriété de l'Etat ; elles sont aujourd'hui conservées au Ministère de la Guerre (service geographique de l'armée). Les Cassini ayant tous appartenu à l'Académie des sciences, dont divers membres collaborerent à l'exécution de leur Carte, celle ci fut dite « de l'Académie ». Elle était en 1790, de beaucoup le meilleur ouvrage du genre ; aussi son emploi s'imposait-il pour la representation des formes inaugurales de la nouvelle Division du Royaume.

(2) ... « Dans les démarcations qui vous sont proposées, MM., par votre Comité, on a quelquefois tiré des lignes purement conventionnelles (N. B. C'était le cas de tout le pourtour de notre départ^t) ∴ Sur les cartes qui feront titre dans toute la France, ces lignes doivent être regardées comme simplement indicatives des lieux circonscrits, comme totalement idéales quant aux finages et aux territoires. Aucune des lignes réelles qui devront un jour être rapportées sur ces cartes, ne sera parfaitement conforme à celles qui s'y trouvent aujourd'hui tracées ; elles souffriront toutes des ondulations qu'un travail ulterieur pourra seul faire connaître,... à mesure que par des arpentages exacts, on aura pu apprendre jusqu'où s'etendent les paroisses et communautés situees sur les confins des départements, des districts et des cantons... » (*Ranport sur le décret général relatif aux departements du Roy^e*, lu au nom du C^{té} de C^{on}, par Dupont de Nemours, le 15 fév. 1790). *Arch. parl.* XI, p. 603.

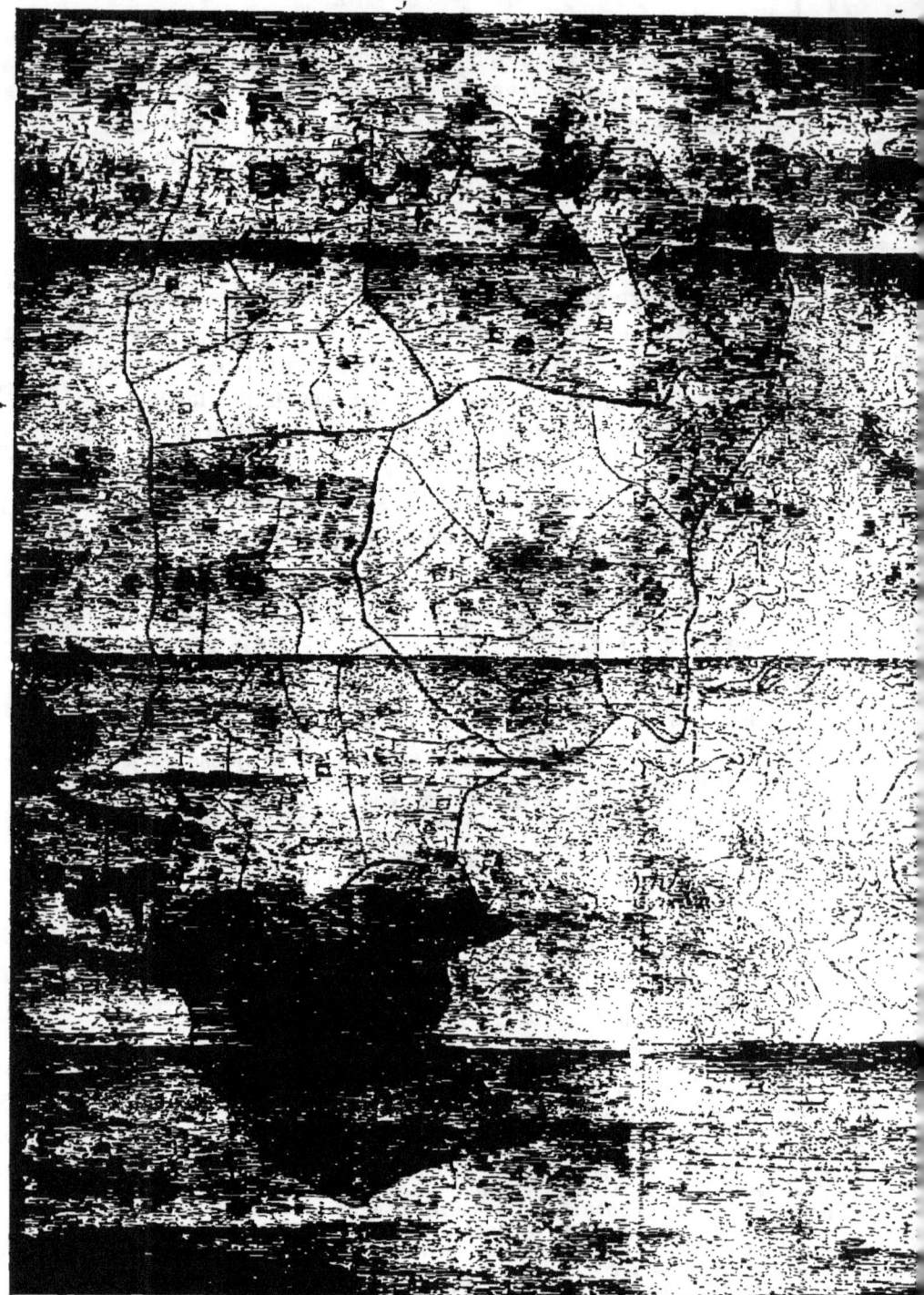

LA CARTE ORIGINALE OFFICIELLE DU DÉPARTEMENT
[D'après l'exemplaire des *Archives nationales* — Réduction au 1/120° environ]

Cette carte, dont nous ne reproduisons ci-dessus que la partie utile, mesure en réalité 2 m. 2
de haut sur 1 m. 80 de large. — Les petits losanges correspondent aux 63 chefs-lieux de canton
En bas à droite, les signatures des députés (Voy. Pl. XII, p. 334).

de cette carte a précédé plutôt que suivi la rédaction du procès-verbal, pour la détermination des districts et des cantons. C'est pourquoi l'on constate que les traits initiaux de démarcation sont tous à peu près rectilignes : aucun angle rentrant n'existe, par exemple, à l'est, en face d'Autrèches et d'autre part, au nord, le village d'Escaufourt n'apparaît point, comme sur celles d'à présent, à l'état d'îlot séparé du reste du département et enclavé dans celui du dessus (1).

(1) *La question de l'îlot d'Escaufourt.* Nous avons vu (supra p. 271) comment Escaufourt, d'abord laissé au Cambrésis, fut rattaché au Vermandois ; mais quant à dire au juste pourquoi, cela reste un problème sur lequel aucun document d'archives ne nous a fourni le moindre élément de solution. D'après un auteur *(Le relief du départ^t de l'Aisne*, par M. THALAMAS, alors prôf^r d'histoire au lycée de St Quentin, *Rev. de Géog^{ie}* 1894, p. 201), « il y aurait deux versions sur le fait de l'enclave de ce village dans le département actuel du Nord. — Suivant la première, la commune oubliée lors de la division nouvelle du territoire, aurait été mise dans l'Aisne par pur accident. (N. B. Le document cité par nous, démontre que cette supposition est absolument inexacte). — Suivant la seconde version, comme cette commune dependait jadis de l'abbaye de Prémont, les habitants manifestèrent le desir de rester dans le même département que l'abbaye et la Constituante toujours respectueuse des volontes locales, aurait fait droit à cette demande. » *Cette dernière explication*, dit M. Thalamas, *est la vraie*; nous n'avons pas personnellement la même certitude. Si à l'instar de Prémont et d'Honnechies, Escaufourt était bien du diocèse et du bailliage de Cambrai, il y avait entre ces villages une différence au point de vue administratif. Tandis que Premont se rattachait au Cambrésis, comme faisant partie de la recette de Cambrai et de l'Intendance de Valenciennes, Honnechies et Escaufourt, longtemps réunis en une seule paroisse, appartenaient à l'élection de Guise, dans l'Intendance de Soissons. Escaufourt desira-t-il donc, pour une raison quelconque, être séparé d'Honnechies et avoir desormais une existence indépendante ? C'est possible. Ne voulut-on simplement que faire disparaître la pointe trop aigue formée par ces localités sur la bordure de leurs Intendances respectives ; et après avoir, en premier lieu, songé à les remettre toutes deux au département du Cambrésis, n'en rendit-on plus qu'une ensuite à ce département, pour compenser la reprise un peu plus loin du village de Wignehies, soit d'office, soit sur un désir exprimé par celui-ci ? Cela est également possible ; c'est même, selon nous, l'hypothèse la plus probable.

Quoiqu'il en soit, l'on ne sut que bien plus tard, *seulement après l'exécution du cadastre local*, que le terroir d'Escaufourt, entouré de toutes parts par ceux des communes voisines dépendant du Nord, se trouvait complètement separé de l'Aisne par les finages de Busigny et de Saint-Souplet. Jusqu'à ce moment l'on ne s'en doutait pas, et nulle carte n'indiquait une solution de continuité entre cette commune et le reste du département de l'Aisne. Aussi n'y est-il fait aucune allusion dans l'ouvrage si documenté que M. J-B.-L. Brayer publia en 1824 *(Statistique du départ^t de l'Aisne*, tome I, avec une carte jointe). La situation particulière d'Escaufourt n'apparut donc point à l'origine : elle ne fit question qu'au bout d'une trentaine d'annees, et M. Thalamas a commis sûrement une erreur en la considérant comme « un épisode curieux de la formation des départements ».

Ajoutons, à titre de renseignement, que de 1840 à 1844, des pourparlers furent engagés par le département du Nord pour obtenir la réunion d'Escaufourt ; le conseil municipal de ce village consulté, émit toujours un avis contraire, les habitants, presque tous tisseurs pour le compte des fabriques de Bohain, préférant rester attachés à ce chef-lieu de canton et par suite au département de l'Aisne. Ce projet n'aboutit donc pas (V. *Procès-verbaux des sessions du Conseil général du depart^t de l'Aisne.* Août 1840, 1841, 1843 et 1844). Certaine contrepartie de ce projet, reprise plus tard, finit cependant par avoir une suite (Loi

Enfin — comme chacun des procès-verbaux — les deux exemplaires de cette carte originale devinrent officiels par les signatures qu'y apposèrent les députés, probablement aux mêmes dates. Entre les noms figurant à celle-ci et sur ceux-là, quelques petites divergences existent, mais elles ne proviennent pas des élus intransigeants du bailliage de Villers-Cotterêts, qui crurent encore devoir s'abstenir (Voy. Pl. XII, p. 334). (1).

Cela fait, cartes et procès-verbaux, furent déposés au Comité de Constitution, pour leur récolement avec les pièces semblables des départements limitrophes, ainsi que pour le visa *ne varietur* des Commissaires-adjoints, puis du ministre compétent.

du 4 août 1874, relative à une nouvelle délimitation des communes de Busigny (Nord) et de Becquigny (Aisne) (*Bull. des Lois*, 1874, 2ᵉ sem. p. 339).

Fig. 12. L'« îlot » d'Escaufourt enclavé dans le département du Nord

Enfin, autre singularité dans cette région, il existe près d'Escaufourt, un hameau du nom de la Haie Manneresse — l'haie minresse, en langage local — édifié sur un croisement de chemins formant limites de terroirs, de telle sorte qu'il aurait des habitations sur : 2 departᵗˢ, Aisne et Nord ; — 3 arrondᵗˢ, Saint-Quentin, Vervins, Cambrai ; — 4 cantons, Bohain, Wassigny, Clary, Le Câteau ; — et 5 communes, Escaufourt, Vaux-Audigny, Molain, Busigny, Saint-Souplet. C'est probablement un record géographique (*Journal de Sᵗ-Q.* fév. 1909).

(1) V. sup. p. 320, note 2. De Miremont, qui avait signé les procès-verbaux, ne signa pas les cartes ; Brocheton n'en signa qu'un exemplaire, mais par compensation Maquerel De Quémy, signa les deux et de plus deux fois le même. En somme, les cartes portent l'une 21 et l'autre 22 signatures, sur 28 noms de députés au total. Aubry-Dubochet ne signa qu'à titre de Commissaire.

La naissance était déclarée, prête à être enregistrée ; restait le baptême. Aux noms provisoires de département « du Vermandois et du Soissonnois », ou « de Soissons et Laon », d'un usage courant depuis deux mois, on substitua celui de département « *de l'Aisne* » qui n'a pas paru jusqu'ici. Voyons donc dans quelles conditions fut pris ce dernier nom définitif.

§ 2. Le nom du département

Un certain nombre de provinces se trouvant morcelées, leurs noms de Picardie, d'Ile de France, de Champagne, etc, ne pouvaient plus s'appliquer aux diverses circonscriptions formées dans leur étendue. Aussi bien ces anciens noms semblaient-ils liés à un état de choses dont l'Assemblée Nationale désirait, sinon effacer le souvenir, du moins interrompre la tradition orale, afin de mieux dater l'établissement d'un régime nouveau d'unité politique et d'uniformité administrative. Pour éviter des confusions, déjà l'on y avait un peu pris l'habitude de distinguer les départements par celui des principales villes qu'ils renfermeraient : départements « d'Amiens », « de Beauvais », « de Meaux et Melun », « *de Soissons et Laon* », entre autres. C'est donc de la sorte — par leurs chefs-lieux acquis ou provisoires — qu'ils furent indiqués dans le projet de décret général, lu le 17 février 1790. Mais M. de Cernon, de la part du Comité, prévint l'Assemblée que ce mode de désignation ne répondait nullement à une intention arrêtée ; en conséquence, il invita les députés de chaque département à proposer le nom qu'il devrait porter désormais.

On avait été unanime au Comité de Constitution pour reconnaître l'intérêt de créer de nouvelles dénominations, comme l'impossibilité de garder les anciennes. L'idée de numéroter les départements qu'on suivit durant un moment pour quelques uns (1), ne tarda pas à être abandonnée (2). Celle d'employer des noms

---

(1) Le nôtre — « le huitième » — fut un de ceux, avons nous vu, pour lesquels on trouve cette désignation numérique appliquée avec le plus de continuité dans les documents relatifs à sa formation. (V. sup. p. 113, note 1).

(2) Mirabeau contribua à la faire écarter définitivement, par un motif de psychologie, en indiquant que « l'amour propre humain qui se replie en tout sens, sans nous abandonner, pourrait bien persuader un jour que le n° 24 ne vaut pas les n°s 1 et 2 » (Sce du 26 fev. 1790). N'etait-ce pas un peu quintessencié ?

urbains usitée de longue date pour les diocèses, les bailliages et les généralités, rencontra des opposants au dernier moment. Ils déclarèrent qu'il n'était « pas moins important de détruire l'aristocratie des villes qu'il ne l'avait été de détruire celle des ordres » et que « pour cesser d'accorder une suprématie à une ville sur une autre » il convenait de ne pas donner au département le nom du chef-lieu. L'admission du système de l'alternat, en obligeant à donner plusieurs noms à ceux dont les assemblées se tiendraient dans différentes villes, parut enfin rendre cette méthode peu pratique (1).

Le Comité s'arrêta donc de préférence à un système d'appellations géographiques, plus impersonnelles, pour lesquelles on utiliserait surtout les dénominations des fleuves et des montagnes, et c'est en ce sens qu'il guida par avance le choix particulier des députés. Cette conception à laquelle presque tous se rallièrent, fut sanctionnée officiellement, le 26 février, après une courte discussion en séance publique. L'Assemblée ratifia le travail préparatoire du Comité sur cet objet ; pour ne plus y perdre de temps, elle chargea ses membres de l'achever eux mêmes, puis elle adopta définitivement le décret d'ensemble sur la division du territoire : sous réserve de l'approbation royale, qui ne faisait aucun doute, la reforme territoriale se trouvait accomplie.

Or, à cette date du 26 février 1790, notre département comptait déjà parmi ceux dont le nom était fixé. Au moment de lire le projet de décret général, M. de Cernon avait donné quelques indications préliminaires, au cours desquelles il annonça que « le département d'Artois serait dénommé *Pas de-Calais* ; celui d'Amiens, *la Somme* ; Soissons et Laon, *l'Aisne* ; Douai, *la Manche* (2) ; Melun, *Marne et-Seine* ;..... »

Pourquoi *l'Aisne* ? A défaut de montagnes, l'on n'avait en effet, dans ce département, que l'embarras du choix parmi les rivières principales qui le fertilisent : la Somme et l'Oise au nord ouest, l'Aisne par le milieu, la Marne au sud.

(1) Declarations de Bureaux de Pusy, Target et de Cernon (Séance du 26 fév. 1790), toutes — comme celle de Mirabeau — d'apparence assez médiocre aujourd'hui, maintenant ou des noms de ville et des numéros servent couramment à distinguer soit les Académies et les Cours d'appel, soit les Corps d'armée, par exemple.

(2) Le départ^t de Douai et Lille passa ce nom à celui de Saint-Lô et devint alors le départ^t *du Nord*.

Certes l'on peut trouver que nos départements ne sont pas tous désignés de la meilleure manière qui soit (1). Mais, à tout prendre, que voulut-on sur l'heure ? Les dénommer simplement, c'est-à-dire non pas tant les « définir » individuellement que les « différencier » les uns des autres. Si certains noms étonnent un peu à première vue, l'histoire de la formation de leur circonscription donne souvent la solution du problème qu'ils posent. Le géographe du Comité de Constitution, qui dressa leur nomenclature, semble avoir généralement suivi une règle qu'il est assez facile de dégager ; la voici, selon nous, avec des exemples à l'appui : en place du nom même du chef lieu fixé ou probable, ou bien des chefs-lieux possibles, dont on ne voulait pas, il réserva pour les départements de ces chefs-lieux — à moins de quelque contre-indication — le nom de la rivière ou des rivières y passant, à l'exclusion de tout autre département également arrosé. De là vient que le département « d'Amiens » reçut le nom de *la Somme*, bien qu'elle coule déjà à Saint-Quentin ; — que le département « de Châlons » devint celui de *la Marne*, quoiqu'elle traverse également Château-Thierry ; — que le département « de Meaux et Melun » s'appela *Marne et Seine* (2), encore qu'on rencontre plus ou moins ces deux rivières dans trois autres départements (Marne, Seine-et-Oise, Seine) ; — que *l'Aisne* enfin fournit son nom au département « *de Soissons et Laon* », parce que de ces deux villes en mal de chef-lieu, Soissons seule se trouvait sur un cours d'eau, et peut-être un peu aussi parce qu'elle était, pour le moment, le principal centre administratif de la contrée circonscrite, et pour l'avenir à ce même point de vue, *persona grata* au Comité de Constitution, comme l'on sait.

Le choix du nom « de l'Aisne » semble avoir été fait d'office et s'être trouvé imposé par les circonstances. Les documents d'archives ne conservent la trace écrite d'aucune indécision, provenant de quelque proposition différente ou demande contraire de la part des députés du département, comme cela se produisit ailleurs (3).

(1) Cf. Ch François, *Les noms des départements français. Curiosités géographiques* (dans *Le Correspondant*, 1888, II, p 153), étude intéressante, mais ultra-critique.
(2) Ou *Seine-et-Marne*, expression qui prevalut peu après.
(3) Par exemple Cf. *Op. cit.* Le Brethon, pour le départ[t] du *Calvados*, à l'égard duquel on avait hesité entre « Orne », « Basse Orne » et « Orne-Inférieure ». — Mege, pour celui du *Puy-de-Dôme*, qu'il avait d'abord été question d'appeler « le Mont-d'Or » — etc...

La Somme se trouvant accaparée par Amiens et la Marne par Châlons, il ne restait d'ailleurs que l'Aisne ou l'Oise dont on pût emprunter l'appellation. Aussi bien que la première de ces rivières, la seconde eût convenu. Peut-être les députés du Vermandois auraient ils préféré qu'on l'adoptât, pour ne pas paraître créer une sorte de préjugé en faveur de Soissons ; mais ils durent reconnaître ce fait matériel que, sans pourtant arroser Beauvais, l'Oise était la seule rivière vraiment importante qui traversât le département de cette ville ; son nom lui revenait ainsi par nécessité, et celui de l'Aisne demeurait seul disponible pour le voisin : on l'accepta donc avec satisfaction dans le camp de Soissons et sans vaines récriminations des partisans de Laon, quand les royales Lettres patentes du 4 mars 1790 — promulguant les décrets de l'Assemblée Nationale sur la division de la France en 83 départements — publièrent *urbi et orbi*, pour la première fois, les dispositions relatives à la nouvelle circonscription « *du Vermandois et du Soissonnois* » ou « *de Soissons et Laon* », sous le titre final de « Département de l'Aisne », qu'elle porte encore aujourd'hui (1).

Quant aux districts et aux cantons, on ne s'en occupa point à cet égard ; en dehors de toute dénomination fixée légalement, l'habitude prévalut de les désigner par le nom de leur chef-lieu.

Dans le courant du mois de mars les *procès-verbaux officiels* et les *cartes originales* des départements furent certifiées et signées par les Commissaires-adjoints du Comité de Constitution, ainsi que par le Comte de Saint-Priest, ministre d'État. Après quoi l'on prépara des expéditions conformes de ces procès-verbaux, à destination

---

(1) Condensant les termes des décrets spéciaux au département des 26 janv. et 6 fév. précédents, le décret général du 26 fév. promulgué le 4 mars portait : « Département de l'Aisne. La première assemblée des électeurs se tiendra à « Chauny, et ils proposeront l'une des deux villes, de Laon ou Soissons, pour « être chef-lieu du département — Ce depart^t est divisé en 6 districts, dont les « chefs-lieux sont : Soissons, Laon, St-Quentin, Château-Thierry provisoire- « ment (sic), Guise, Chauny — Les électeurs du district de Guise délibéreront, « lors de leur première assemblée, sur la fixation du chef-lieu, et sur la « réunion ou le partage entre Guise et Vervins, des établissemens résultants « de la constitution — Les électeurs du district de Chauny proposeront la « fixation des différents établissemens, en les partageant entre Chauny, Coucy « et La Fère ». L'indication, sur l'imprimé, de Château Thierry comme chef-lieu provisoire seulement, causa quelque surprise ; mais il ne s'agissait que d'une erreur typographique de ponctuation (qu'on s'explique par la disposition du texte écrit par M. Lecarlier, voy. sup. Pl. IX, p. 261), dont la rectification ne souffrit aucune difficulté (S^{ce} du 19 mars 1790. *Arch. Parl.* XII, p. 238).

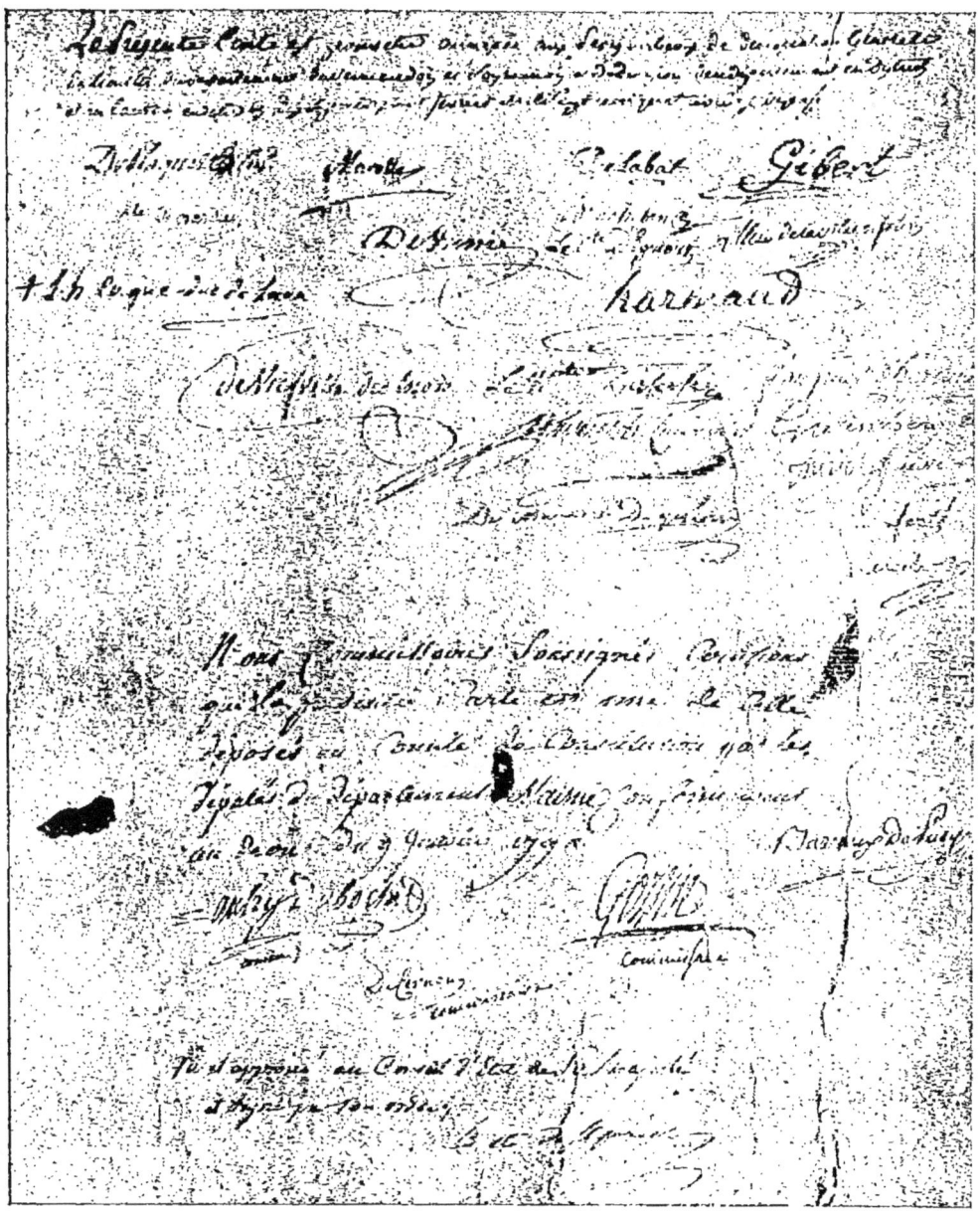

Les signatures et les visas authentiques
de la carte originale et officielle du département de l'Aisne

[D'après l'exemplaire des *Archives départementales* (Réduction d'un tiers environ) — Les procès-verbaux originaux sont certifiés d'une manière analogue]

des archives du chef-lieu du département intéressé et de chaque chef-lieu de ses districts ; leurs minutes restèrent aux archives nationales. Quant aux deux exemplaires des cartes officielles, l'un devait demeurer également aux archives nationales, tandis que l'autre serait remis à celles du chef lieu du département, conformément aux prescriptions du décret du 9 janvier (1). Les expéditions des procès verbaux exigèrent un certain temps pour leur confection ; aussi ne parvinrent elles dans l'Aisne, avec la seconde carte originale, qu'au bout du mois (exactement le 30 mars) (2). Jusque là — sauf dans certaines villes, grâce à la diligence de quelqu'un de leurs députés — les localités de la région ignorèrent ou ne connurent que par ouï-dire la circonscription principale ou secondaire dont elles allaient dépendre désormais (3). C'est donc seulement enfin dans le courant d'avril 1790, que la constitution du département de l'Aisne, terminée sur le papier, commença d'être appliquée sur son territoire même.

Dès lors s'ouvrit une nouvelle période de la première histoire de ce département : celle de son *organisation* initiale. La période de

---

(1) Voy. *Arch. nat.* NN* 10, II, n° 2 (Ain-Charente) pour les *minutes* des procès verbaux, et *Idem* F² I (453) l'expédition signée des C^rs adj^ts et du Cte de St-Priest ; pour l'exemplaire de la carte, *Idem* NN, 67 — Les *Arch. depart. de l'Aisne* conservent le second exemplaire de la carte, et une expédition certifiée des procès-verbaux, L, 686. Les *arch. mun. de Guise* notamment possèdent encore aussi l'expédition semblable parvenue au district — Celle-ci fut imprimée à Laon et mise en vente à la fin d'avril 1790, sous le titre : Département du Vermandois et du Soissonnais ou Departement de l'Aisne (A Laon, de l'imprimerie d'Augustin Pierre Courtois, imprimeur du Roi, rue du bourg, 1790 24 p. in 4) *Bibl. Ss. Coll.* Perin, n° 133) ; cette publication constitue, peut-on dire, le véritable premier Annuaire du département — La première carte complète du « *Departement de l'Aisne, decrete les 26 janv. et 6 fev. 1790 par l'Ass. Nat., divisé en 6 districts et 63 cantons* », fut publiée en 1791 par les auteurs de l'*Atlas national* ; établie d'après les feuilles de Cassini, elle reproduit, à une échelle reduite, les cartes originales. Ses exemplaires primitifs sont devenus très rares (V. *Arch. nat* NN, 216) ; mais la planche de cette carte, modifiée quant aux subdivisions, après l'an VIII, est celle que l'on peut voir au début du tome I de la *Statistique du depart^t de l'Aisne* par J. B. L Brayer (Laon, 1824).
— Pour les procès-verbaux et cartes analogues des depart^ts limitrophes, consulter aux *Arch. nat.* les mêmes series NN. Date des procès verbaux : Ardennes, 9 fév. ; Marne, 26 fev. ; S. et M. s. d ; Oise, s. d ; Somme, 14 fev La forme de ces procès-verbaux est la même, sauf pour les depart^ts de Champagne, où la délimitation d'ensemble ne fait pas l'objet d'un état indicatif des lieux en bordure intérieure et extérieure.
(2) *Arch. nat.* F² I (453) Accusé de reception par Blin de la Chaussee, C^re du Roi, au Cte de St-Priest.
(3) *Arch. mun.* Laon. doss. 26. Envoi par Lecarlier à ses collègues de la municipalité d'une copie du procès-verbal de démarcation et division du depart^t (18 mars) — *Arch. nat.* D IV bis 3 (146). Pétition de la communauté de Bohain, *du 23 mars 1790*, demandant à être rattachée au district de St-Quentin et à être chef-lieu d'un canton : deux choses décidées dès le 18 février, acquises depuis plus d'un mois !

formation est en même temps close et le cadre de notre étude se trouve rempli, par la connaissance des diverses personnalités qui y furent agissantes et des évènements qui marquèrent les étapes successives de l'établissement de la circonscription départementale, quant à son territoire d'ensemble, au choix de ses chefs-lieux, à sa subdivision intérieure, à la fixation de ses contours exacts, enfin quant à sa consécration officielle.

Conçu, formé, né, en quatre mois, de novembre 1789 à février suivant, le DÉPARTEMENT DE L'AISNE — qui, après un siècle et quart d'existence, devait devenir l'éminente personnalité publique et morale qu'il constitue aujourd'hui — n'allait plus avoir, à dater du début de l' « année 1790 et de la Liberté françoise la deuxième », qu'à se donner la peine de vivre.

N. B. A propos des chefs-lieux, trois questions restaient à résoudre, passé le mois de mars 1790, où nous venons de nous arrêter : celles du choix définitif à faire entre Soissons et Laon pour le centre principal, entre Guise et Vervins, entre Chauny, Coucy et La Fère dans leurs districts.

Par la suite, certaines modifications furent apportées à la circonscription et aux subdivisions du département. Actuellement enfin d'autres changements généraux sont à l'ordre du jour.

Afin de ne pas laisser — sur ces différents points précédemment amorcés — l'esprit du lecteur en suspens, nous allons les *résumer* dans un dernier *chapitre annexe*, qui couronnera notre travail, en reliant utilement le passé au présent, voire à l'avenir.

CHAPITRE VII (Annexe)

Décisions et modifications diverses postérieures à la formation du département.

Fixation des derniers chefs-lieux: Laon, *pour le département;* Chauny *et* Vervins, *pour leurs districts.* — *Modifications de la circonscription départementale, de ses subdivisions intérieures et de ses chefs-lieux, réclamées, projetées ou survenues. Les futures Provinces ou Régions.*

---

§ 1. Fixation des derniers chefs-lieux

Laon chef-lieu départemental.
Les Commissaires du Roi et les assemblées primaires. L'assemblée électorale de Chauny et le décret du 2 juin 1790.

L'Assemblée Nationale demanda au gouvernement royal de prendre les mesures nécessaires pour faire exécuter promptement ses décrets relatifs à l'organisation territoriale, administrative et électorale de la France.

Aussitôt la promulgation du décret général de division, le Roi confia donc cette exécution, dans chaque département, à trois ou quatre Commissaires spéciaux, dont les pouvoirs temporaires devaient expirer immédiatement après l'élection des administrateurs locaux.

Ces Commissaires du Roi, nommés dès le 6 mars, au nombre de trois pour le département de l'Aisne, furent: MM. Blin de la Chaussée (J.-F.), avocat à Soissons, procureur-syndic de la commission provinciale intermédiaire ; — De Sars (J-Ch-J-H), résidant à Laon ; — et Cottin de Fontaine (L-D.), demeurant à Saint-Quentin. Ils se partagèrent la besogne ; le premier, qui paraît avoir eu un rôle prépondérant, se chargea des districts de Soissons et de Château-Thierry ; le second, de ceux de Laon et de Chauny, et le troisième, de ceux de Saint-Quentin et de Guise.

Après s'être assurés que des municipalités nouvelles, élues selon les dispositions de la loi du 14 décembre 1789, fonctionnaient partout, ces Commissaires, par application de la loi suivante du 22 décembre, s'occupèrent de réunir, dans chacun des cantons, les « assemblées primaires » pour la désignation des « électeurs » du second degré, à raison d'un par cent « citoyens actifs » présents ou non, de deux depuis 151 jusqu'à 250 et ainsi de suite, pris parmi les citoyens actifs « éligibles » (1). Le groupement des « électeurs » devait constituer l'assemblée électorale qui, en masse ou par fractions, choisirait ensuite les 36 administrateurs départementaux ou les 12 administrateurs de chaque district.

Les assemblées primaires se tinrent dans les premiers jours de mai 1790, au nombre de 114 pour tout le département, certains cantons populeux en ayant nécessité plusieurs. Elles portèrent sur un chiffre global d'environ 64.000 « citoyens actifs » et nommèrent au total 657 « électeurs », dont : 106 pour le district de Saint-Quentin, 131 pour celui de Guise, 146 pour celui de Laon, 73 pour celui de Chauny, 101 pour celui de Soissons et enfin 100 pour celui de Château-Thierry.

Au dire des Commissaires, les opérations de ces réunions préliminaires « ne se firent point avec autant de tranquillité qu'ils l'auraient désiré » ; en maints endroits, ils durent « employer tous les moyens en leur pouvoir pour concilier les esprits, entretenir la paix et faire naître l'amour du bien public ».

**

Mais ce fut bien pis encore lors de la première grande assemblée électorale qui eut lieu à Chauny quelques jours plus tard, du 17 au 26 mai, ainsi surtout qu'à l'occasion de l'assemblée du district de Guise, dans cette ville, un peu après : là il y eut non seulement tumultes, cabales, intrigues, mais il s'en fallut de peu qu'on n'en vînt aux mains ; même certains troubles se produisirent et la force armée faillit avoir besoin d'intervenir.

Aux termes des décrets relatifs à la division du royaume et du décret spécial du 15 avril suivant (Voy. p. 241, note 1), l'assemblée

---

(1) Pour être « citoyen actif », il fallait joindre à certaines conditions d'âge (25 ans), de domicile (un an dans le canton) et d'indépendance (ne pas être serviteur à gages) le paiement d'une contribution directe au moins égale à la *valeur locale* de 3 journées de travail (chaque journée étant évaluée à 20 sols *au maximum*). Pour être « éligible », la contribution exigée était d'au moins la valeur de 10 journées de travail.

de Chauny avait à remplir envers le département, un double rôle : élire ses premiers administrateurs et choisir son chef-lieu entre la ville de Soissons et celle de Laon. Nous ne parlerons ici que de cette seconde question.

Sur la liste des 657 « électeurs » issus du scrutin des « assemblées primaires », on retrouve presque tous les députés spéciaux des villes, que nous avons mentionnés. Les trois mandataires de Soissons tout d'abord envoyés à Paris, MM. Brayer, Letellier père et Boquet de Liancourt sont à signaler parmi ceux qui n'y figurent pas. Après avoir été à la peine dans la Capitale, ils virent l'honneur d'aller à Chauny passer à leurs collègues de la dernière heure et à quelques autres de leurs concitoyens. Deux raisons sur lesquelles nous ne pouvons nous étendre, expliquent ce fait assez particulier ; l'une, provient de ce qu'ils n'étaient pas rentrés complètement victorieux ; l'autre résulte d'une certaine résistance qu'ils opposèrent, en matière électorale, aux idées soutenues par le nouveau parti démocratique local.

En comparant les nombres donnés ci-dessus des électeurs appartenant aux divers districts du département (400 dans sa partie supérieure contre 150 dans sa partie inférieure, en chiffres ronds et approximatifs), on voit de suite que la majorité se déclarerait vraisemblablement pour Laon ; Soissons pourrait cependant l'emporter sur sa rivale, si la région de Guise lui restait fidèle et si elle parvenait à gagner celle du district de Chauny qui lui était la plus voisine, dans l'entourage de Coucy. De nouveau la lutte promettait donc d'être chaude ; elle fut brûlante.

L'assemblée de Chauny tint ses séances dans l'église Saint-Martin de cette ville, où le culte s'exerçait toujours. Elle s'y ouvrit d'ailleurs le 17 mai, après une messe du St-Esprit dite aux électeurs, l'une des deux grandes cartes originales du département étant déployée en bannière sous les voûtes.

Les journées du 17 au 20 mai furent employées dans le calme à des échanges de discours, à la vérification des pouvoirs, à diverses discussions sur les modes de scrutin, enfin à la nomination du bureau. L'Assemblée choisit : pour président, M. Namuroy, « notaire royal, maire de la ville de Saint Quentin » ; pour secrétaire, M. Debry fils, « avocat, capitaine-commandant de la garde nationale, électeur de Vervins ; et pour scrutateurs : MM. Hébert, « maire de Chauny », le père du député extraordinaire ; Ancelot, « avocat à La Fère », naguère semblable député ; et Beffroy, électeur de Chevregny (futur député de l'Aisne à la Convention).

La grosse affaire qui, depuis trois jours, à tables d'hôte et dans de nombreux conciliabules, défrayait toutes les conversations, fut abordée en séance publique, le 20 mai. Elle occupa la journée entière, durant deux longues séances, l'une — très bruyante — de huit heures du matin à midi environ, et l'autre — fort orageuse — depuis trois heures de relevée jusqu'à dix heures du soir, qui se termina par un scrutin tout en faveur de Laon ; voici comment.

Après la lecture du procès-verbal des opérations de la veille, M. de Pompières, « capitaine d'artillerie, électeur de La Fère » (qui plus tard, trente années durant, devait tenir un rôle marquant dans l'administration du département, puis dans la politique locale et même générale) proposa subsidiairement de rendre égale la représentation de chaque district dans l'assemblée départementale à élire. Cette motion fut aussitôt adoptée d'emblée, sans le moindre débat : les esprits étaient ailleurs.

« Alors M. le Président annonça l'ordre du jour, qui était de « déterminer le vœu des électeurs pour la fixation du chef-lieu de « département entre Soissons et Laon », et sur le champ un grand silence se fit : il ne devait pas durer.

Des rangs des électeurs, un membre se leva pour dire — attendu que les raisons de la décision à prendre étaient bien connues — que si MM. de Soissons n'entamaient pas la discussion, les députés de Laon s'abstiendraient également de parler. Ce déclarant était Me Richard Lebrun, avocat du barreau de Laon, qui allait être à Chauny le champion de cette ville, au lieu et place de son maire M. Lecarlier, consigné à Paris par le décret qu'avait fait voter son honorable mais astucieux collègue Brocheton, de Soissons (Voy. p. 233, note 1.).

Tandis que M. Lebrun assuma seul la charge de soutenir la cause de Laon, les intérêts de Soissons furent défendus par plusieurs orateurs, qui développèrent à tour de rôle les principaux arguments que nous avons exposés.

Lorsque le président de l'assemblée eut « interpellé MM. de Soissons pour savoir s'ils désiraient être entendus », l'on vit se diriger vers la tribune un homme élégant et jeune, dont un « œil à la Montmorency » ne déparait ni la finesse ni la régularité du visage : M. Quinette, ouvrit le feu en cherchant à démontrer qu'il convenait de maintenir le chef-lieu à Soissons, non seulement parce que cette ville était le centre des relations administratives avec lequel les habitants avaient l'habitude de correspondre depuis fort longtemps et que tout y était organisé, mais principalement pour éviter aux contribuables *du département* le surcroît d'impositions qu'occasionnerait l'installation des locaux nécessaires au fonctionnement de la nouvelle administration, tout en laissant sans emploi le Palais de l'Intendance, par la construction duquel toute la Province avait été lourdement grevée déjà une quinzaine d'années auparavant.

M. Lebrun vint immédiatement répondre au préopinant. A la demande de maintien en possession que Soissons réclamait « dans l'intérêt de ses propres négociants bien plus que dans celui de l'ensemble des administrés », il opposa la commodité que la position plus centrale de Laon offrirait à ceux-ci désormais. Il expliqua qu'il ne fallait point exagérer l'importance des dépenses d'aménagement matériel qu'il y aurait lieu de faire, ajoutant d'ailleurs que cette question devait d'autant moins préoccuper l'assemblée « qu'au nom de ses collègues et au sien, il pouvait lui donner dès à présent l'assurance qu'il n'en coûterait pas un sou au département pour l'établissement de son administration à Laon ». C'était déclarer que cette dernière ville prendrait seule à sa charge, le cas échéant, les frais de l'installation en question.

Pour osée qu'elle fût, la parade ne manquait pas d'habileté ; elle produisit une forte impression et une discussion animée s'ensuivit. Plusieurs membres demandèrent l'inscription au procès-verbal de l'offre des électeurs laonnois ; d'autres, du parti de Soissons, s'y opposèrent par la raison que les auteurs de cette proposition, étaient sans pouvoir régulier pour la faire au nom de la commune de Laon. Il y eut du bruit ; le public intervint ; il fallut lever la séance et renvoyer la suite du débat à celle de l'après-midi.

A trois heures, on était de nouveau réuni à l'église Saint-Martin. Après avoir décidé qu'on ne reviendrait pas sur l'offre de M. Lebrun (dont l'idée se trouvait lancée et le principe désormais

— 342 —

I. Quelques futurs HOMMES POLITIQUES du département
qui débutèrent aux assemblées électorales de mai et de juin 1790

NICOLAS-MARIE QUINETTE (*)
D'après un portrait par Vérité

JEAN-JACQUES FIQUET (*)
D'après une peinture du Musée de Soissons

Electeurs de Soissons à l'assemblée de Chauny

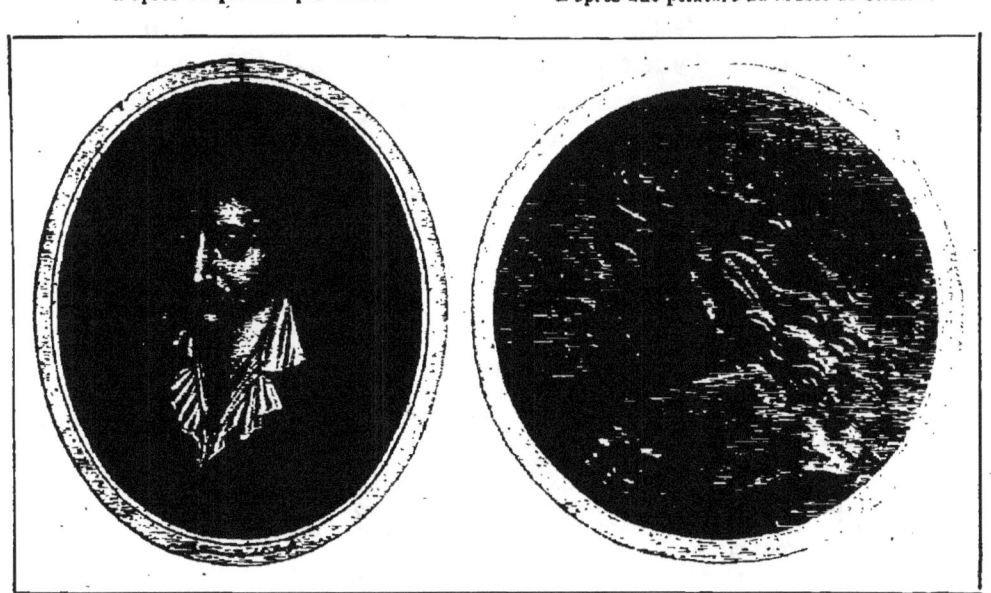

ANTOINE-LOUIS-LÉON FLORELLE DE SAINT-JUST (*)
Electeur de Blérancourt à l'assemblée de Chauny
Portrait exécuté de son vivant, par F. Bonneville   Médaillon postérieur à 1825, par David d'Angers

Les principaux Avocats de Soissons à l'Assemblée de Chauny

(*) V. ci-contre p. 343 leurs notes biographiques.

acquis en fait), l'ordre du jour fut repris. Quatre nouveaux orateurs parlèrent d'affilée en faveur de Soissons.

MM. Letellier, Quinquet et Fiquet, dont les discours se ressemblent plus ou moins, firent valoir que cette cité l'emportait en population sur sa rivale ; — que même au cas contestable d'une plus grande centralité reconnue au bénéfice de Laon, le fait n'aurait rien de décisif, étant donné la situation plus excentrique encore de plusieurs des chefs-lieux de département admis par l'Assemblée Nationale, comme Amiens, Brest, Melun, Alençon, etc... ; — que le rapprochement de Paris était une autre considération, dont il importait de tenir compte pour l'emplacement d'une administration qui aurait à exercer une certaine surveillance sur le principal commerce de la contrée, celui des grains ; etc.

Dans l'assistance un très jeune homme attendait avec impatience son tour de parole. Naguère collégien à Soissons, n'ayant pas encore vingt deux ans, il avait été nommé, *malgré sa minorité* (car il en fallait vingt-cinq), par l'assemblée de son canton, et qui plus est il était parvenu à se faire accepter par la commission de vérification des pouvoirs à celle de Chauny : ce bouillant « électeur » se nommait Antoine de Saint-Just. Sans « dépriser (*sic*) la ville de Laon, fille de la Patrie aussi bien que Soissons », il vint — dans un discours d'une contexture difficile à qualifier, mais qui n'en eut pas moins un certain succès d'estime — demander à ses collègues de « ne point s'embarrasser dans des discussions

---

— Quinette (N.-M.), né à Paris en 1762 Administrateur du département ; député de l'Aisne à la Législative, puis à la Convention. Il fut chargé, avec quelques autres membres de cette Assemblée, de faire arrêter le général Dumouriez ; mais ce dernier les livra au prince de Cobourg, et il subit trois années de détention en Autriche (avril 1793 à déc. 1795), jusqu'au jour où il fut échange, ainsi que ses collègues, contre la fille de Louis XVI. Député au Conseil des Cinq-Cents, Ministre de l'intérieur, Préfet de la Somme, Conseiller d'État, Pair des Cent jours ; mort en exil, sous la Restauration, à Bruxelles, en 1821.

— Fiquet (J.-J) né à Soissons en 1747. Procureur-syndic du district de cette ville. Deputé de l'Aisne à l'Ass. Législative, à la Convention, au Conseil des Cinq-Cents ; C^{re} du Directoire près le Tribunal civil et correctionnel de l'Aisne (an VI-VIII) Il ne prit plus part aux affaires publiques à partir du Consulat, exerça la profession d'avocat à Soissons, et y mourut en 1824, laissant plusieurs volumes de « Mémoires manuscrits pour servir à l'histoire de cette ville », dont nous avons cité des extraits.

— Saint-Just (A -L.-L.) né à Decize (Nievre) en 1767 ; son père, né à Morsain, ancien gendarme, étant devenu régisseur d'un domaine à Blérancourt, il fit à *Soissons* au Collège des Oratoriens ses études, qu'il termina peu avant la Révolution. Député de l'Aisne à la Convention ; membre influent du Comité de Salut public, etc. Mort sur l'échafaud, avec Robespierre, en 1794, à 27 ans.

métaphysiques, de dépouiller tout ressentiment de terroir » et finalement, « pour les pauvres de son pays, parmi lesquels Soissons a versé des sommes considérables dans les temps d'infortune et de calamité », de se prononcer en faveur de cette dernière ville, à laquelle il donnerait son vote. L'assemblée applaudit à l'expression de ces sentiments de généreuse franchise (1).

L'orateur suivant, délégué de Neuilly-Saint-Front, ne recueillit pas une égale approbation en développant une proposition qu'il croyait de nature à concilier les deux camps, mais que ni l'un ni l'autre n'acceptèrent : elle tendait à l'admission de l'alternat entre les villes concurrentes.

À tout ce qui avait été longuement exposé de nouveau aux électeurs afin de les décider à se prononcer pour Soissons, M. Lebrun

(1) « M. de St-Just — nota De Bry, secrétaire — a prononcé un discours « applaudi par l'assemblée et qu'elle a réclamé pour être joint à son procès-verbal. « M. de St-Just, cédant a ce vœu, a déposé son discours à l'éfet ci-dessus, après « l'avoir signé et présenté à M. le Président qui l'a cotté et paraphé ». Quand devenus collègues à la Convention ils ne siègeaient plus sur les mêmes bancs, durant la Terreur, Saint-Just puissant et redoutable semble n'avoir point oublié vis-à-vis de De Bry cette elogieuse mention de son premier succès politique. Voici d'ailleurs comment lui-même le relata dans une lettre adressée, le 3 juin 1790, a Camille Desmoulins, dont la célébrité fascinait son ambition : « Si vous étiez moins occupé, j'entrerais dans quelques détails sur l'assemblée de Chauny ou se sont trouvé des hommes de touttes trempes et de tout calibre. Malgré ma minorité, j'ai été reçu..... Vous avez su avant moi que le département était définitivement à Laon. Est-ce un bien, est-ce un mal pour l'une ou l'autre ville ? Il me semble que ce n'est qu'un point d'honneur entre les deux villes, et les points d'honneur sont très peu de chose presqu'en tout genre. Je suis monté à la tribune. J'ai travaillé dans le dessein de porter le jour dans la question du chef-lieu ; mais je ne.. .. *(mot illisible)* rien ; *je suis parti chargé de compliments comme l'âne de reliques, ayant cependant cette confiance qu'à la prochaine législature je pourrai être des vôtres à l'assemblée nationale.*

« ... Je suis libre à l'heure qu'il est. Retournerai-je auprès de vous ou resterai-je parmi les sots aristocrattes de ce pays-ci ? Les paysans de mon canton étaient venus alors de mon retour de Chauny me chercher à Manicamp. Le Comte de Lauraguais fut fort étonné de cette cérémonie rusti-patriotique. Je les conduisis chez lui pour le visiter. On nous dit qu'il est aux champs et moi cependant je fis comme Tarquin : j'avais une baguette avec laquelle je coupai la tête à une fougère qui se trouva près de moi sous les fenêtres du château, et sans mot dire nous fîmes volte-face.

« Adieu, mon cher Desmoulins, si vous avez besoin de moi, écrivez-moi.... Adieu encore, gloire, paix et rage patriotique. [*Signe*] : SAINT-JUST. »

Tout Saint-Just est déjà dans cette lettre. Le « Cher Desmoulins » d'alors en eut-il quelque soupçon ? Arrêta-t-il un moment son esprit sur la sinistre réédition de la fougere tranchee ? — Deux ans plus tard, en effet, les deux jeunes « Enragés » se trouvaient ensemble à la Convention, entraînés dans l'orbe tortueux de Robespierre. Mais Desmoulins s'en détacha l'un des premiers et devint un « Indulgent » en politique, sinon en littérature. De sa plume spirituelle et mordante, il écrivit un jour que Saint-Just avait une si grande idée de

crut devoir répliquer pour le compte de Laon. L'assemblée fatiguée était devenue houleuse ; lui-même se laissa gagner par l'énervement. Revenant sur un point qu'il avait seulement effleuré le matin, il s'appesantit avec âpreté sur la question de la disette de l'an passé, parla de l'accaparement des grains opéré par les administrateurs soissonnais, des bénéfices réalisés par eux durant cette triste période et conclut en demandant à l'assistance de ne pas voter pour une ville « habituée à sucer le sang de la Province »!

Cette phrase qui peut-être dépassait la pensée de son auteur déchaîna une véritable tempête. A près de deux cents, les électeurs des districts de Soissons et de Château-Thierry, auxquels se joignirent quelques-uns de leurs collègues du canton de Blérancourt entraînés par Saint-Just, sortirent en masse de l'église Saint-

lui-même qu' « il regardait sa tête comme la pierre angulaire de la République, la portant sur ses épaules avec respect et comme un Saint-Sacrement » (Lettre à Arthur Dillon). La phrase transpira, arriva aux oreilles de l'implacable triumvir, qui — d'après une légende, car lui faisait des actes et non des mots — aurait répondu : « Moi, je lui ferai porter la sienne comme un Saint-Denis ! » En tous cas, quand Camille Desmoulins (de Guise) eut été arrêté, le 31 mars 1794, c'est sur un rapport foudroyant de son compatriote et ex-ami Saint-Just (de Blérancourt), qu'il s'entendit traduire devant la justice expéditive de « *son cher cousin* » Fouquier-Tinville (d'Hérouel, près Saint-Quentin). Son compte était bon ; le 5 avril, il montait à l'échafaud. Suivant le geste fait dans le parc du Comte de Lauraguais, la Terreur — sur la place de la Révolution — venait de couper la tête à cette *fougère* qui s'appelait la Clémence, oubliant que la tyrannie de Tarquin lui-même avait fini par sombrer : moins de six mois ensuite Robespierre et Saint-Just étaient guillotinés.

PLANCHE XIII

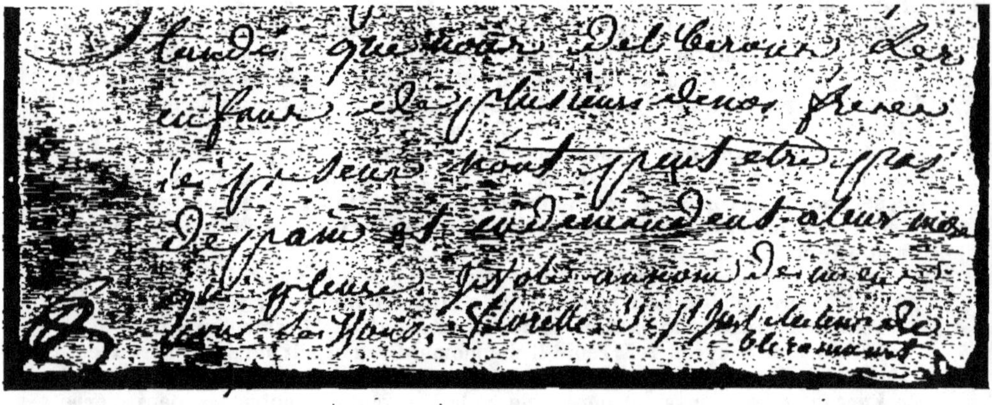

« Je vote...... pour Soissons » (FLORELLE DE SAINT-JUST, électeur de Blérancourt).

[Arch. départ. Aisne]

Martin et se réunirent ailleurs sur le champ pour rédiger une protestation motivée à l'adresse du Comité de Constitution. Une députation extraordinaire de quatre d'entre eux fut chargée de la porter à Paris et de s'employer à la faire aboutir.

Dans un indescriptible brouhaha, la discussion relative à l'affaire du chef-lieu fut déclarée close par l'assemblée sur ces entrefaites, et l'on décida de procéder au scrutin ; il était alors six heures du soir. Les appels, le vote, les contre-appels, le dépouillement demandèrent encore quatre heures de temps. A dix heures la séance fut enfin levée, après la proclamation du résultat qui, pour quatre cent cinquante votants (sur six cent quarante-cinq assistants), donnait *quatre cent onze* voix à Laon, contre *trente sept* à Soissons, plus un bulletin blanc et un autre pour l'alternat. Réveillés par le son des cloches et par le bruit du canon, les habitants de Chauny apprirent que les décisions administratives leur viendraient à l'avenir de Laon et non plus de Soissons, comme depuis deux cents ans.

Malgré leurs démarches et leurs réclamations, les électeurs des districts du sud n'avaient plus aucune chance en effet de voir leurs espérances se réaliser, après un vote accordant à Laon une majorité aussi forte. Vainement leurs mandataires et leurs représentants directs contestèrent-ils l'importance décisive de ce scrutin, en disant qu'il était le résultat d' « un mouvement de sédition suscité par des discours incendiaires », « le fruit de l'adresse et des passions », l'expression du « vœu de la haine et non de l'intérêt général » ; en invoquant aussi certaines petites irrégularités de procédure, telles que : le mutisme du procès verbal de l'assemblée électorale, sur les faits de violence morale qui avaient provoqué la sortie en masse et l'abstention d'une grande partie de ses membres — le refus par cette asssemblée d'admettre leur protestation subséquente — et l'acceptation par le bureau de bulletins remplis, distribués à l'avance.

Les députés de Laon qui, à Paris, surveillaient de fort près les suprêmes agissements de leurs rivaux, eurent beau jeu pour répondre au « torrent d'inexactitudes et de calomnies, par lequel un essaim de ces derniers cherchait de tous côtés à persuader que les suffrages des électeurs de Chauny avaient été entraînés par une voie illicite et séditieuse » ; il leur suffit de faire valoir que si les deux tiers de ces électeurs votèrent pour Laon, cela s'expliquait aisément « *par la nature des choses*, en dehors de tout ce que Soissons appelait l'*effet d'une politique coupable,* attendu, en deux mots, que les deux tiers du département en superficie et en population étaient plus rapprochés de Laon que de Soissons ».

Ce fut M. de Cernon, Commissaire-adjoint, qui se chargea d'exposer l'affaire au Comité de Constitution d'abord, puis devant l'Assemblée Nationale. « En consultant les électeurs, pour sortir d'incertitude sur la préférence à accorder aux raisons invoquées par les deux villes en différend, il avait été préjugé qu'on s'en rapporterait à leur vœu ; étant donnée la centralité de Laon, c'était par condescendance pour Soissons, afin de lui prouver combien en toute circonstance elle entendait protéger toutes les parties de l'empire, que l'Assemblée avait cherché dans cette consultation un motif de se décider en sa faveur ; un procès-verbal dont la forme paraissait inattaquable contenait ce vœu, sa ratification ne pouvait donc qu'être proposée » : ainsi conclut le Comité. En conséquence, à la séance publique du 2 juin 1790, M. de Cernon soumit au vote de ses collègues le projet de décret suivant, contre l'adoption duquel aucun orateur ne semble s'être élevé :

« *L'Assemblée Nationale, conformément à l'avis du Comité de*
« *Constitution, confirme la délibération des électeurs du département*
« *de l'Aisne du 20 mai dernier, et décrète que l'assemblée de ce dépar-*
« *tement se tiendra dans la ville de Laon* »

Quatre jours après, le 6 juin, ce décret recevait la sanction du Roi et était aussitôt transmis à ses Commissaires, en leur « mandant et ordonnant de tenir la main à son exécution ». Dans la matinée du lundi suivant, 14 juin, les nouveaux administrateurs, élus par l'assemblée de Chauny, se réunissaient donc « en l'une des salles de l'Abbaye de Saint-Jean de la Ville de Laon, local provisoirement indiqué pour la tenue de leurs séances ». Aussitôt que le bureau d'âge eût été installé, M. Blin de la Chaussée, avocat à Soissons, ancien Procureur-syndic de l'Administration provinciale du Soissonnais, Commissaire du Roi, débuta dans les fonctions de Procureur-Général-syndic du département auxquelles il avait été nommé à Chauny, en venant — le cœur un peu serré, peut-on croire — déposer sur le bureau la proclamation royale fixant à Laon le Chef-lieu, et requérir qu'elle soit « de suite imprimée puis adressée tant aux corps administratifs des six districts qu'à toutes les municipalités, pour la faire lire, enregistrer, publier et afficher, afin que personne n'en prétende cause d'ignorance ».

La Montagne avait victoire gagnée sur la Plaine.

*

Chauny reste chef-lieu provisoire... définitivement.
Coucy obtient le siège du tribunal ; La Fère est délaissée.

Après l'assemblée générale des électeurs du département tout entier, à Chauny, des réunions partielles de ces mêmes électeurs se tinrent au chef-lieu de chaque district pour la nomination des administrateurs propres à ces subdivisions.

Les assemblées spéciales des districts provisoires de Guise et de Chauny devaient de plus exprimer leur vœu sur la fixation définitive du siège de l'administration et sur le partage des nouveaux établissements entre les principales localités de leur circonscription.

Durant la réunion de Chauny, au cours des conférences particulières de ces groupes d'électeurs, cette seconde question fut agitée par anticipation. Toutes sortes de « mémoires » ou d'« avis » imprimés, répandus parmi eux, les avaient renseignés sur les prétentions de chaque ville intéressée et sur les arguments par lesquels elle prétendait les justifier.

Pour la subdivision de Chauny, où les établissements devaient être nécessairement séparés, la difficulté de s'entendre se compliquait — nous l'avons expliqué ci-devant — en raison du fait que cette circonscription renfermait *trois* villes dont la concurrence avait été admise, alors que l'existence de *deux* organes de district, l'un pour l'administration, l'autre pour la justice, était alors seule assurée ; même l'on ne savait pas encore au juste comment le second serait constitué. L'on parlait bien déjà de collèges nationaux, de juridictions consulaires, d'hospices généraux ; mais outre que leur création demeurait incertaine, l'on ne pouvait prévoir combien il y en aurait ni dans quels lieux on déciderait de les placer.

Les compétitions se concentrèrent donc autour de l'attribution du « district » ou du « tribunal ». L'importance urbaine de

Chauny, l'apparente supériorité que cette ville devait à sa désignation comme centre provisoire et à son choix comme siège de la première grande réunion électorale du département, ne permettaient pas à ses deux voisines d'espérer la déposséder complètement à leur profit. Mais certains de ses représentants (d'ailleurs hommes de loi) ayant laissé entendre qu'elle accepterait d'échanger le District contre le Tribunal, La Fère et Coucy réclamèrent l'un quelconque de ces établissements, chacune pour soi, avec exclusion de l'autre : Coucy, en alléguant principalement que La Fère retirerait toujours de la possession de ses immenses casernes et de son arsenal considérable des ressources supérieures à celles que pourrait procurer le fonctionnement d'une administration ou d'une juridiction d'ordre secondaire — La Fère, en prétextant notamment par la plume d'un de ses mandataires, pince-sans-rire lettré, qu'il convenait de réserver la hauteur de Coucy, afin de pouvoir y installer plus tard, dans les meilleures conditions d'influence physique et intellectuelle, un collège pour la jeunesse, « attendu qu'autrefois les Dieux habitaient l'Olympe et que Jupiter naquit sur le Mont Ida » !

Des vues officieusement échangées dans ces conciliabules préalables, une idée judicieuse finit par se dégager et par être admise dans l'assemblée particulière du district provisoire de Chauny, tenue le 26 mai 1790 « en la chambre du bailliage de ladite ville ». Après discussion, conformément à une motion de Labbey de Pompières (de La Fère), amendée par Carlier (de Coucy), cette assemblée conclut à ce que « Chauny restât provisoi-
« rement chef-lieu du district, jusqu'au moment où le nombre des
« établissements qui devaient résulter de la Constitution serait
« définitivement arrêté, sans néanmoins rien préjuger, car les
« électeurs n'avaient nullement approfondi les motifs capables de
« déterminer la fixation des chefs-lieux en faveur d'aucune des
« trois villes. » Cette décision d'ajournement était aussi logique que le maintien du *statu quo* était sage. On avait de la sorte respecté l'esprit du décret organique, évité des débats imprécis et conjuré des froissements certains.

Mais, en France, le provisoire est presque toujours définitif. Partout, d'autre part, les suggestions de la sagesse et de la raison ne résistent pas longtemps aux poussées de l'ambition ni aux exigences de l'intérêt ; aussi chacune des trois villes en cause, agissant isolément, ne tarda-t-elle pas à renvoyer au Comité de Constitution des « supplications » et à refaire auprès de lui des démarches, pour obtenir de sa préférence une décision de l'Assemblée Nationale, la dotant sans rémission de l'un des deux établissements actuels.

En dépit des revendications formulées par ses voisines, *sans d'ailleurs que nul décret nouveau ne soit jamais intervenu* pour régler définitivement le cas du *chef-lieu administratif* du district de Chauny, cette ville en acquit donc bientôt le bénéfice inaliénable, par la seule puissance de l'habitude prise et d'une installation effectuée.

Par voie de conséquence principalement, malgré son propre désir d'être un siège de justice plutôt que d'administration, il arriva ensuite à Chauny — comme ayant déjà le chef-lieu du district — de voir attribuer *en partage* le tribunal à Coucy, par un décret du 19 août 1790.

Cette désignation faite *d'office*, sur la proposition du Comité de Constitution, souleva des protestations surtout de la part de La Fère qui, se trouvant délaissée, oubliait qu'elle-même avait envié le sort de Coucy. Elle eut beau faire remarquer que les électeurs de la circonscription ne s'étaient point prononcés, ceux-ci également tentèrent bien d'obtenir une nouvelle consultation sur la répartition des établissements, « le tribunal du district de Chauny, séant à Coucy » entra en fonctionnement, le temps passa et tout fut dit. La Fère dut se contenter de n'être qu'un chef-lieu de canton et de justice de paix, réputé comme place militaire, car la demande d'un siège de juridiction commerciale dans ses murs, qu'elle fit l'année suivante, n'eut pas plus de succès que les précédentes.

— Labbey de Pompières (G.-X.) né à Besançon en 1751. Ancien officier à La Fère ; conseiller de préfecture de l'Aisne, puis député du département (1800-1831) ; mort à Paris en 1831 (V. supra p. 68, note 3, certaines indications complémentaires).

— Debry (J.-A.-J.), né à Vervins en 1760. Administrateur du département ; député de l'Aisne à l'Ass. Législative, à la Convention, au Conseil des Cinq-Cents ; l'un des trois plénipotentiaires français au Congrès de Rastadt, en l'an VI et VII, le seul échappé au massacre du retour ; membre du Tribunat ; préfet du Doubs et du Bas-Rhin ; exilé sous la Restauration ; mort à Paris en 1834.

II. Quelques futurs HOMMES POLITIQUES du département qui débutèrent aux assemblées électorales de mai et de juin 1790.

GUILLAUME-XAVIER LABBEY DE POMPIÈRES (*)
Electeur de La Fère à l'assemblée de Chauny
D'après un médaillon de DAVID D'ANGERS (quarante ans plus tard, 1829

JEAN-ANTOINE-JOSEPH DEBRY (*)
Electeur de Vervins, Secrétaire de l'assemblée de Chauny
Portrait exécuté au physionotrace, par FOUQUET et CHRÉTIEN (1791

(*) V. ci-contre p. 350 leurs notes biographiques.

Vervins passe chef-lieu.

Guise obtient le siège judiciaire, puis le perd un peu plus tard. Manifestations, soulèvements, intrigues et cabales.

Un exposé vraiment rempli de la seconde partie de l'âpre lutte engagée entre Guise et Vervins, exigerait pour le moins un chapitre entier ; c'est dire que les quelques pages suivantes ne vont en donner qu'un aperçu, relatant seulement les faits les plus saillants (1).

Bien avant le mois de mai, les populations de la région nord-est du département se passionnèrent pour la question des chefs-lieux de cette contrée. Les « Observations » de Guise contre les prétentions de sa rivale et les « Considérations impartiales » de Vervins rédigées en réplique par Jean Debry, avaient été colportées dans les campagnes ; presque partout des pétitions d'habitants avaient circulé et des délibérations municipales avaient été prises : bref toute la Thiérache se trouvait déjà en rumeur.

Les assemblées primaires de ce pays s'en étaient ressenties. Dès leur arrivée à Chauny, il y eut donc de la discorde parmi les électeurs du district, maintenus par leurs dirigeants en deux groupes compacts, dont l'un comprenait les partisans de Guise et l'autre, visiblement plus important, ceux de Vervins. Leur antagonisme se manifesta si vivement qu'au lendemain de l'ouverture de l'assemblée générale, les Commissaires du Roi jugèrent prudent d'appuyer avec force, auprès du Comité de Constitution, la demande soutenue par le second groupe, tendant à faire tenir ultérieurement l'assemblée particulière de ce district soit à Chauny, soit dans toute autre ville neutre, plutôt qu'à Guise même, « étant à craindre qu'il ne se produisît là des querelles pouvant avoir des suites fâcheuses. » L'évènement devait leur donner raison.

Le rapport des Commissaires était si catégorique qu'aussitôt sa réception M. de Cernon proposa à l'Assemblée Nationale un projet de décret conforme à leur avis. Deux députés laonnois tout acquis au parti de Vervins de qui émanait la réclamation d'un lieu neutre, MM. Ogé et L'Eleu de la Ville-aux-Bois, intervinrent dans le même

---

(1) Cf. pour quelques renseignements complémentaires, les ouvrages cités p. 133, note 1 ; nous croyons cependant devoir ajouter que nous ne saurions confirmer toutes les appréciations de M. Matton, trop influencées par un seul son de cloche.

sens ; mais de Viefville des Essars protesta énergiquement, « répondant sur sa tête » que l'ordre et la sécurité seraient garantis dans Guise. L'Assemblée estima qu'il n'y avait pas lieu de délibérer. (Séance du 19 mai 1790).

En conséquence les électeurs du district provisoire de Guise se réunirent *à Guise*, dans l'auditoire de l'hôtel de ville, à partir du 4 juin suivant. Sans incident notable antérieur, la discussion de l'affaire du chef-lieu administratif occupa les séances de l'après-midi du 6 et de la matinée du 7 de ce mois ; elle paraît y avoir été menée courtoisement. MM. de Viefville, maire et Duchâteau, procureur, pour Guise, et Jean Debry pour Vervins, furent les principaux avocats de leurs villes respectives. Au dépouillement du scrutin la seconde obtint *soixante-dix* suffrages et la première *soixante* seulement.

A l'annonce que « le district était à Vervins par dix voix de plus qu'à Guise » le peuple de cette dernière ville, massé vers midi aux abords de la mairie, attendant fiévreusement le résultat du vote, « entra en agitation ». Il y eut dans la rue des protestations bruyantes, des mouvements tumultueux, qui gagnèrent l'intérieur de l'hôtel de ville et mirent le branle-bas dans l'assemblée. Avant que le bureau eût pu achever sa besogne et mettre au point ses notes de procès verbal, la séance se trouva levée.

L'action des officiers municipaux, de la milice bourgeoise et du détachement de hussards « en quartier », calma les manifestations et dispersa les attroupements ; dans le courant de la journée le calme était rétabli sur la voie publique.

Quel fut au juste le caractère de ces premiers troubles ? Du côté de Guise on les a représentés comme ayant eu fort peu d'importance et du côté de Vervins comme en ayant eu beaucoup. Admettons, par transaction, qu'ils avaient été assez sérieux pour paraître risquer de devenir plus graves. Une sorte de panique s'empara en effet d'un certain nombre d'électeurs du Vervinois et les fit regagner en hâte leurs domiciles, semant par les villages la nouvelle d'une inquiétante effervescence survenue dans Guise, qui avait interrompu leurs délibérations.

Vers le soir, la municipalité de Guise fit prévenir les membres de l'assemblée, qu'ils pouvaient reprendre séance. A sept heures — au lieu de deux heures de relevée, selon l'habitude — une deuxième réunion, fut donc tenue, mais en raison des départs qui venaient d'avoir lieu, les vervinois s'y retrouvèrent en minorité par rapport aux guisiens. Profitant aussitôt de la situation, ceux-ci firent décider l'annulation des opérations effectuées à la séance du matin, sous le prétexte qu'il n'en avait pas été dressé un procès verbal régulier. On recommença par suite le scrutin dans la matinée du lendemain, 8 juin. Cette fois Guise obtint *soixante-douze* voix et Vervins *deux* en tout, les autres partisans de cette ville s'étant abstenus de venir ou de voter : Guise fut proclamée par le président chef-lieu du district. Une autre épreuve, par un résultat analogue au précédent, lui attribua de plus la réunion des établissements ; puis le choix des administrateurs fut renvoyé à la séance de l'après-midi.

Cette séance n'eut pas lieu. Au moment où elle allait commencer, on apprit tout-à-coup qu'une foule armée, venant de la direction de Vervins, marchait sur Guise et n'en était plus qu'à une faible distance ; elle ne voulait rien moins, disait-on, que « saccager la ville et brûler ses faubourgs, si on ne relâchait pas les électeurs que les guisards tenaient à leur merci ». On juge de la surexcitation que provoqua ce fait exact.

Enflée de bouche en bouche, après avoir été répandue par des messagers ou transmise par les électeurs partis précipitamment de Guise, la rumeur des évènements qui venaient de s'y produire et du danger que couraient sans doute les autres électeurs, « leurs frères et amis » demeurés en cette ville murée, avait mis en émoi les citoyens des campagnes, d'autant plus qu'elles avoisinaient davantage Vervins, dont la population s'inquiéta fort et s'agita à son tour. La garde nationale fut immédiatement mise en route et le secours de celle de Laon fut réclamé. Cela se passait dans la soirée du 7 juin, tandis que des villages environnants certains rassemblements partaient, sonnant dans la nuit l'alarme sur leur passage et se grossissant de nouvelles recrues chemin faisant, jusqu'à leur arrivée, au début de l'après-midi du lendemain, à une demi-lieue de Guise, où ils s'arrêtèrent en troupe imposante (1).

---

(1) Il ne nous a pas été possible d'évaluer même approximativement l'importance de cette troupe, les documents contemporains variant entre *trois* mille et *quinze* mille hommes ! Le premier de ces chiffres est peut-être déjà exagéré.

La petite place se mit sur la défensive ; elle fit prendre les armes à sa propre garde nationale, puis des pourparlers furent engagés avec les assiégeants. Suivis des électeurs du Vervinois, le président et le secrétaire de l'assemblée électorale vinrent leur fournir des explications, à la suite desquelles ils ne tardèrent pas à rebrousser chemin, en compagnie des électeurs de la contrée, sans se livrer à aucune voie de fait ni se rencontrer avec une autre troupe accourue de la région opposée au secours de Guise. Dans la matinée du 9 juin, après une absence de trente-six heures au plus, tout le monde était rentré chez soi, sain et sauf sinon calmé ; mais les opérations du district se trouvaient interrompues.

Les manifestants restèrent plus ou moins convaincus qu'ils avaient sauvé leurs électeurs d'un péril certain. Ceux-ci en arrivèrent eux-mêmes à le penser aussi. Il parvint en effet à l'Assemblée Nationale une relation de ce qui s'était passé, signée par 51 d'entre eux, dans laquelle les faits étaient présentés sous les plus noires couleurs, en termes enflammés et vindicatifs, réclamant du pouvoir une sanction sévère ; relation qu'appuyèrent immédiatement des délibérations *d'une facture uniforme*, envoyées par de nombreuses municipalités du rayon de Vervins, pour dénoncer « les violences qui ont été exercées dans Guise contre les électeurs et qui ont manqué de faire couler le sang », « l'attentat porté par les habitants de cette ville aux décrets de l'Assemblée Nationale et aux droits sacrés des gens » ; pour demander la punition de « l'outrage incroyable fait par Guise à la nation, dans la personne de ses représentants » ; pour obtenir enfin que la nouvelle assemblée nécessaire fût réunie dans un lieu neutre.

Saisi de cette affaire, le Comité des Rapports demeura très impressionné par de telles déclarations, en dépit de ce que put lui dire la délégation guisienne venue à Paris pour soutenir la validité des derniers scrutins favorables à sa cause. Au nom de ce Comité, Giraud Duplessix (député de la sénéchaussée de Nantes) fit à la séance de l'Assemblée du 16 juin 1790, un exposé où il était encore parlé d' « électeurs menacés » à Guise, de « victimes désignées », d' « atrocités annoncées », par lequel il conclut à une demande d'information contre les auteurs et fauteurs de tels excès et à la tenue d'une autre réunion électorale *à Marle*, afin de décider par un vote si Vervins avait bien été choisi comme chef-lieu lors du premier scrutin. De Viefville des Essars s'efforça de défendre ses compatriotes, disant — avec raison — que les troubles en question, fort exagérés, n'avaient eu aucun caractère de menaces envers les électeurs. Avec beaucoup moins de justesse, il prétendit démontrer que le premier scrutin (en faveur de Vervins) était nul, faute d'un procès-verbal, et que le second (au profit de Guise) était le seul régulièrement acceptable. Son intervention amena à la tribune le magistrat Fréteau (député du bailliage de Melun), qui se montra plus précis que son collègue Giraud, et — on doit le dire — plus équitable. Le défenseur de Guise, fit remarquer Fréteau, sans contester que le premier vote eût donné la majorité à Vervins, alléguait seulement qu'il n'avait pas été officiellement constaté : or, ce n'était pas par suite d'un fait imputable aux vervinois ; ce vote devait donc être homologué. Cette proposition fut adoptée de préférence à celle du rapporteur, sous la forme suivante :

« *L'Assemblée Nationale, après avoir entendu son Comité des Rap-*
« *ports* (1), *décrète que la délibération prise le 7 juin au matin, dans*
« *la ville de Guise, pour fixer définitivement à Vervins le chef-lieu du*
« *district est et demeure confirmée;..... déclare nulles les délibérations*
« *subsequentes ; ordonne que les électeurs du district se retireront dans*
« *la ville de Marle, à l'effet d'y délibérer sur la réunion ou le partage*
« *des autres établissements, sur la nomination des administrateurs du*
« *district et autres objets y relatifs.....* » (Décret du 16 juin 1790, sanctionné par le Roi le 23 du même mois).

Guise avait perdu la première manche. Elle devait gagner la prochaine.

Le 6 et le 7 du mois de juillet suivant, sous la direction et la surveillance de deux administrateurs départementaux (MM. De Crouy et Prudhomme), les séances de l'assemblée de Marle eurent lieu dans l'ordre et le calme. Dès le premier jour, par 81 voix contre 47, on y décida que les établissements seraient réunis *dans Vervins*. Cette importante majorité paraît avoir été obtenue grâce à un courant d'opinion habilement provoqué par Debry, en faveur de la création d'un *septième* district spécialement pour Guise. Ce vœu, d'une assez invraisemblable réalisation, fut en effet voté le

---

(1) Exceptionnellement, en raison des incidents survenus, c'est donc sur une proposition de ce Comité spécial, et non sur celle du Comité de Constitution, que cette question fut reglée.

lendemain, puis politiquement appuyé par l'assemblée départementale trois jours après (le 10 juillet), afin de ramener un peu de tranquillité dans ce district qui venait de traverser une période d'agitation intense.

Vervins allait-elle donc supplanter entièrement sa rivale? Tout permettait désormais de le croire. Mais comme bien l'on pense, Guise ne manqua point, après ce nouvel échec électoral, d'insister plus que jamais auprès du Comité de Constitution pour qu'il ne la laissât pas anéantir et pour qu'il lui conservât au moins le siège judiciaire de sa circonscription. Elle réussit à faire prendre en considération ses « Observations » éplorées. Le 19 août, Gossin rapporteur conclut en effet qu' « il avait semblé juste au Comité de donner le tribunal à Guise », plutôt qu'à Vervins « qui était déjà chef-lieu de district », de manière à ne « nuire aux intérêts légitimes ni de l'une ni de l'autre de ces villes, dont les prétentions opposées avaient été examinées avec la plus grande attention ». L'Assemblée Nationale ratifia cette proposition, sans vouloir admettre les réclamations pressantes de certains députés laonnois au profit de Vervins : celle-ci, à son tour, perdit de la sorte, par voie d'autorité, la seconde manche (1). La partie lui échut toutefois au coup suivant, joué un peu plus tard.

En négligeant le vœu des électeurs, Gossin avait à coup sûr été guidé par un sentiment d'impartialité et par une intention d'apaisement ; ce fut en vain. Guise ayant gardé quelque chose, se consola de n'avoir plus tout, mais la rivalité des deux villes n'en persista pas moins. Divers évènements l'entretinrent.

Ainsi, lors de la création des juridictions consulaires, derechef presque tous les chefs-lieux en réclamèrent une. Les tribunaux de commerce ne devaient pas être aussi nombreux que les tribunaux civils et criminels ; par suite la situation topographique des localités influa quelquefois sur la fixation de leur emplacement. L'importance particulière de Saint Quentin, comme centre de négoce industriel, et de Soissons, comme marché agricole, en exigeait un dans chacune d'elles, le premier pour la région nord-ouest, le second pour la partie centrale et méridionale du département.

---

(1) C'est également par ce décret du 19 août 1790 que Coucy obtint le tribunal du district de Chauny, et que Soissons, Laon, St-Quentin et Château-Thierry eurent celui du leur.

Nonobstant la demande de Guise (à ne retenir que celle-là, parmi plusieurs autres d'aussi peu de mérite intrinsèque), on décida donc de placer le troisième tribunal de commerce *à Vervins*, quoique cette ville fût « peu marchande », sans doute en raison de sa position au nord-est du département (Décret du 11 janvier 1791) (1). Cela constitua pour elle un succès nouveau, avant coureur de sa victoire finale.

Deux années se passèrent cependant, durant lesquelles l'attitude réciproque de Vervins, chef lieu administratif, et de Guise, chef-lieu judiciaire, se modifia quelque peu. L'on ne vivait plus autant comme chien et chat, mais on se regardait toujours en chiens de faïence. Un jour vint où la querelle se ranima, sous l'effet de circonstances d'ordre parlementaire. A l'Assemblée Nationale, Guise avait eu un soutien personnel, dévoué, actif et assez influent en la personne de De Viefville des Essars. On sait que les Constituants crurent devoir se fermer à eux-mêmes les portes de l'Assemblée suivante ; ce député n'en fit donc pas partie. Des représentants de l'Aisne à la Législative, ceux qui émanaient du district étaient originaires, l'un de Guise : (Jean-François) Belin, propriétaire-cultivateur, et l'autre de Vervins : l'avocat Jean Debry. Or, l'on n'ignore pas non plus quelle place obscure et muette, le premier occupa pendant cette législature, ni par contre quel rôle ascendant son collègue y joua, en second plan, comme orateur révolutionnaire et comme politicien ardent, membre des principales commissions, auteur écouté de maintes propositions. Tous deux furent réélus à la Convention, les 4 et 5 septembre 1792, dans les nefs de la Cathédrale de Soissons. Les chauds scrutins législatifs et administratifs de cette période ravivèrent le feu couvant des vieilles discordes. Réunis dans l'église de Vervins, quelques jours après (le 17 septembre), les électeurs locaux réitérèrent, à l'instigation de Debry, fort de son crédit acquis et conscient de la faveur des circonstances, leur ancien vœu, tendant à la réunion des établissements au chef-lieu du district. Battant le fer tout brûlant, le nouveau conventionnel sollicita *lui-même*, dès l'une des premières séances de l'Assemblée, l'homologation de ce

(1) Ce même décret créa le tribunal de commerce de Soissons ; celui de St-Quentin avait été officiellement établi le premier, par un décret antérieur du 30 octobre 1790.

vote. Sans discussion, sans sursis pour examen plus approfondi de la question, sa demande fut admise d'emblée en ces termes :

« *La Convention nationale décrète, sur la motion d'un de ses* « *membres, que l'opération faite par l'assemblée électorale du district* « *de Vervins, relative à la translation du tribunal de ce district* « *et à son remplacement en cette dernière ville, est confirmée* ». (Décret du 10 octobre 1792).

Par la brusque conquête de cette décision un peu rude, tous les établissements principaux du district, ceux de l'administration et de la justice civile, correctionnelle ou commerciale, étaient maintenant passés à Vervins, triomphante à l'instar de Laon, sa partenaire. Guise était décapitée, vaincue — comme Soissons, son alliée des premiers jours, l'avait été précédemment — par cette loi d'airain qu'est la loi du nombre appliquée d'absolu.

Victimes du même sort, quelques tentatives qu'ils aient faites aux changements ultérieurs de régime politique, ces deux derniers anciens chefs-lieux ne se sont jamais relevés de leur défaite d'alors.

§ 2. — Modifications diverses demandées, projetées ou survenues de 1790 a nos jours.

De 1790 à 1795 : Création de deux nouveaux cantons ; Vervins devient le seul chef-lieu du district.

Dès que la constitution du département fut connue, il s'éleva de divers côtés des réclamations d'ordre secondaire assez nombreuses ; tel chef-lieu de canton se plaignait du district dans le ressort duquel on l'avait placé et demandait son transfert dans un autre ; tel village se récriait parce qu'on l'avait rattaché à un centre avec lequel il n'avait jusque là que peu ou point de relations ; tel petit bourg protestait contre le choix de son voisin comme chef-lieu du canton et faisait pétitionner les communes de son entourage ; etc.

Quelques autres requêtes plus importantes, en ce sens qu'elles impliquaient une modification de la forme générale du département et du nombre de ses subdivisions, furent également présentées. C'est ainsi — sans parler de diverses candidatures à une nouvelle circonscription cantonale — qu'au vœu émis en faveur d'un district qui fût propre à Guise, à établir entre ceux de Saint-Quentin et de Vervins (vœu auquel nous avons déjà fait allusion), vint s'ajouter la pétition du bourg d'Aubenton pour la création à son profit d'un autre district dont il sollicitait la réunion au département des Ardennes (1). C'est ainsi également que le canton de Neufchâtel tout entier manifesta le désir d'être incorporé au département de la Marne, parce que ses municipalités étaient en rapports d'affaires constants avec Reims, ville plus rapprochée et beaucoup plus facilement accessible pour elles que Laon (2).

Quantité de réclamations semblables affluèrent de partout au Comité de Constitution, qui se fit une règle de ne pas les examiner sans l'avis préalable des administrations départementales. A sa suite l'Assemblée Nationale eut la sagesse de laisser toutes les querelles de clocher s'user avec le temps et de ne rien faire qui pût éveiller de nouvelles jalousies ou alimenter l'agitation. Pour éviter de « rejeter le royaume dans un dédale de contestations », elle se refusa (le 15 octobre 1790, contrairement aux conclusions d'un rapport de Gossin) à adopter le principe de la réduction des districts, proposé par motif d'économie financière et dans l'intérêt d'une meilleure composition des administrations et juridictions locales devenues électives. Un peu plus tard même (le 14 juin 1791), l'Assemblée *décréta* le maintien des circonscriptions territoriales dans l'état où elles avaient été fixées tout d'abord, renvoyant «aux législatures prochaines » — aux calendes — « toutes les pétitions des communes en changement de départements, de districts et de cantons ». Les demandes de Guise, d'Aubenton et de Neufchâtel en restèrent donc là, ainsi que divers avant-projets de remaniement général de leurs cantons, que certains corps administratifs de l'Aisne avaient préparés, non sans peine, pour satisfaire aux prescriptions de l'Instruction du 12 août 1790 (3).

(1) Indépendamment de ses relations plus nombreuses et plus faciles avec Charleville et Mézieres qu'avec Vervins et Laon, le bourg d'Aubenton qui avait pris parti pour Guise, son ancien chef-lieu, contre Vervins, ne se souciait pas beaucoup tout d'abord de rester sous la dépendance de ce dernier, absolument nouveau pour lui.

(2) A propos de ces demandes diverses, voy. *Arch. nat.* D IV bis 3, 10 et 81.

(3) Imitant la prudence du Comité de Constitution, l'Administration départementale de l'Aisne s'etait refusee à délibérer immédiatement sur les différentes reclamations particulières qui lui parvinrent des son entrée en fonctionnement. Elle se réserva de statuer à leur sujet « lorsque l'ébranlement qui menaçait les municipalités, cantons et districts se serait manifesté genéralement et que la

L'établissement des justices de paix, par cantons, dès le courant de cette année 1790, eut cependant pour effet de porter de 63 à 65 le nombre de ceux du département ; l'un des deux nouveaux fut créé autour de *Mons-en-Laonnois*, l'autre dans *Soissons-ville* (1). A part cette légère et toute primitive modification, ces subdivisions inférieures, dont le groupement municipal devait acquérir de l'importance par la suite, conservèrent toutes assez longtemps, dans l'Aisne, leur cadre initial, quelque imparfait et « absolument hétérogène » qu'il fût (2).

Sauf — relativement aux chefs lieux et non plus aux circonscriptions — la réunion déjà mentionnée du siège administratif et du siège judiciaire du district de Vervins dans cette ville, en 1792, aucun changement appréciable ne fut apporté à la composition organique du département avant l'application de la Constitution dite de l'an III, c'est à-dire jusqu'à la fin de 1795.

De l'an III à l'an VIII (1795-1800) : Suppression des districts — Projet d'un département de la « Marne inférieure » — Rattachement du canton d'Orbais au département de la Marne.

Plusieurs réformes de la Constituante, assemblée monarchique, ont été révisées par la Convention, assemblée républicaine, en vue de leur adaptation aux idées nouvelles. L'organisation administrative fut du nombre et par contre-coup la division du territoire. Dans l'intérêt de l'unité et de l'indivisibilité de la République, le

commotion se serait ralentie », dans un travail « de revue et de refonte générale » dont elle n'avait pas encore pu rassembler tous les éléments ni s'occuper à la fin de 1791, et qui paraît n'avoir jamais été entièrement élaboré (*Proc. verb^x des seances de l'Adm^{on} du depart^t de l'Aisne*. 1790, p. 36 et 77 ; 1791, p. 340). Dès le mois d'octobre 1790, les administrateurs du district de Vervins avaient cependant terminé la révision de leurs cantons et établi un projet complet de retouche. (*Arch. nat.* F² I, 453).

(1) Le canton urbain de Soissons résulta du décret du 29 octobre 1790 ; cette ville resta toutefois le chef lieu de sa circonscription rurale antérieure, maintenue telle quelle. — Le canton de Mons en-Laonnois, à l'inverse, fut organisé par simple décision administrative et composé de la plupart des communes de la primitive circonscription rurale de Laon ; les quelques autres furent réparties entre les cantons ruraux voisins, la ville de Laon continuant de former à elle seule un canton urbain. M. Matton, dans son *Dictionnaire topographique*, dit que le canton de Mons en Laonnois, créé d'après lui au début de 1790, aurait été « supprimé l'année suivante et uni à celui de Laon ». C'est tout le contraire ; d'ailleurs ce canton figure encore dans le Tableau annexe à la loi du 28 pluviôse an VIII (13 février 1800), à côté de celui de Laon.

(2) Qualification d'Aubry Dubochet dans un rapport officiel de l'an VIII. — A peine opéra-t-on certaines rectifications de limites, en faisant passer administrativement quelques rares villages ou hameaux d'un canton dans un autre.

Comité de Constitution proposa de supprimer les districts. Cette opinion préconisée par Condorcet (alors député de l'Aisne) — que Mirabeau avait autrefois soutenue — fut vivement critiquée par plusieurs membres, notamment par Michel Edme Petit (autre député de l'Aisne). Après une longue discussion, la triple répartition en départements, districts et cantons, établie par l'Assemblée Nationale, fut maintenue (Séance du 21 mai 1793).

Lors de la discussion de la Constitution qui porte le nom de Constitution de l'an III et la date du 5 fructidor de cette année (22 août 1795), la même motion fut reproduite sous prétexte de donner au pouvoir exécutif central et local une action plus rapide et d'enlever aux petites villes une prééminence souvent funeste aux campagnes, etc. Plus heureux que la fois précédente, le Comité de Constitution parvint à faire adopter ses vues par la Convention ; les districts disparurent de la nomenclature subdivisionnaire du territoire : il n'y eut plus que des *départements*, administrés par une commission de cinq membres seulement, et des *cantons*, dont la gestion fut remise à des « municipalités de canton » formées par la réunion des agents municipaux de chaque commune. On conserva aux cantons leurs circonscriptions actuelles, mais en prévoyant la possibilité de les modifier de telle sorte seulement que la commune la plus éloignée ne fût pas à plus d'un myriamètre du chef-lieu.

Une tendance favorable à la diminution du nombre des cantons s'étant généralement manifestée, le ministre de l'intérieur invita les administrateurs départementaux, par une circulaire du début de l'an VI (7 frimaire — 27 novembre 1797), à lui faire connaître les changements et rectifications qu'ils jugeraient convenables. Ceux de l'Aisne, parmi lesquels nous retrouvons alors Aubry-Dubochet, qui fut à coup sûr l'auteur principal du travail demandé, répondirent (le 17 nivôse suivant — 6 janvier 1798) par l'envoi d'un projet de partage du département en *vingt-quatre* cantons ruraux (1), sans compter trois autres cantons exclusivement urbains, spéciaux aux

---

(1) Les chefs-lieux de ces 24 cantons, auraient été : Saint Quentin, Bohain, Ribemont — Vervins, Aubenton, Hirson, Le Nouvion, Réunion-sur-Oise (nom révolutionnaire de Guise de l'an II à l'an VIII, 1793-1800) — Laon, Craonne, Liesse, Marle, Montcornet — Chauny, La Fère, Coucy — Soissons, Braine, Vailly, Villers-Cotterêts — Château Thierry, Fère-sur Ourcq (en Tardenois), La Ferté Milon, et Montlevon (*Arch. nat.* F² I, 531).

villes de Laon, de Soissons et de Saint-Quentin dont la population dépassait 5.000 habitants. Ce projet très étudié signalait en outre l'opportunité de corriger sur divers points la configuration départementale, notamment par le rattachement du canton de Fismes (Marne) à celui de Braisne, dont nous allons avoir à reparler.

Le projet général de réduction des cantons que présenta le Gouvernement, d'après les propositions émanées des départements, vint en discussion devant le Corps législatif au début de frimaire an VII (Conseil des Cinq-Cents, séance du 3 frimaire — 23 novembre 1798). Quoique soutenu par plusieurs représentants, il ne fut pas adopté. L'Assemblée se prononça pour l'ajournement de cette réforme territoriale d'ensemble. Les circonscriptions cantonales subsistèrent donc encore telles que la Constituante les avait créées en 1790 ; elles survécurent même à la période révolutionnaire, passé le dix-huit brumaire de l'an VIII (9 novembre 1799) et connurent les premières années du nouveau siècle.

**

Deux projets particuliers intéressant la surface du département de l'Aisne, dont le premier avorta et le second aboutit, furent toutefois mis à l'étude entre temps. L'un et l'autre avaient été provoqués par le fonctionnement de la Constitution de l'an III.

L'application de cet Acte ne tarda pas à faire reconnaître les inconvénients de la suppression des organisations intermédiaires de district, par lesquelles nombre d'affaires étaient préparées ou résolues. En outre du retard apporté aux décisions administratives ou judiciaires, on constata un affaiblissement de l'action gouvernementale ; les lois ne s'exécutaient plus avec autant de promptitude et de précision qu'auparavant vers les confins de certains départements, dont l'unique chef-lieu restant — tel que LAON ou MELUN par exemple — se trouvait fort éloigné.

Dès l'an IV, l'on revint donc notamment à l'idée de créer entre ces dernières villes un département nouveau (Voy. p. 117, la combinaison Tellier-Devisme). Sous le nom de « Marne inférieure », ce département eût été formé aux dépens de ceux de l'Oise, de Seine-et-Marne et de l'*Aisne*, par le groupement des anciens districts de *Château-Thierry*, de Meaux, de Senlis et de Crépy-en-

Valois, avec MEAUX comme chef-lieu tout naturellement. Quelques cantons des districts voisins devaient y être également englobés. Enfin l'on se proposait de détacher de Corbeil (S.-et-O.) plusieurs communes qui avaient leurs habitudes à Melun (S.-et-M.), pour les réunir à ce centre. Il s'agissait donc de tout un remaniement des circonscriptions de cette région.

La complexité de ce projet compromit sa réussite ; le ministère de l'intérieur dut l'abandonner par suite de l'opposition ou de l'inertie de certaines des administrations locales consultées à son sujet (1).

L'autre question, née en l'an VI seulement, se régla au contraire assez vite ; elle était d'ailleurs plus simple et beaucoup moins importante. Par une pétition du 11 frimaire de cette année (1er décembre 1797), un certain nombre d'habitants, de fonctionnaires et d'officiers publics (juge de paix et notaires entre autres) du canton d'*Orbais*, situé à l'extrême sud de l'*Aisne*, exposèrent que « par l'effet d'une vicieuse habitude plutôt que par le calcul des convenances », en raison de ce qu' « avant la Révolution, il ressortissait aux ci-devants bailliage et élection de Château-Thierry, dans la ci devant Intendance du Soissonnais », ledit canton avait été maintenu dans ce département, bien que « sa position topographique l'attachât naturellement à celui de la Marne » et malgré que les relations commerciales de ses communes fussent de tout temps dirigées vers Sézanne exclusivement. Faisant ensuite ressortir « les obstacles à la réunion des citoyens pour les assemblées électorales, à la comparution des témoins et à l'assistance des jurés en matière criminelle », « les déplacements pénibles et coûteux », « la perte de temps considérable » dont était cause, pour les justiciables et pour les administrés du canton, la distance excessive de onze myriamètres qui séparait Laon d'Orbais — quand Châlons ne se trouvait qu'à cinq myriamètres et demi de ce bourg — cette pétition concluait à la distraction des huit communes de sa circonscription comprises dans le département de l'Aisne, et à leur adjonction en bloc au département de la Marne.

Le ministre de l'intérieur soumit l'affaire à une instruction régulière qu'il mena jusqu'au bout. Appuyée par l'administration

---

(1) Lettres du Ministre de l'Intérieur des 10 germinal et 4 messidor an IV (30 mars-22 juin 1796) à l'Administration départementale de l'Oise. *Arch. départ. Oise*, L m 7, d'après BAUMONT. *Op. cit.*

municipale du canton intéressé, la requête en question obtint ensuite l'adhésion de l'Administration départementale (alors présidée par Lecarlier), qui attesta la justesse des considérations exposées et reconnut que l'opération demandée procurerait de réelles facilités aux populations de ce canton reculé d'Orbais. Mais, pour des raisons analogues d'utilité publique, l'Administration de l'Aisne réclama, comme contre partie, l'annexion du canton de Fismes — dont elle avait eu naguère l'occasion de signaler la convenance — subordonnant la remise du territoire précédent à la reprise de celui-ci.

Saisie à son tour, l'Administration de la Marne n'admit pas cet échange. Si elle se montra prête à accepter l'incorporation (justifiée à son avis aussi) de la région d'Orbais, elle refusa de délibérer sur la disjonction de celle de Fismes, contre laquelle la municipalité du canton s'était énergiquement élevée. Une telle mutation lui avait paru tout à fait opposée à l'intérêt des administrés, qui, dans l'état actuel des communications, éprouveraient plus de difficultés pour se rendre à Laon, qu'ils n'en avaient pour aller jusqu'à Châlons. Au demeurant le nombre des communes groupées autour de Fismes atteignait alors le double de celles que renfermait la subdivision d'Orbais.

L'accord étant unanime sur les avantages du rattachement de cette subdivision à la Marne, le ministre de l'intérieur et le Directoire exécutif décidèrent de ne pas s'arrêter au vœu conditionnel émis par l'Aisne. Laissant de côté toute idée embarrassante d'une compensation territoriale à accorder, ils demandèrent au Corps législatif de sanctionner la simple modification des limites et des étendues respectives de ces deux départements. Leur avis fut adopté au début de l'an vii, à trois semaines d'intervalle, par le Conseil des Cinq-Cents et par celui des Anciens, en ces termes tranchants : « *Les huit communes formant le canton d'Orbais sont* « *distraites du département de l'Aisne et réunies, sous la même dénomi-* « *nation, au département de la Marne* » (Loi du 18 nivôse an vii — 7 janvier 1799.)

Par la remise de tous les titres et papiers officiels du canton détaché, faite en exécution de cette loi, à l'Administration centrale siégeant dans son nouveau chef-lieu, l'opération était achevée six semaines plus tard, à la fin de pluviôse. Ainsi fut gagné d'un côté et perdu de l'autre le petit triangle (d'environ cinq lieues superficielles) comprenant, en outre d'Orbais, les villages de Corribert, Corrobert, Margny, Verdon, la Ville-sous-Orbais, le Breuil et Suizy-le-Franc, qui, sauf ce dernier, dépendaient tous autrefois de

PLANCHE XIV

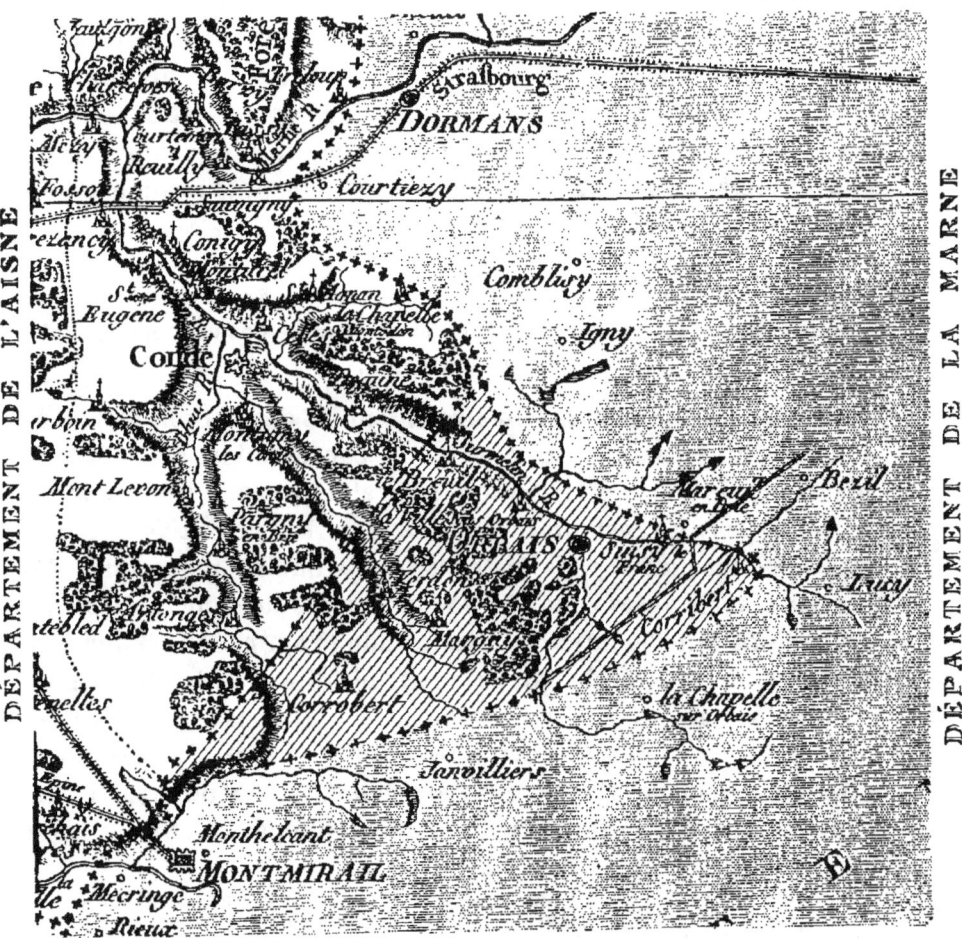

Le canton d'ORBAIS distrait en l'an VII (1799).
[Fragment légèrement agrandi de la carte de l'Aisne d'après l'*Atlas National* de 1791].

l'Intendance du Soissonnais et que les efforts du député Harmand avaient conservés au district de Château-Thierry, en 1790. (1)

(1) *Arch. nat.* F² 1, 453 et AD XVI, 18 — *Bibl. Soissons.* Coll. Périn, n° 226 du cat. Rapport de Grandmaison au Cons. des C.-C. — *Moniteur*, Séance du 18 nivôse an VII, Cons. des Anc. (Rapport de Saligny), et *Bull. des Lois*, 3ᵉ Sᵉ, n° 255. Ajou-

Cette légère amputation (la seule que le département de l'Aisne ait subie depuis sa création) lui aurait été vraisemblablement épargnée, si quelque incident de procédure eût par hazard retardé la solution de cette affaire, dont la conduite n'avait demandé qu'un peu plus d'une année. Le canton d'Orbais appartenait en effet au département de la Marne depuis neuf mois seulement, quand le général Bonaparte — aussitôt Premier Consul, puis le premier Empereur : « soldat heureux », comme avait été « le premier qui fut Roi » — réussit à son profit le Coup de Brumaire, et fit accepter d'emblée une nouvelle Constitution qui modifia les conditions du gouvernement de la France, transforma son organisation administrative et remania sa division territoriale.

De 1800 à nos jours : Subdivision du département en cinq « arrondissements » (1800) et en trente-sept cantons (1801). Son maintien.

La Constitution du 22 frimaire an VIII (13 décembre 1799), dans son article 1er, posa le principe de la conservation des départements et de leur distribution nouvelle par « *Arrondissements communaux* ». En restaurant, sous ce nom, les primitives circonscriptions secondaires de districts, on n'oublia point que, dès l'origine, mais après coup, les inconvénients de leur multiplicité en avaient fait souhaiter la diminution (Voy. p. 360). Pour l'application de la grande loi de réorganisation administrative du 28 pluviôse an VIII (17 février 1800) — qui nous régit encore — on créa donc moins d' « arrondissements » qu'il n'y avait eu de districts », dans la plupart des départements ; aucun n'en obtint plus de six (1). Du fait de ce remaniement opéré d'office, l'Aisne

---

tons que deux mutations de bien moindre importance également demandées a cette époque (an VII) n'aboutirent pas. L'une émanait de la commune de Marolles (dont l'abbé Warel, le Constituant, avait eté curé), pour passer du canton de Thury (Oise) dans celui de la Ferté-Milon ; l'autre, des communes de Maretz et de Busigny, du canton du Câteau (Nord), pour passer dans celui de Bohain (*Arch. Nat.* Ibid.)

(1) Cf. Exposé des motifs du projet de loi relatif à la *division du territoire de la République et a l'organisation des administrations locales*, presente au Corps législatif le 18 pluviôse an VIII (*Arch. parl.* 2e serie, I, p. 169 et suiv.). Le conseiller d'Etat Rœderer qui en fut l'auteur principal, avait été membre du Comité de Constitution à l'Ass. Nat. de 1789. — Il y avait alors, dans la France agrandie par les conquêtes des armees de la Republique, 98 départements, que l'on subdivisa en 402 arrond[is], parmi lesquels 361 correspondent aux 545 districts des départ[ts] de 1790. — Dans le départ[t] du Nord, le seul qui compte aujourd'hui *sept* arrond[ts], le septième ne fut crée que plus tard.

perdit une unité subdivisionnaire : *cinq arrondissements* remplacèrent ses six districts d'auparavant (1).

Ni dans la Constitution de frimaire, ni dans le corps de la loi de pluviôse, les cantons n'avaient été nommés. Ils subsistèrent cependant, et tels qu'ils existaient alors, ce sont eux que l'on prit comme éléments de la composition officielle du fractionnement rétabli (2). On en revint, pour l'Aisne, à une répartition calquée sur leur groupement antérieur. Tous les cantons que renfermaient les anciens districts de Saint-Quentin — de Vervins — de Laon *et* de Chauny *réunis* — de Soissons — et de Château-Thierry furent exactement rassemblés pour former chacun des cinq « arrondissements communaux » de ce département. Sauf dans sa largeur centrale, laissée d'un seul tenant, la distribution de l'an viii y reproduisit en somme celle de 1790 (3).

(1) (2) Voy. le *Tableau* annexe à la loi du 28 pluv. an viii, fixant le nombre et la composition des « arrondissements » de chaque dépar^t (*Bull des Lois*, 3e s^{ie}, I, n° 17) — Pour éviter d'avoir à subir, comme l'Ass. Constituante de 1789, « les obsessions des deputés ordinaires ou auxmoinaires qui affluèrent alors à Paris de toutes les parties de la France » (Rœderer, *Expose*), le gouvernement fit rapidement exécuter ce travail dans ses bureaux, a l'aide des renseignements qu'ils possedaient et des avis qu'ils reçurent, sur demande ou sur offre, des nouveaux representants des departements.

(3) Aussitôt l'adoption de la Const^{on} de l'an viii, l'Administration centrale de l'Aisne, dont Aubry-Dubocher etait le président depuis 18 mois, prit sur elle d'adresser au gouvernement consulaire un *projet* de partage du département en « arrondissements ». Ce projet — œuvre personnelle de Dubochet — etait des plus complets. Refondant celui de l'an vi, relatif a la diminution des cantons, il établissait *quinze arrondissements*, sous-divises en 336 groupes de communes et combines de telle sorte qu'ils pussent être aisement réduits ou augmentes suivant que le gouvernemeut déciderait d'attribuer aux nouvelles circonscriptions un cadre plus ou moins étendu, et prévoyait encore une rectification des limites du département par la distraction à son détriment ou la remise à son profit de diverses localités en bordure intérieure ou exterieure. Les chefs-lieux proposes des 15 arrond^{ts}, étaient *Saint-Quentin, Bohain, Guise, La Capelle, Vervins, Rozoy-sur-Serre, Marle, La Fere, Chauny, Laon, Craonne, Soissons, La Ferté-Milon* (naturellement !), *Fere-en-Tardenois* et *Château-Thierry*. Arrêté par les Adm^{rs} en séance du 25 nivôse, ledit projet fut envoyé les 3 et 11 pluviôse 15, 23, 31 janv. 1800) aux Ministres de l'interieur et des finances, au Conseil d'Etat, et aux « Citoyens membres de la ci-devant députation de l'Aisne actuellement au Corps legislatif et au Tribunat » [MM. *Devisme* (de Laon), Lobjoy (de Colligis), Demonceaux (des environs de Crecy sur Serre) — et *J. Debry* (de Vervins)].

Aubry Dubochet devait en être pour sa peine. Son travail touffu, comportant trop d'innovations ne put être utilisé de suite, car il fallait faire vite. Trois semaines plus tard (loi du 28 pluv.), on trouva donc plus simple et plus sûr de reconstituer à peu près l'ancien etat de choses. Il est toutefois permis de supposer que l'influence de l'ex-Constituant Devisme et des autres parlementaires du département, *tous* comme lui de la région laonnoise (le M^{al} Sérurier, ne à Laon, seul Sénateur originaire de l'Aisne, venant par surcroît s'ajouter à la liste des précédents) ne fut complètement étrangère ni à l'admission de cette règle generale, ni à celle de l'unique exception qu'on y fit. En lui attribuant une énorme subdivision complètement interposée (alors qu'on eût aisement pu

Comme pour les ressorts et, par la même raison sans doute, afin d'éviter le retour des difficultés d'autrefois, l'on n'innova pas davantage à propos des villes chefs-lieux. LAON, dont la circonscription propre était devenue considérable, resta à la tête du département, en qualité de *Préfecture*. Dans leurs ressorts d'antan, on rendit à SAINT-QUENTIN, à VERVINS, à SOISSONS et à CHATEAU-THIERRY, leur position de centres administratifs et judiciaires de second ordre, avec le titre de *Sous-Préfectures* (1). Seules Chauny et Coucy, précédemment en possession, l'une du District et l'autre du Tribunal d'une subdivision particulière, se virent maintenues à leur corps défendant sur le même pied que La Fère, dans la situation de simples sièges cantonaux de justices de paix, par suite de l'annexion en bloc de cette subdivision à celle qui existait autour de Laon dans le même temps (Arrêté des Consuls du 17 ventôse an VIII — 8 mars 1800) (2).

Conservés un instant sans titre, les cantons furent officiellement reconnus de nouveau lorsqu'on s'occupa de la réorganisation des juridictions inférieures, un an plus tard. On reprit alors la question de leur réduction, ajournée en l'an VII et que tout

répartir les cantons de l'ancien district de Chauny, entre ses trois voisins), règle et exception garantissaient en effet le maintien de sa prééminence à la ville de Laon, dont, à ce moment — dans un document officiel adressé au Ministre de l'intérieur, en même temps que son projet sus-indiqué (3 pluv. 23 janvier 1800) — le président de l'Administration centrale brossait ce tableau : « La position « géographique de Laon présente un point de vue assez remarquable. Cette « Commune se trouvant placée sur une montagne fort elevée qui domine une « plaine en partie marecageuse de 4 à 5 myriametres d'étendue, *paraît être dans* « *les tems de brouillards, sur lesquels elle plane de toutes parts, une isle élevée* « *sur la surface des eaux, de laquelle on découvre dans un grand lointain,* « *les paysages riants qui bordent ce simulacre de mer.* Nulle par son commerce « et plus faible en population que Saint-Quentin et Soissons, Laon est cepen- « dant le chef-lieu du département, mais à raison de sa centralité ». (Sur l'objet de cette note, Cf. *Arch. départ. Aisne*, L. 702).

(1) La loi de pluviôse an VIII institua notamment au chef-lieu de chaque département un Préfet et un Conseil général [au nombre — dans l'Aisne — de 24 membres en l'an VIII, porté à 30 en 1833 et à 37 (autant que de cantons) depuis 1848], et dans chaque arrond' un Sous-Préfet et un conseil d'arrondissement [composé de 11 membres d'abord, uniformément, et depuis 1833 d'autant de membres que de cantons, mais de 9 au moins] — Les conseils généraux et d'arrondissement sont electifs depuis 1833.

(2) Dès le courant de nivôse an VIII (janvier 1800) Coucy avait vainement adressé au Conseil d'Etat un Mémoire pour obtenir, à nouveau, « un des établissements judiciaire ou administratif que les lois organiques de la Constitution allaient créer » *(Arch. mun. Coucy-le-Château*, G 1) — Chauny paraît avoir ete surprise par l'evènement et n'avoir reclame qu'apres coup, contre la « fatalite » qui l'avait privée de « l'arrondissement qu'elle devait obtenir, par cette seule consideration qu'elle était la plus forte ville après celles de Laon, Saint-Quentin et Soissons » *(Arch. mun. Chauny)*.

d'abord on n'avait pas eu le loisir d'étudier à fond. Sur la proposition du Gouvernement consulaire, le Corps législatif décida que les « arrondissements de justices de paix », qui « continueront de porter le nom de *cantons* », devraient avoir une surface de 250 kilomètres carrés en moyenne (125 au moins, 375 au plus) et comprendre de dix à quinze mille habitants (Loi du 18 pluviôse an IX et Arrêté du 9 fructidor suivant — 7 février et 27 Août 1801).

Conformément à ces dispositions, une série d'actes ultérieurs vinrent régler, pour chaque département, la distribution et la composition de ces circonscriptions, dorénavant plus étendues et conséquemment moins nombreuses. L'arrêté relatif à l'Aisne, qui porte la date du 3 vendémiaire an X (25 septembre 1801), ramena à *trente-sept* le chiffre de ses justices de paix.

En voici la répartition par « arrondissements communaux », sous l'indication de leurs chefs-lieux choisis à ce moment (1) :

1. Arrondissement de SAINT-QUENTIN, *sept cantons* : Bohain — Le Catelet — Moy — Ribemont — Saint-Quentin — Saint-Simon — Vermand.

2. Arrondissement de VERVINS, *huit cantons* : Aubenton — La Capelle — Guise — Hirson — Le Nouvion — Sains — Vervins — Wassigny.

3. Arrondissement de LAON, *onze cantons* : Anizy-le-Château — Chauny — Coucy-le-Château — Craonne — Crécy-sur-Serre — La Fère — Laon — Marle — Montcornet (bientôt remplacé par Rozoy-sur-Serre) — Neufchâtel — Sissonne.

4. Arrondissement de SOISSONS, *six cantons* : Braisne — Oulchy-le-Château — Soissons — Vailly — Vic-sur Aisne — Villers-Cotterêts.

5. Arrondissement de CHATEAU-THIERRY, *cinq cantons* : Château-Thierry — Chézy-sur-Marne (remplacé peu après par Charly) — Condé-en-Brie — Fère-en-Tardenois — Neuilly-Saint-Front.

En faisant établir ces 37 subdivisions, la nouvelle administration départementale n'était pas allée aussi loin que celle de l'an VI, qui n'en avait proposé que 24 (Voyez p. 362). Comparativement à leur nombre d'auparavant [64, depuis la distraction d'Orbais], les cantons de l'Aisne se trouvèrent néanmoins réduits presque de moitié Quoique beaucoup procèdent du groupement à peu près intégral de deux précédents, la refonte opérée fut complète. Un examen attentif montre que — profitant d'une expérience qui

---

(1) Pour l'énumération des communes comprises dans leurs ressorts respectifs, voy. le texte de l'arrêté de vendémiaire au *Bull. des Lois*, 3e s^ie, IV, n° 106.

avait fait défaut lors du fractionnement impromptu de 1790 — l'on eut, en 1802, le souci de rendre l'accès du chef-lieu aussi facile que possible pour toutes les communes qui devaient en dépendre, *suivant l'état des routes et chemins existants à cette date*. Cela explique la forme parfois un peu bizarre laissée ou attribuée à certaines de ces circonscriptions.

Sans entrer dans les détails d'un parallèle entre leur composition ancienne et nouvelle, donnons cependant à ce sujet quelques indications générales.

Outre le fait que les modifications apportées demeurèrent spéciales aux divers arrondissements, laissant intactes les limites juridictionnelles des administrations et des tribunaux qui venaient d'y être réinstallés, il est à remarquer que la diminution des cantons, très faible dans les deux arrondissements septentrionaux, fut à l'inverse considérable dans les trois du dessous.

Celui de Saint-Quentin (7 au lieu de 8) n'en perdit qu'un seul ; on se borna à réunir le canton rural de *Fonsomme* au canton purement urbain de la ville chef-lieu, et tous gardèrent à très peu de chose près leur conformation antérieure. Par exception unique, cet arrondissement se trouva donc à peine retouché.

Au contraire dans l'arrondissement de Vervins (8 au lieu de 10), où pourtant l'on ne supprima que les deux cantons de *Plomion* et de *Marly*, la répartition du territoire de ceux-ci et celle d'une portion de celui trop important de Guise, occasionna un remaniement de tous les cantons maintenus.

Les changements furent également nombreux dans les autres arrondissements, en raison des réductions très marquées que ceux là subirent. Voici leur résumé par l'énumération des bourgs qui cessèrent alors d'être des petits chefs-lieux : Arrondissement de Laon (11 cantons en remplacement de 22) : *Beaurieux, Bruyères, Chevregny, Crépy-en-Laonnois, Liesse, Mons-en-Laonnois, Roucy* et *Rozoy-sur Serre* (rétabli peu à près à la place de Montcornet), dans la région de l'ancien district de Laon ; *Blérancourt, Genlis (Villequier-Aumont)*, et *Saint-Gobain,* dans celle de l'ancien district de Chauny — Arrondissement de Soissons (6 cantons au lieu de 11) : *Acy, Bazoches, Bucy-le-long, Cœuvres* et *Septmonts* (qui avait remplacé Buzancy) — Arrondissement de Château-Thierry (5 cantons au lieu de 12, depuis la perte de celui d'Orbais) : *Charly* (rétabli peu après à la place de Chézy-sur-Marne), *Coincy, Coulonges, La Ferté-Milon* (Aubry-Dubochet était mort!), *Gandelu, Mont-Saint-Père* et *Vieux-maisons (Viels-Maisons)*.

Dans la nouvelle distribution cantonale, l'élément principal de péréquation approximative paraît avoir été la population plutôt que la surface. La diversité, suivant les endroits, de l'importance et de la densité des agglomérations d'habitants maintint des écarts sensibles entre les différents cantons, quant au nombre de communes qu'ils comprirent et quant aux étendues qu'ils englobèrent. Un seul, le moindre, groupa 9 localités (Le Nouvion) ; dix en réunirent de 12 à 20 ; vingt autres, de 21 à 29 ; quatre, de 31 à 35 ; enfin deux, l'un 41 (Craonne) et l'autre 42 (Braisne). Au point de vue de la superficie, l'arrondissement de Château-Thierry se plaça en tête avec une moyenne d'environ 235 kilomètres carrés par canton ; puis vinrent ceux de Laon (220 kmq.), de Soissons (205), de Vervins (175) et enfin de Saint-Quentin (155) ; ce qui, à cet égard, par une constatation assez curieuse, renversait absolument situation précédente (Voy. supra, p. 268).

**

En nous appesantissant un peu sur l'état de choses institué en l'an vιιι et en l'an x, dont l'ordonnance générale n'a jamais été réformée, nous avons par avance indiqué celui d'à présent. Comme la plupart des autres, *le département de l'Aisne n'a subi aucun changement notable depuis le Consulat.* Au triple point de vue qui nous intéresse — configuration d'ensemble, subdivisions et chefs-lieux — tout s'y est borné à des modifications de minime importance.

Par endroits, la ligne qui le délimite avec exactitude depuis l'achèvement du cadastre, a été légèrement rectifiée, mais sans qu'il en résulte l'acquisition ou la perte du finage entier d'une seule commune (1). Au nord est où, derrière la forêt de Saint-Michel

---

(1) Citons notamment les rectifications suivantes : entre Saint-Souplet (Nord) d'une part, Molain et Vaux-en-Arrouaise, d'autre part (Ordonn. 9 nov. 1834) — entre Peuilly (Somme) et Trefcon (Loi du 20 juillet 1836) — entre Appilly (Oise) et Marest Dampcourt (Ordonn. 8 août 1845) — entre Busigny (Nord) et Becquigny (Loi du 4 août 1874. Voy. p. 328, note 1).

Nous ne connaissons aucune pétition émanant d'une commune du départ' de l'Aisne afin d'en sortir ; indiquons par contre au nombre de celles qui demandèrent à y entrer, sans succès : Verdelot (S.-et-M.) [an vιιι] (*Arch. nat.* F 2 I, 453) — Ham (Somme) [1831-32] (*Arch. nat.* Id.) — Autreches (Oise) [*Proc. verb. du Cons. general Aisne*, 1841-42].

(près Hirson), cette ligne était frontière contre les Pays-Bas, le territoire du département, dans lequel les journées de Soissons et de Laon avaient neutralisé les combats de Marchais et de Craonne (1), n'eut pas à souffrir de l'exécution des traités de Paris, conclus par Louis XVIII, en 1814 et 1815, avec les puissances étrangères auxquelles il devait ses « restaurations », après la chute et la rechute de Napoléon. On

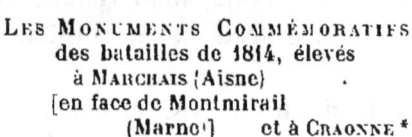

Les Monuments Commémoratifs
des batailles de 1814, élevés
à Marchais (Aisne)
[en face de Montmirail
(Marne)] et à Craonne *

* Le monument de Craonne (à droite) a été érigé par souscription en 1901, sur plan de M. Ermant, architecte : né à Laon, actuellement Maire de cette ville, Conseiller général, (ancien Député) et Sénateur de l'Aisne, qui, par l'ensemble de ses mandats publics, renoue avec le 1ᵉʳ maire du chef-lieu du départ', Lecarlier, une tradition interrompue durant près d'un siècle.

(1) Episodes de la Campagne de France, 1814 : le 11 février, victoire de Napoléon sur des troupes russes à *Montmirail-Marchais*, en bordure de la Marne et de l'Aisne ; le 3 mars, *Soissons* capitule, livrant le passage de l'Aisne; néanmoins, le 7 mars, Napoléon débusque du plateau de *Craonne* les forces du feld-maréchal Blücher, qui se replie sur *Laon*, d'où il oblige Napoléon à battre en retraite, le 11 mars. — Le 3 mai suivant, Louis XVIII entrait aux Tuileries.

en profita seulement pour opérer de ce côté un échange de menus terrains, destiné à rendre la lisière internationale plus naturelle et moins accessible à la fraude (1).

Le fractionnement intérieur de l'Aisne, en second lieu, n'a point varié pour ainsi dire. Les tentatives faites autrefois par la ville de Chauny, sacrifiée en l'an VIII, pour recouvrer son ancienne circonscription administrative, n'ayant pas réussi (2), ce département comprend toujours les cinq mêmes arrondissements », entre lesquels sont encore répartis de la même manière les trente-sept mêmes cantons, par groupes de sept, huit, onze, six et cinq, du nord au sud. Tout au plus, trois ou quatre communes ont-elles été transposées d'un canton dans un autre, sans en modifier sensiblement la composition, et d'ailleurs sans altérer aucunement les bornes aujourd'hui séculaires des arrondissements (3).

De leur côté, tous les chefs-lieux subalternes ou principaux (LAON, Saint-Quentin, Vervins, Soissons et Château-Thierry) ont été rigoureusement maintenus aussi, tels qu'ils furent arrêtés au

---

(1) Cf *Traité des limites entre les Roy^{es} de France et des Pays-Bas*, conclu à Courtray le 28 mars 1820 (*Arch. départ. Aisne*, M. 1757).

(2) Après avoir réclamé vainement sous le Consulat et sous le 1er Empire, malgré — paraît-il — plusieurs avis favorables des préfets et du conseil général, Chauny pensa devoir être plus heureuse quand Napoléon revint de l'île d'Elbe. Comme ses prédécesseurs, le préfet des Cent-jours (Bon Micoud) appuya encore la pétition de cette ville ; mais Waterloo étant définitivement survenu avant la fin de l'enquête, ce fut au nouveau préfet de Louis XVIII (le Mis de Nicolay) que revint le dossier, dont la première pièce était la susdite requête à S. M... l'Empereur, rendu « au Trône, que lui seul pouvait deffendre avec gloire ». Il n'est donc pas surprenant (d'autant que, sous la Restauration, la région de Chauny et de La Fère, dévouée au Général Foy et à Labbey de Pompières, devint l'un des centres d'opposition libérale dans le département) que le dossier ait sommeillé jusque sous le Gouv^t de Juillet. Mais la demande de Chauny renvoyée au Roi constitutionnel, en 1833, eut alors une autre malchance; sur l'avis que le gouvernement ne modifierait les circonscriptions établies qu'avec la plus grande réserve, elle se heurta à un refus si péremptoire du conseil d'arrondissement de Laon et du conseil général (1834), qu'elle paraît avoir été la dernière. [*Arch. nat.* F 2 1, 504 — *Arch. départ. Aisne*, M, 1769 — *Arch. mun. Chauny*, doss. 43].

(3) *Marigny-en-Orxois*, passé du canton de Charly dans celui de Ch.-Thierry (vers 1813) — *Fesmy*, passé du canton de Wassigny dans celui du Nouvion (Ordonn. 26 juin 1822) — *Torcy*, que sa réunion avec Belleau fit passer, en 1822, dans le canton de Ch.-Thierry, venant de celui de Neuilly-St-Front, et qui est rentré dans ce dernier, à la suite de sa nouvelle érection en commune distincte (Ordonn. 6 juillet 1832) — enfin *St-Nicolas-aux-Bois*, passé du canton de Coucy dans celui de La Fère (Ordonn. 10 mars 1833).

Il serait sans intérêt d'énumérer les autres communes qui sollicitèrent en vain leur transfert d'un canton dans un autre. [Voy. *Proc. verbaux des délib^{ons} du Conseil général*, imprimés depuis 1834, et notamment en dernier lieu les volumes des sessions de 1906 (août) et de 1907 (avril et août), suivant les indications des Tables, au mot *Circonscriptions territoriales.*] Mais il est à remar-

début du siècle dernier Sauf celles qui aboutirent à la substitution presque immédiate de Charly à Chézy-sur-Marne et de Rozoy-sur-Serre à Montcornet, comme centres de leurs cantons respectifs, les réclamations analogues émanées d'un certain nombre de bourgs, sont demeurées infructueuses (1). Celles que deux villes présentèrent jadis, à diverses reprises, en vue d'être rétablies dans la situation prééminente qu'elles occupaient avant la Révolution, n'obtinrent pas plus de succès.

Il est aisé de deviner que les deux villes en question et que les deux autres à l'adresse desquelles leurs requêtes parallèles paraphrasèrent l'antique *delenda Carthago*, vingt-cinq années durant, ont été Soissons à l'égard de Laon, et secondement Guise vis-à-vis de Vervins. Depuis lors le temps a fait heureusement son œuvre traditionnelle, en obscurcissant les raisons de cette passagère hostilité et en la reléguant dans l'histoire d'autrefois, parmi les souvenirs effacés (2).

quer qu'aucune pétition de ce genre n'a été admise à partir de 1833. Bien que l'accroissement des voies de communication ait transformé les conditions d'accès aux divers centres, le conseil général s'est toujours refusé depuis lors à porter une atteinte quelconque à la forme, au nombre et aux chefs-lieux des cantons. Or cette date est précisément celle à laquelle les conseils généraux sont devenus électifs. Peut-être ce fait renferme-t-il tout le secret d'un traditionnel *non possumus*, qui n'est point spécial au départ^t de l'Aisne.
— Comme demandes de modifications plus importantes n'ayant pas abouti davantage, citons : réunion du canton de Rozoy-s-Serre a l'arrond^t de Vervins (1820) ; rétablissement de l'ancien canton de Blérancourt (1850) ; création d'un nouveau canton de Fresnoy-le-Grand (1895).

(1) Un peu après le 6 messidor an XI (25 juin 1803) pour Charly, et le 24 ventôse an XII (15 mars 1804) pour Rozoy — Autres réclamations sans suite : La Ferté-Milon en remplacement de Neuilly (an XI, 1817) ; Cœuvres en remplacement de Vic (1821) ; Liesse en remplacement de Sissonne (1846) ; et surtout en remplacement de Neufchâtel : 1° Berry-au-Bac (1817, 1832-34, 1850), 2° Guignicourt (1871-83) [*Arch. nat.* F 2 I, 531 et *Proc. verb. Cons. gen. Aisne*].

(2) Avant 1800, dans deux circonstances où il y avait réellement eu compétition entre elles, Soissons l'emporta sur Laon : en 1790 [D. du 6 juillet], par l'acquisition du *siège diocésain* du département (occupé par l'évêque constitutionnel Marolle de fév. 1791 à nov. 1793 ; sans titulaire effectif ensuite pendant près de dix ans ; puis restauré après le Concordat de 1801 et maintenu depuis lors] ; en l'an VI [D. du 9 ventôse-28 fév. 1798], par l'obtention de l'*Ecole centrale* de l'Aisne, pour l'enseignement des lettres, des sciences et des arts, qui fonctionna tant bien que mal dans la ci-devant Intendance, jusqu'en 1804. Mais ce n'avaient été là, pour cette ville, que des succès relatifs et des compensations secondaires. La Révolution finie, il apparut « à la Commune de Soissons » qu'elle « devait reprendre sa véritable place » et tous ses efforts se portèrent sur la restitution du chef-lieu principal. Les fréquents changements de régime politique qui se succédèrent alors, firent éclore autant de requêtes successives, toujours rédigées d'après le thème des Adresses de 1790 à « Nos seigneurs de l'Ass. Nat. », sauf certaines variations de texte tour à tour inspirées par les circonstances nouvelles. C'est ainsi qu'il en fut envoyé une : au début de 1800, aux « Citoyens Consuls », en insistant — pour le Premier d'entre eux — sur les

Si la constitution des départements de France — de l'Aisne comme des autres — a traversé sans encombre, sous bien des régimes politiques divers, le dix-neuvième siècle tout entier, en sera-t-il de même pour le vingtième, déjà fort entamé ? « *Voilà la question* ». Bien que l'éventualité d'une modification de nos circonscriptions territoriales et administratives soit dès à présent admise théoriquement et même préparée sur le papier, avant que cette réforme ne soit entrée dans le domaine des faits, il se passera vraisemblablement encore plus d'un matin, à défaut de quelque grand soir (1). Par l'aperçu local ci-dessus donné des obstacles d'ordre général et particulier, que l'Assemblée Nationale eut à surmonter en 1790, dans des conditions peut-être moins gênantes qu'elles ne le seraient désormais, on peut juger des difficultés — d'un retour inévitable — inhérentes à la réalisation d'une semblable opération d'ensemble.

« avantages inappréciables de la place et de ses environs sous les rapports militaires » ; en 1805, à « S. M. L'Empereur », où il est dit, à propos des « incommodités » de Laon, qu' « on y respire un air trop vif et funeste aux tempéraments délicats qui n'y sont pas acclimatés : feu M. de Courmesnil en a fait la triste expérience » (Ce 2ᵉ préfet de l'Aisne était récemment décédé en exercice) ; en 1814, « au Roi », au nom d'une ville « qui s'enorgueillissait de n'avoir véritablement ouvert ses portes qu'aux armées de « S. M. Louis 18 » ; en 1815, à « L'Empereur » provisoirement de retour, avec l'espérance de la voir accueillir favorablement « par le seul gouvernement qui puisse apprécier l'attachement de cette ville à l'honneur et à la gloire des armées françaises ». De ces pétitions réitérées, les seules dont le gouvernement du jour se soit occupé, sont : celle du 1ᵉʳ Empire, écartée par suite d'une protestation collective des députés du département (tous laonnois, voy. p. 368 note 3), et celle de la 1ʳᵉ Restauration, qui après une enquête complète, fut ajournée « dans l'intérêt du Trésor ». (Le Bᵒⁿ Malouet, ancien préfet de l'empire, maintenu en fonctions à Laon, avait nettement conclu pour la translation du Chef-lieu à Soissons, repoussée par le conseil général à la faible majorité de 13 voix contre 11).

— En ce qui concerne Guise rappelons seulement que sa demande de substitution à Vervins ne fut de même sérieusement examinée que sous la Restauration. Après étude, devant la divergence des opinions émises, le ministre se décida pour le *statu quo*. Comme dans le cas précédent, l'administration préfectorale (aussi bien le ss-préfet Vy. Devisme, frère de l'ex-Constituant redevenu député, que le préfet Malouet) avait conclu au changement, et le conseil général au maintien ; le conseil d'arrondissement s'était récusé et les hautes autorités judiciaires de la Cour d'Amiens s'étaient divisées. [Indications extraites de divers dossiers des *Arch. nat. départ.* et *loc.* déjà cités].

(1) Voy. infra p. 379, note 1, *in fine p. 581*.

(*) Le département de l'Aisne — qui comptait 863 communes distinctes, à la fin de 1791 ; 855 au 1ᵉʳ janvier 1800 ; 838 au 1ᵉʳ janvier 1824 — en renferme aujourd'hui (août 1911) 841, ainsi réparties par arrondissements : St-Quentin, 128 ; Vervins, 133 ; Laon, 291 ; Soissons, 165 ; Château-Thierry, 124. De ses 37 cantons, un seul n'en comprend que 10 (Le Nouvion), quatorze en ont de 13 à 20, dix-huit de 21 à 30, et les quatre plus forts en contiennent 33 (Coucy), 34 (Neuilly Sᵗ Fᵗ), 40 (Craonne) et 42 (Braisne).

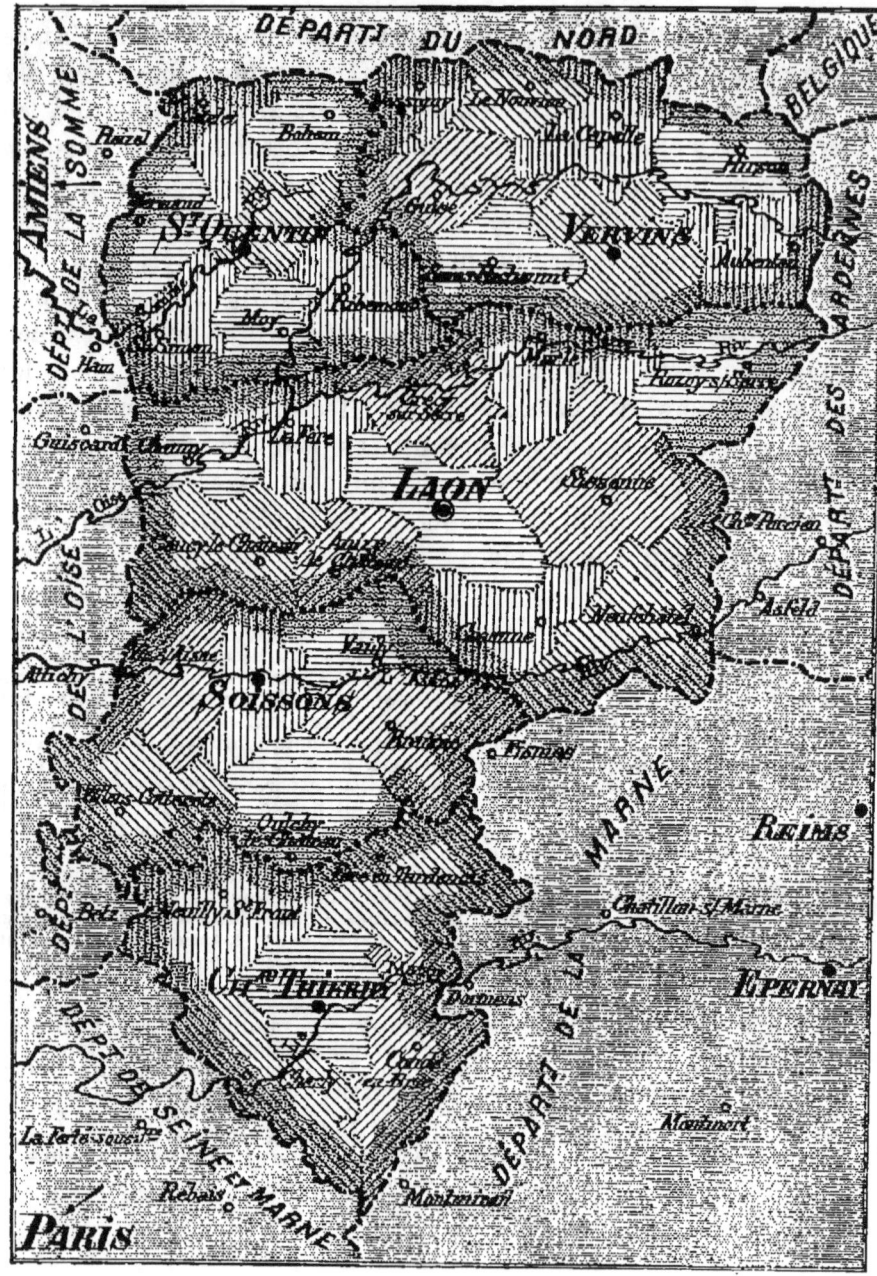

Fig. 13. Le Département de l'Aisne
divisé en cinq arrondissements et en trente-sept cantons
[1800-01 — 19..]

Voy. à la page précédente *in fine* (*)

Les Provinces ou Régions..... à venir

Il est fréquemment question, depuis une vingtaine d'années surtout, soit de diminuer le nombre des départements, en les remplaçant par de plus étendus, soit de créer au-dessus d'eux des cadres moins étroits, en vue d'organiser d'une manière ou de l'autre, des unités plus propres au développement de la vie publique locale et à l'application des mesures administratives de décentralisation (1). Mais à quelque idée directrice qu'obéissent les partisans de cette réforme — philosophes comme Le Play — géographes comme MM. Foncin et Vidal de la Blache — parlementaires ou administrateurs, comme était tout à la fois feu M. Morlot, représentant de l'arrondissement de Château-Thierry, rapporteur de la Commission d'administration départementale et communale et de décentralisation administrative, à la Chambre des députés — c'est toujours en partant des limites actuelles de département ou, à l'occasion, d'arrondissement, qu'ils proposent d'établir les divisions nouvelles.

Le Play, dans son projet de circonscriptions provinciales, à établir suivant un plan où le lien principal des populations résulterait des institutions judiciaires, scientifiques, littéraires et agricoles, estimait qu'il conviendrait de réunir les cinq départements du Nord, du Pas-de-Calais, de la Somme, de l'*Aisne* et des Ardennes, toujours tels qu'ils sont, en une province dont Lille serait le chef-lieu.

Dans son esquisse de reconstitution des grandes unités naturelles du sol français, M. Foncin parle de créer la division de Haute-Champagne, ou région d'Aisne et Marne, en groupant les départements des Ardennes, de l'*Aisne* et de la Marne, rigoureusement conservés, autour de Reims comme métropole (2)

---

(1) Dès le milieu du xix⁰ siècle cette idée avait commencé à prendre corps Vers 1845, dans ses remarquables *Etudes administratives*, M. Vivien [député de l'arrond⁺ électoral de St-Quentin *extra muros*, qui avait été le rapporteur de la loi de 1837, sur l'administration municipale] écrivait : « Le territoire des départements est trop étroit ; leur nombre est trop grand. » — Ajoutons qu'on proposa déjà très sérieusement de les remanier et de les réduire, en 1871, lors de la discussion du projet relatif aux conseils généraux, qui devint la loi du 10 août (toujours en vigueur) et dont le rapporteur à l'Ass. Nat. fut M. Waddington, représentant de l'Aisne.

(2) Cf. Le Play. *La réforme sociale en France*, Doc. annexes : Esquisse d'une division provinciale (1864) — Foncin. *Les pays de France*, dans *Revue de Paris* (1898, ii).

M. Morlot prenant pour base de partage la zone d'influence ou d'attraction exercée par les vingt-sept ou vingt-huit principales villes de France sur le pays qui les entoure, soit à cause de leur développement intellectuel et artistique, soit en raison de leur activité économique, (sans toutefois se préoccuper de leur passé historique, afin d'éviter le reproche de vouloir reconstituer les anciennes provinces aux tendances particularistes), a proposé la création de vingt-cinq grandes régions, dont, au nord de Paris, Lille, Amiens et Reims, deviendraient les centres. D'après ce projet, le département de l'Aisne se trouverait particulièrement modifié. Sa plus grande partie — formée d'une bonne moitié de l'arrondissement de Vervins, des arrondissements de Laon (presque au complet) et de Soissons, d'un tiers de l'arrondissement de Château-Thierry — dépendrait de REIMS, ainsi que les départements entiers des Ardennes et de la Marne. L'autre moitié de l'arrondissement de Vervins et tout celui de Saint-Quentin seraient rattachés à AMIENS, avec la Somme et l'Oise ; le restant de l'arrondissement de Château-Thierry serait de la région de PARIS, avec le département de la Seine et la majeure portion de ceux de Seine-et-Oise et de Seine-et-Marne (1).

ÉMILE MORLOT
Maire de Charly-sur-Marne
Conseiller général et Député de l'Aisne
Né en 1859 - Mort en 1907

(1) Cf. Emile MORLOT, député, *Rapport à l'appui des propositions relatives à la division de la France en régions* (Ch. des dép. Annexe au procès-verbal de la 2e séance du 25 février 1902. N° 3026), 75 p. grand in-4, avec carte jointe. Même pour ce qui est de l'Aisne seulement, nous ne pouvons reproduire *in-extenso* les très intéressantes mais trop longues explications de ce Rapport ; la figure de la page suivante y suppléera en partie. On remarquera que le promontoire détaché du département et réuni à la région d'AMIENS, ferait à peu près rentrer dans celle-ci la fraction de Picardie jadis incorporée dans celui-là. D'après le projet, cette région aurait cinq subdivisions, parmi lesquelles celles de *Saint-Quentin* [formée de son arrond^t et des 3 cantons occid. de celui de Vervins, plus, de l'autre côté, l'arrond^t actuel de Péronne] et de Compiègne [dont serait le c. de Chauny]. Accolant presque tout le reste du départ^t à l'ancienne Champagne, la région voisine engloberait six chef-divi^{ons} ; entre autres celles d'Epernay [à laquelle appartiendrait le c. de Condé], de REIMS [comprenant son arrond^t et celui de Soissons, plus les c. de Fère-en-T^{ois}, Craonne et Neufchâtel] et de *Laon* [pour son arrond^t et celui de Vervins, moins leurs cantons rattachés à Amiens]. Enfin la région de PARIS aurait pour chef-lieu d'une de ses subdiv^{ons} Meaux [dont dépendraient les c. de Neuilly-S^t-F^t, Château-Thierry et Charly].
Mais, du remarquable travail d'ensemble de M. Morlot — si consciencieuse-

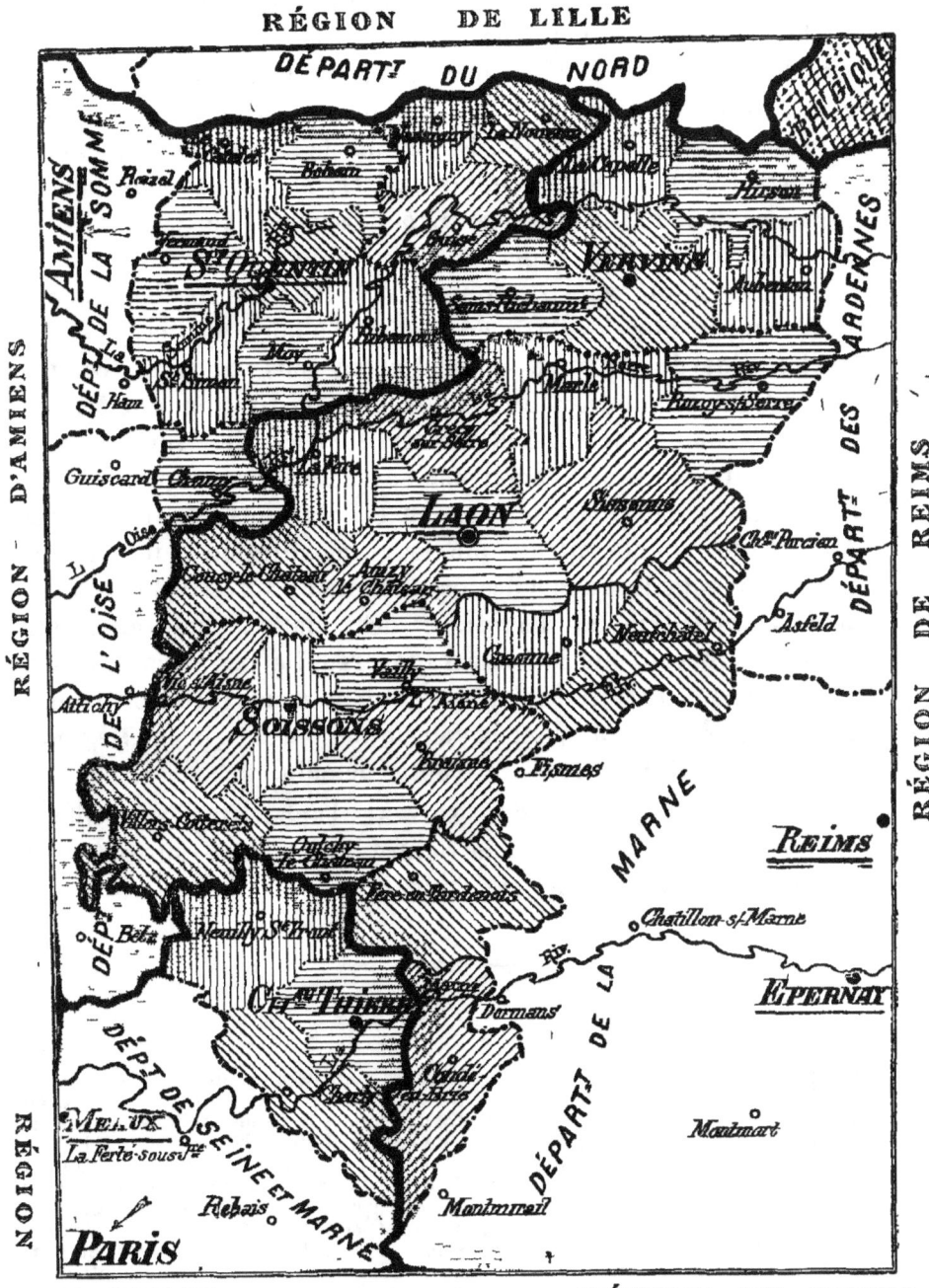

Fig. 14. Projet d'une répartition-de l'Aisne entre de « futures » Régions, d'après le Rapport d'ensemble pour la France (avec carte annexée), présenté à la Chambre, par M. Morlot, Député de l'Aisne, au nom de la Commission de décentralisation administrative, en 1902.

Enfin M. Vidal de la Blache, dans un essai de groupements fondés sur la communauté des besoins et des intérêts économiques actuels, en arrive à distinguer en France dix-sept régions seulement, autour d'autant de centres importants faisant « fonction de guide » pour chacune d'elles. La région de Paris, la plus vaste, comprendrait neuf départements entiers, et quatre pour partie, parmi lesquels *l'Aisne*, dont les arrondissements de Saint-Quentin et de Vervins, seraient seuls attribués à celle de Lille (1).

Or, ne voit-on pas, en résumé, au point de vue spécial qui nous a préoccupés, que c'est là — de leur part à tous : Le Play, Foncin, Morlot, Vidal de la Blache — refaire, en sens contraire, ce que Thouret et ses collègues du Comité de Constitution ont fait en 1789-90. Pour fixer les limites territoriales de leurs futures circonscriptions, tous s'appuient sur les circonscriptions existantes. Les Généralités ou Intendances, divisions administratives d'avant-hier, quelle qu'ait été leur constitution superficielle, considérée sous le rapport des productions du sol ou de l'industrie, de la composition des terroirs et des relations naturelles, ont servi de support pour la démarcation réduite des départements, divisions administratives d'aujourd'hui ; de même les départements serviraient de support pour la détermination élargie des Régions, divisions administratives..... d'après demain.

Natura non facit saltus, suivant l'aphorisme scientifique énoncé par Leibniz : comme la Nature, l'Histoire — surtout celle des institutions — ne fait pas de sauts.

---

ment élaboré par lui seul, nous le disons en connaissance de cause — voici la conclusion un peu desenchantee et. . désenchantante : « Il y a pour l'instant, en
« France, 87 chefs-lieux de depart^t et 275 d'arrond^t ; il n'y aurait dans la nouvelle
« organisation que 25 ou 26 chefs-lieux de région et 151 subdiv^{ons} ; soit 214 villes
« (dont 3 ou 4 chefs-lieux de dép^t) qui seraient decapitees administrativement
« et réduites au rôle modeste de chef-lieu de canton... Il faudra alors que toutes
« ces villes s'y resignent... J'imagine bien que cette résignation ne sera pas
« facile à obtenir des interesses et que *la perspective, ouverte par notre projet,
« si lointaine qu'elle soit*, n'ira pas sans soulever d'acerbes critiques, et sans
« doute pis encore, aussi bien contre la réforme elle même que contre son
« auteur. *Mais l'histoire de France qui a déjà connu une Nuit du 4 Aout, en
« verra peut-être éclore une nouvelle. C'est le seul espoir qu'on puisse raison-
« nablement concevoir pour le succes bien problématique de ce projet.* »

(1) Vidal de La Blache. *Régions françaises*, dans *Revue de Paris*, 1910, vi.

Au discours de M. AULARD, sur l'intérêt et sur l'utilité qui s'attache désormais à l'étude de « l'histoire locale de la France contemporaine » — remontant à 1900 (Voy. p. 1, note 1) — est venu récemment s'ajouter dans le même sens et avec une égale netteté d'exposition, celui que prononça M. Camille BLOCH au dernier Congrès des Sociétés savantes (Voy. dans la revue : La Révolution française, n° du 4 juin 1911). Notre étude, inspirée par ces discours, fut entreprise avec l'intention de la faire rentrer dans l'un des cadres qu'ils tracent et de la composer suivant la méthode qu'ils préconisent.

Nous nous sommes efforcés de rendre ce premier essai historique aussi complet, aussi impartial, et — par beaucoup de portraits, d'autographes ou de gravures du temps — aussi vivant que possible. Au risque de nuire à la rapidité et à la clarté du récit, nous avons cité, analysé ou reproduit, soit dans le texte même, soit dans les notes, un très grand nombre de documents inédits ou peu connus, en indiquant toujours avec soin leurs sources. On pourra peut-être nous reprocher des hors-d'œuvre ou des longueurs ; on pourra découvrir des lacunes et sans doute relever quelques erreurs ; on ne pourra pas nous accuser d'affirmations erronées ou infidèles, d'assertions non justifiées.

Un des jugements du lecteur qui nous satisferait le plus, est en résumé dans le mot de Montaigne : « *Cecy est un livre de bonne foy* ».

R. H.
Soissons, Août 1911.

ERRATA ET ADDENDA

A. Pages 4, 41, 42 et 185. A propos de l'ancienne dénomination « Province du Soissonnais », voici l'intitulé exact de l'Edit du 5 juillet 1787 : « *Règlement fait par le Roi sur la formation et la composition des Assemblées qui auront lieu dans la* Province du Soissonnois, *en vertu de l'Edit portant création des* ASSEMBLÉES PROVINCIALES » (A Paris. De l'Imprimerie Royale, 1787 ; 12 p. in-4).

B. Page 52, ligne 12 et suiv., *lisez* ; ... (c'est-à-dire des électeurs) appartenant aux communautés d'habitants comprises dans leur rayon, *pour la désignation de ceux d'entre eux auxquels était réservé, à titre d'électeurs du second degré,* le choix des membres..... (Voy. p. 265, note 1).

C. A la page 66 (note 1), et sous le portrait de l'Evêque constitutionnel Marolle, p. 210, au lieu de (fév. 1791 — nov. 1792), *lisez* ; nov. *1793*.

D. *Important*. Aux pages 118 (note 2), 179 et 186 (notes 1), 196 et autres peut-être, sur la foi d'une indication rencontrée qui paraissait exacte, nous avons mentionné et même fait remarquer que M. Devisme, Constituant, était le gendre de M. Laurent, conseiller au bailliage de Laon. *C'est une erreur*, que nous avons par hazard découverte après coup. En 1780, à la naissance de son fils Richard, Jacques-François-*Laurent* (?) DEVISME était epoux de Marie-Louise-Sophie de Saint-Jean, et à son décès, en 1830, il est encore porté comme veuf de ladite dame. (*Arch. mun. Laon.* Actes de l'état civil). Le sens général de notre observation de la page 196 n'en demeure pas moins intact ; car, si MM. Laurent et Devisme n'étaient pas *alliés*, il reste acquis qu'ils étaient très *amis*, à en juger par le texte affectueux et cordial de la lettre autographe de l'un à l'autre, du 5 déc. 1789, dont nous avons reproduit divers extraits.

E. Page 71, note 2. L'abbé Delabat aurait également démissionné avant la fin de la session (Voy. Séance du 26 mai 1790).

F. Page 150, note 2. Sur l'histoire du Château de Villers-Cotterêts, Cf. l'*Etude* aussi agréablement intéressante que documentée de M. Ernest ROCH : « *Villers-Cotterêts historiographié par ses rues —* La place du CHATEAU », 325 p. in-8, dans *Bull. Soc. Hist. rég. de Villers-Cott*ts, 1909.

G. Page 153, lignes 7 et 8, *lisez* : ... par un fâcheux excès de zèle *envers* son pays natal.

H. Page 311, note 3, *in fine*. Après : ... il est parlé du « canton de Fontenoy » — au lieu de : dans le projet de Rœderer pour la réduction des cantons en l'an VIII, *lisez* : dans le Tableau annexé au *Projet de loi*, présenté par Rœderer, « sur la division du territoire de la République et l'organisation des administrations locales », qui devint la loi organique du 28 pluviôse an VIII. — Ajoutons à ce propos, d'après une « Note » préliminaire, que « les cantons énoncés dans ledit Tableau sont ceux qui avaient été imprimés sur les cartes de l'Atlas National de France ». Or la carte de l'Aisne dans cet Atlas, édité en 1791 (Voy. p. 335, note 1), porte en effet Fontenoy comme chef-lieu de canton au lieu de Vic-sur-Aisne. Mais dans le Tableau semblable annexé quelques jours plus tard *à la loi elle-même* (V. *Bull. des Lois*, an VIII, 3e Sᵉ, I, n° 17), on constate que Vic-sur-Aisne fut substitué à Fontenoy, afin de corriger une erreur, dont la cause vient d'être expliquée. Du 17 frim. an IV au 1er flor an VIII, la municipalité de ce canton tint ses séances à Vic (*Arch. départ.* Rég. L. 2033). Dans le cas où Fontenoy aurait été le siège cantonal, ce serait donc entre 1790 et 1796; mais après tout l'indication de l'Atlas National à cet égard, n'est peut être que l'un des deux ou trois *lapsus*, échappés à ses auteurs lors de la confection de leur première carte du département nouveau de l'Aisne.

I. Page 321. Sous le portrait de Leclercq, pour la note biographique, au lieu de « p. 66 », *lisez* : page 70.

J. Page 328, note 1 (*in fine*, p. 329). Sur la Haie-Menneresse, voy. aux *Proc. verb. Cons. gén. Aisne*, Août 1893, une demande (sans suite) du conseil général du Nord, pour l'érection de ce hameau en commune distincte.

INDEX ALPHABÉTIQUE

DES PRINCIPAUX NOMS DE PERSONNES ET DE LIEUX

AUX PASSAGES LES PLUS IMPORTANTS QUI LES CONCERNENT

N.-B. — Les noms précédés d'un astérisque * sont ceux des personnages dont un ou deux *Portraits* se trouvent dans le corps de l'ouvrage, aux pages suivies d'un semblable astérisque. — Les reproductions de documents et de signatures *Autographes* sont aux pages indiquées par des chiffres en italiques. — Les lettres ss, veulent dire : « et pages suivantes » ; la lettre n, ou n3, signifie par exemple : « à la note (1) ou (3) ».

Ancelot (de La Fère), avocat, député extraordinaire. . . . 130, 247

* Aubry-Dubochet (de La Ferté-Milon), député du Bailliage de Villers-Cotterêts, Commissaire pour la division du royaume, etc. . 48*, 49, 62, 74, 75, 243, 258, 298 ss, 306, 362, 368 n3.

Autrêches (Oise). . . 310, 372 n

* Bailly, député et maire de Paris, Président de l'Ass. Nat.. 27n, 200, 202*, 204.

Bailly, député du Bge de Vermandois. 70, 71

Barbançon (le Cte de), député du Bge de Villers-Cotterêts 74, 145, 245, 287 ss.

Barrot (Odilon). 68 n3

Berthier de Sauvigny, dernier Intendant de Paris 27, 199

Blin de la Chaussée (de Soissons), avocat, procureur syndic, etc. 186, 337, 347.

* Blossac (*Voy.* Bourdonnaye-Blossac)

Bois-Rouvraye (le Chr de), député suppleant du Bge de Château-Thierry 73n, 75

Boquet de Liancourt (de Soissons), avocat, député extraordinaire 131, 169, 169, 225, 339.

* Bourdonnaye-Blossac (de la), dernier Intendant de Soissons. 26 *, 27, 190, 194, 199.

Bourgeois, député du Bge de Villers-Cotterêts 74, 75

Brayer (de Soissons), lieut de police, commissaire provincial, député extraordinaire . 107n, 131, 169, 180, 186, 189, 193, 195, 199n, 201, 207, 225, 339.

Brocheton (de Soissons), député du Bailliage 72, 233n

Bugniatre, avocat, député extraordinaire de Coucy-le-Château . 129, 247.

* Bureaux de Pusy, Commissaire pour la division du royaume 62, 63 *, 112, 112 bis.

Cadot de Villemomble (de Laon), lieut de maire, off. de la maîtrise, député extraordinaire 131, 170, 171

* Carlier (de Coucy-le-Château), maire, lieut général du Bge, député extraordinaire, depute, 1er secretaire general de la Préfecture 128, 247, 256 *, 349.

Carrier de Belleuse (de Soissons), juge au Bge, depute extraordinaire 218, 225, 226n.

Cassini (Les), géographes, 149 n2, 327n.

* CERNON (Pinteville, Bon DE), Commissaire pour la division du royaume 62, 63 *, 258, *261*, 321*n*, 322*n*, 331, 347, 352.

Château-Thierry 13, 22, 25, 32, 60, 95, 114 ss, 122, 260, 267, 275 ss, 369 ss, 379*n*.

Chauny. 12, 28, 32, 136, 241, 247, 255 ss, 260, 267, 339 ss, 348 ss, 369*n*2, 374, 379 *n*.

CHRÉTIEN, portraitiste . . 129 *n*2

* COMMISSAIRES pour la division du royaume (Les). . . . 62, 63 *.

Compiègne (Oise) 88

CONDORCET 12, 362

CONSEIL (Abbé), député extraordinaire de Villers-Cotterêts. . 130, 284 ss, 297.

* CONSTITUANTS (Les) de la région de l'Aisne :
Bge de Saint-Quentin . . . 66
Bge de Vermandois 67
Bge de Soissons 71
Bge de Château-Thierry . . 72
Bge de Villers-Cotterêts . . 74

(Pour leurs *Portraits*, voy. ensuite à leurs noms individuels).

Coucy-le-Château, 12, 28, 32, 139, 247, 255 ss, 260, 267, 348 ss, 369 *n*2.

Crepy-en Valois (Oise) . 13, 22, 25, 33, 109, 142, 284 ss, 302 ss.

* DAUCHY, député du Bge de Clermont, 1er préfet de l'Aisne. . 76, 148 *

* DEBRY [Jean] (de Vervins), avocat administrateur du département, député, 339, 350 *n*, 351*, 353, 358.

DEJABIN, éditeur de portraits des Constituants. . . . . 77 *n*

DELABAT (Abbé), député du Bge de Soissons . . . 71, 72, 383 E

DELETTRE (Abbé), député du Bge de Soissons 71

* DEMOUSTIER (de Villers-Cotterêts) homme de lettres, député extraord. . . . 130, 293', 294, 297

DÉPUTÉS EXTRAORDINAIRES (Les) des villes 77, 126 ss, 169 ss, 217, 223 ss

DESFOSSÉS (le Vic**te**), député du Bge de Vermandois . . 68, 221, 248

DESMOULINS (Camille), 11, 206 *n*, 344

* DEVISME (de Laon) député du Bge de Vermandois, 70, 71, 100, 101 *, 117, 157, 161, 162 *n*, 168, 211, 218, 221, 243, 368 *n*3, spécialement 383 D

DOUBLEMARD, sculpteur contemporain, 180 *n*.

DUPEUTY (de Vervins), subdélégué, député extraordinaire . 128, 252

* DUPLAQUET (Abbé) (*Voy.* Plaquet).

* DUPONT (de Nemours), Commissaire pour la division du royaume. 62, 63 *, 118, 258, 286, 303.

DU ROYER, député du Bge suppleant de Vermandois 68 *n*3

* EGMONT-PIGNATELLI (le Cte D'), président de l'Ass. provinciale du Soissonnais, député du Bge de Soissons 40 *n*5, 72, 185, *186*, 195, 238*.

ERMANT, Architecte, Maire actuel de Laon, etc . . . . . 373 [*]

Escaufourt (L'îlot d') . 328 *n*, 384 J

* FERTÉ, député du Bge de Soissons 72, 211, 215*, 216*n*.

* FIQUET (de Soissons), avocat, procureur syndic, etc. 173 *n*2, 342*, 343*n*

FLAMAND (de Chauny), lieut général du Bge, député extraordre. 128, 247.

FONCIN, géographe contemporain 378

Fontenoy . . . 311 *n*3, 384 H

FOUANT (de Laon), procureur au Bge, député extraordinaire 131, 162*n*2, 170, *171*.

* FOUQUIER-D'HÉROUEL, député du Bge de St-Quentin . 66, 67, 314, 315 *

* GIBERT (Abbé), curé de Noyon, député du Bge de Vermandois. 68, 71, 89, 90 *.

* GOSSIN, Commissaire pour la division du royaume 62, 63 *, 112, *112bis*, 234 ss, 258, 357.

GRAINBERG DE BELLEAU, député du Bge de Château-Thierry. 72, 243*n*

GUILLIOT (de Villers-Cotterêts), procureur au Bge, député extraordre, 130, 284 ss. 297.

Guise. 11, 22, 25, 28, 32, 131, 205*n*, 250 ss, 260, 267, 352 ss, 375.

Ham (Somme). . . 90, 313, 372 *n*

* HARMAND, député du Bge de Château-Thierry. 75, 115, 127, 276 ss, 277*

HAUTEFEUILLE, député extraordinaire de La Ferté-Milon. . . 130, *290*

HÉBERT fils (de Chauny), officier de la maîtrise, député extraordinaire 128, 247.

HENNEQUIN, topographe de l'Ass. Nat. . . . . . . 54 *n*, 56, 57

HOYER, peintre . . . . . 194 *n*

* LABBEY DE POMPIÈRES (de la Fère) 68 *n*3, 349, 350 *n*, 351 *.

La Fère.. 12, 28, 32, 138, 247, 255 ss, 260, 267, 348 ss.

La Ferté-Milon.. 13, 152, 243, 258, 284 ss, 298 ss, 302 ss.

LALITTE (de Villers-Cotterêts), syndic député extraordinaire 130, 290 ss, 297.

LAMY (de la Ferté-Milon), prieur, député extraordinaire. . 130, *290*

Laon.. 12, 15, 22, 25, 28, 31, 60, 98 ss, 122, 165, 176, 209 ss, 223 ss, 236 ss, 260, 267, 337 ss, 363, 368 *n*3 *in fine*, 369 ss, 375, 379 *n*.

LAURENT (de Laon), conseiller au bailliage 186 *n*, *196*, specialement 383 D.

LEBEIGUE, député extraordinaire de La Ferté-Milon. . . 130, *290*

LEBRUN (de Laon), avocat. 340, 341.

* LE CARLIER (de Laon), maire, député du Bge de Vermandois, etc. 69, 71, 121, 157, 161, 162 *n*, 180 *, 205 *n*, 221, 228 ss, 233 *n*, 237, 249, *261*, 340, 365.

^ LECLERCQ (de Lannoy), député du Bge de Vermandois 70, 71, 220, 321 *.

* L'ELEU DE LA VILLE-AUX BOIS, député de Bge de Vermandois 70, 71, 157, 161 *, 162 *n*, 168, 221, 249, 306, 352.

LEPELLETIER, avant-dernier Intendant du Soissonnais 26, 27 *n*, 173 *n*2.

LETELLIER pere (de Soissons) député extraordinaire 131, *169*, *225*, 339.

LEVACHEZ, éditeur de portraits des Constituants. . . . . 77 *n*

LIMON (DE), intendant du duc d'Orléans, député de Villers-Cotterêts, 74 *n*3, 130, 146, 286 ss, *297*.

LOUYT père (de La Fère), député extraordinaire. . . 129, 247.

* MAQUEREL DE QUÉMY, député du Bge de Vermandois 68, *71*, 220, 221 *.

Marle . . 11, 32, 134, 159, 355 ss.

* MAROLLE (Abbé) député du Bge de Saint-Quentin, Evêque constitutionnel. 66, *67*, 210 *, 312 *, 383 c.

MAZANCOURT (le Cte DE) député suppléant du Bge de Villers-Cotterêts 74 *n*2, 75, 227 *n in fine*.

MEURIZET (de Soissons), procureur, député extraordinaire 218, *225 n*,

* MIREMONT (le Cte DE), depute de Bge de Vermandois . . . 68, 274 *.

MONTHOLON (le Cte DE) (de La Ferte-Milon), maire, depute extraordinaire . . . 130, 153, *290*.

' MORENCY (Mme Quinquet-Giroust *dite* Mme DE) . . . . 226 *n*, 227 *.

* MORLOT, maire de Charly, conseiller general, depute . 378 ss, 379 *.

' NECKER, directeur general des finances. . . 190, 191 *, 200, 205.

NIGUET (de Villers-Cotterêts) officier municipal et député extraordinaire 130, 290 ss, *297*.

' NOVION (le Ch^{er} DE) député suppléant de Bge de Vermandois.. 68 *n*5, 69 *, *71*.

Noyon (Oise) . 12, 14, 22, 25, 60, 89

OGÉ (Abbé), député du Bge de Vermandois . . . 68, *71*, 221, 352

Orbais (Distraction du canton d') 364 ss.

* ORLÉANS (Duc D'), député du Bge de Crépy-en-Valois, 74*n*2, 75, *76*, 145 *.

PAILLET (de Soissons), avocat, député. 73 *n*.

* PARDIEU (le Cte DE). député du Bge de St-Quentin. 66, *67*, 157 *, 211, 213 *, 221

' PIPELET (de Coucy), directeur de l'Acad. de chirurgie de Paris, deputé extraordinaire. 128, 129 *, 247.

* PINTEREL DE LOUVERNY, député du Bge de Château-Thierry. 73, 115 *

^ PINTEVILLE (*Voy*. Cernon).

* PLAQUET (Abbé DU). député du Bge de St-Quentin. 66, *67*, 124 ss *, 157, 211, 218, 219 *.

PLAY (LE), philosophe . . . 378

QUÉNEDEY, portraitiste . . . 129n2

* QUÉMY (*Voy*. Maquerel).

* QUINETTE (de Soissons) . 226n, 341, 342*, 343n.

QUINQUET (de Soissons), avocat, député extraordinaire, . 218, 225, 226n, 343. *Voy*. Morency.

ROBERT DE HESSELN, géographe. 6n, 55, 56, 57, 59.

* SABRAN (DE) dernier Evêque-duc de Laon, député du Bge de Vermandois. 15*, 67, 106n, 168, 243n.

* SAINT-JUST (de Blérancourt), Conventionnel. 12, 342*, 343, 344n, 345

Saint Quentin. . 11, 23, 33. 60, 91, 260, 267, 369 ss, 379n

SAULCE (de Guise), procureur au Bge, député extraordinaire . 128, 252.

Soissons.. 12, 15, 19, 22, 25, 28, 32, 60, 98 ss, 122, 165, 171, 184 ss, 209 ss, 223 ss, 236 ss, 242, 260, 267, 337 ss, 369 ss, 375, 379n.

* TARGET, Constituant 45n, 50, 250, 251* 294.

TELLIER (de Laon) député du Bge de Melun . . . . . 117, 118 n2.

THÉIS, (DE) maire de Laon, conseiller et secrétaire général de la Préfecture 128 n7

* THIRIAL (Abbé), député du Bge de Château-Thierry . . 72, 73, 282*,

THOURET, Constituant . 45, 50, 51.

TOUCHE (DE LA), député extraordinaire de Villers Cotterêts 130, 286, 292, 297.

VAUVILLIERS (DE), lieut^t du maire de Paris 224, 228 ss, 229.

VERDONNE (Adam DE), depute du Bge de Villers-Cotterêts . 75, 76, 144.

Vervins.. 11, 132, 230 ss, 260, 267, 352 ss, 369 ss, 375, 379n.

Vic-sur Aisne . . . . 310, 384 H

VIDAL DE LA BLACHE, géographe contemporain. 384

VIEFVILLE (DE) (de Guise), maire, député extraordinaire . 128, 252, 353.

* VIEFVILLE DES ESSARS, depute du Bge de Vermandois. 69, 71, 205*, 221, 249, 252, 254.

Villers-Cotterêts . 19. 28, 33, 150, 245, 4 ss, 302 ss, 383F.

* WAREL (Abbe DE), député du Bge de Villers-Cotterêts . . 74, 222*, 223

TABLE DES FIGURES (1)

	Pages
Figure 1. Les anciens *Pays* de la region de l'Aisne	10
Figure 2. Les anciens *Diocèses* de la région de l'Aisne.	14
Figure 3. Les anciennes *Généralités ou Intendances* et *Elections* de la région de l'Aisne	22
Figure 4. Les anciens *Baillages* ou unités électorales de la région de l'Aisne	31
Figure 5. Les anciens *Gouvernements Généraux* de la région de l'Aisne.	36

(1) La composition de ces Figures est l'œuvre de l'auteur, mais leur dessin est dû au talent de M. Armand PETIT, attaché au Service des Ponts et chaussées, a Soissons.

		Pages
Figure 6.	Comparaison des limites de ces anciennes circonscriptions en 1789 (hors texte)	38 bis
Figure 6 bis.	Le partage de la Picardie et de l'Ile de France, d'apres la carte du Comité de Constitution et d'apres le plan adopté par les deputés de ces deux Provinces [hors texte]	112 ter
Figure 7.	Les trois étapes de la formation du departement . . .	122
Figure 8.	Comparaison des limites nouvelles du département et de ses six districts avec celles des anciennes circonscriptions anterieures de la région	262
Figure 9	Fixation de la limite méridionale	280
Figure 10.	Plan de district demande par Villers-Cotterêts et par La Ferté Milon	288
Figure 11.	Fixation de la limite occidentale (de la Marne a l'Aisne) .	305
Figure 12.	L'Ilot d'Escaufourt	329
Figure 13.	Le département de l'Aisne divisé en 5 arrondissements et 37 cantons (1800-01 — 19..)	377
Figure 14.	Repartition du département de l'Aisne entre de « futures » Regions (Projet Morlot, 1902)	380

TABLE DES PLANCHES

		Pages
Planche I.	La « région de l'Aisne » (d'apres la Topographie de Robert de Hosseln, 1784)	6
Planche II.	La Generalite d'Amiens (carte de Desnos, 1764) . . .	24
Planche III.	La derniere carte de la Province du Soissonnais (publiee vers 1788) [hors texte]	38 ter
Planche IV.	Carte de France, divisee suivant le plan du Comité de Constitution (29 sept. 1789), par L. Hennequin . .	54
Planche V.	Fragment de la carte précédente (partie nord) . . .	58
Planche VI.	Le plan n° 4 (partage de l'Ile de France et de la Picardie) [hors texte]	112 bis
Planche VII.	« Ces MM. de Soissons » en mission extraordinaire . .	225
Planche VIII.	Le dispositif original du premier decret concernant le département	240

		Pages
Planche IX.	Le dispositif original du décret relatif à la subdivision et aux chefs-lieux du département	261
Planche X.	Le « Fer à Cheval » de la Forêt de Villers-Cotterêts (fragment de la Carte de Cassini ou de l'Académie).	285
Planche XI.	La carte originale du département	327
Planche XII.	Les signatures et les visas de la carte originale . .	334
Planche XIII.	« Je vote... pour Soissons » (SAINT-JUST)	345
Planche XIV.	Le canton d'Orbais, distrait en l'an VII	366

TABLE DES GRAVURES DIVERSES [1]

	Pages
Vue de la ville de Saint-Quentin (début du 18ᵉ siècle)	93
Vue générale de la ville de Laon (1792)	104
Plan en élévation de la ville de Soissons (1746).	107
Vue d'une entrée de la ville de Guise (1792)	132
L'ancien Château-Neuf des seigneurs de Vervins (la Sous-préfecture actuelle) (1830).	133
Vue d'une entree de la ville de Marle (1792). . . .	135
Vue de la ville de Chauny (fin du 18ᵉ siecle).	137
Vue des casernes de La Fère (fin du 18ᵉ siècle)	139
Vue de l'ancien château de Coucy (1820)	140
Vue du château de Villers-Cotterêts (debut du 18ᵉ siêle)	151
Vue de la ville de La Ferte-Milon (1789).	153
Vue de la place de l'Hôtel de-Ville et du Bailliage à Soissons (1789) .	166
L'Intendance du Soissonnais (l'Hôtel de Ville de Soissons) (1911) . .	174
Sceau de l'Assemblee provinciale du Soissonnais (1788) . .	185
Le port de Soissons (fin du 18ᵉ siecle).	194
Le port au blé de Paris (fin du 18ᵉ siècle)	195
La dernière statue de Camille Desmoulins (1905)	206
Les monuments commémoratifs des batailles de Montmirail-Marchais et de Craonne, en 1814	373

[1] Pour les Portraits, voy. à l'*Index* les noms précédés d'un astérisque.

TABLE DES MATIÈRES [1]

	Pages
AVANT-PROPOS	1

CHAPITRE I
Les divisions territoriales de la région de l'Aisne avant 1789 7

Pays (8) — Diocèses (14) — Généralité ou Intendance de Soissons ; élections et subdélégations ; greniers à sel ; maîtrises des eaux et forêts ; départements de 1787 (16) — Bailliages (29) ; Gouvernements généraux (35) — Le mot « provinces » ; la Province du Soissonnais (39).

CHAPITRE II
Création et formation générale des départements par l'Assemblée Nationale (1789-90) 43

Le Comité de Constitution à l'Assemblée Nationale (44) — Projet de division de la France présenté par ce Comité ; contreprojets, discussion, adoption (46) — Exécution du plan adopté ; la carte du Comité de Constitution et sa partie de la région de l'Aisne ; les Commissaires-adjoints pour la division du Royaume (dont Aubry-Dubochet, député de Villers-Cotterêts) ; le rôle des députés des provinces (53) — Les représentants de la région de l'Aisne (65).

CHAPITRE III
Détermination de la surface d'ensemble du département « du Vermandois et du Soissonnais » ou de « Laon et Soissons » 79

Formation des départements septentrionaux, du Nord et du Pas-de-Calais (79) — Difficultés du partage de la région de Picardie et d'Ile de France : le département de Paris (84) — Prétention de nombreuses villes de cette région à un chef-lieu de département : Beauvais, Senlis, Compiègne, Noyon, Ham, Saint-Quentin, Laon, Soissons, Château-Thierry, Meaux, Coulommiers, Melun et Provins (85). Antagonisme entre Laon et Soissons (98) — Le plan n° 4. Configuration générale du département (108) — Extension de territoire obtenue au sud. Fixation définitive de la surface d'ensemble du département (114).

---

[1] Les chiffres entre parenthèses indiquent les pages des § de chaque chapitre.

CHAPITRE IV

Subdivision du département. — Choix de ses différents chefs-lieux 123

La question des districts. Les députés extraordinaires (126) — Les villes de second ordre candidates et concurrentes : Guise, Vervins et Marle (131) ; Chauny, La Fère et Coucy (136) ; Crépy-en-Valois, Villers-Cotterêts et La Ferté-Milon (141). Désaccord des députés sur le nombre des districts (154) — La question du chef-lieu départemental. Première phase de la querelle de Soissons et de Laon (165) ; les plaidoyers de Soissons et de Laon (171) : incident entre les députés du Soissonnais et du Laonnois (179). L'administration provinciale du Soissonnais de 1787 à 1790. La disette de 1788-89. Soissons secourt Paris ; Paris soutient Soissons (184). Décisions relatives au chef-lieu et aux districts du département : Proposition de désigner Laon comme chef-lieu provisoire (209). Démarche de la Commune de Paris en faveur de Soissons (223). Choix du chef-lieu laissé à l'appréciation des électeurs du département dans une première réunion à Chauny. Subdivision en six districts (234). Fixation des chefs-lieux de districts (241) — Délimitation des districts. Etablissement des cantons (263).

CHAPITRE V

Délimitation du département 270

Limite septentrionale contre le département des Flandres, du Hainaut et du Cambrésis réunis (270) — Limite orientale contre les départements de Champagne (273) — Limite méridionale contre le département de Meaux et Melun (275) — Limite occidentale contre le département de Beauvais et celui d'Amiens. I. De la Marne à la Somme : Dissensions entre Villers-Cotterêts et La Ferté-Milon. La question de la forêt de Retz (284). Le coup manqué d'Aubry-Dubochet (298). De la Marne à l'Ourcq (300) ; de l'Ourcq à l'Aisne (302) ; de l'Aisne à la Somme (309). II. De la Somme à l'Escaut (312).

CHAPITRE VI

L'État-Civil du département 317

Les procès-verbaux officiels de délimitation et les cartes originales (317). — L'îlot d'Escaufourt (328, en note). — Le nom du département « de l'Aisne » (330).

CHAPITRE VII (Annexe)

Décisions et modifications diverses postérieures à la formation du département 337

Fixation des derniers chefs-lieux: Laon chef lieu départemental (337). Chauny maintenu comme chef-lieu du district ; Coucy siège du tribunal (348). Vervins substitué à Guise (352) — Modifications et demandes ultérieures : De 1790 à 1795 (359). De 1795 à 1800 ; projet de création d'un département de la Marne-Inférieure ; rattachement du canton d'Orbais au département de la Marne (361). De 1800 à nos jours ; établissement et maintien de cinq « Arrondissements » et de trente-sept cantons (367).

Les Provinces ou Régions... à venir 378

Errata et Addenda 383

Index alphabétique des principaux noms de personnes et de lieux. 385

Table des Figures 388

Table des Planches. 389

Table des Gravures diverses 390

Table des Matières. 391

[Les illustrations diverses de ce livre ont toutes été tirées sur clichés en simili-gravure de la maison Arc (Mazaudier et Plongeron, à Paris) ; pour un certain nombre d'entre elles, ce fut soit d'après les dessins de M A. Petit, soit d'après des photographies provenant des ateliers de MM. P. Lemare à Paris, Barnaud à Laon, Cibrario à Soissons, Louis à Chauny, etc., ou dues à l'obligeance de quelques amateurs. Il m'est agréable, en terminant, de remercier les uns et les autres, comme aussi M. Nougarède, imprimeur, et son personnel, pour leur part technique de collaboration. R. H.]

www.ingramcontent.com/pod-product-compliance
Lightning Source LLC
Chambersburg PA
CBHW071913230426
43671CB00010B/1594